中文社会科学引文索引（CSSCI）来源集刊（2014—2015）

STUDIES ON THE MONGOL – YUAN
AND CHINA'S BORDERING AREA

元史及民族与边疆研究

集刊

（第二十九辑）

刘迎胜／主编

高荣盛　华　涛　姚大力／副主编

南京大学元史研究室／民族与边疆研究中心
中国南海研究协同创新中心　主办

上海古籍出版社

目　录

译　文

《元史》卷四《世祖本纪》会注考证（部分）

洪学东　陈得芝

世祖圣德神功文武皇帝，讳忽必烈，[1]睿宗皇帝第四子。[2]母庄圣太后，怯烈氏。[3]以乙亥岁（1215）八月乙卯（二十八日）生。及长，仁明英睿，事太后至孝，尤善抚下。纳弘吉剌氏为妃。[4]

[1]　忽必烈 Qubilai。蒙古语 qubi 意为"份子"，qubila-，动词"分配"。《金史·宗浩传》载有山只昆（即蒙古部落 Salji' ut）部长胡必刺（Qubila），与元世祖名同（参见伯希和《圣武亲征录译注》Histoire des Campagnes de Gengis-Khan, p.397），-i 应为动名词后缀。蒙古习俗往往以新生儿所遇重要的人、物、事件取名，如成吉思汗出生时，适其父也速该战胜塔塔儿部，俘其部长铁木真·斡怯归，遂取名铁木真。成吉思汗十年（1215）取金中都，命汪古儿等三人前往点收金朝府库金、银、缎匹等财物，运送到行在所。《蒙鞑备录》载："凡破城守，有所得，则以分数均之，自上及下，虽多寡，每留一份为成吉思皇帝献，余则散俵有差。"尽取金都府库财物是成吉思汗建国以来最丰盛收获，其"俵分"自是一大盛事，忽必烈适生于其时，当由此取名。

[2]　睿宗皇帝，太祖大皇后孛儿台旭真所生幼子拖雷，传见本书卷一一五。又卷一〇七《宗室世系表》，睿宗十一子（拉施都丁《史集·拖雷汗传》作十子），忽必烈居次四（《史集》同）。

[3]　汪辉祖《元史本证》卷一证误一谓据《后妃表》及本传，当作"显懿庄圣"。按："庄圣"为至元二年谥号，至大二年加谥"显懿"。名唆鲁和帖尼 Sorqaq-tani（Sorqaq，身上的胎痣；-tani，阴性后缀），拖雷元妃，传见本书卷一一六。蒙古以长妻所生之子为嫡子，忽必烈为拖雷元妃唆鲁和帖尼所生嫡次子。

[4]　即昭睿顺圣皇后察必 Chabi，传见本书卷一一四。按本书卷一〇六《后妃表》，居世祖大斡耳朵者为帖古伦大皇后，察必居第二斡耳朵。屠寄据本卷中统元年十二月条有"先朝皇后帖古伦"的记载，遂谓帖古伦"事[忽必烈]汗潜邸为元妃，早薨"，并称史文"先朝皇后"实应作"先皇后"（《蒙兀儿史记》卷一九《后妃列传》）。然据本书卷一一八《特薛禅传》，察必为弘吉剌氏按陈之女，而帖古伦为按陈孙脱怜之女，按年辈，其配忽必烈不当早于察必。据《史集·忽必烈合罕纪》，忽必烈最先娶蔑儿乞部主脱脱别乞弟忽都之女忽鲁黑臣合敦 (Quruqchin qatun)，生忽里带，后被废黜（汉译本第284页；Blochet 原文刊本第363—364页）。邵循正以为，忽里带当早殇，忽鲁黑臣未再生育，又被黜，故均不见于本书记载；帖古伦应为忽必烈后娶而继居忽鲁黑臣之大斡耳朵者，犹南必皇后继守察必之第二斡耳朵然。见其所著《剌失德丁集史所载忽必烈合罕后妃考》，载《清华学报》第 11 卷第 4 期，1936 年。兹从之。

岁甲辰（1244），帝在潜邸，思大有为于天下，延藩府旧臣及四方文学之士，问以治道。[1]

[1] 萧启庆《忽必烈潜邸旧侣考》（收入《元代史新探》，台北新文丰出版公司，1983年）引徐世隆撰王鹗墓碑（《元朝名臣事略》卷一二《内翰王文康公》）："上之在潜邸也，好访问前代帝王事迹，闻唐文皇为秦王时，广延四方文学之士，讲论治道，喜而慕焉。"据此可知忽必烈之集结幕府当是受唐太宗招致十八学士的启发。"藩府旧臣"指已是忽必烈侍臣者，如燕真、贾居贞、董文炳兄弟等。"四方文学之士"被召者最早为佛教领袖海云，1242年召至漠北王府，问"佛法大意"及"安天下之法"，海云劝以"宜求天下大贤硕儒，问以古今治乱兴亡之事"（《佛祖历代通载》卷二一）；海云弟子刘秉忠随侍，"论天下事如指诸掌"，忽必烈大喜，留为书记，时常顾问（见本书《刘秉忠传》）。按：1242年被忽必烈召入王府者尚有赵璧，据张之翰《西岩集》卷一九《赵璧神道碑》："年二十三，有荐闻于上，召至行宫。"赵璧卒于至元十三年，寿五十七，二十三岁为1242年。赵璧习蒙古语，译《大学衍义》为忽必烈陈说。当是受海云师徒影响，忽必烈于1244年派赵璧"驰驿四方"，指名招聘金状元王鹗等（见徐世隆撰王鹗墓碑）。这是忽必烈广泛延揽中原名士之始，王鹗于忽必烈登基后即被任为翰林学士承旨（相当于蒙古的大必阇赤），故史特书之。

岁辛亥（1251），六月，宪宗即位，同母弟惟帝最长且贤，故宪宗尽属以漠南汉地军国庶事，[1]遂南驻爪忽都之地。[2]

[1] 姚燧撰《姚枢神道碑》（《元文类》卷六〇）："宪宗即位，诏凡军民在赤老温山南者，听上总之。大为张宴，群下罢酒将出，遣人止公[问曰：]'顷者诸人皆贺，汝独默然，岂有意耶？'对曰：'臣欲陈之他日，不意遽问。且今土地之广，人民之殷，财赋之阜，有加汉地者乎？军民吾尽有之，天子何为？异时廷臣间之，必悔见夺。不若惟持兵权，供亿之须，取之有司，则势顺理安。'上曰：'虑所不及者。'遣人入闻，愿总兵与国戮力。报可。"据此知其时忽必烈惟掌漠南汉地军事，理民政务则仍归宪宗所置燕京行尚书省掌管。据《史集》第二卷《蒙哥合罕纪》所载，蒙哥即位后，将东方之地交给牙老瓦赤（燕京行尚书省事长官）治理，遣忽必烈率蒙古、汉军"防守和征服东方诸城"（参见本书《宪宗本纪》注）。可证《姚枢碑》的记载。赤老温山（Čila'un，蒙古语意为"石"）所指不详。按明洪武二十三年朱棣北征，至迤都之地，北元太尉乃儿不花归降；永乐八年朱棣北征复过此地，命人在山顶大石上刻"擒胡山"大字，并刻其亲撰铭文。清康熙北征亦过此地，见朱棣刻石，遂亦亲撰铭文刻于石，当时由耶稣会士测绘的《皇舆全图》于此处标注"察罕七老碑"（位于东经113度35分、北纬45度5分），其地在蒙古达里甘戛之南的朱勒格特山达（又名察汗七老）。此据俄人卡萨克维奇《明清征蒙史资料》（载《苏联科学院东方学研究所札记》第二卷第三期，列宁格勒，1933年）报告考察所见。参见陈得芝《元岭北行省诸驿道考》（《蒙元史研究丛稿》第8页，人民出版社，2005年）。其地正位于大漠南北交界处，疑即元代史料所载"赤老温山"。

[2] 邵循正《剌失德丁集史忽必烈汗纪译释（上）》（《清华学报》第14卷第1期）谓：《集史》中的"札忽惕"，《元朝秘史》札忽台、札兀惕·忽里、察兀惕·忽里等词，皆与《元史·世祖纪》的"爪忽都"同出于辽、金之"糺"（应读为札或察）。蔡美彪《糺与糺军之演

变》（《元史论丛》第二辑）赞同邵循正上述解释，并谓札兀惕（Ja'ut）即糺与兀惕组成的复数形式，义即群糺；辽、金称北边各族属部为"糺"，蒙古建国后则以之概称金国各族；又因当时女真、契丹等族都已与汉人融化，此名所指遂演变为指"汉人"（《事林广记·蒙古译语》"汉儿"下注"札忽歹"）。此处"瓜忽都之地"系泛指漠南汉地，非特指某地。按：《元朝名臣事略·丞相史忠武王》引史天泽《行状》："上在潜邸，壬子春，行幕驻岭上。""岭上"指辽宋人所谓"天岭"（独石口外）之北的大兴安岭余脉；《史集》（第二卷，德黑兰波斯原文刊本第870页）称忽必烈"自己的帐殿"（ōrdōha-yi khwesh）在哈剌温只敦（Qarāūn-jīdūn，名见《元朝秘史》，即今大兴安岭，此处指其西南余脉潢河、滦河源一带）；苟宗道撰《郝经行状》（《郝文忠公陵川集》卷首）："岁壬子，今上以皇太弟开府金莲川。"即今滦河上游闪电河（或作商都河，皆由元上都得名）流域，本辽、金皇帝避暑之凉陉，名曷里许东川，因遍地金莲花，金世宗改名金莲川。忽必烈移幕南驻金莲川事在壬子年（1252，详见下文注释），《纪》载南驻爪忽都之地于辛亥年下，误。

邢州有两答剌罕[1]言于帝曰："邢吾分地也，受封之初，民万余户，今日减月削，才五七百户耳，宜选良吏抚循之。"[2]帝从其言，承制以脱兀脱及张耕为邢州安抚使，刘肃为商榷使，邢乃大治。[3]

[1] 邢州，今河北邢台；"答剌罕"（darqan），蒙古封号，《元朝秘史》旁译"自在"。韩儒林《蒙古答剌罕考》及《增补》（华西大学《中国文化研究所集刊》1940年一卷二期；收入《穹庐集》，上海人民出版社，1982年）考说甚详。成吉思汗以此号授予对他及其家人有救命大恩者，可享有自在下营、免除差发等种种特权。此处"邢州两答剌罕"指太宗丙申年（1236）以中原诸州民户分赐诸王、贵戚、勋臣时获得邢州分地的把带（Badai）、乞失力（Qishiliq）二人之子，本书《食货志·岁赐》作"八答子"（八答即把带之异译）。姚燧《提刑赵公夫人杨君新阡碣》（《元文类》卷五五）谓"邢则今中书右丞相（哈剌哈孙）之祖（乞失力子博理察）封国"。把带、乞失力是铁木真族弟也客扯连的牧人，获悉克烈部王罕密谋攻袭铁木真，乃同向铁木真报告，使他免遭暗算（见《元朝秘史》第169节，二人名作巴歹、乞失里黑），遂被铁木真视为救命恩人，建国后授千户那颜，赐号"答剌罕"（详本书《太祖本纪》注），子孙世袭。

[2] 《纪》称"两答剌罕言于帝（指忽必烈）"，不确。李谦撰《张文谦神道碑》（《元文类》卷五八）载："邢初分隶勋臣二千户为食邑，岁遣人更迭监牧，类皆不知抚治，加之频岁军兴，郡当驿传冲要，征需百出，民不堪命。会郡人赴诉王府，公与太保（刘秉忠）实为先容，合辞言于世祖：'今民生困敝，莫邢为甚，救焚拯溺，宜不可缓。盍择人往治，要其成效，俾四方诸侯取法于我，则天下均受赐矣。'"本书《刘秉忠传》亦载其言邢州之弊，请派良吏如张耕、刘肃往治之。宋子贞《改邢州为顺德府记》（中统三年作）记载邢州成为两答剌罕分地后所任达鲁花赤贪残、民生困苦之情景最详，周清澍《忽必烈潜藩新政的成效及其历史意义》（《元蒙史札》第466—494页）据《乾隆顺德府志》所收此文及《道光续增沙河县志》之《义烈·马德谦传》，考知到漠北向本投下及忽必烈王府投诉的"郡人"为沙河县达鲁花赤吕诚和前金进士马德谦，他们请求将本地"归之王府"（此语不确，应是请归王府管理），两答剌罕同意，乃共同报告忽必烈，请派能干官往治邢州，"朝命（此指大

汗）许之"。

[3]　上引《张文谦神道碑》下文："世祖从之，命近臣脱兀脱、故刘尚书肃、李侍郎简偕往，三人者同心为治，黜出贪暴，铲除宿敝，不期月，流亡者复，益户十倍。"徒单公履撰《刘秉忠墓志铭》亦载世祖从其言，"遣本朝宿望之臣同刘肃才卿、李简子敬行，专以存恤为务"。（《藏春集》卷六）脱兀脱，姚燧《提刑赵公夫人杨君新阡碣》（《元文类》卷五五）谓系"近故太师广平王（玉昔帖木儿，开国功臣博尔术之孙）从祖"；《姚枢神道碑》（《元文类》卷六〇）载，岁庚戌（1250），燕京行台郎中姚枢与长官牙鲁瓦赤不合，弃职避居辉州（今河南辉县），忽必烈遣脱兀脱及赵璧来召，知脱兀脱为忽必烈潜邸侍臣。张耕，据王恽《中堂事记》下，"字耘夫，真定灵寿人，……大元癸丑，授邢州安抚使。"则其任职邢州在1253年。刘肃，《元史》本传称："壬子（1252），世祖居潜邸，以肃为邢州安抚使。"宋子贞《改邢州为顺德府记》载邢州郡人与本投下请求归忽必烈王府管理获准，乃"以行总六部同议官李惟简为安抚使，东平路行军经历刘肃为安抚副使"。李惟简即李简，字子敬（又作仲敬），事迹见所著《学易记序》及《乾隆顺德府志》卷一一（参见周清澍上引文）。姚燧《提刑赵公夫人杨君新阡碣》称邢州"政弛民散，最号弗治，求潜藩制官，……为置安抚司。后邢易为顺德，升州为府，乃以近故太师广平王（玉昔帖木儿）从祖脱兀妥与公（赵璧）为断事官，位安抚上"。按：邢州升顺德府在中统三年（据上引宋子贞文及《元史·地理志》），姚文将脱兀脱治邢年代置于改顺德府后，与其他史料不合。《元史·赵良弼传》："世祖在潜藩，召见，占对称旨，会立邢州安抚司，擢良弼为幕长。……脱兀脱以断事官镇邢，其属要结罪废者，交构嫌隙，动相沮扰。世祖时征云南，良弼驰驿白其事，遂黜脱兀脱。"据此，脱兀脱受命主管邢州年代实在忽必烈出征云南之前。综合上述资料，知忽必烈所派治理邢州的官员除脱兀脱、张耕、刘肃外，尚有李简、赵璧、赵良弼；任职年代或壬子（1252），或癸丑（1253）。《纪》皆误记于辛亥年下，兹订正。

岁壬子（1252），帝驻桓、抚间。[1]**宪宗令断事官牙鲁瓦赤与不只儿等总天下财赋于燕，**[2]**视事一日，杀二十八人。其一人盗马者，杖而释之矣，偶有献环刀者，遂追还所杖者，手试刀斩之。帝责之曰："凡死罪必详谳而后行刑，今一日杀二十八人，必多非辜。既杖复斩，此何刑也？"不只儿错愕不能对。**

[1]　桓州，金世宗置节度州。时世宗将赴凉陉避暑，移剌子敬奏言："车驾至曷里浒，西北路招讨司囿于行宫之内地矣。乞迁之于界上以屏蔽环卫。"遂命招讨斜里虎从燕子城移至桓州，治蕃部事（《金史》卷八九《移剌子敬传》）。金世宗改曷里浒为金莲川，即滦河上源闪电河，见前注）；金章宗明昌七年（1192）降为刺史州，复北移约三十里建新桓州，"城小而坚"（王恽《秋涧集》卷五〇《兀良氏先庙碑》；卷八〇《中堂事记》），为边防要塞。故址即今内蒙古正蓝旗北古城（俗称四郎城）。抚州，辽秦国大长公主建头下州，名燕子城。金西北路招讨司设于此，后招讨移治桓州；大定十年（1170）置柔远县，属宣德州（州治今河北宣化）；明昌三年（1192）置抚州，为桓州支郡；承安二年（1197）升为节镇州；元置隆兴府，改兴和路。故址即今河北张北县喀喇巴尔哈孙（《金史·地理志》西京路桓州、抚州条；嘉庆《大清一统志》；参见亦邻真、周清澍等编著《内蒙古历史地理》及南京大学元史研究室编《中国历史地图集·金西京路、元上都路、兴和路》释文）。

忽必烈所驻"桓、抚间"指滦河上源至张北县一带坝上地域。

［2］ 牙鲁瓦赤，又译牙老瓦赤，牙剌哇赤（Yalawači，突厥语意为"使者"），名马哈木，花剌子模人。屠寄《蒙兀儿史记》为立传，据洪钧《元史译文证补·西域补传》等资料编写，多处有误。《元朝秘史》第 263 节（总译）："太祖再取了回回各城，命人镇守。有姓忽鲁木石、名牙剌洼赤的回回父子二人自兀笼格赤城来见太祖，因其能知城池的缘故，遂命其子马思忽惕与镇守官一同管不合儿等城，又命牙剌洼赤管中都（明译改北平）。"这条记事有三处不确，导致屠寄的误解：其一，忽鲁木石（Qurumši）系 Khwarezmi（花剌子模人）末节音换位 -zm>-ms>-mš 而来的译写，屠寄因此误以其地即波斯湾头的忽鲁模子。伯希和对花剌子模一名的汉译对音有专文考述（Le nom de Xwārizm dans les textes Chinois，《通报》第 34 卷，第 146—152 页，1938 年），谓：《史记》、《汉书》载大宛西有小王国名欢潜（Xwan-dziem，即 Khwarazm），以汉语韵尾 -n 译写伊朗语音节尾音 -r（如"安息"译写 Arsak），其后之元音换位，故转译为欢潜；《大唐西域记》全译为货利习弥伽（Xwarizmiga，习 ziəp 之收声 -p 被后面的 m 同化而合并）；《唐会要》作火辞弥 Xuazimi，《新唐书》作火寻 Xuaziəm（檫音前不稳定之 -r 消失）；元代译花剌子模（Xwārazm，《元史·地理志》）、滑剌西迷（χwārasmi，花剌子模人，见《元史·太宗纪》）；《元史》记载至少有五人名"忽林失"，与《秘史》之"忽鲁木石"同为 Qurumši 的音译。其二，将太宗调牙剌哇赤到燕京主政误记为太祖时事。其三，仅记牙剌哇赤父子自兀笼格赤来归，有学者遂据此认为事在太祖征服花剌子模国之后。《秘史》记事多有前后混淆者，不足作为判断年代的确切依据。俄国东方学家巴托尔德所著《蒙古入侵时期的突厥斯坦》据志费尼《世界征服者史》、尤兹札尼《纳昔儿史话》、奈撒维《札兰丁传》、拉施都丁《史集》等波斯、阿拉伯文史籍，多处述及牙剌哇赤事迹。奈撒维称成吉思汗曾派三名使者到花剌子模通好，以花剌子模人马合木（Mahmud Khwarezmi）为首，其"牙剌哇赤"之名当出于此。太祖征服花剌子模后即命其辅佐达鲁花赤管理该地城郭事务，太宗即位后，仍命其主西域赋调（本书《太宗本纪》，译名作麻哈没的滑剌西迷），十三年（1241）始召他到燕京"主管汉民公事"。陆峻岭、何高济撰《元代回教人物牙老瓦赤与赛典赤》（《元史论丛》第二辑，1983 年）述其事迹颇详。其卒年一说在元世祖中统间，认为即燕京行中书省丞相（一作平章）祃祃（见村上正二译注《モンゴル秘史》3，东洋文库 294，1982 年，第 240—241 页），一说在中统元年至二年间，依据是《史集》记载赛典赤（中统二年拜中书平章政事）在牙老瓦赤死后任忽必烈宫廷的宰相（见陆峻岭、何高济《元代回教人物牙老瓦赤和赛典赤》，《元史论丛》第二辑，1983 年），一说元宪宗四年（1254）卒于燕京任上，系据当时人贾马儿·喀尔施所著阿拉伯文《苏拉赫词典补编》（Jamāl Qarshī, Mulhaqāt al-Surāh，华涛汉译文载南京大学《元史及北方民族史研究集刊》第十辑，1986 年）的记载，陈得芝《牙老瓦赤卒年补证》（《元史论丛》第四辑，1992 年）主张应采纳贾马儿·喀尔施的记载。不只儿，又译布智儿，传见本书卷一二三。

太宗朝立军储所于新卫，以收山东、河北丁粮，[1]**后惟计直取银帛，军行则以资之。帝请于宪宗，设官筑五仓于河上，始令民入粟。**

［1］ 新卫：据《金史》卷二五《地理志》河北西路卫州条记载，治所本在汲县，宣

宗贞佑二年（1214）城宜村，三年（1215），徙治于宜村新城，以胙城为倚郭；正大八年（1231），以石甃其城。即此新卫，今地在河南延津县北胙城。《大元仓库记》载太宗五年（1233）诏："仍仰沿河以南州府达鲁花赤等，各于濒岸州城置立河仓，差官收缴每岁税石，旋依限次运赴通州仓。"此处所言"新卫军储所"应即其一。

宋遣兵攻虢之卢氏、河南之永宁、卫之八柳渡。[1]**帝言之宪宗，立经略司于汴，以忙哥、史天泽、杨惟中、赵璧为使，陈纪、杨果为参议，俾屯田唐、邓等州，授之兵、牛，敌至则御，敌去则耕，仍置屯田万户于邓，完城以备之。**[2]

[1] 卢氏，今河南卢氏县；永宁，今河南洛宁县；八柳渡，在今河南汲县西南河边。按《世祖本纪》此段所载，应指宋理宗淳佑十一年京湖制置司出兵收复襄樊及汉江南北各地事。《宋史全文》卷三四载，淳佑十一年（1251）四月，"上谕辅臣曰：'昨览京湖报程珤卢氏县之捷，差强人意。'"同年十一月丙申，"京湖制臣（李曾伯）言；'调遣都统高达、晋德入襄樊措置经理，汉江南北并已肃清，积年委弃，一旦收复。'诏立功将士官兵各进一等"。李曾伯《可斋续稿》前卷五《拟襄樊铭》："大宋淳祐十一年四月二十有七日，京湖制置使李曾伯奉天子命，调都统高达、幕府王登提师复襄樊两城。"同书前卷一《谢诏书奖谕》（壬子）："窃惟襄樊用武之区，此固戎虏必争之地。中更芜废，久委麋鹿之场；稍后经营，几成狐兔之穴。赖睿断挈还于旧物，然狡谋睨视于并邻。三阅星霜，几惊烽火，比草青而既至，甫冰合以复来。诓意宵征，荐腾昼捷。彼方连营挟忿，以报东门之役；我乃一鼓作气，遂收中山之功。"前卷二《襄樊获捷贺宰执》（壬子）："孽胡侵塞，正怀不测之虞；新垒策勋，再奏非常之捷。睨襄阳自经理以来，而丑类肆窥图之久，顷草青而入，随一战以兽奔，兹水涸复来，襄群首而猬聚，赖城高而池险，与食足以兵精，将一乃心，士百其勇，乘其暮气，肃若宵征，遂以六千之师，破彼十万之众。"

[2] 史天泽、赵璧、杨惟中、杨果，本书皆有传；忙哥、陈纪无传。忙哥疑即木华黎之弟带孙郡王曾孙塔塔儿台（传见本书卷一一九）之父；陈纪，前金进士出身。《汝南遗事》卷四载："恒山公仙军溃，充王用安叛降。……西山帅臣完颜努克特等多叛降焉。努克特，护卫出身，时为申州刺史、五朵山一带宣抚使，与其副陈纪归宋。纪字之纲。"宋洪咨夔《平斋文集》卷二一"外制"载南宋授予归降之金朝官员职衔名单中称"伪登科人、尚书令史、朝列大夫陈纪并补承信郎"，知陈纪于金季登第，曾任尚书令史，金亡前夕归附南宋，后复投蒙古。据《杨惟中传》，屯田地布于唐、邓、申、裕、嵩、汝、蔡、息、亳、颖诸州。参见本书诸人传记会注。

夏六月，入觐宪宗于曲先恼儿之地，[1]**奉命帅师征云南。**

[1] 李文田《元史地名考》谓据《宪宗纪》，是年壬子夏驻跸和林，则曲先恼儿即和林之海子也；又引《百官志》七有"曲先塔林都元帅两员"。李说误。此"曲先脑儿"与畏兀儿地之曲先塔林（今新疆库车地区）无关。《宪宗本纪》："二年秋七月，命忽必烈征大理。"据此知忽必烈从漠南金莲川入觐宪宗并受命南征在七月，地点应为宪宗秋季驻地，即拉施都丁《史集·窝阔台合罕纪》所载秋季行宫所在地 Kūsheh nāūūr（كوشه ناوور），距哈剌和林

四日程。见陈得芝《元岭北行省建置考（上）》。其地或即《元朝秘史》第 151 节所载古泄兀儿海子（Guse'ur na'ur），当在土拉河、克鲁伦河上游的西南方，蒙古中戈壁省西部。

秋七月丙午（二十四日），犲牙西行。[1]

[1] 程钜夫《平云南碑》（《元文类》卷二三）："岁在壬子，……我世祖以介弟亲王之重授钺专征。秋九月，出师；冬十二月，济河。明年春，历盐（今陕西定边境）、夏（今内蒙乌审旗南），夏四月，出萧关，驻六盘。"《元朝名臣事略》卷一二《太常徐公[世隆]》引《墓碑》："上在潜邸，……壬子岁，自漠北遣使来征公，见于日月山之帐殿（按日月山为蒙古诸汗祭天之地，其地当在克鲁伦河源头肯特山南侧。见南京大学元史研究室编《中国历史地图集》元岭北行省图释文）。上方治兵征云南，问此行如何。"据上引两则，知忽必烈于七月受命后，在漠北整备军队，遣使到中原召徐世隆问征云南策，至九月才出师，十二月渡黄河，癸丑年（1253）春，穿越今鄂尔多斯境，经停夏州（今内蒙乌审旗南与陕西靖边县交界处白城子古城）、盐州（今陕西延边。商挺应召至此，入对称旨，被任命为新置之关中宣抚司郎中，见本书卷一五九《商挺传》），夏，驻六盘山。据此，出师时间应从《平云南碑》，为九月。

岁癸丑（1253），受京兆分地。[1] 诸将皆筑第京兆，豪侈相尚，帝即分遣，使戍兴元诸州。又奏割河东解州盐池以供军食，立从宜府于京兆，屯田凤翔，募民受盐入粟，转漕嘉陵。

[1] 本书《宪宗纪》未载分封事。姚燧《中书左丞李忠宣公[德辉]行状》（《元文类》卷四九）载："癸丑，先朝封周亲，割京兆隶潜藩（指忽必烈），择廷臣可理赋者，使调军食。"所载与《世祖纪》同。同为姚燧撰《姚枢神道碑》则将宪宗"大封同姓"置于宪宗即位之"其年"，无疑系误书。而其《贺仁杰神道碑》（《牧庵集》卷一七）称"初岁壬子，宪宗国母弟世祖于秦"。按：宪宗朝授封分地的年代见于记载者有壬子、癸丑、丁巳、戊午四年，学者认为壬午与癸丑、丁巳与戊午都是相连年代，壬子、癸丑实为同一次分封（见李治安著《元代分封制度研究》增订本，中华书局，2007 年，第 53 页）。旭烈兀的彰德分地也有壬子年分封的记载。忽必烈、旭烈兀同为宪宗同母弟，宗王中地位最高，且同于壬子年受命出征。当是出征前即壬子年同时先划定分地（参见松田孝一《旭烈兀家之东方领地》（《东洋史研究》第 39 卷第一号，1980 年），忽必烈于次年抵达关中，即以关中为征大理基地，筹备军队、粮饷，需立即建立管理机构——京兆宣抚司，由王府任命官员；旭烈兀于丙辰年（1256）底灭木里奚，遣使报捷、献俘，次年丁巳即命其位下官员莅任分地长官（详见陈得芝《常德西使与〈西使记〉中的一些问题》，载南京大学《元史及民族史研究集刊》第 14 辑，2001 年）。

夏，遣王府尚书姚枢立京兆宣抚司，以孛兰及杨惟中为使，[1] 关陇大治。又立交钞提举司，印钞以佐经用。

[1] 姚枢、杨惟中，见本书卷一五八、一四六本传会注；孛兰，屠寄《蒙兀儿史记》谓

"至元中继安童者有丞相孛罗，疑即此人"。按：史未见有继安童任丞相之孛罗。据本书《铁哥传》，忽必烈即位初，有宿卫长"丞相孛罗"，至元元年奉旨参与审讯阿里不哥，六年，与刘秉忠等制定朝仪，七年任御史中丞，旋兼任大司农卿，后出使伊利汗国，遂留波斯（见余大钧《蒙古朵儿边氏孛罗事辑》，《元史论丛》第一辑，1982 年）。疑 1253 年与杨惟中并任京兆宣抚使之孛兰即此孛罗。

秋八月，师次临洮。[1]遣玉律尤、王君侯、王鉴谕大理，不果行。[2]

  [1] 忽必烈到达临洮的日期及驻留时间均不见记载。《宪宗纪》于二年八月条下载："忽必烈次临洮，命总帅汪田哥以城利州闻。"此系将三年事误载于二年；本书《汪德臣传》（即汪田哥）载："[宪宗]又诏德臣城益昌（即利州，今四川广元）。……世祖以皇弟有事西南，德臣入见，乞免益昌赋税及徭役漕粮，屯田为永久计，并从之。"据此知忽必烈驻留临洮期间，汪德臣曾从利州（今四川广元）前往报告建城事，可见驻留临洮（当为整备军事及粮饷供应）应有一段时日；从下文遣使谕大理"不果行"看，留驻临洮当尚有等候使者回报之故，使者迟迟未归，遂从临洮起兵南进，或已至九月中。

  [2] 赵琦《金元之际的儒士与汉文化》第 159 页：王君侯、王鉴也应为忽必烈身边的儒士，但其出身、入居藩邸年代均未详。按程钜夫撰《平云南碑》："夏四月，出萧关，驻六盘。八月，绝洮，逾吐蕃，分军为三道。……先遣使大理招之，道阻而还。"据本书《郑鼎传》，忽必烈大军进入吐蕃境后，曾遭当地部族阻挡，使者受阻或亦因此。

九月壬寅（二十六日），师至忒剌，[1]分三道以进。大将兀良合带率西道兵，由晏当路；[2]诸王抄合、也只烈帅东道兵，[3]由白蛮；[4]帝由中道。乙巳（二十九日），至满陀城，[5]留辎重。

  [1] 屠寄《蒙兀儿史记·忽必烈可汗本纪》于"忒剌"下小注称"疑即秃剌蛮之地，在叙州西"。按秃剌蛮又作土老蛮，即元李京《云南志略》所记土獠蛮，分布在"叙州（今四川宜宾）南、乌蒙（今云南昭通）北"一带，和位于临洮之南、大渡河之北的忒剌毫无干系，屠说误。忒剌今地，前人曾定在今四川松潘（《云南各族古代史略》初稿，云南人民出版社，1977 年，第 104 页），方向大体正确，但没有举证说明。据《本纪》所载日期，从忒剌至大渡河（含上游大金川），历时五日；过大渡河南进，到摩娑蛮主居地丽江附近的金沙江岸，尚需"经行山谷二千余里"，历时约四十多日。松潘地望偏于东南，不甚符合。陈世松等著《宋元战争史》引吴景敖《元代平滇征缅路线》（载《西陲史地研究》，1948 年），以甘肃迭部县与四川若尔盖县接壤之达拉沟即此"忒剌"之地；并谓即《萨迦世系史》所载八思巴与忽必烈再次会合的"汉蒙交界之处大河旁边"的地方（内蒙古人民出版社，2010 年，第 118 页）。按此名原文 The-le，陈庆英等汉译本译为忒剌，译者虽未作说明，但与本书《世祖纪》所载地名一致，实为正确的勘同，唯原文"汉蒙交界处"应为"汉藏交界处"之误，因为忽必烈于甲寅年（1254）春自云南班师，在朵甘思与八思巴相遇并一同回汉地，时应是当年夏季。姚燧撰《贺仁杰神道碑》载忽必烈从云南班师"归由来途"，则藏文史籍所载班师回汉地所驻之 The-le，必为 1253 年从临洮南进所至之忒剌。其地应在原金临

洮路南境与吐蕃地交界处,即今甘南自治州南界之白龙江一带(参见《中国历史地图集》第六册57—58幅)。白龙江东之迭部县本隋、唐叠州,元仍置,隶宣政院。该地南距大渡河(上游大金川)直线距离约六百里,行军四五日可达,且系甘南(金临洮路)与川西藏区之通道所经,当即试剌之地。

[2] 本书《兀良合台传》作"旦当岭",是。在今云南中甸(《中国历史地图集》第六册大理幅)。

[3] 洪钧《元史译文证补》卷一下附太祖诸弟世系,也速该三子哈准(合赤温)世系注文称,从世祖征大理、帅东道兵之诸王抄合,似即《元史·世系表》所载合赤温之孙察忽剌(按只吉歹之子),也只烈似即察忽剌子也只里。其说可从。

[4] 古称"僰人"。李京《云南志略》谓"中庆(今昆明)、威楚(今楚雄)、大理、永昌(今保山)皆僰人,今转为白人矣"。元代又称"察罕章"("章"为藏语'jang 译音,藏人对其邻境云南民族、地域的称呼),即今白族。

[5] 《云南各族古代史略》标试剌于今松潘,标满陀城于今泸定。从泸定至摩些蛮主居地丽江东北金沙江直线距离约六百里,与史载过大渡河后复行山谷二千余里的路程不合。若依上述将试剌定为今迭部,则其南三四日程之满陀城应在今红原县南、玛尔康县北。"满陀"疑为梵语 manda 的音译(意为道场),或是一处寺院所在。据下文,次日从此处南行渡河(大渡河上游大金川),经行山谷二千余里,抵达丽江东北之金沙江,历时一个半月,以里程和时间计均较合理。清乾隆中查礼两度自成都出巡松潘境,其《铜鼓书堂遗稿》收录纪行诗词甚多,卷二十一、二十二所收为丙申 1776、丁酉(1777)平定果罗克诸作,丁酉二月自松冈发兵,入下、中果罗克(今青海班玛)及阿坝(今属四川)诸土司境,乱定,回郎驮司日照坝"投曼陀喇嘛寺宿";"六月十五日晓发曼陀寺,午入卓克采土境";再"出达尔沟,憩巴尔康喇嘛寺",又回"宿卓克采平楼",自此东行"入维关"(今理县北),七月十三日归成都。此曼陀寺应在卓克采(今四川阿坝州马尔康县南卓克基)之北不远。今马尔康(即查礼所记巴尔康)北之大藏寺疑即《元史》所载满陀城地。

冬十月丙午(初一),过大渡河,又经行山谷二千余里,至金沙江,乘革囊及筏以渡。[1]摩娑蛮主迎降,[2]其地在大理北四百余里。

[1] 《元史·郑鼎传》记载忽必烈亲统中路军行程:"庚戌(应为癸丑),从宪宗(应为世祖)征大理国,自六盘山经临洮,下西蕃诸城,抵雪山。山径盘屈,舍骑徒步,尝背负宪宗(应作世祖)以行。敌据扼险要,鼎奋身力战,敌败北,帝壮之,赐马三匹。至金沙河,波涛汹涌,帝临水傍危石,立马观之。鼎谏曰:'此非圣躬所宜。'亲扶下马,帝嘉之。俄围大理,……大理平。"按王盘撰《郑鼎神道碑》(《成化山西通志》卷十五)载其"扈从今上(指世祖)征大理国,自六盘山经临洮府,出杀马关、海子川、无定河,收讫西蕃慢达里荡荡固(?),至白蛮……(叙事错乱,不录)。前至雪山,其高盘屈,一上三月余方至其顶。尝遇隘险,敌兵据守,公挺身前斗,敌兵败走,上壮之,赐马三匹。又至金沙河(下同本传,略)"。郑鼎传、碑所记"雪山",即《本纪》所言过大渡河后"又经行山谷二千余里"之地,无疑就是今大渡河西之大雪山;所渡金沙江(金沙河)应指今丽江东北一段,本书《地理志》云南行省丽江路宝山州条载:"昔么、些蛮居之。其先自楼头徙居此,二十余世。世祖

征大理,自卞头(卡头？)济江,由罗邦至罗寺,围大匮等寨,其酋内附。"《中国历史地图集》第六册大理图标有上引诸地方位,卡头在丽江北金沙江转弯处南侧(今三江口之南)。

[2] 摩娑蛮,李京《云南志略》作末些蛮(今纳西族),"在大理北,与吐蕃接界,临金沙江"。本书《地理志》云南行省丽江路通安州条:"昔名三赕。仆繲蛮所居,其后幺、些蛮叶古乍夺而有之,世隶大理。宪宗三年,其二十三世孙麦良内附。中统四年,以麦良为察罕章管民官。"其地即丽江路治所。《滇云历年传》卷五云:"(蒙古军)入白蛮打郭寨,摩娑蛮主率先降附"(见尤中《云南民族史》,云南大学出版社,1994年,第262页引),与《元史》记载不合,既称白蛮之寨,又言摩娑蛮主,当有误。见下文。

十一月辛卯(十六日),复遣玉律朮等使大理。丁酉(二十二日),师至白蛮打郭寨,其主将出降,其侄坚壁拒守,攻拔杀之,不及其民。庚子(二十五日),次三甸。辛丑(二十六日),白蛮送款。[1]

[1] 打郭寨、三甸今地不详,疑当在今鹤庆、洱源境。白蛮即李京《云南志略》所载白人,又作僰人,即今白族。

十二月丙辰(十二日),军薄大理城。[1]初,大理主段氏微弱,国事皆决于高祥、高和兄弟。[2]是夜祥率众遁去,命大将也古及拔突儿[3]追之。帝既入大理,曰:"城破而我使不出,计必死矣。"己未(十五日),西道兵亦至,[4]命姚枢等搜访图籍,乃得三使尸,既瘗,命枢为文祭之。[5]辛酉(十七日),南出龙首城,[6]次赵睑。癸亥(十九日),获高祥,斩于姚州。留大将兀良合带戍守,以刘时中为宣抚使,[7]与段氏同安辑大理,遂班师。[8]

[1] 《仁义道济大师墓碑铭》作"十三日兵至大理"(见王云、方龄贵选编《大理五华楼新发现宋元碑刻选录》,1980年8月昆明油印本)。

[2] 屠寄《蒙兀儿史记》:"时大理国主段兴智驻别都鄯阐(今云南会城),权臣高泰祥留守。"按:屠说未举证,不可信。明杨慎《滇载记》载:"【段】兴智以元宪宗元年立,改元天定。壬子岁,元忽必烈将兵击之,分三道进。……进薄大理。兴智及高太祥(泰祥)拒战,大败,兴智奔善阐,太祥就擒。"据此,段兴智应是在忽必烈军进围大理城时逃奔善阐(今昆明),并非此前就驻于善阐。高祥即高泰祥。按899年南诏国权臣郑氏篡位,后郑氏复被权臣赵氏篡夺,赵氏旋即被剑川节度使杨氏篡弑,国名三度改换。937年,通海节度使段思平灭杨氏,建大理国,至1251年段兴智继位,传二十二代。其间发生洱海地区贵族杨氏叛乱(1063),善阐贵族高智升出兵平叛,遂受封善阐侯,并任大理国相(布燮),势力从东部扩展到西部洱海地区,成为大理国最强诸侯,操控国政,以其子高升泰为善阐侯;后高升泰废段氏自立,临终遗嘱其子还位段氏,仍任国相,世袭,讫至高泰祥(元李京《云南志略》;尤中著《云南民族史》第六章第五节,云南大学出版社,1994年)。

[3] 《蒙兀儿史记》卷六七《忽必烈可汗本纪》改"大将也古"为"诸王也古",注"疑即合撒儿子"(即《宗室世系表》合撒儿长子淄川王也苦),误。据《宪宗本纪》,二年冬十月"命诸王也古征高丽"。而此前忽必烈已经起兵南下,故诸王也古不可能从征云南,《世祖纪》所载"大将也古",与合撒儿子同名非同人。本书卷九五《食货志·岁赐》有"也苦

千户,五户丝,丁巳年,分拨东平等处一千一百户"。李治安《元代分封制度研究》(中华书局,2007年,第508页)谓疑与《世祖纪》所载从忽必烈征云南之大将也古是同一人,是。拔突儿,屠氏改作"霸突鲁",当指木华黎孙霸突鲁,按本书卷一一九《木华黎传》附霸突鲁传称"从世祖征伐,为先锋元帅"。可证屠氏所改为是。拔突儿又作拔都儿。

[4] 方龄贵《忽必烈征大理史事新证——新出元碑〈故大理□□氏躬节仁义道济大师墓碑铭并序〉考释》(《思想战线》1987年第4期):"《元史·世祖纪》只记'西道兵亦至',而《平云南碑》作'东西道兵亦至',疑是。又据《元史·世祖纪》,似西道兵之至,在蒙古军已攻下大理忽必烈入城之后",但《兀良合台传》所记不同:'癸丑秋,大军自旦当岭入云南境。摩、些二部酋长唆火脱因、塔里马来迎降,遂至金沙江。兀良合台分兵入察罕章,盖白蛮也,所在寨栅,以次攻下之。……进师取龙首关,翊世祖入大理国城。'兀良合台乃西路军统帅,核以《平云南碑》及《故大理□□氏躬节仁义道济大师墓碑铭并序》,攻下大理乃在东西道兵既至之后,《世祖纪》所记不足据。"

[5] 方龄贵上引文谓忽必烈攻取大理的日期,《元史·世祖纪》、《世祖征云南碑》未有明确记载,以《故大理□□氏躬节仁义道济大师墓碑铭并序》证之,可知"忽必烈攻下大理城,在东西道兵刚刚赶到的十二月十五日当天傍晚"。被害三使者即前述之玉律朮、王君侯、王鉴。本书《世祖纪》至元十二年八月"授故奉使大理王君侯子如珪正八品官"。

[6] 标点本校勘记[二]:按本书卷一二一《速不台传》附《兀良合台传》有"取龙首关,翊世祖入大理城",与《元文类》卷四一《经世大典序录·征伐》所载相符。龙首即上关,在大理北;龙尾关即下关,在大理南。此言入大理后南出下关,即南出龙尾。"首"字误,当作"尾"。页77。

[7] 刘时中生平事迹不详,当亦忽必烈王府谋士。

[8] 程钜夫《平云南碑》记载忽必烈从云南班师在甲寅年(1254)春。此处记在癸丑年末,误。

岁甲寅(1254),夏五月庚子(二十九日),[1]**驻六盘山。**

[1] 按藏文史籍《萨迦世系史》(藏文本第167—168页;汉译本第118—119页)载,八思巴从凉州回乌思藏受比丘戒,行至朵甘思,得悉其授戒师已故,乃返回,与从云南班师的忽必烈相遇,遂随忽必烈回汉地,驻于"汉蒙交界处一大河边的The-le地方"。而同书记载忽必烈于阳木虎年(甲寅,1254)仲夏月(五月)九日颁赐给八思巴的藏文诏书('Ja'-sa Bod-yig-ma)"写于东方汉藏交界之处"。时在忽必烈回驻六盘山之前二十日,可见其回汉地驻所并颁赐此令旨的地点应在从云南班师途中所驻的"汉(指原金朝国境)藏交界处",亦即1253年忽必烈从临洮进兵所驻之"忒剌"(时在回到六盘之前二十日),上文"汉蒙(rGya-Hor)交界处"应订正为"汉藏(rGya-Bod)交界处"。

六月,以廉希宪为关西道宣抚使,[1]**姚枢为劝农使。**

[1] 元明善撰《廉希宪神道碑》(《元文类》卷六五)作"京兆宣抚使"。本书《姚枢传》称征大理班师后,姚枢请留关中养病,遂命掌劝农。按"关西"泛指函谷关以西(含

关、陇）地域，未见有"关西道"的政区建置。金时置于关中者为京兆府路，应以廉希宪碑所载为准。

秋八月，至自大理，驻桓、抚间，复立抚州。[1]

　　[1]　按：金卫绍王大安三年（1211）成吉思汗大举攻金，金平章独吉千家奴、参政胡沙奉旨行省事备边；蒙古大将木华黎、哲别攻克金西京路北部京诸城，进围抚州，千家奴、胡沙自抚州退军，金军与蒙古军激战野狐岭，大败（《金史·卫绍王本纪》《元史·木华黎传》）。后丘处机应成吉思汗召赴西域，《长春真人西游记》载其辛巳年（1221）二月北度野狐岭，北过抚州，东北过盖里泊，于此"始见人烟二十余家"，可知此时抚州已无人烟（见王国维《长春真人西游记校注》）；张德辉于丁未年（1247）奉忽必烈征召北上蒙古，其《纪行》（王恽《秋涧集》卷一〇〇）载："出德胜口，抵扼胡岭（野狐岭），……由岭而上则东北行，……寻过抚州，惟荒城在焉。"可见抚州在蒙古攻金之初毁于战火，长期荒废。忽必烈移驻漠南，立幕桓、抚两州间地带，征大理班师后即着手驻地建城设治，遂恢复抚州建置，命潜邸侍臣赵炳为抚州长，"城邑规制，为之一新"（《元史》卷一六三《赵炳传》）。

冬，驻爪忽都之地。
岁乙卯（1255），春，复驻桓、抚间。
冬，驻奉圣州北。[1]

　　[1]　汪辉祖《元史本证》卷一，证误一：案至元三年方降德兴府为奉圣州。此误。按：《辽史·地理志》西京道奉圣州条载：本唐新州，后唐置团练使，总山后八军。石晋高祖（石敬瑭）割献于辽，辽太宗改升奉圣州武定军节度。金仍之，大安元年（1209）始改德兴府（见《金史·地理志》）。治所即今河北涿鹿。此处或系沿用辽金以来的旧名，或因世祖初即复为奉圣州，实录遂依此著录，并非错误。

岁丙辰（1256），春三月，命僧子聪卜地于桓州东、滦水北，城开平府，[1]**经营宫室。**

　　[1]　《元朝名臣事略》卷七《太保刘文正公》所录李槃撰《[刘秉忠]文集序》："上始建城市而修宫室，乃命公相宅。公以桓州东、滦水北之龙冈，卜云其吉，厥既得卜则经营，不三年而毕务，命曰开平，寻升为上都。"时人还流传"刘太保建都时，因地有龙池，不能干涸，乃奏世祖当借地于龙，帝从之。是夜三更雷震，龙已飞上矣。明日以土筑成基"（孔齐《至正直记》卷一"上都避暑"条）。本书《地理志》上都路条："中统元年为开平府。"则前此仅称开平，忽必烈即位后始有开平府建制。参见陈高华、史卫民合著《元代大都、上都研究》下篇第一章，中国人民大学出版社，2010年。

冬，驻于合剌八剌合孙[1]**之地。宪宗命益怀州为分地。**[2]

　　[1]　屠寄《蒙兀儿史记》卷七《忽必烈可汗本纪》注："华言黑城也。在盖里添上。"按蒙语常用合剌八剌合孙（Qara balaqasun，黑城）指废城。当时金西北路招讨司区内之

抚州毁于蒙金战争,成为荒城,旧桓州当亦废弃,惟盖里泺(《金史·地理志》抚州丰利县有盖里泺),据丘处机所见,尚有居民二十余家(见《长春真人西游记》),不应称为废城。屠寄之说无据。李文田《元史地名考》谓此合剌八剌哈孙"盖和林城之别名",尤误。此年忽必烈当仍驻桓、抚间,该地区尚有昌州,1247年张德辉《纪行》载:从抚州"北入昌州,居民仅百家,中有廨舍,乃国王(指木华黎)所建也;亦有仓廪,隶州之盐司。州之东有盐池,周广可百里,土人谓之狗泺,以其形似故也。州之北行百余里,有故垒隐然,连亘山谷,垒南有小废城,问之居者云,此前朝所筑堡障也,城有戍者之所居"。《金史·地理志》昌州条:"明昌七年(1196)以狗泺复置。"据《金史·食货志》,昌州狗泺为重要盐池,大定十一年(1171)以西京盐判宋俣言,更定狗泺盐场作六品使司,以俣为使。可见昌州当因系盐业重地而在蒙金战争中免遭破坏,并成为蒙古大帅的驻地(故址在今九连城诺尔西,北距太仆寺旗南之金界壕遗址恰约百里),亦不当称废城。故此处冬季所驻之合剌巴剌哈孙疑指抚州故城(今仍称喀喇巴尔哈孙)。元上都西南另有一"黑城",吴澄撰《董忠宣公[士选]神道碑》载,至元十四年"扈驾幸黑城";本书卷一六六《蔡珍传》亦载同年冬"扈驾驻黑城"。此黑城或即《明一统志》上都城条下所记"白城"(察罕脑儿行宫)西南九十里的"黑城"。审其方位,或与王恽《中堂事记》所载中统二年前往开平,由宣德州(今河北宣化)至察罕脑儿中途所经金定边城故址相符。

[2] 此处"怀州"(今河南沁阳)应为"怀孟州",姚燧撰《姚枢神道碑》即载忽必烈所受增益之分地为怀孟。本书《地理志》怀庆路条:"宪宗六年,世祖在潜邸,以怀孟二州为汤沐邑。"钱大昕《二十二史考异》(卷八八元史地理志怀庆路条)谓:"中统五年《重立孟州三城记》称'河南甫定,孟犹边鄙,户籍仍稀,为怀所并',盖太宗初定中原,以孟州地并于怀,故[地理志]有'行怀孟州事'之称。《曷思麦里传》云:岁壬辰(1232),授怀孟州达鲁花赤,乙卯(1255)卒,子密里吉复为怀孟达鲁花赤,是其证也。予家藏中统元年《祭济渎记碑》,后列'宣授怀孟州达鲁花赤密里及,宣授怀孟州总管覃澄,提领怀孟州课税所官石伯济'名。碑立于世祖初,尚称(怀孟)州而不称路。"据此,元志下文"(宪宗)七年,改怀孟路总管府"亦有误。中华书局点校本《元史》校勘记据《考异》指出《地理志》"怀孟二州"之"二"字衍。又,本书《食货志·岁赐》载:"世祖次子裕宗子顺宗子武宗,丁巳年分拨怀孟一万一千二百七十三户。"据此则忽必烈实得增益怀孟州分地应在宪宗七年。史载宪宗分封中原食邑年代有壬子与癸丑(1252—1253)、丙辰与丁巳(1256—1257),相邻的二年实为同一次。参见李治安《元代分封制度研究》修订版中华书局,2007年,第53页。

岁丁巳(1257),春,宪宗命阿蓝答儿、刘太平会计京兆、河南财赋,大加钩考,[1]其贫不能输者,帝为代偿之。

[1] 阿蓝答儿,据拉施都丁《史集》(第二卷余大钧、周建奇汉译本第241页),系蒙哥大汗廷之必阇赤(bichikchi);《元朝名臣事略·平章廉文正王》引廉希宪《家传》称之为"贵强相",王恽撰《史天泽家传》(《秋涧集》卷四八)称其"左丞相",则所任即大必阇赤。刘太平当亦为汗廷侍臣。《蒙兀儿史记》卷七《忽必烈汗本纪》谓"蒙格汗嘉汗平大理功,以关中户寡,益怀孟为分地。于是地广权重,亲贵多忌之,或谓汗深得汉土人心,财赋尽入王府,恐枝大于本,不利朝廷。蒙格汗惑其言,丁巳,命阿蓝答儿、刘太平行尚书省事于

京兆,置局钩考陕西、河南钱谷,大开告讦,志倾藩邸。"按：向蒙哥告发忽必烈者或为"宗亲"(见姚燧撰《谭澄神道碑》,《牧庵集》卷二四),或为掌管汉地财赋的"奸臣"(见《元朝名臣事略·内翰窦文正公》),其言为"王府得中土心"(见《元朝名臣事略·平章廉文正王》引《家传》),"王府人多擅权为奸利事"(见姚燧《姚枢神道碑》)。于是"阿兰答儿以丞相行省事,刘太平以参知政事佐之,钩校括索,不遗余力；又取诸路酷吏分领其事,复大开告讦"(廉希宪《家传》),"置局关中,惟康经略、宣抚官吏,下及征商无遗,罗以百四十二条,曰：'俟终局日,入此罪者,惟刘(刘黑马)、史(史天泽)两万户以闻,余悉不请以诛。'"(见《姚枢神道碑》；姚燧撰《谭澄神道碑》所载略同)。阿兰答儿、刘太平"性资狠愎,恣为威酷,盛暑械人炽日中,顷刻即死","开导告讦,横生罗织,官吏望风畏遁,死于威恐者二十余人"(《元朝名臣事略》卷一一《枢密赵文正公【良弼】引《墓碑》)。参见陈得芝《忽必烈与蒙哥的一场斗争——试论阿兰答儿钩考的前因后果》,《元史论丛》第一辑,1982年。

冬十二月,入觐于也可迭烈孙[1]之地,议分道攻宋,以明年为期。[2]

[1]《蒙兀儿史记》卷七《忽必烈可汗本纪》注："义谓大平川,即宪宗纪'玉龙栈'。"按：也可迭烈孙为蒙语 Yeke deresun(deresun 即芨芨草,生长于盐碱地带的牧草),明岷峨山人《译语》载："极北则平地如掌,黄沙白草,弥望无垠。……虏酋号小王子者居于此,名曰可可的里速,犹华言大沙窝也。"蒙语大为 yeke,此处之"可可"应为"也可"之误。据明叶盛《边奏存稿》卷三,景泰四年(1453)十月边防官报告其所差哨探探得日前来到境外的"达子"系也先差来,称"大沙窝来,行走四日到边,见在墙外"。又,景泰六年三月,有被虏陕西边境军民,趁也先军驻营大沙窝时,各人想家出逃,"行走六日到边"。据此知大沙窝之地南距明宣府边墙马行四日或六日程,应位于今内蒙古苏尼特右旗境(或含苏尼特左旗南部)。其地在滦河上源西北,漠南地区北部,正当蒙哥从和林进兵漠南所经途中。据本书《宪宗本纪》,七年冬"帝度漠南,至于玉龙栈。忽必烈及诸王阿里不哥……等来迎,大燕"。李文田《元史地名考》谓玉龙栈当即《世祖纪》之也可迭烈孙。按也可迭烈孙系大地区名,玉龙栈应为其中某处地点("玉龙"疑为蒙语 örön［帐幕中心设灶处］或 oron［座位,营盘］)。

[2]《宪宗本纪》记载到玉龙栈迎接的诸王有忽必烈、阿里不哥及蒙哥子八里土［班秃］、玉龙塔失、昔里吉,旭烈兀子出木哈儿等拖雷家族成员,除商议攻宋外,可能还有针对忽必烈的指责。蒙哥即位后,将西征事全权委付旭烈兀,南征事全权委付忽必烈,自己一直在漠北,第七年决定亲征南宋,当系出于对忽必烈的疑忌。拉施都丁《史集·蒙哥合罕纪》详细记载了征宋右翼军(蒙哥自统)和左翼军的诸王及主要将领,以塔察儿(成吉思汗幼弟斡赤斤之孙)为左翼统帅。据载,在商议征宋的会上,别里古台说："忽必烈已经出征过一次,如今他正患脚疾,若蒙圣旨,他就可以回家去了"(余大钧、周建奇汉译本,第268页)。这种说法十分可疑,因为忽必烈从大理班师已有三年,一直在漠南金莲川休养生息,并无不能统军的大病。汉文史料透露了排斥忽必烈的真实原因,姚燧撰《谭澄神道碑》载,忽必烈治理京兆、河南和邢州卓有成效,"中侯屯庶翕然归心。岁丁巳,宗亲间之,遂解兵柄他王"。丁巳冬的玉龙栈诸王会议,正是在矛头针对忽必烈的阿蓝答儿钩考时期,忽必烈被解除了兵权,所以按理应由他担任征宋左翼统帅,却改任东道诸王塔察儿。

岁戊午（1258），冬十一月戊申（初三），祃牙于开平东北，是日启行。[1]

[1] 从上年阿蓝答儿钩考，忽必烈军权被削夺，到戊午年冬重新起用他为征宋左翼军统帅，赋闲历时约两年。《姚枢神道碑》记载，忽必烈闻阿蓝答儿罗织罪名迫害陕西宣抚司、河南经略司官吏，不乐，姚枢劝说："帝，君也兄也；吾，弟且臣，事难与较，远将受祸。未若尽是邸妃、王以行，为久居谋，疑将自释，复初好矣。"忽必烈犹豫多日，终于接受姚枢意见，"先遣使以来觐告，时帝在河西，闻不信之，曰'是心异矣'，曰'来诈也'。再使至，诏许。驰二百乘传弃辎重先及见，天颜始霁"，会宴时兄弟敬酒再三，"帝泫然，上（忽必烈）亦泣下，竟不令有所白"，于是罢钩考，并废忽必烈所置陕西宣抚、河南经略等司。碑谓此时蒙哥在"河西"，据《宪宗纪》，八年（1258）二月由东胜渡河，四月驻六盘山，忽必烈前往觐见应在其时，使蒙哥的疑忌有所缓解。此时塔察儿所统左翼军进展不利，攻襄樊被宋将高达击退，攻两淮被夏贵击退，拉施都丁《史集·忽必烈合罕纪》亦载蒙哥统兵亲征南宋时，宣布忽必烈有腿病，命他"留在家中静养"；"一年后，塔察儿及左翼诸宗王远征南家思无功而还"，蒙哥乃颁谕称"忽必烈奏告'腿病已愈，怎能坐视蒙哥合罕出征，而自己家居休息'，今可让他率领塔察儿的军队向南家思边境推进"。把无奈起用忽必烈粉饰成忽必烈自己请战。忽必烈奉旨于十一月初三（1258 年 11 月 30 日）祭旗出兵。

岁己未（1259），春二月，会诸王于邢州。[1]

[1]《史集·蒙哥合罕纪》记载征宋左翼军诸王有塔察儿，移相哥（合撒儿子），察忽剌（哈赤温子按只吉歹之子）。

据王恽《太一五祖演化贞常真人行状》："己未春，上（忽必烈）南巡，驻跸淇右，重师（李居寿）之请，幸所居万寿宫。"（《秋涧集》卷四七）又，《清跸殿记》："迨己未春，銮辂南驾，次牧之野。时师（萧辅道）仙游已邈，上（忽必烈）以隐居所在，特枉驾来幸，周览殿庑，仪享丈室，询慰宿昔者久之。所以钦悒真风，怀思不忘，且从五代嗣师居寿之请也。"（《秋涧集》卷三八）清跸殿为万寿宫的一殿。万寿宫，在淇水之西，卫州汲县（今河南卫辉市）境内。由此知，会诸王后，忽必烈路经卫州而南下。

夏五月，驻小濮州，[1]**征东平宋子贞、李昶，访问得失。**[2]

[1] 本书《宋子贞传》载"世祖南伐，召子贞至濮"，《李昶传》载"世祖伐宋，次濮州，闻昶名，召见"。《金史·地理志》：大名府路濮州，治鄄城（今山东鄄城北）。但《世祖本纪》作"小濮州"，疑非同地。《畿辅通志》卷四七谓开州（即金代开州，治所今河南濮阳）东南之古定镇俗称小濮州，忽必烈所驻或即此小濮州。

[2] 宋子贞、李昶，本书皆有传，并参见《元朝名臣事略》卷一〇、一二。据《蒙兀儿史记》卷八五《宋子贞传》："汗（忽必烈）善其（宋子贞）言，既入宋境，下令三百里内禁摽杀。"宋子贞等的建议对忽必烈当颇有影响。

秋七月甲寅（十二日），次汝南，[1]**命大将拔都儿等前行，备粮汉上，戒诸将毋妄杀。**[2]**命**

杨惟中、郝经宣抚江淮，[3]必阇赤孙贞督军须蔡州。有军士犯法者，贞缚致有司，白于帝，命戮以徇，诸军凛然，无敢犯令者。

[1] 汝南，今河南汝南县。

[2] 拔都儿，又作拔突儿、霸突鲁。本书《霸突鲁传》载："己未秋，（忽必烈）命霸突鲁率诸军由蔡伐宋，且移檄谕宋沿边诸将。"

[3] 郝经，传见本书卷一五七。郝经建议忽必烈："唯修德以应天心，发政以慰人望，简贤以尊将相，惇族以壮基图，抚殊俗，制外镇，以防窥窃，结盟保境，兴文治，饬武事，育英材，以培埴元气。藏器于身，俟时而动，则宋可图矣。"（《元朝名臣事略》卷一五《国信使郝文忠公》、本书《郝经传》）忽必烈"乃以杨惟中为江淮荆湖南北等路宣抚使，经为副，将归德军，先至江上，宣布恩信，纳降附"。（《郝经传》）

八月丙戌（十五日），渡淮。[1]辛卯，入大胜关，[2]宋戍兵皆遁。壬辰（二十一日），次黄陂。[3]甲午（二十三日），遣廉希宪招台山寨。比至，千户董文炳等已破之。[4]时淮民被俘者众，悉纵之。庚子（二十九日），先锋茶忽得宋沿江制置司榜来上，有云："今夏谍者闻北兵会议，取黄陂民船系筏，由阳逻堡以渡，会于鄂州。"帝曰："此事前所未有，愿如其言。"辛丑（三十日），师次江北。

[1] 据郝经《班师议》："至于汝南，既闻凶讣，即当遣使遍告诸师各以次还，修好于宋，归定大事，不当复进也，而遽进，以有师期。"（《郝文忠公陵川文集》卷三二）忽必烈在汝南期间（七月十二日至八月十五日）已得知蒙哥去世（据本书《宪宗纪》，蒙哥死于七月二十一日）。又，拉施都丁《史集》第二卷《忽必烈合罕纪》："蒙哥合罕染病去世。忽必烈合罕在淮河岸上获得他的死讯。他［忽必烈］与札剌亦儿部人安童那颜的父亲、木华黎国王的侄子霸都鲁那颜进行了商议，［宣告道］：'我们率领了［多得］像蚂蚁和蝗虫般的［大］军来到这里，怎能因为谣传便无所作为地回去呢。'于是他进兵南家思境内，突然袭击了他们的军队，捕获了［他们的］哨望者。［随后］，他用树皮和榆树皮合在一起做成了［木筏］，渡过了宽达一程、流动如海的长江，围攻了大城鄂州。"（汉译本，第289页。）可见忽必烈一方面需依照先前策划与兀良合台会师（"有师期"），一方面渴望建功立业，所以闻蒙哥死讯之后仍渡淮继续南征。

[2] 大胜关，在今河南罗山县南。

[3] 黄陂，在今湖北武汉市北部。南宋时属淮南西路黄州，为上县，治青山矶（见《宋史》卷八八《地理志四》）。

[4] 台山寨，在今湖北红安县北天台山上。董文炳，董俊长子，传见本书卷一五六。郑鼎先攻台山寨，俘虏胡知县，乘胜冒进，被伏兵袭击，忽必烈将其召回（见本书《郑鼎传》）。董文炳继攻，部下刘思敏先登，中流矢（见本书《刘思敏传》），"（董）文炳驰至寨下，谕以祸福，不应，文炳脱胄呼曰：'吾所以不极兵威者，欲活汝众也，不速下，今屠寨矣。'"于是守军投降（见本书《董文炳传》）。参见陈世松等《宋元战争史》，第159页。

九月壬寅朔（初一），亲王穆哥[1]自合州钓鱼山遣使以宪宗凶问来告，且请北归以系天下之望。帝曰："吾奉命南来，岂可无功遽还？"甲辰（初三），登香炉山，[2]俯瞰大江，江北曰武湖，湖之东曰阳逻堡，[3]其南岸即浒黄洲。[4]宋以大舟扼江渡，帝遣兵夺二大舟。是夜，遣木鲁花赤、张文谦等具舟楫。[5]乙巳（初四）迟明，至江岸，风雨晦冥，诸将皆以为未可渡，帝不从。遂申敕将帅扬旗伐鼓，三道并进，天为开霁。与宋师接战者三，杀获甚众，径达南岸。[6]军士有擅入民家者，以军法从事。凡所俘获，悉纵之。丁未（初六），遣王冲道、李宗杰、訾郊招谕鄂城，比至东门，矢下如雨，冲道坠马，为敌所获，宗杰、郊奔还。[7]帝驻浒黄洲。己酉（初八），抵鄂，屯兵教场。庚戌，围鄂。壬子（十一日），登城东北压云亭，[8]立望楼，[9]高可五丈，望见城中出兵，趣兵迎击，生擒二人，云："贾似道率兵救鄂，[10]事起仓卒，皆非精锐。"遂命官取逃民弃粮，聚之军中，为攻取计。[11]戊午（十七日），顺天万户张柔兵至。大将拔突儿等以舟师趋岳州，[12]遇宋将吕文德自重庆来，拔都儿等迎战，文德乘夜入鄂城，守愈坚。[13]

[1] 又作末哥，睿宗拖雷第九子（见本书卷一〇七《宗室世系表》），一作第八子（见《史集》第二卷《成吉思汗的儿子拖雷汗传》）。

[2] 《大明一统志》卷五九汉阳府山川条："香炉山。在府城西九十里，以形似名。元世祖南征，尝驻此。"顾祖禹《读史方与纪要》卷七六湖广二汉阳府香炉山条："府西九十里，以形似名。宋开庆初蒙古忽必烈取道黄陂，登香炉山俯瞰大江。《一统志》云'即此山也。'"此说误。原因有三：第一，其时忽必烈曾"临江阅战"，登临处必当距大江不远。而汉阳香炉山至长江的直线距离约近三十里，不能俯瞰大江；那段长江是嘉鱼县簰洲大弯道，与阳逻堡毫不相干，绝非蒙古军强渡之处。第二，忽必烈九月三日登香炉山观察形势，当晚作了渡江准备的布置。次日清晨抵达江岸，开始渡江战斗。若此山在汉阳西南九十里，即使忽必烈日夜兼程，也难以到达。第三，忽必烈于八月丙戌渡过淮河，壬辰到达黄陂，庚子得宋沿江制置司榜文，便决定从阳逻堡渡江攻鄂。辛丑即三十日"师次江北"。当时汉阳还为宋军驻守，贾似道后来奉命援鄂，即驻兵汉阳。忽必烈到汉阳香炉山查看渡江形势，既无必要也不可能。应以《嘉庆大清一统志》卷三四一"关隘"、同书《汉阳府图》，及《（民国）湖北通志》卷六"山川"所载、绘的，阳逻北五里之香炉山之说为宜。参见匡裕彻《宋元战争中几个地名的考证》，载《江汉论坛》1987 年 03 期，第 73 页。

[3] 阳逻堡，今湖北新洲县西南阳逻镇。

[4] 浒黄洲，今鄂州市葛店东北约五里江滨之白浒镇。白鹿矶和浒黄洲乃是同一地名，位于神人山下，明代成一小镇，各取其首字名曰白浒镇。顾祖禹《读史方舆纪要》卷七六湖广二浒黄洲镇条："府北三十里。为江渚登涉之所，郡北面之要隘也。亦曰白浒镇，有巡司戍守。"同卷湖广二阳逻镇条："（阳逻）堡南岸即江浒黄洲。"然阳逻对江即今武汉洪山区建设乡黎明村，中无沙洲，也无叫浒黄洲的地方，顾说误。参见匡裕彻《宋元战争中几个地名的考证》。

[5] 张文谦，传见本书卷一五七。[元]佚名撰《宋史全文》卷三六开庆元年八月壬子条："时鞑国兵大入，值沿江制副征鱼湖利虐甚，渔人献舟于北，遂自黄州沙武口透渡江南，中外震动。"《宋史》卷四七四《丁大全传》亦载："初，（丁）大全以袁玠为九江制置副使，玠贪且刻，逮系渔湖土豪，督促输钱甚急。土豪怒，尽以鱼舟济北来之兵。"可知蒙古军很多船只为沿江渔人所献。又，姚燧《荣禄大夫江淮等处行中书省平章政事游公神道》

载："大军至黄陂，责中书纳罕资取敌舟，公（游显）言：'斯人傲忽于事，恐既集者不严守警，将复散走。'而果然。俾公治别帖万户战舟，而篙师不足，公曰：'江南之民，居多濒水，无不能操舟者。'尽前俘壮士立两帜下，令能右否左，得九百人，遂济江。"（《牧庵集》卷二二）按，"中书纳罕"即粘合南合，粘合重山之子，曾任江淮安抚使，1238 年嗣父职为行军前中书省事。参见本书卷一四六《粘合南合传》。由此知，蒙古军中很多船夫为被俘宋人。

［6］《宋史全文》亦载"是日（乙巳），蒙古犯浒黄州，攻围鄂渚"。渡江时，忽必烈军中张宏、董文炳兄弟、郑鼎、张荣实、张禧、苫彻拔都儿等踊跃争先，突破宋军防守，大军得以渡江。《济南路大都督张公行状》："上（忽必烈）视师江北岸，小山公（张宏）进言：'彼宋舟师虽众，我以四百艘可必取之，请偕水军先济江。'许之。夺其大舡名白鹞者一，大战江中，连胜，我师增气。其偏将以二百艘直抵南岸，宋师奔溃。"（《元文类》卷五〇）本书卷一五六《董文炳传》："宋兵筑堡于岸，陈船江中，军容甚盛，文炳请于世祖曰：'长江天险，宋所恃以为国，势必死守，不夺其气不可，臣请尝之。'即与敢死士数十百人当其前，率弟文用、文忠，载艨艟鼓棹疾趋，叫呼毕奋。锋既交，文炳麾众趋岸搏之，宋师大败。"本书卷一四八《董文用传》："九月，世祖临江阅战，文炳求先进战，文用与文忠固请偕行，世祖亲料甲胄，择大舰授之，大破宋师。"本书卷一五四《郑鼎传》："秋九月，帝（忽必烈）驻跸江浒，命诸将南渡，先达彼岸者，举烽火为应，（郑）鼎首夺南岸，众军毕渡。"本书卷一六六《张荣实传》："宋兵十万、舟二千迎战，横截江水。帝以荣实习于水，命居前列，遂取轻舟率麾下水校鏖战北岸，获宋大船二十，俘二百，溺死不可胜计，斩宋将吕文信。"本书卷一六五《张禧传》："济江，与宋兵始接战，即擒其一将。"本书卷一二三《苫彻拔都儿传》："岁己未，世祖伐宋，募能先绝江者，苫彻拔都儿首应命，率众逼南岸。"《宋史》、《宋史全文》言贾似道报告蒙古军自沙武口渡江，情理不合，或非言忽必烈所率主力。

［7］本书卷一二三《苫彻拔都儿传》载："（忽必烈）诏苫彻拔都儿与脱欢领兵百人同宋使谕鄂州使降，抵城下，鄂守将杀使者以军来袭。"

又据本书卷二〇二《释老传》："当至元十三年，世祖已平江南，遣使召之（张宗演）。至则命廷臣郊劳，待以客礼。及见，语之曰：'昔岁己未，朕次鄂渚，尝令王一清往访卿父（张可大），卿父使报朕曰：后二十年天下当混一。神仙之言验于今矣。'"忽必烈曾派王一清寻访龙虎山正一天师张可大，问天下混一之事。至武昌后，又派王一清前去招降南宋守将，却被守将张胜"执而杀之"（郝经《宿州与宋国三省枢密院书》，《郝文忠公陵川文集》卷三七）。王一清可能即为王冲道。

［8］［宋］祝穆撰《方舆胜览》载："压云亭，在黄鹤山椒。"（《方舆胜览》卷二八《鄂州》）黄鹤山又名黄鹄山，即今湖北武汉市武昌区蛇山。郝经诗《压云亭》言："重岭缭郭峻，高亭下临鄂。艨艟断江流，甲骑蹙城脚。拒命始进攻，铁匝长围合。顾已无头陀，径欲椎黄鹤。"（《郝文忠公陵川文集》卷三）按黄鹤山在武昌西南，忽必烈当初至武昌东北修建望楼督战，后移驻黄鹤山。

［9］姚燧《中书左丞姚文献公神道碑》载："（忽必烈）驻兵，结层楼，蒙以皋比，日居其上。（《牧庵集》卷一五）"

［10］贾似道，传见《宋史》卷四七四，时为京西湖南北四川宣抚大使、都大提举两淮兵甲、湖广总领、知江陵府（见《宋史》卷四四《理宗四》）。忽必烈攻鄂州，军情危急，宋理宗"以似道军汉阳，援鄂"（《宋史·贾似道传》）。

[11] 刘一清《钱塘遗事》卷四阴许岁币条："北兵之围鄂也,城危在顷刻。都统张胜登城谕之曰:'城子已是你底,但子女金帛皆在将台,可从彼去。'北兵尽东。胜于是焚烧城外民居,岿然一垒。外援至,悉力防守,遂克完城。"忽必烈军似乎因贪图子女金帛而错失攻城良机。

[12] 岳州,唐巴州,又改岳州,辖境今湖南洞庭湖东、南、北沿岸各市县地。郝经诗《巴陵女子行》序中言:"乙未秋九月,王帅渡江,大帅拔都及万户解成等,自鄂渚以一军舰上流,遂围岳。岳溃,入于洞庭,俘其遗民以归。"(《郝文忠公陵川文集》卷十)

[13] 吕文德,南宋寿州安丰(今安徽寿县西南)人。在淮东制置使赵葵军中累立战功。1259年,受任保康军节度使、四川制置副使兼知重庆府,六月二日,提兵入重庆。八月,兼任湖北安抚使,自重庆回师救鄂州(见《宋史》卷四四《理宗四》)。拉施都丁《史集》第二卷《忽必烈合罕纪》:"突然,城中[早先]派去攻打蒙哥合罕的一支军队,在他[蒙哥]死后,欢快地回来了。城民因这支军队归来有了指望。"邵循正《译释》注为:"此指吕文德自重庆以舟师来援也。"(汉译本,第290页)

冬十月辛未朔(初一),移驻乌龟山。甲戌(初四),拔突儿还自岳。[1]

[1] 乌龟山,其地未详。此月,鄂州战事激烈,双方均顽强作战。忽必烈谕张柔:"吾犹猎者,不能擒圈中豕,野猎以供汝食,汝可破圈而取之。"(张)柔乃令何伯祥作鹅车,洞掘其城,别遣勇士先登"(本书卷一四七《张柔传》),攻破鄂州东南隅,然而"宋人再筑,(蒙古军)再破之,赖高达率诸将力战"(《宋史》卷四七四《贾似道传》),蒙军始终未能得手。忽必烈见守军一夜之间以木栅环城,赞许贾似道才干,对扈从诸臣说:"吾安得如似道者用之?"(《元朝名臣事略》卷六《平章廉文正王》)又,本书《谢仲温传》载:"一夕,帝闻敌军欢噪,命警备,仲温奉绳床,帝凭其肩以行,至旦不能寐。"(本书卷一六九)可见忽必烈驻地去前线不远,故能亲临前线,掌握军情,指挥战斗。

十一月丙辰(十七日),移驻牛头山。兀良合带略地诸蛮,由交趾历邕、桂,抵潭州,闻帝在鄂,遣使来告。[1]**时先朝诸臣阿蓝答儿、浑都海、脱火思、脱里赤等谋立阿里不哥。**[2]**阿里不哥者,睿宗第七子,帝之弟也。于是阿蓝答儿发兵于漠北诸部,脱里赤括兵于漠南诸州,而阿蓝答儿乘传调兵,去开平仅百余里。**[3]**皇后闻之,使人谓之曰:"发兵大事,太祖皇帝曾孙真金**[4]**在此,何故不令知之?"阿蓝答儿不能答。继又闻脱里赤亦至燕,后即遣脱欢、爱莫干驰至军前密报,请速还。**[5]**丁卯(二十八日),发牛头山,声言趋临安,留大将拔突儿等帅诸军围鄂。**

[1] 潭州,辖区今湖南长沙、株洲、湘潭、益阳、浏阳、湘乡、醴陵等市县地。兀良合台军按蒙哥部署,自广西攻至长沙。王恽《大元光禄大夫平章政事兀良氏先庙碑铭》:"己未夏,宪宗遣使来谕旨,约明年正月与卿(按兀良合台)会于长沙。是秋,率四王兵三千、蛮爨万人,掠横山寨栅,辟老苍关,徇宋内地。宋陈兵六万人以俟,战尽殪。所至调兵旅拒,且战且行,自贵州踩象州,突入静江府,遂破辰沅,直抵潭州。……壁(潭州)城下者月余,闻世祖皇帝驻师鄂渚,寻遣曲里吉思将千人来援。"(《秋涧集》卷五〇)又《大元故广威将

军屯田万户聂公神道碑铭》载："其年（1259）冬，（忽必烈）命（聂祯）领千兵迎援大帅兀良合歹于长沙，水陆转战，备尝艰辛，竟达汉阳。"（《秋涧集》卷五八）

[2] 浑都海，蒙哥军入蜀时留守六盘山的大将。脱火思，《本证》卷三七证名一："脱火思，脱忽思。（见于本纪）至元元年、《廉希宪传》。"

[3] 本书卷一六三《赵炳传》载："己未，王师伐宋。未几，北方有警，括兵敛财，燕蓟骚动。"

[4] 真金，忽必烈嫡子，后封为皇太子，传见本书卷一一五。

[5] 拉施都丁《史集》第二卷《蒙哥合罕纪》："就在此时，从出卑（察必）哈敦和［她的］斡耳朵中的异密泰出台那颜和也苦那颜处来了名为脱欢和额不干的［两名］急使；他们［向他］报告了蒙哥合罕的死讯。当忽必烈合罕对这件事获得证实之后，就让军队停驻下来，举行了追悼会。"（汉译本，第272页）

又，《史集》第二卷《忽必烈合罕纪》："这时，来了察必哈敦的急使和她营中的异密太丑台和也苦，并带来消息说，从阿里不哥处来了大异密脱里赤和阿蓝答儿，正从蒙古［军］和札忽惕［军］中抽调侍卫军，而其原因不明，那支军队我们交不交给他呢？他们带来了一句隐约的谚语：大鱼的头被砍断了，在小鱼中除了你和阿里不哥以外，还剩下谁呢？你回来好不好？过了两天，又有急使从阿里不哥处来见忽必烈合罕禀报道：'我们是被派来请安和转达问候的。'他问他们说：'他把他所抽调出去的那些侍卫和军士派到哪里去了？'急使们回答说：'我们这些奴才们一点也不知道，显然［这是］谣传。'由于他们隐瞒此事，忽必烈便怀疑起来，想道：'如果他需要把这些军士派到某方面去，又何必隐瞒呢？其中可能有诡计。'于是他与霸都鲁那颜和兀良合台暗中进行了商议，［并说道］：'局势如此，还不知道阿里不哥对我们有何图谋，你们两人带着一部分军队留在这里，等我先从乞台边境哈剌沐涟河回去，弄清情况以后给你们送消息来。'就这样作出了决定。"（汉译本，第290—291页）

忽必烈大臣多劝解班师，廉希宪启曰："殿下太祖嫡孙，先皇母弟，前征云南，克期抚定，及今南伐，率先渡江，天道可知。且殿下收召才杰，悉从人望，子惠黎庶，率土归心。今先皇奄弃万国，神器无主，愿速还京，正大位以安天下。"（本书卷一二六《廉希宪传》）董文用"公从世祖围鄂，闻宪宗登遐，犹欲待城破，公一日三谏，以神器不可久旷，宜俟登位后，以一偏师来，即了江南事"。（《元朝名臣事略》卷一四《内翰董忠穆公》）十一月二日，郝经上《班师议》："宋人方惧大敌，自救之师虽则毕集，未暇谋我。第吾国内空虚，塔察国王与李行省肱髀相依，在于背胁；西域诸胡窥觎关陇，隔绝旭烈大王；病民诸奸各持两端，观望所立，莫不觊觎神器，染指垂涎。一有狡焉，或启戎心，先人举事，腹背受敌，大事去矣。且阿里不哥已行赦令，令脱里赤为断事官、行尚书省，据燕都，按图籍，号令诸道，行皇帝事矣。虽大王素有人望，且握重兵，独不见金世宗、海陵之事乎！若彼果决，称受遗诏，便正位号，下诏中原，行赦江上，欲归得乎？……愿殿下以祖宗为念，以社稷为念，以天下生灵为念，奋发干刚，不为需下，断然班师，亟定大计，销祸于未然。先命劲兵把截江面，与宋议和，许割淮南、汉上、梓夔两路，定疆界、岁币。置辎重，以轻骑归，渡淮乘驿，直造［燕］都，则从天而下，彼之奸谋僭志，冰释瓦解。遣一军逆蒙哥罕灵舆，收皇帝玺。遣使召旭烈、阿里不哥、摩哥及诸王驸马会丧和林。差官于汴京、京兆、成都、西凉、东平、西京、北京，抚慰安辑；召太子镇燕都，示以形势。则大宝有归而社稷安。"（《郝文忠公陵川文集》卷三二）

而忽必烈军中，已经粮食缺乏（见本书卷一六九《谢仲温传》），"且诸军疾疫已十四五"（郝经《班师议》），此时更有察必遣使劝归，忽必烈决议北归。

闰月庚午朔（初一），还驻青山矶。[1]辛未（初二），临江岸。遣张文谦还谕诸将曰："迟六日，当去鄂退保浒黄洲。"命文谦发降民二万北归。宋贾似道遣宋京请和，命赵璧等语之曰："汝以生灵之故来请和好，其意甚善，然我奉命南征，岂能中止。果有事大之心，当请于朝。"[2]是日，大军北还。己丑（二十日），至燕。[3]脱里赤方括民兵，民甚苦之。帝诘其由，托以宪宗临终之命。帝察其包藏祸心，所集兵皆纵之，人心大悦。[4]

[1] 青山矶，在今湖北武汉市武昌东北二十五里大江滨。

[2] 据《宋史》卷四七四《贾似道传》，贾似道前后两次求和。十一月，鄂州城中死伤一万三千人，"似道乃密遣宋京谒（忽必烈）军中请称臣，输岁币，（忽必烈）不从"；第二次，贾似道得知蒙哥死讯，"似道再遣京议岁币，遂许之"。实际上，忽必烈匆忙班师，使者赵璧骤还，贾似道此时也移师黄州（见《宋史全文》卷三六），不在城内，于是和议而未成。本书《赵璧传》载："兵围鄂州，宋贾似道遣使来，愿请行人以和，璧请行。世祖曰：'汝登城，必谨视吾旗，旗动，速归可也。'璧登城，宋将宋京曰：'北兵若旋师，愿割江为界，且岁奉银、绢匹两各二十万。'璧曰：'大军至濮州时，诚有是请，犹或见从，今已渡江，是言何益！贾制置今焉在耶？'璧适见世祖旗动，乃曰：'俟他日复议之。'遂还。"

[3] 忽必烈行程匆忙，从鄂州前线到燕京，仅用十九天。闰十一月初十前后，经过汴梁，高丽太子王倎专程在汴梁迎接忽必烈，忽必烈遇王倎之后，惊喜曰："高丽荒远之邦，今我北归，将继大统，彼其世子自来归我，天赞我也。"（李齐贤《上征东省书》，《东文选》卷六一）相遇之后，忽必烈、王倎一起回燕京。

[4] 早在忽必烈到达开封时，已派急使劝阻阿里不哥括民兵。拉施都丁《史集》第二卷《忽必烈合罕纪》："忽必烈到达哈刺沐涟河畔的南京城，确知脱里赤与阿蓝答儿曾来征索军队并对蒙古人和札忽惕人施加暴力以后，便派遣急使去对阿里不哥[说]：'你把战士们从蒙古人的家里和札忽惕人地区中抽走，这是不合适的，你从各地拿走的财产和牲畜可归还战士们，并把战士们还给我们，还给曾经跟随过我的军队，还给塔察儿、也松格、纳邻合丹和左翼军，并还给[早先]随着蒙哥合罕出征，而现在在末哥、合丹、阿速带、章秃合右翼诸异密处的右翼军，[把战士们交还我们以后]，我们就可安排好交通工具、粮食和武器，结束对南家思[的战事]——[忽必烈]就这样通知了[阿里不哥]。'"（汉译本，第291页）

是冬，驻燕京近郊。

（本文作者分别为南京大学元史研究室/民族与边疆研究中心博士研究生、教授）

《元朝名臣事略》史源探讨

周清澍

提　要：《元朝名臣事略》是元末苏天爵私修的本朝名臣传记，传文辑录自行状、家传、碑文、墓志及时人文集等第一手资料，部分已佚篇章仅存于此书。由于苏天爵对辑文作者皆讳本名，而以字号、里贯、官称、谥号代替，为此本文逐一考订引文的作者是谁、在当时文坛的地位、有何著作、与传主的关系等，并追溯引文的存佚情况，存者现存何书、何地（石刻、方志），原文篇名及与《事略》引文的异同等，有助于研究者充分认识本书的史料价值，以便于参考和利用。

关键词：元朝名臣事略　苏天爵

三十年前，我分工写《大百科全书》中《元朝名臣事略》这一词条，对这部篇幅不大的书稍有研究。全书虽仅收录47人，但都是元朝的重要人物，所据史料皆忠实引用原文，其作者多是翰林院官员、当时知名文人，他们部分人虽有文集，但多已失传，至于没有文集的人，元末时各种"家乘志铭不能家至而徧知"，幸亏苏天爵勤于搜罗得以保存。《元朝名臣事略》不仅保存了珍贵史料，而且保存了许多元代有代表性作家的文学作品。苏天爵出于对前辈的尊重，讳用真名，而以某公代替，致使某些作家湮没不彰。写词条时，我曾试图清理全书，有哪些篇章仅存于本书？所谓某公指的是何人？近读孟繁清先生《韦轩李公考》，对《元朝名臣事略》的价值体会甚深，他从考据引文作者出发，发掘出以往被忽略的重要历史人物、作家和作品。受此启发，愿将三十年来积累的资料整理出来，供同行参考并请指正。

卷一之一　太师鲁国忠武王木华黎

太常元公撰《世家》

太常元公撰《世家》是这篇传记的基本史料。太常元公即元永贞。元永贞，《元史》等书无传，其生平不详。唯有《元史·泰定帝纪》载，泰定帝即位，弑杀英宗和丞相拜住的铁失等人被诛之后，时任礼部员外郎的元永贞进言："铁失弑逆，皆由铁木迭儿始祸，请明其罪，仍录付史馆，以为人臣之戒。"[①] 此后元永贞曾出任江东建康道肃政廉访司副使，分按太平、池州等路。[②]

安童之子兀都台曾任大司徒太常礼仪使。延祐二年（1316）其子拜住继任太常礼仪

---

①　《元史》卷二九《泰定帝一》二年九月丁丑，第660页。

②　黄溍《承务郎富阳县尹致仕倪公墓志铭》，《金华黄先生文集》卷三二，叶26a；杨维桢《有元文静先生倪公墓碑铭》，《东维子集》卷二四，叶10a，以上皆四部丛刊初编本。

使。①苏天爵称元永贞为"太常元公"，《元文类》卷十五有元永贞《真定玉华宫罢遣太常乐仪》，说明他曾任职于太常礼仪院，是兀都台、拜住父子的下属同僚，与此家族有特殊关系，如钱大昕所说是"拜住门客"，因而由他撰写这部元代显赫世家的家传。曾代祀南岳的"奉常（即太常）亨之元公"可能就是他。②在拜住被逆臣刺杀后，他又挺身上言追究拜住的政敌——前右丞相铁木迭儿为"始祸"者，将其罪行"录付史馆"。

《世家》全名《东平王世家》，乾隆时尚存于世，钱大昕曾亲见此书，并著文介绍：③

> 元永贞《东平王世家》，卷首一叶，载"延祐四年九月初四日，拜住怯薛第二日，嘉禧殿里有时分，拜住司徒、阔阔觯平章将元永贞所撰东平王世家三卷进上"。

延祐四年，拜住加大司徒，仍领太常。④故称"拜住司徒"，《东平王世家》就是在这年由拜住等进呈的。

钱大昕还引用书中圣旨："奉圣旨交元复初作［序］，赵子昂写了刊行者。么道圣旨了也。"《东平王世家》是奉旨刊行的书，仁宗对"眷之甚厚"的文臣"以字呼之而不名"，元复初就是"以文章自豪"的元明善，当时任参议中书省事。赵子昂就是翰林学士承旨大书法家赵孟頫。⑤钱大昕还说："此书专为安童一支而作。"《元史》于木华黎、孛鲁、塔思、霸都鲁、安童传，多采此文。盖其书以刊刻得传，他贵族谱牒，兵乱皆付之煨烬矣。"《东平王世家》刊本虽流传到18—19世纪之交的清乾嘉时代，可惜钱大昕之后不再见于著录。

经《元朝名臣事略》节录而《元史》失采的文字自有其独具的史料价值。《东平王世家》是奉旨刊行并由赵孟頫书写的元刊本，如能再显于世，不仅有史料价值，而且是具有高度艺术欣赏价值的文物。

张匡衍撰行录

张匡衍不知何许人，不见于其他记载，《行录》是什么性质的书，全名是什么，皆不得而知。木华黎全篇共引八段，除一段作为正文外，其余皆作为夹注补充了正文所涉内容的具体史实和细节。如第一段，描述成吉思汗军由山后（燕山山脉以北）突袭山前，进围中都的过程，可补《圣武亲征录》、《史集》等书记载之缺。

牧庵姚公撰王兴秀神道碑

牧庵姚公即姚燧（1238—1313），字端甫，《元史》有传。三岁丧父，由伯父姚枢养育成长。十八岁时，始受学许衡于长安。至元八年（1271），许衡任国子祭酒教贵胄子弟，姚燧以旧弟子之一被召为伴读。十二年，始出任秦王府文学兼陕西四川等路儒学提举。十七年，迁陕西汉中道提刑按察副使。二十年，改山南湖北道。二十三年，奉召入京任翰林直学士。成宗元贞元年（1295），因修《世祖实录》，再召为翰林学士，与侍读高凝为总

---

① 黄溍《中书右丞相追封郓王谥文忠神道碑》，《金华黄先生文集》卷二四，叶3a。

② 朱思本《衡岳赋》，《贞一斋诗文稿·文》，叶35a，宛委别藏本。

③ 《十驾斋养新录》卷一三《东平王世家》，《嘉定钱大昕全集》柒，第356页，江苏古籍出版社，1997年。

④ 《中书右丞相追封郓王谥文忠神道碑》。

⑤ 《元史》卷一七二《赵孟頫传》，第4022页、卷一八一《元明善传》，第4173页；马祖常《翰林学士元公神道碑》，《元文类》卷六七，叶17b，四部丛刊初编本。

裁。在此前后历任大司农丞、江东廉访使、江西行省参知政事等职。武宗时仕至翰林学士承旨。①姚燧自号牧庵，故苏天爵称他为"牧庵姚公"。

《元史》称姚燧"为世名儒。为文闳肆该洽，豪而不宕"。"盖自延祐以前，文章大匠，莫能先之"。"当时孝子顺孙，欲发挥其先德，必得燧文始可传信"。"故三十年间，国朝名臣世勋，显行盛德，皆燧所书"。②姚燧的文章，生前就有人搜罗编辑，宁国路已有不全刊本。至顺三年（1332），他的门生翰林待制刘致（字时中），将姚燧的全集通过中书省移命江浙行省，用州县赡学余钱雇工刻板印行。主事人江浙等处儒学提举吴善是姚燧任翰林承旨时的下属，又与钱塘学者叶景修重加校雠，分门别类，总计有 689 篇，凡 50 卷。并作序说："我朝国初最号多贤，而文章众称一代之宗工者，惟牧庵姚公一人耳。"③

姚燧《牧庵集》明初尚见于《文渊阁书目》。④后刘昌拟刻《牧庵集》，"闻松江士人家有刻本，南北奔走，竟莫能致"。只得从《元文类》辑录，即清康熙汪立名刻《中州名贤文表》丛书中的八卷本，较《元文类》仅多出诗数首。⑤八卷本与北京图书馆所藏清初转钞的二卷本同是刘昌辑本，因书"前有昌天顺甲申跋"，说明早在天顺八年（1464）元本《牧庵集》已很难找到了。⑥乾隆时修《四库全书》，从《永乐大典》辑出 36 卷，又由武英殿聚珍版印行，商务印书馆出版的《四部丛刊》和《丛书集成》都是据武英殿聚珍版丛书影印或排印。

木华黎"事略"所引《王兴秀神道碑》尚存，原名《怀远大将军招抚使王公神道碑》。⑦

按察使赵瀋碑

在王兴秀碑之后又引此碑，在引文后苏天爵说："二碑皆姚公撰。"同是记载蒙古军攻占蠡州事，而所载事却不同。在两种说法无法统一的情况下，他采取这种并列的办法，供读者参考，这也反映了他处理史料的态度。

苏天爵将赵瀋碑原文选入他所编《元文类》，也收入辑本《牧庵集》。碑原名《提刑赵公夫人杨君新阡碣》，并非为赵瀋而作，碣文主人是赵瀋妻杨氏，内容则主要叙其夫的事迹。⑧

除上引二碑外，《元朝名臣事略》引用姚燧文还有以下多篇：

卷二之三　阿里海涯　牧庵姚公撰神道碑
　　　　　　　　　　　又刘武敏公碑
卷四之三　不忽木　　牧庵姚公撰神道碑
卷四之四　彻　里　　牧庵姚公撰神道碑

---

① 《元史》卷一七四《姚燧传》，第 4057—4058 页；《牧庵集》附录《年谱》。

② 《元史》卷一七四《姚燧传》，第 4059 页；张养浩《原序》，《牧庵集》卷首。

③ 吴善《牧庵集序》，《牧庵集》卷首。

④ 《文渊阁书目》卷九："《姚牧庵文集》一部二十册，完全。"丛书集成 0029 册，第 116 页。

⑤ 《四库全书总目》卷一六六《牧庵文集》条，第 1433 页中栏，中华书局，1965 年。

⑥ 傅增湘在"昌跋"下注"不知其姓"，实为刘昌。《藏园群书经眼录》五，第 1314 页，中华书局，1983 年。

⑦ 《怀远大将军招抚使王公神道碑》见于《牧庵集》卷二一，叶 1—4；《全元文》第 9 册，第 668—671 页。

⑧ 《元文类》卷五五，叶 9a；《牧庵集》卷二七，叶 11a、b；《全元文》第 9 册，第 786 页。

《元朝名臣事略》共引用姚燧文18或19篇（有一篇注文不清,存疑）。《四库全书·牧庵集》提要评论说:"碑志诸篇叙述详赡尤多,足补《元史》之阙,又不仅以词采重焉。"姚燧是提供全书史料最多的作者。其中有5篇不见于四库馆重辑的《牧庵集》。

卷一之二　丞相东平忠宪王安童
太常元公撰世家

元永贞所撰《东平王世家》也是安童"事略"的主要依据,有两个问题值得提出。钱大昕介绍《世家》内容说:

> 第一卷为孔温窟哇、太师国王都行省事。第二卷为国王孛鲁、国王塔思事;第三卷为太师东平武靖王霸突鲁、丞相东平忠宪王安童、大司徒东平忠简王兀都台、大司徒太常礼仪使拜住事。是时拜住尚未拜丞相也。

《东平王世家》为《元朝名臣事略》中木华黎、安童二人的"事略"提供了丰富的史实依据,其余孔温窟哇、孛鲁、塔思、霸突鲁、兀都台、拜住等人虽采用《世家》的内容并载入《元史》有关传文中,但肯定有所删节,《世家》所载事实也随着它的失传而湮没了。

钱大昕发现《东平王世家》所列世次与元明善《东平忠宪王碑》不同,经考证,肯定《世家》的记载是正确的:

> 木华黎子孛鲁,嗣国王。孛鲁子七人:塔思,亦称查剌温,嗣国王。速浑察,袭国王、霸突鲁、……霸突鲁子四人:安童、定童、霸虎带、和童,袭国王。安童子兀都台。兀都台一子拜住。此《世家》所述世次也。
> 予向据元明善《东平忠宪王碑》,称霸都鲁为塔思第二子,疑《元史·木华黎传》以霸都鲁为孛鲁子为误。今《世家》所载,正与《元史》同,《世家》系拜住门客所编,又系进呈本,当必不误矣。元明善既奉诏为《世家》作序,当悉其昭穆之详,而其撰

《安童碑》，乃复与此抵牾何耶？黄溍撰《郓文忠王拜住碑》，称高祖字鲁、曾祖霸都鲁，正与《世家》合。

清河元公撰勋德碑

清河元公即元明善（1269—1322），《元史》有传，字复初，大名清河（今属河北）人。其父任江南某路经历，故随父就学于江南，曾跟王旭（景初）、吴澄（幼清）等受业。[1] 渐以"能文章"闻名，因此被人荐任安丰、建康两路学正。又历任江南行枢密院、江西行省、江南诸道行御史台掾史。后来又转京师，任枢密院照磨和中书左曹掾。

至大元年（1308），仁宗由其兄武宗立为太子，擢明善为太子文学。四年（1211），仁宗即位，改任翰林待制，升翰林直学士。皇庆二年（1213）又升翰林侍讲学士。延祐二年（1215），元朝恢复科举，选明善充考官，廷对又充读卷官。一度改任礼部尚书，擢升参议中书省事，出任湖广行省参知政事。1220 年，英宗即位，又召入集贤院为侍读学士，升翰林学士。[2]

元明善的同事张养浩对他的文章评价甚高，说："元由无科举，士多专心古文，而牧庵姚公（姚燧）倡之，骎骎乎与韩、柳抗衡矣。其踵牧庵而奋者，惟君一人。"[3] 马祖常说："明善早以文章自豪，出入秦、汉间，晚益精诣，有文集行世。"其中"有赋五，诗凡一百六十三，铭、赞、传记五十九，序三十，杂著十五，碑志一百三十。"共三十九卷。[4] 明初尚见于著录，后失传。[5]

元明善不仅奉旨为《世家》作序，还奉旨给安童撰写《勋德碑》。安童勋德碑也选入苏天爵所编《元文类》卷二十四。清末缪荃荪编刻《藕香零拾》丛书，专收他辑佚和稀见的古籍，收入他所辑《清河集》卷三，题为《丞相东平忠宪王碑》。苏天爵出于对前辈的尊敬，《元朝名臣事略》引文加注不用作者本名，如元永贞称其官职太常，姚燧则称其号牧庵，元明善和阎复则称籍贯。缪荃荪判定高唐阎公就是阎复，清河元公就是元明善，故将他们写的碑传文辑入久已失传的《清河集》和《静轩集》。这两种元人文集主要是从苏天爵编撰的《元朝名臣事略》和《元文类》辑出的。[6]

英宗继皇帝位，任命拜住为中书右丞相，即首相。明年，"敕立故丞相（拜住祖父）安童碑于保定新城"，[7] 视为朝廷大政载之史册，并命时任翰林院侍讲学士的元明善"制为铭辞"。[8]

---

① 张养浩《故翰林学士资善大夫知制诰同修国史赠具官谥文敏元公神道碑铭》，《全元文》24 册，第 660 页。

② 《元史》一八一《元明善传》，第 4171—4172 页；马祖常《翰林学士元公神道碑》，《元文类》卷六七，叶 15a。

③ 张养浩《故翰林学士文敏元公神道碑铭》。

④ 《翰林学士元公神道碑》。

⑤ 《文渊阁书目》卷九："元明善《清河文集》一部六册。"已残缺。《丛书集成》0029 册，第 116 页。

⑥ 《藕香零拾》本《清河集》七卷附录一卷，光绪二十一年（1895）刊。又见《全元文》第 24 册，第 340 页。

⑦ 《元史》卷二七《英宗纪》，第 615 页，至治元年十一月丙申。

⑧ 黄溍《中书右丞相郓王谥文忠神道碑》，《金华黄先生文集》卷二四，叶 1—8a。

《元文类》所载《丞相东平忠宪王碑》称碑建于"大都良乡之通逵",黄溍所撰郓王拜住碑则说"树于王所食采之地范阳之通逵",《元史》又说立于"保定新城",此碑清乾隆间尚存,碑文也说在新城,实际所在地距当时的涿州三十里,在新城县的西北境,处于新城和涿州两城之间。《元史》和黄溍的记载不过是说法不同。黄溍撰拜住碑中所谓"范阳"是涿州的古称,因涿州是拜住家族"食采之地",故立碑于出京南下大路之旁涿州食邑中供人瞻仰。但拜住食邑中立碑的具体地点,已划入元朝雄州新城县辖境内,因此说碑在范阳或在新城,实指一地。至于《元文类》书面和石碑实体记载的矛盾,钱大昕解释说:"初拟立石良乡(今北京房山县境),后乃定于新城也。"这年冬碑"刻铭既完",十二月"蕆事"。明年春正月,英宗亲至碑所,竚立凝目观瞻。九月,从易州返回,又"帐殿碑垣之南"。次日早,从帐殿步行至碑右,坐金椅上接受拜住和从臣"进觞"。这里原是东平王所有范阳采地朔南康庄,由于英宗曾驻跸于此,故"号其地曰驻跸庄",[①]后来当地因有此碑而得名高碑店。京汉铁路通车后,高碑店是必经的一站而著名。钱大昕对此碑有较详描述:

> 碑久仆没,土人莫知其处,独龟趺存,高可隐人马。顷十余年前,直隶总督某欲立碑刻己文,有州判张某者白新城多旧石刻,可取为碑材。即遣访之,无所得,乃募人于碑趺旁掊土遍求之,得斯碑于一里外。其阳乃蒙古书,众莫识,复役丁夫覆而视之,额云:"大元敕赐开国元勋命世大臣之碑。"碑文漫灭者仅十之一。新城令单君功擢拓数本上督府言状,意不欲毁之也。督府不识安童何人,命工磨去其文,得碑材者四,识者咸惋惜焉。

钱大昕的朋友翰林院检讨毛式玉从新城单县令处得到碑文拓本,请大昕写前引题跋于上收藏。不知毛检讨珍藏的碑拓尚存于世否?[②]这是罕见的巨碑,《元文类》的碑名"丞相东平忠宪王碑"和《元朝名臣事略》省称的"勋德碑"都是苏天爵自拟的简称,其实《元文类》碑文开头就说是赐名"开国元勋命世大臣之碑",钱大昕亲见原碑额名"大元敕赐开国元勋命世大臣之碑"。按古碑通例,碑上螭首用篆书题写额名,碑身用楷书书写碑文,碑文前还另有碑名,应在额名前加碑主官爵封赠等,则其全称应如《元文类》所记为:"故中书右丞相赠推忠同德翊运功臣太师开府仪同三司东平忠宪王开国元勋命世大臣之碑"。这碑阳阴两面分刻蒙汉两种文字,在传世畏兀儿字蒙古文碑中,这碑所载文字之多,对蒙古语言文字和历史研究的价值是无与伦比的。

钱大昕将《元文类》书中文字和碑石拓本互校,发现"异者百余字,石本删去数十言,文义更完"。并认为:"后定之本胜于初稿,文章之贵乎改削如此。"[③]

连同安童碑,《元朝名臣事略》共引元明善文6篇。以下是:

卷二之一	伯　颜	清河元公撰勋德碑
卷三之二	月赤察儿	清河元公撰勋德碑
卷七之三	廉希宪	清河元公撰神道碑

---

① 黄溍《中书右丞相郓王谥文忠神道碑》,《金华黄先生文集》卷二四,叶 1—8a;宇术鲁翀《驻跸颂》,《国朝文类》卷一八,叶 5a。

② 钱大昕《潜研堂文集》卷四三《翰林院检讨毛君墓志铭》,《嘉定钱大昕全集》玖,第 734 页。

③ 《潜研堂金石文字跋尾》卷一九《元东平忠宪王安童碑》,《嘉定钱大昕全集》陆,第 512 页。

卷十一之二　　商　挺　　清河元公撰墓碑
卷十四之一　　董文炳　　清河元公撰家传

野斋李公文集

野斋李公即李谦（1233—1311），字受益，《元史》有传，郓之东阿（今属山东）人。累官严氏东平万户府经历，东平府教授。"为赋有声，与徐世隆、孟祺、阎复齐名"。经翰林学士王磐推荐，召为应奉翰林文字。历任翰林待制、直学士、侍读学士。成宗即位，升学士。大德六年（1302），召为翰林承旨。他"文章醇厚有古风，不尚浮巧，学者宗之。号野斋先生"。故苏天爵以其号称他为"野斋李公"。① 从《元朝名臣事略》引文得知他曾有文集，但元以后已失传，各种元艺文志皆未著录，故书名、卷数无从得知。

《元朝名臣事略》引"勋德碑"，记至元二十四年忽必烈欲立尚书省，安童奏请不用桑哥。下注："又野斋李公文集。"内容是桑哥诬陷"北安王以皇子僭祭岳渎"，得到安童的默许，并要参知政事吕合剌作证，吕挺身为安童力辨其诬。吕合剌虽官至宰执，但《元史》无传，仅《本纪》出现其名两次，只有他供职将作院的记载，② 其名也不见于《宰相年表》。幸喜吕合剌之子天祺的墓志尚存，墓志简记其父合剌曾任金玉局使，历任工部侍郎、尚书、将作使、中书参知政事，拜大司徒。也说"桑哥诬陷丞相安童"，他确实曾"力为之辨"。③

丞相东平忠宪王安童"事略"这段引文似是李谦为吕合剌写的碑传文，可惜这篇记述元朝宰执生平的传记已失传，仅赖这段引文留下他的名字和片断事迹。

连同这段引文，《元朝名臣事略》共引李谦文11篇，以下是：

卷二之一　　伯　颜　　野斋李公文集
卷七之四　　张文谦　　野斋李公撰神道碑
卷八之一　　窦　默　　野斋李公撰墓志
卷十之三　　杨　果　　野斋李公文集
卷十一之一　　李德辉　　野斋李公撰神道碑
卷十一之三　　赵良弼　　野斋李公撰墓碑
卷十二之二　　王　磐　　野斋李公撰墓志
卷十二之三　　李　昶　　野斋李公撰墓碑
卷十四之一　　董文炳　　李野斋撰墓志
卷十五之二　　刘　因　　野斋李公撰文集序

卷二之一　　丞相淮安忠武王伯颜

清河元公撰勋德碑

元明善撰写的所谓"勋德碑"是伯颜"事略"的基本史料，碑文尚存，苏天爵也将它选入自编的《元文类》，题为《丞相淮安忠武王碑》。④ 缪荃孙编刻的《藕香零拾》本《清河

---

① 《元史》卷一六〇《李谦传》，第3767页。
② 《元史》卷一一《世祖八》，第227页、卷一六《世祖十三》，第335页。
③ 揭傒斯《故荣禄大夫陕西等处行中书省平章政事吕公墓志铭》，《揭文安公集》卷一三，叶9—12a。四部丛刊。
④ 《元文类》卷二四，叶11。

集》,是从《元文类》中辑出,《全元文》再从缪辑本《清河集》中辑出。①

中庵刘公撰庙碑

中庵刘公即刘敏中(1243—1318),《元史》有传。字端甫,自号中庵,故以其号称为"中庵刘公"。济南章丘县(今属山东)人。至元十一年,由中书省椽擢兵部主事,历任监察御史及地方监察机构肃政廉访司、陕西行台及御史台官员,也曾任东平路总管、山东宣慰使、河南行省参知政事等地方官。早年入京任国子监司业,升翰林直学士,兼国子祭酒。成宗大德九年,召为集贤学士,商议中书省事。武宗时,官至翰林学士承旨。

《元史》评论说:刘敏中"为文辞,理备辞明。有《中庵集》二十五卷"。②所谓"庙碑"全名《敕赐淮安忠武王庙碑》,是奉成宗旨于大德八年所作。③当时,杭州路司狱平庆安奏请建祠祭祀伯颜,借杭州城武成庙之东宋朝原武学故基建立祠庙。这篇敕赐的碑文就是为新建的伯颜庙而作。

除这篇外,卷四之二另有"中庵刘公撰(丞相顺德忠献王)勋德碑"。

野斋李公文集

伯颜渡江后,亲见江南城郊川渠交通便利,提出在南北混一的形势下,应"令四海之水相通"。李谦这段文字,记述伯颜的倡议和后来修会通河的经过,这是修建运河的重要史料,与《元史·河渠志》有关记载一致,并可互相补充。尤其是强调修运河是因伯颜最先上奏,并得到"上可其奏"。可惜我没找到李谦这篇文章,也不知篇名和因何而作。

汲郡王公玉堂嘉话

汲郡王公即王恽(1227—1304),卫州汲县(今属河南)人,以其籍贯称他为"汲郡王公"。《元史》有传,年少时,"好学善属文,与东鲁王博文、渤海王旭齐名"。人称"淇上三王"。中统元年,被选为中书省详定官。次年转翰林修撰,兼中书省左右司都事。从至元五年建御史台起,历任监察御史、地方提刑按察司长官。十四年授翰林待制。二十九年,召至京师,任翰林学士。

他"作为文章,不蹈袭前人,要自肺腑中流出"。"绾其文柄,独步一时"。著述甚富,"易箦方停笔"。其中《承华事略》、《守成事鉴》、《中堂事记》、《乌台笔补》、《玉堂嘉话》并杂著诗文,合为一百卷。由于他别号秋涧,故定名《秋涧先生大全文集》。④延祐六年,由中书省、御史台合议,批准监察御史所言,"移咨江浙行省于儒学钱粮内就便刊行"。⑤

《玉堂嘉话》是王恽从中统二年(1261)初为翰林修撰,再任翰林待制,在翰林国史院得见本朝收藏和平宋所得古籍书画和翰林院所作制诰,将感兴趣的历史典故、书画鉴定,以及本朝大事、仪制、掌故等记录下来,于至元二十五年(1288,戊子)初步编辑为八卷,收入《秋涧先生大全文集》第93—100卷。由于宋以后翰林院所在地称为"玉堂",故书名

① 《清河集》卷三,叶24a—29b。《元文类》和《元朝名臣事略》是保存此碑碑文的元刻文献,应从此辑录。《全元文》(24册第346—352页)甚至不知这两书有所录"勋德碑"文的存在,竟用现代出版商商务印书馆编印的《涵芬楼古今文钞》(即抄自《元文类》)作为校本。

② 《元史》卷一七八《刘敏中传》,第4136页。

③ 《中庵先生刘文简公文集》卷一,元刻胶卷;《全元文》第11册第480—483页。

④ 《元史》卷一六七《王恽传》,第3932页;王公孺《大元故翰林学士谥文定王公神道碑铭》,《秋涧先生大全文集》(下文简称《秋涧集》)附录,四部丛刊初编。

⑤ 皇帝圣旨里中书省、御史台呈文,同上,附录。

《玉堂嘉话》。这段引文附在引"勋德碑"伯颜献宋主赵㬎等于上都一段后，是一段江南民谣，用"百雁"隐喻伯颜。由于《全元文》的体例不收笔记体著作，这段引文仅见于《玉堂嘉话》卷四，即《文集》的第 96 卷。

汲郡王公文集

在世祖"晏驾"、伯颜"总百官以定国论"一段后，引用王恽文集中赞扬伯颜处理政务"深谋远至"的事例，原文见于《秋涧先生大全文集》，本来是王恽夸赞伯颜为大贤写了三首七言律诗，这段文字是诗前说明诗意的序。①

连同上引二文，《元朝名臣事略》共引王恽的文字九篇。

卷二之二	阿 尤	汲郡王公撰庙碑
卷五之一	耶律楚材	汲郡王公文集
卷六之四	张弘范	玉堂嘉话
卷七之二	史天泽	汲郡王公撰家传
卷八之一	窦 默	汲郡王公中堂事记
卷十之四	张德辉	汲郡王公撰行状
卷十二之二	王 磐	玉堂嘉话

卷二之二　丞相河南武定王阿术

汲郡王公撰庙碑

阿术的"事略"全文皆采用王恽所写的这篇"庙碑"，全名《大元光禄大夫平章政事兀良氏先庙碑铭》。兀良氏或作兀良合、兀良罕，族人折里麦、速不台都是蒙古开国名将，速不台还是两次西征和灭金战争的主将。速不台之子兀良合台辅忽必烈平大理，留云南，"收诸部，降交趾，践宋境"。阿术是兀良合台之子，与伯颜领军平宋有功，官至中书左丞相，追封河南武定王。《河南武定王》一篇按体例只载阿术事略，"先庙碑"是应平章政事不邻吉歹的请求，为他的故父阿术和阿术"多树功阀"的"乃祖乃父"建祠树碑而作。因此，在引用阿术早年"从父都帅公（兀良合台）征西南夷"一段《庙碑》文字后，在"又云"下，用小字附注的形式，引用了大段追溯其祖速不台、其父兀良合台事迹的文字。由于他们祖孙三代都是元朝历史中的重要人物，因此，追述祖先数代功绩的《先庙碑》和《事略》附载其父、祖的事迹更具史料价值。王恽的文集现存，通行《四部丛刊》本《先庙碑》有脱文、墨钉 16 处 40 字，可用《事略》校补。②

元朝蒙古统治者重视"根脚"，大臣将帅世代相继，故《元朝名臣事略》以后各篇，凡传主先人生平功绩显著者，都采取这种附注的办法保留他们的事迹。

卷二之三　丞相楚国武定公阿里海涯

牧庵姚公撰神道碑

阿里海涯是负责荆湖方面平宋的主帅，他的"事略"采自姚燧所写的神道碑，苏天爵

---

① 《大贤诗三首序》，《秋涧集》卷二二，叶 8a。因《全元文》体例不收诗词，这段诗序未收。

② 《大元光禄大夫平章政事兀良氏先庙碑铭》，《秋涧集》卷五〇，叶 1—卷末。《全元文》第 6 册，第 382—393 页。

也选入自编的《元文类》,题为《湖广行省左丞相神道碑》。由于元朝编刊的姚燧文集已佚,明刘昌编的《中州名贤文表》本《姚文公牧庵集》和《四库全书》中的《牧庵集》都是重辑,因此应以《元朝名臣事略》和《元文类》所载碑文为最原始的文本。[①]

刘武敏公碑

《神道碑》提到:起初宋降将刘整献策攻取襄阳,然后"浮汉入江,则宋可平"。但后来"襄阳下"和"渡江捷闻",刘整因"功已不出乎己","愤愧以死"。因此姚燧在碑文最末,大发感慨。苏天爵在这段后加注"又《刘武敏公碑》云",这一段更详细地叙述忽必烈接受刘整的献策和宋朝派间谍离间刘整等事实。《牧庵集》没有这篇《刘武敏公碑》,《全元文》未收,也不见于《金石志》等书。

卷三之一　太师广平贞宪王月吕禄那演

高唐阎公撰勋德碑

高唐阎公即阎复(1236—1312),字子靖。父忠,因躲避战乱从山西移居山东高唐,故以他的籍贯称为"高唐阎公"。严实父子主政东平行台时,创东平府学,招阎复等诸生肄业,"迎元好问校试其文,预选者四人,复为首,徐琰、李谦、孟琪次之"。1259年,出任东平行台书记,后升御史台掾。至元八年(1271),经翰林学士王磐推荐出任翰林应奉,历任翰林修撰、翰林直学士、侍讲学士、翰林学士。除两度出任金河北河南道提刑按察司事和浙西道肃政廉访使外,都在翰林院供职,成宗大德四年(1300),升任翰林院长官翰林学士承旨。

阎复"在翰林最久,赞书积几,高下轻重,拟议精切,传颂以为楷则"。从至元到大德三四十年间,诰令典册都是阎复"所独擅"。"其所为文",有《静轩集》五十卷。[②]苏天爵所谓"勋德碑"篇名《太师广平贞宪王碑》,也被选入他另编的《元文类》卷二三。由于《静轩集》早已失传,缪荃荪也将《元朝名臣事略》和《元文类》中散见的阎复文章辑出,编成《静轩集》五卷,附录一卷。[③]

月吕禄那演,《元史》译月吕鲁那演,乃元世祖赐名,本名玉昔帖木儿,附传于其祖博尔术传后。月吕禄那演"事略"的史料全用《太师广平贞宪王碑》。月吕禄,阿尔剌氏,世袭其祖博尔术右翼万户长。博尔术是蒙古开国功臣,"位诸将之上",故在正文提到他时,用小字夹注博尔术等人的事迹。

《全元文》明知《静轩集》为辑本,舍元刻本不用,却以辑本为底本。《元文类》、《元朝名臣事略》原本是辑本的来源,反而被贬为参校本。辑本《清河集》、《静轩集》如有改正原本脱误处,只能视为缪荃荪的研究成果。既不应作底本,也不能视为不同版本。

连同月吕禄碑,《元朝名臣事略》共引阎复文5篇。以下是:

卷三之三　　土土哈　高唐阎公撰纪绩碑

---

① 《元文类》卷五九,叶1a;《牧庵集》卷一三,叶12a—21b;《全元文》第9册,第551页。

② 《元史》卷一六〇《阎复传》,第3772页;袁桷《翰林学士承旨谥文康阎公神道碑铭》,《清容居士集》卷二七,叶9b。

③ 《藕香零拾》本。《太师广平贞宪王碑》辑入《静轩集》卷三,叶10a—13b。又见《全元文》第9册,第257页。

卷三之二　太师淇阳忠武王月赤察儿
清河元公撰勋德碑

月赤察儿的"事略"全据元明善所作碑文。所谓"勋德碑"原名《太师淇阳忠武王碑》，苏天爵也将它选入自编的《元文类》卷二三。月赤察儿，许慎氏，曾祖博尔忽也是蒙古开国功臣，祖脱欢、父失烈门，世袭怯薛长。在正文提到他们时，用小字夹注博尔忽等人的事迹。①

卷三之三　枢密句容武毅王土土哈
高唐阎公撰纪绩碑

土土哈的"事略"全部依据阎复所作的这篇"纪绩碑"。碑文已佚，仅赖《元朝名臣事略》引用得以保存。《全元文》据《静轩集》收录此文，并据《元朝名臣事略》校正。《静轩集》本非阎复原书，脱误甚多。《全元文》第9册，第268页出7注，又将脱误文字校改恢复原状，多此一举。缪荃孙在篇末本已注明来源，不如直接从《元朝名臣事略》选录。《全元文》随《静轩集》命名《枢密句容武毅王碑》，此碑《元朝名臣事略》注名"纪绩碑"，应在"碑"字前加"纪绩"二字，以与虞集所撰《句容郡王世绩碑》区别。②

卷四之一　丞相兴元忠宪王完泽
高唐阎公撰勋德碑

完泽的"事略"全部依据阎复所作的这篇"勋德碑"。碑文已佚，仅赖《元朝名臣事略》引用得以保存。《全元文》据《静轩集》收录此文，并据《元朝名臣事略》校正。③完泽，土别燕氏。祖土薛，又译秃薛，蒙古灭金之役，充拖雷西路军前锋。金亡，任都元帅，领兵攻宋兴元（今陕西汉中）、四川各地。父线真，中统、至元初任中书右丞相。碑文追述完泽先人，将二人功业、事迹用小字夹注于正文中。

卷四之二　丞相顺德忠献王答剌罕
中庵刘公撰勋德碑

答剌罕的"事略"全部依据刘敏中所作的这篇"勋德碑"。在他的文集《中庵集》中全名《敕赐太傅右丞相赠太师顺德忠献王碑》，下注作于"皇庆元年"。苏天爵也将碑文选入他所编《元文类》，简称《丞相顺德忠献王碑》。④当时，刘敏中已"以病归田里"，退职在家，"朝廷有大制作，必遣使需其文，如忠武王伯颜碑、故丞相忠宪王答剌罕碑，咸出

---

① 《太师淇阳忠武王碑》辑入《清河集》卷二，11a—17a。又见《全元文》第24册，第332页。
② 《枢密句容武毅王碑》，《静轩集》卷三，叶17a—21a；《全元文》第9册，第265—268页。
③ 《丞相兴元忠宪王碑》，《静轩集》卷三，叶20a—21a；《全元文》第9册，第268—270页。
④ 《中庵先生刘文简公文集》卷四；《元文类》卷二五，叶1a。《全元文》11册，第537—544页。

其手"。①

答剌罕是蒙元授于享有特权之功臣的封号,子孙世袭。他本名哈剌哈孙,曾祖启昔礼,与其兄巴歹,得悉王汗将偷袭成吉思汗,密告他"为备"有功,赐号答剌罕。②子博里察、孙囊加台世袭,分别领军灭金伐宋有功。苏天爵在引用"勋德碑"提到哈剌哈孙因是"勋臣后","命袭答剌罕"时,用小字夹注碑文中追述他祖先三代的内容。

卷四之三　平章鲁国文贞公不忽木
牧庵姚公撰神道碑

不忽木的"事略"基本上依据姚燧所作的"神道碑"。碑文已佚,四库本(包括写本和聚珍版印本)和《全元文》第9册第299—328卷姚燧文都遗漏未辑。这篇平章鲁国文贞公不忽木的神道碑文靠《元朝名臣事略》引用得以保存,是仅见于此书的珍贵史料。

瓠山王公撰墓志

不忽木的"事略"有三段引自"瓠山王公撰墓志"。"瓠山王公"即王构(1245—1310),字肯堂,号瓠山。袁桷作祭文称他为"翰林承旨瓠山先生王公",所以苏天爵以他的号称为"瓠山王公"。③山东东平人,《元史》有传,称他"学问该博,文章典雅"。至元十一年,授翰林国史院编修官。"由院中叙迁应奉、修撰、升侍讲,进翰林学士"。武宗即位,拜翰林学士承旨。未几,以疾卒。④

《全元文》第10册,第578—581页、第13册,第121—151页皆收有王构文,没有从《元朝名臣事略》辑出这篇墓志。

卷四之四　平章武宁正宪王彻理
牧庵姚公撰神道碑

彻理"事略"基本上依据姚燧所作的这篇"神道碑"。苏天爵也将神道碑原文选入他所编《元文类》,也收入四库辑本《牧庵集》,题为《平章政事徐国公神道碑》。⑤

吴松江记

《神道碑》提到:大德七年(1303),彻理出任江浙行省平章政事,"发卒数万浚决"吴松江,下面夹注《吴松江记》,具体记述大德八年疏导吴松江的过程。

这篇《吴松江记》不见于其他元代文献和明清的水利书和地方志。《元史·河渠志》记载吴松江的水利建设从英宗至治年间开始,此前大德间的治理情况可用这篇《吴松江记》补充。

---

①　曹元用《敕赐故翰林学士承旨赠光禄大夫柱国追封齐国公刘文简公神道碑铭并序》,《中庵集》卷首。

②　参见《元朝秘史》第169—170、219节。

③　《析津志辑佚》,第159页,北京古籍出版社,1983年;《祭王瓠山承旨》,《清容居士集》卷四三,叶9b。

④　《元史》卷一六四《王构传》,第3855页;《翰林学士承旨赠大司徒鲁国王文肃公墓志铭》,《清容居士集》卷二七,叶9b。

⑤　《元文类》卷五九,叶20b,《牧庵集》卷一四,叶10b—16a,《全元文》第9册,第566页。

卷五之一　中书耶律文正王楚材

耶律楚材的"事略"苏天爵引用文献较多，有行状、神道碑、墓志和其他有关资料共七种。

平章宋公撰神道碑

平章宋公即本书卷十之二的"平章宋公子贞"。宋子贞（1185—1266），潞州长子人。《元史》有传，称他"性敏悟好学，工词赋"。起初在严实父子治下任东平行省幕官。中统元年（1260），忽必烈即位，出任益都宣抚使。再召为中书省右三部尚书。至元二年（1265），李璮反，与左丞相耶律铸行省山东，参议行中书省事。还，授翰林学士，参议中书省事。又拜中书平章政事。① 故苏天爵称他为"平章宋公"。中统二年（1261），耶律楚材葬于玉泉东瓮山（今颐和园万寿山）之阳。七年后，耶律铸因与宋子贞是中书省和行省同僚，故将赵衍写的《行状》交给宋子贞，写就这篇神道碑铭。苏天爵也将此篇选入自编的《元文类》，题为《元故领中书省耶律公神道碑》（目录）或《中书令耶律公神道碑》。②

《神道碑》提供了耶律楚材"事略"绝大部分资料。

下文卷十之一，刘肃的尚书刘文献公墓志也是宋子贞所作。

张都燕居丛谈

张都之名不见于元人文献，《燕居丛谈》今不传，也不见前人著录。从书名看，作者似久居燕京，记当时亲见亲闻的掌故。所引两段都是讲成吉思汗西征驻跸寻思干（今撒马尔罕）时，楚材进《庚午元历》和在当地检验的情况。《元史·历志序》简单介绍了《庚午元历》，但不及《燕居丛谈》详细。③ 后者还引用耶律楚材向成吉思汗进呈的表文原文，尤为可贵。

李微撰墓志

李微，字子微，号九山居士，云中（今山西大同）东城人。生平不详，但当时人诗文中常提到他，是金元之际未出仕的重要文人。李微自称是耶律楚材的"门下士"，癸巳年（1233）曾为他的《湛然居士集》作序。据1998年新发现的耶律铸墓志载："既成童，从学于九山李先生子微。"④ 可见耶律铸是请他的启蒙老师为其父撰写墓志铭。在他的文集中还保留怀念李微的诗。⑤

全文共摘引《墓志》两小段，前段在引《神道碑》"己丑太宗即位"一段下，小字夹注引《墓志》，记楚材反对"再择日"立"太宗登宝位"。后段以正文引《墓志》，记"壬寅春，后以储嗣"征询他意见的回答。

遗山元公上书

遗山元公即元好问（1190—1257），字裕之，号遗山，故苏天爵尊称为"遗山元公"。他"为文有绳尺，备众体"。金元之际，"故老皆尽，好问蔚为一代宗工，四方碑版铭志尽趋其

---

① 《元史》卷一五九《宋子贞传》，第3735—3737页。
② 《元文类》卷五七，叶9b；《全元文》第1册，第169页。
③ 《元史》卷五二《历一》，第1119页。卷五六《历五》、卷五七《历六》是《庚午元历》。
④ 《大元故光禄大夫监修国史中书左丞相耶律公墓志铭》，孙猛《北京出土耶律铸墓志及其世系、家族成员考略》，《中国国家博物馆刊》，2012年第3期。
⑤ 《客中寄怀李先生九山居士》，《双溪醉隐集》卷三，叶2a。

门"。① 所谓"上书"指《癸巳岁寄中书耶律公书》,此文还保存在他的文集中。苏天爵也选入他所编《元文类》,题为《上耶律中书书》。②《事略》引《神道碑》叙述蒙古下汴梁前后,耶律楚材为保存传统文化所作的努力。下面用小字夹注元好问这段文字,记述汴梁陷落后的次年,金帝迁往蔡京苟延时,元好问自称为耶律楚材的"门下士",向他上书,期望他救助汴梁城中的儒士于兵荒马乱之中。书信中列有很长的名单,包括姓名、籍贯、官职等。这个名单是研究当时士大夫概况的重要史料。

连同《上书》,《事略》共引用元好问文四篇。

卷六之二　　严　实　遗山元公撰神道碑
卷六之三　　张　柔　遗山元公撰勋德第二碑
卷十三之一　杨　奂　遗山元公撰墓碑

赵衍撰行状

赵衍字昌龄,号西岩。宋子贞作耶律楚材神道碑文,就是依据赵衍这篇《行状》,称他为"进士赵衍",应是前金的进士。他随龙山居士吕(鲲)先生游。金朝以"诗学为盛",赵著(号虎岩)、吕鲲二人"以风雅自居",是金宣宗南迁后留居燕京的著名诗人,赵、吕之学自成燕蓟一派。耶律楚材待以宾礼,让他们教授其子耶律铸。赵衍大概就在这时受业于吕鲲,成为绍传赵、吕之学遗绪的名士。③ 蒙哥汗在位时,耶律铸一家在漠北,向汗请求携诸子至燕京就读儒书,让耶律希亮兄弟师事赵衍。④ 赵衍有著作《西岩集》,在他去世后曾由其子请王恽作序,可惜此书已失传。⑤

耶律楚材"事略"有两段选自赵衍撰《行状》。

汲郡王公文集

《行状》提到窝阔台嗜酒和畋猎,终于导致病故。又以小字夹注引王恽的文集。这是王恽途经平阴县,亲闻"先朝控鹤近侍"校尉陈某所谈的一段掌故,描述太宗的容貌、性格,与他死后比较,肯定他执政的"前后十年,号称无事"。⑥

陵川郝公文集

陵川郝公即郝经(1223—1275),字伯常,《元史》有传。泽州陵川人(今属山西),故称陵川郝公。早年被顺天守帅张柔、贾辅延为上宾,两家藏书皆万卷,郝经"博览无不通"。宪宗二年(1252),忽必烈召郝经加入他的金莲川幕府,咨以经国安民之道,多次向忽必烈进言献策。中统元年(1260)忽必烈即帝位,任命郝经为翰林侍读学士,佩金虎符,充国信使使宋,被宋人拘留。在被拘期间,撰《续后汉书》、《易春秋外传》、《太极演》、《原古录》、《通鉴书法》、《玉衡贞观》等书及文集,凡数百卷。至元十一年,伯颜领大军南下,宋人惧,放郝经归。次年抵京,病卒。后追谥文忠。故卷五之二引文又以他的谥号称为

① 《金史》卷一二六《元好问传》,第2742页。
② 《遗山先生文集》卷三九,叶1a;《元文类》卷三七,叶1a。
③ 王恽《西岩赵君文集序》,《秋涧集》卷四三,叶11a。
④ 危素《故翰林学士承旨资善大夫知制诰兼修国史赠推忠辅义守正功臣集贤学士上护军追封涞水郡公谥忠嘉耶律公神道碑》,《危太朴续集》卷二,叶5b。
⑤ 《西岩赵君文集序》。
⑥ 《秋涧集》卷四四《杂著》,叶16a。

"郝文忠公"。①

郝经去世 40 多年以后,仁宗延祐间,他的学生礼部尚书郭贯,通过中书省上奏说:故国信使郝公"以命世之才",奉世祖命"讲好使宋",被拘留十六年,"凛然风节,远配古人"。其平日著述"学者愿见而不得",遗稿家藏尚多,而其子郝采麟已早卒,请求于怀州家中取来,交翰林院审定后发下刊刻印行,"庶使一代儒宗雅文杰作不至湮没,传之将来"。于是怀孟路总管府从郝家将书申解至京,有《陵川文集》18 册,《三国志》(《续后汉书》)30 册,送交翰林国史院考校,经待制赵穆、编修官蒲道源鉴审后联署呈报说:"郝经所著文集,笔力雄深,议论该博,忠义之气蔼然见于言意之表";其《三国志》"黜曹魏而主刘蜀,使正统有归,脗合朱文公《通鉴纲目》笔法"。于是礼部通过中书省行文江西行省,交付行省所辖儒学钱粮多处开板,刊毕各印二十部装褙完备咨来。②因此,郝经的《郝文忠公陵川文集》是由中书省上奏获准,交付江西行省刻印的,开元朝私著官印之例。虽然延祐年刻的郝经文集已不存,但明、清的翻刻本仍在,39 卷诗文及有关附录皆保存完整。

在神道碑评述耶律楚材的风格、人品之后,又引《陵川文集》。这段文字出自《立政议》,是郝经出任国信使,在"渡淮入宋"时向新君忽必烈的建言。引文是说楚材在太宗时,各方面皆有政绩,但遭到"矫诬",致"愤悒以死"。③

连同这篇《立政议》,全书共引郝经文八篇,以下是:

卷五之二	杨惟中	郝文忠公撰神道碑
		周子祠堂记
		又[太极书院记]
卷六之三	张 柔	陵川文集[故易州等处军民总管何侯神道碑铭]
卷六之三	张 柔	陵川文集[顺天府孔子新庙碑]
卷十五之一	郝 经	班师议
卷十五之一	郝 经	复与宋国丞相论本朝兵乱书

卷五之二　中书杨忠肃公惟中

郝文忠公撰神道碑

郝文忠公是郝经的谥号。杨惟中的"事略"主要根据郝经所写的神道碑,全名"故中书令江淮京湖南北等路宣抚大使杨公神道碑铭",收入他的文集,故此碑全文仍在。

1259 年,蒙哥大举伐宋,自己领兵入川,命忽必烈统东师直趋荆鄂,郝经随从至濮州,向忽必烈建议说:现今宋朝未有败亡之衅可乘,不如绥怀远人,结盟好,弭兵锋、饰战备以待西师(蒙哥军)。④忽必烈乃任命杨惟中为江淮荆湖南北等路宣抚使,郝经为副使,先至江上,存恤遗黎,听纳降附。④同年冬十二月,杨惟中卒,由于郝经是他的同僚,故请郝经

---

① 《元史》卷五七《郝经传》,第 3698 页;阎复《元故翰林侍读学士国信使郝公墓志铭》,《郝文忠公陵川全集》(以下简称《郝文忠公集》)卷首。清道光八年(1848)增补年谱重本。

② 李之绍《原序》、《延祐五年五月初九日奉圣旨》、《中书省移江西行省咨文》,《郝文忠公集》卷首。

③ 《立政议》,《郝文忠公集》卷三二,叶 14a。

④ 苟宗道《故翰林侍读学士国信使郝公行状》,《郝文忠公集》卷首;《元史》卷一五七《郝经传》,第 3698 页。

撰写了这篇神道碑文。①

周子祠堂记

神道碑提到，蒙古军克宋枣阳军、德安府等地，"收集伊、洛诸书送燕都，立周子祠，建太极书院"。在这段引文下，用小字夹注"又《周子祠堂记》云"。这段引文也出于郝经所作《周子祠堂碑》。②

［太极书院记］

在"岁时释奠"一句后，接连是"又刻太极图……"一段，并未断开另标篇名，实际"又"字后是引郝经另一篇文章《太极书院记》。③

卷六之一 总帅汪义武王世显
杨文宪公撰神道碑

杨文宪公即本书卷十三之一的"廉访使杨文宪公"，名奂（1186—1255），字焕然，号紫阳，乾州奉天（今陕西乾县）人。戊戌选试中选，中书耶律楚材荐授河南路征收课税所长官。1252年，忽必烈驿召奂参议京兆宣抚司事。三年后卒，赐谥文宪，故苏天爵称为"杨文宪公"。

"奂博览强记，作文务去陈言，以踏袭古人为耻。"在他生前的丙午年（1246），门人员择撝拾遗稿八十卷，命名《杨紫阳文集》，付刻前请南宋进士赵复作序。④另说他所著有《还山集》六十卷、《天兴近鉴》三卷、《正统书》六十卷。⑤似乎元朝曾有不同的版本。明初已佚。明嘉靖初宋廷佐辑得残存文一卷、诗一卷，称《还山遗稿》。

汪世显的"事略"主要依据这篇神道碑文，共分八小段。嘉靖辑本《还山遗稿》卷上已收入，篇名《总帅汪义武王世显神道碑》，碑文从"公系出汪骨族"开门见山说起，前后文皆无神道碑常见套话，又无碑序后的铭文，全文与这篇汪世显"事略"摘录性文字基本相符，显然是从《事略》辑出。《全元文》辑校者据元刻勤有堂本《元朝名臣事略》校出讹脱甚多，其中几注用适园丛书本《还山遗稿》校出，经核对，适园本正确者文字与勤有堂本无异。如弄清文献源头，就应选《事略》为新编杨奂文的底本，没必要这么倒果为因的出校。

除这篇外，卷八之一内翰窦文正公引《杨文宪公文集》一段。

卷十三之一 杨 奂 ［杨文宪］公文集
　　　　　 杨 奂 鲁国东游记

蜀郡虞公文集

蜀郡虞公即原籍四川的虞集。虞集（1272—1348）字伯生。先祖虞殷，唐中和间（881—884）出任四川仁寿郡守，"因家焉，遂为蜀人"。父汲，任黄冈尉。宋亡，侨居临川崇仁（今属江西）。⑥他以祖籍自称蜀人，故苏天爵尊称他为"蜀郡虞公"。

① 《故中书令江淮京湖南北等路宣抚大使杨公神道碑铭》，《郝文忠公集》卷三五，叶 29b—30a。
② 《郝文忠公集》卷三四，叶 10a。
③ 《郝文忠公集》卷二六，叶 14a。
④ 赵复《杨紫阳文集序》，《元文类》卷三二，叶 11a。
⑤ 元好问《故河南路课税所长官兼廉访使杨公神道之碑》，《遗山先生文集》卷二三，叶 5b；《元史》卷一五三《杨奂传》，第 3621 页。
⑥ 赵汸《邵庵先生虞公行状》，《东山存稿》卷六，叶 1a。清康熙赵吉士刻本；《元史》卷一八一《虞集传》，第 4174 页。

《事略》引神道碑叙述汪世显在金亡以后仍据守巩昌，及其降蒙的经过。以下小字夹注"又蜀郡虞公文集云"。这段注文的全文苏天爵也选入《元文类》，篇名《汪氏勋德录序》。虞集的文集今存，有内容不同的版本，主要有《雍虞先生道园类稿》和《道园学古录》两种。《道园类稿》和《道园学古录》皆收入此文，全名《陇右王汪氏世家勋德录序》。[①]

连同这篇《汪氏勋德录序》，全书共引虞集文 6 篇，以下是：

卷六之四　　张弘范　　蜀郡虞公撰庙堂碑

卷七之四　　张文谦　　蜀郡虞公撰新茔记

卷八之三　　许　衡　　蜀郡虞公文集

卷十一之三　赵良弼　　蜀郡虞公文集

卷十四之二　董文用　　蜀郡虞公撰行状

卷六之二　万户严武惠公实

遗山元公撰神道碑

万户严武惠公实的"事略"主要依据元好问这篇神道碑文。碑文收入《遗山先生文集》卷二六，碑名《东平行台严公神道碑》。

卷六之三　万户张忠武王柔

张柔的"事略"引用文献有神道碑、墓志、勋德碑、勋德二碑、文集等多种。

王文忠公撰神道碑

王文忠公即本书卷十二之二"内翰王文忠公"王磐。王磐（1202—1293）《元史》有传，字文炳，号鹿庵，金广平永年（今河北永年东南）人。正大四年（1227）经义进士，授归德府录事判官，不赴。"自是为学益力，涵泳经史，渐浸百氏，发为歌诗古文，波澜闳放，浩无津涯。"元世祖时久官翰林院，仕至翰林学士承旨，死后追封洺国公，谥文忠。故苏天爵以谥号称他为"王文忠公"。

同样曾任翰林学士承旨的李谦颂扬他说："夙有重名，持文柄主盟吾道，余二十年，天下学士大夫，想闻风采，得被容接者，终身为荣。"又评论他"为文冲粹典雅，得体裁之正，不取尖新以为奇，不尚隐僻以为高"。[②]《文渊阁书目》有《王文忠公文集》一部六册，残缺。[③] 以后不再见于著录。

幸喜早年原碑尚存，被录入地方志中得以留传。[④]

连同这篇《神道碑》，全书共引王磐文 9 篇，以下是：

卷七之一　　刘秉忠　　王文忠公撰神道碑

---

① 《元文类》卷三五，叶 11a；《道园类稿》卷一六，叶 8b，《元人文集珍本丛刊》，台北新文丰出版公司影印；《道园学古录》卷六，叶 12b，四部丛刊初编。《全元文》26 册，第 68 页。

② 《元史》卷一六〇《王磐传》，第 3751 页；《元朝名臣事略》卷十二之二，内翰王文忠公引野斋李公撰墓志。

③ 《丛书集成》0029 册，《文渊阁书目》（一）卷九，第 116 页。

④ 光绪《畿辅通志》卷一六八，叶 10a，上海古籍出版社缩印本，第 6243 页下。据明清历修地方志移录，《全元文》第 2 册第 267—271 页亦收入。

陵川文集

王磐神道碑记张柔早年，金中都路经略使苗道润被其副手贾瑀所害，部众推张柔为长。以下小字注"又《陵川文集》云"，是引用郝经所作《故易州等处军民总管何侯神道碑铭》，内容是记苗道润被贾瑀伏射受伤，被何伯祥救出，并报告朝廷，"命易水公靖安民代道润"，次年靖安民死，才"以符节归"张柔。①

王文康公撰墓志

王文康公即本书卷十二之一的"内翰王文康公"王鹗，《元史》有传。王鹗（1990—1273），字百一，曹州东明（今山东东明南）人。金正大元年（1224），中进士第一甲第一人出身，即状元。1260年，世祖即位，建元中统，首授翰林学士承旨，制诰典章，皆所裁定。至元元年（1264），倡议创立翰林学士院。十年卒，谥文康。故苏天爵以谥号称他"王文康公"。

张柔"事略"共引《墓志》十段，是全篇引用最多的文献。王鹗"为文章不事雕饰"，主张"学者当以穷理为先"。有《应物集》诗文四十卷。②早已不传，张柔的《墓志》仅保留在此"事略"的引文中，不见于其他任何文献。③

另外，卷十之三杨果的"事略"引用了王文康公文集。

滹南王公撰勋德碑

滹南王公即王若虚（1174—1243），藁城（今属河北）人。金承安二年（1197）经义进士，官至翰林直学士。金亡，北归真定，浮沉里社者十余年。因所居处滹沱河南，自号滹南遗老。故苏天爵称他为"滹南王公"。他的遗稿经王鹗、董文炳编辑刊行《滹南遗老集》四十五卷。④然这篇《勋德碑》《滹南遗老集》失收，只能靠《元朝名臣事略》得以留传。⑤

这篇"事略"之末有一段记张柔反思：平生作战杀人甚多，表示不再妄杀，要优待俘虏、降人等。下注出自"勋德碑"，这段文字也见于王磐撰神道碑，只不过在最前面加上"公将南渡也"一句，以便与下文联结。⑥可能这段引文乃王磐"神道碑"因袭王若虚的《勋德第一碑》。

陵川文集

①　《郝文忠公集》卷三五《故易州等处军民总管何侯神道碑铭》，叶24b—25a。

②　《元史》卷一六○《王鹗传》，第3756页。

③　《全元文》第8册，第1—37页王鹗文遗漏未辑。

④　王鹗《滹南遗老集引》，《滹南遗老集》卷首，四部丛刊初编。

⑤　《全辽金文》，第2517页，据上海图书馆抄本《金源七家文集补遗》所辑《名臣事略》文辑入，山西古籍出版社，2001年。

⑥　光绪《畿辅通志》卷一六八，叶11b，缩印本6244上。

张柔"事略"正文引用《陵川文集》记述张柔据保州后建庙学的经过，这段引文出自郝经的《顺天府孔子新庙碑》，现仍保存在他的文集中。[①]

遗山元公撰勋德第二碑

正文壬辰年之下，引《墓志》记张柔"薄汴梁，蹙归德，陷汝南，攻徐、邳"的事实。下文小字注"又遗山元公撰勋德第二碑云"。元好问这篇碑文现存他的文集中，碑名《顺天万户张公勋德第二碑》。由于王若虚所写的《勋德碑》"立将二十年"，而张柔的"勋伐积累日盛，而皆王君不之见者"。所以元好问应张柔部曲的请求，又写了《勋德第二碑》。[②]

紧接下一段正文仍引《墓志》，下注"又勋德碑云"，实际上这段引文仍出自元好问的《勋德第二碑》。这两段引文都是元好问历数张柔参加的各次战役及其功绩。由于元好问的记录较为详细，苏天爵不是照抄原文，而是作了大量删节，前一段，略去归德之役，后一段略去郓州之役和光州之役。每一次战役的细节和描写也被删简，为了文字的衔接，个别文字有所增减和改动。

卷六之四　元帅张献武王弘范

蜀郡虞公撰庙堂碑

元帅张献武王弘范的"事略"主要依据虞集这篇《庙堂碑》。苏天爵也将它选入自编的《元文类》，题为《元帅张献武王庙碑》，虞集的文集《道园类稿》和《道园学古录》皆收有此碑，篇名《淮南宪武王庙堂之碑》。

牧庵撰左丞李恒庙碑

至元十六年下引"庙堂碑"，记元宋崖山之战，"宋臣以其主广王赴水死"，"张世杰北突吾军而遁，令李恒追之大洋"。下文小字注引"牧庵撰《左丞李恒庙碑》云"，节选宋幼主在杭州出降后，陈宜中、张世杰拥立益王、卫王和文天祥继续抵抗的经过。此"庙碑"苏天爵也选入他所编《元文类》，篇名《中书左丞李公家庙碑》。也收入辑本《牧庵集》，全名《资善大夫中书左丞赠银青荣禄大夫平章政事谥武愍公李公家庙碑》。[③]

玉堂嘉话

最末一段引《庙堂碑》，记张弘范俘获文天祥，"待以客礼"。下文小字注"又《玉堂嘉话》云"，记陈宜中、文天祥等继续抗元，文天祥被俘、拒降和就戮。这段注文尚保存在王恽《秋涧先生大全文集》中。四部丛刊本后三行上首共脱12字，可据《元朝名臣事略》引文补。[④]

卷七之一　太保刘文正公秉忠

王文忠公撰神道碑

刘秉忠的"事略"引用的文献有神道碑、行状、墓志和文集序等多种。首先是王磐所撰神道碑，全文共引7段，是刘秉忠"事略"的主要资料。这篇碑文现存，收入明弘治顺德府刻本《藏春集》卷之六附录和念常《佛祖历代通载》。《佛祖历代通载》是一部编年体佛

---

① 《郝文忠公集》卷三四，叶12a。
② 《遗山先生文集》卷二六，叶13b—15a；《全元文》第1册，第593、591页。
③ 《元文类》卷二一，叶1a，《牧庵集》卷十二，叶5a，《全元文》第9册，第492页。
④ 《玉堂嘉话》卷之五，《秋涧集》卷九七，叶13b，《四部丛刊》初编本。

教史著作,按年记载佛教大事,以及高僧和与佛教有关人物生卒,每条之后,原文附载"佛教碑碣及诸大家之文"。[1] 因此,在刘秉忠去世那年转录了这篇神道碑。《全元文》从日本《大正大藏经》本《佛祖历代通载》转载此碑,拟名《刘太保碑铭并序》。明刻《藏春集》所收是王磐原作,碑题《故光禄大夫太保赠太傅仪同三司文贞刘公神道碑铭并序》。还有神道碑撰文、书写和篆额者三人姓名、官衔:"翰林学士嘉议大夫知制诰兼修国史王磐奉敕撰","昭文馆大学士正议大夫姚枢奉敕书","国信使所参议官高翿篆额",皆被《佛祖历代通载》略去。碑的全名、撰文、书写和篆额者姓名、官衔,在史料缺乏的情况下,往往可提供有关人物的重要讯息。

韦轩李公撰文集序

据孟繁清先生的最新考据成果,他从《永乐大典》本《顺天府志》中《析津志》佚文发现名宦"幸轩李槃"的名字,搜集到大量李槃和李韦轩的资料,两人的事迹接近,而未发现另有李韦轩其人,因此考定"韦轩李公"即李槃。由于他没找到李槃字或号韦轩的铁证,故只慎重地说"极有可能"。[2] 至元、大德间,有一位都漕运副使张仲温,喜好与文人交往,"在廷文学之臣咸赠以诗,今其家所存,则有左山商公挺孟卿、韦轩李公槃德新、阎公复子静"等人凡十七篇。[3] 我们已知,首位商挺字孟卿,号左山。由此确证,下一位"韦轩李公"是李槃的号,还透露他字德新,这更是新的发现。[4]

诚如孟繁清先生所说:"李槃家居真定,与邢州(治今河北邢台)邻近。"即与刘秉忠家乡毗邻。1247年,张德辉赴漠北,向忽必烈举荐李槃等人。肯定他随后也曾应召,以"庄圣太后唆鲁禾帖尼"真定食邑属民的身份侍幼子阿里不哥讲读,当然与同在漠北的刘秉忠有交往。[5] 至元元年,李槃经刘秉忠等向忽必烈推荐,出任皇子忙安的说书官。[6] 李槃不仅给刘秉忠的文集作序,而且《太保刘秉忠赠谥制》也是李槃所作。苏天爵将《赠谥制》选入《元文类》。[7]《赠谥制》也收入明刻本《藏春集》卷之六附录,篇名《赠仪同三司太傅谥文贞刘公制》,制辞末尾较《元文类》多"准此。至元十二年正月日"十字,让我们确知制辞定稿的年月。

刘秉忠"事略"共引用《文集序》三段,乃关于刘秉忠建议选人治理邢州,从征大理和宋,为忽必烈献策,为忽必烈兴建开平城选地相宅。

张忠宣公撰行状

张忠宣公即本书卷七之四的"左丞张忠宣公文谦"。张文谦(1217—1283)字仲谦,邢州沙河人。"自入小学,与太保刘公秉忠同研席,年相若,志相得。"这可能因他们的父辈同是邢州官吏有关。文谦之父张英,任邢州军资库使。[8] 刘秉忠之父刘润在1220

① 陈垣《中国佛教史籍概论》,第136页,1957年,科学出版社。

② 孟繁清《韦轩李公考》,《中华文史论丛》,2012年4期。上海古籍出版社。

③ 虞集《都漕运副使张公墓铭》,《道园类稿》卷四六,叶34b;《全元文》27册,第532页。

④ 《全元文》将顿号置"德新"前,而将"德新"系于阎复名之上。阎复《元史》有传,袁桷《清容居士集》有神道碑,只载他字子静,文集名"静轩"应是他的号,没说他另有号"德新"。

⑤ 以上史实出处,请参看孟繁清文。

⑥ 《元史》卷五《世祖纪》,第99页。事在至元元年八月,孟文误作八年。"忙安"(Mangqala)乃蒙古名忙哥剌的误读。

⑦ 《元文类》卷一一,叶5b,《全元文》却辑自宣统间出版的《涵芬楼古今文钞》。

⑧ 《元史》卷一五七《张文谦传》;李谦《中书左丞张公神道碑》,《元文类》卷五八,叶9a。

年蒙古军南下时，降邢州，留官镇守，本地群众推举刘润为副都统、都统。后正式任命为本州录事。刘秉忠和张文谦都是邢州官吏之子，因而能同入当地为官吏子弟办的学校并自小同学。

刘秉忠十三岁时，由于父亲官居录事，就被送到元帅府充当质子。年十七，因得邢台节度使赵某的赏识，任命为幕下令史。张文谦可能也有类似经历，后来，刘秉忠因出家随海云和尚入世祖潜邸，推荐文谦置于侍从之列，故能以熟悉他生平的老友受诏替刘秉忠写行状。《行状》全文也收入《藏春集》附录，全名《故光禄大夫太保赠太傅仪同三司谥文贞刘公行状》，由"资政大夫中书左丞张文谦奉敕撰"。《全元文》已收入这篇《行状》。①

徒单公履撰墓志

徒单公履（？—1289），字云甫，号颐轩，女真人，因来自今东北地区，故王恽以他的祖籍泛称为辽海人，实际是获嘉人（今属河南）。金经义进士，"学问该贯，善持论，世以通儒归之"。②1232年汴梁城降蒙古，城中民被迫北渡，金名士多流离失所，他往真定投靠史天泽。③蒙哥即汗位，史天泽被委任经略河南，命其属下王昌龄领卫州事。公履这时正"肥遁邻邑"，应该是退隐在邻县获嘉家中，听说昌龄"典卫"，遂"幡然来归"，帮他办学校，"郡之文风，尤为熼兴"。据王恽回忆，徒单公履是"壬子（1252）秋"到来的，他的朋友季武"抠衣席下"，向徒单公履"执经问学"。④王恽之子公孺也说：当年王磐、徒单公履相继教授于此，二人"道崇学博"，"乐诲人"，学子"凡经启迪，化若时雨"，人材辈出，如下面有引文的"西溪王公"博文、"苦斋雷公"膺，及前文已出现的汲郡王公恽和他早逝的朋友季武，"尤其魁杰者"有十几人。当时东平严氏办的庙学成绩最突出，但卫学也"视郓学为无愧"。由于徒单公履和王磐"乐育淇上（卫州），一时秀造号称多士"。忽必烈建元中统以后，"宦游四方"者甚多。⑤

中统二年（1261）七月，立翰林国史院，经王鹗推荐，徒单公履出任翰林待制。⑥至元十年，许衡因病回归故里，徒单与刘秉忠等老臣建议"以太子赞善王恂主国学，庶几衡之规模不致废坠"。⑦从此元朝的国子学得以继续。但他在八年、十二年累次提出设科举取士的建议，就没得到采纳。⑧徒单仕至翰林侍讲学士，至元二十六年冬十月，王恽作祭文致奠于故待制徒单公之灵"，说明他在这年已故。⑨

---

① 《故光禄大夫太保赠太傅仪同三司谥文贞刘公行状》，《藏春集》卷之六附录，明弘治顺德府孔鉴刻本；《全元文》第22册，第281—284页。

② 王恽《碑阴先友记》，《秋涧集》卷五九，叶8a；虞集《田氏先友翰墨序》，《道园学古录》卷五，叶4a。

③ 《中书左丞相忠武史公家传》，《秋涧集》卷四八，叶19b。

④ 王恽《故真定五路万户府参议兼领卫州事王公行状》、《哀友生季子辞并序》，《秋涧集》卷四七，叶4a，卷六五，叶1b。

⑤ 王公孺《卫辉路庙学兴建记》，乾隆《汲县志》卷十三，叶6b；王恽《蝶恋花二》，《秋涧集》卷七六，叶7a。

⑥ 王恽《中堂事记》下，七月廿七日丁亥，《秋涧集》卷八二，叶11a。

⑦ 《元史》卷八《世祖纪》，第151页，至元十年九月丙戌。

⑧ 姚燧《金书枢密院事董公神道碑》、《领太史院事杨公神道碑》，《元文类》卷六一，叶9b；卷六〇，叶3b。

⑨ 《祭待制徒单公文》，《秋涧集》卷六四，叶11b。

这篇墓志用小字附注于神道碑引文之后,墓志全文收入明弘治刻本《藏春集》卷六附录,全名《故光禄大夫太保刘公墓志》,署名和官衔是"翰林侍讲学士少中大夫知制诰同修国史徒单公履谍"。徒单公履《元史》无传,也没有文集,《全元文》甚至连这篇墓志都遗漏了,干脆在元文作者名单中没有他的名字。

鲁斋文集

在徒单公履墓志引文后,又引许衡的鲁斋文集,内容是刘秉忠奏用朝仪,忽必烈的回应。

卷十一之三赵良弼也引用一段《鲁斋文集》。

卷七之二　丞相史忠武王天泽

史天泽"事略"的史料有家传、行状和神道碑等。

汲郡王公撰家传

王恽撰写的这篇家传是史天泽"事略"的基本史料,全名《开府仪同三司中书左丞相忠武史公家传》,全文现存于王恽的《秋涧先生大全文集》中。[①]

西溪王公撰行状

西溪王公即王博文(1223—1288),字子勉,或作子冕,号西溪。[②]任城人(今山东济宁市),故泛称为"东鲁王博文",1243年弱冠成婚时侨居卫州。[③]在授馆苏门赵侯南衙时,结识本地汲县人王恽。他俩和渤海王旭(号春山)结为忘年交,以"好学善属文"齐名,人称为"淇上(卫州)三王"。[④]

王博文年未三十,"闻望四达,士大夫咸以远大期之"。1252年,忽必烈在王府"招贤礼宾",与郝经同奉召。世祖即位,即被擢用,"由礼部侍郎迁都转运者二,迁提刑按察使者四",为官三十年,最后由礼部尚书、大名路总管升江南行御史台中丞。[⑤]至元廿五年(1288)秋八月,病逝于扬州客舍。[⑥]

与王磐、徒单公履等人不同,王博文不是翰林国史院掌文墨的官员,而是久居监察机构。但世祖在位时,"中外居言责者,大抵多文学老成之士",如前文出现的"汲郡王公"恽,后面有引文的浑源"苦斋雷公"膺、"东平徐公"琰等。王博文本人就属于这类人物,"其言论风旨,学殖文采,士论归焉"。[⑦]兼之他出身成长于史天泽的领地,与史家

---

① 《秋涧集》卷四八,叶11a—21。《全元文》第6册,第343—351页。

② 《析津志辑佚》,第154、157页;卢挚《西溪赞》,《天下同文集》卷二九,叶100a,《雪堂丛刻》本。

③ 《登琴台诗并跋》,《北京图书馆藏中国历代石刻拓本汇编》第48册(元一),第101页;胡紫通《祭王中丞子勉文》,《紫山大全集》卷一九,叶9b,文渊阁四库全书。

④ 《感皇恩六·至元十七年八月八日为通议西溪兄寿》,《玉漏迟》;王公孺《大元故翰林学士谥文定王公神道碑铭》,《秋涧集》卷七五,叶16b;卷七八,叶1ab;附录,叶16a;《元史》卷一六七《王恽传》,第3933页。

⑤ 魏初《西溪王公真赞》,《青崖集》卷五,叶38a,四库全书珍本;卢挚《西溪赞》;胡紫通《祭王中丞子勉文》。

⑥ 王恽《路祭中丞王兄永诀文》、《御史中丞王公诔文》,《秋涧集》卷六四,叶8a、b。

⑦ 苏天爵《御史中丞魏忠肃公文集序》,《滋溪文稿》卷五,第68页,陈高华、孟繁清点校本,中华书局,1997年。

关系甚深，因此史天泽的行状和真定的《史丞相祠记》都由他执笔。《全元文》第5册第89—106页辑出王博文文8篇，从乾隆《正定府志》辑出《史丞相祠记》，却遗漏了这篇《行状》。

王文忠公撰神道碑

史天泽死于至元十二年（1275），次年特颁圣旨命翰林大学士王磐"制墓隧碑文"。这篇神道碑苏天爵也选入他所编《元文类》，题为《中书右丞相史公神道碑》。《全元文》收入此碑，然而却舍元编元刻的元文总集不用，而是据商务印书馆编的现代出版物《涵芬楼古今文钞》。[①]

牧庵文集

史天泽"事略"引《家传》，记忽必烈命史天泽与伯颜总大军平宋，"中道病"，下面用小字插注"又《牧庵文集》云"。这一段文字出自姚燧的《江汉堂记》。于史天泽"至郓而疾"后，转引姚燧文中忽必烈闻讯后所发的诏旨。[②]

卷七之三　平章廉文正王希宪
河内高公撰家传

河内高公即高凝，字道凝。其先西京人，父名圣举。庚戌岁（1250），潜藩时期的忽必烈，以安车征召金朝名士魏璠至漠北，其向忽必烈举荐中州名士大夫六七十人。[③]其中就有"西京高圣举"，说他"年三十已上，博学善属文，通世务、有器识，廉介有守，可使临财，亦可以临政"。元好问称赞他为"今之能文者"。元初官至侍郎。[④]高家后来迁至河内，故白栋从太原至河内向许衡求学，曾寄住高凝家二年。畅师文来谒许衡，也与在河内的高凝、姚燧"相推友善"。[⑤]至元二年（1265），许衡被召至京师时，高凝自河内来报告其子学习情况，其并委托高凝"相与辅导之"。[⑥]至元八年，许衡以集贤大学士兼国子祭酒，专门教蒙古世胄子弟就学，奏请征召散居四方的弟子十二人为伴读，高凝和姚燧兄弟来自河内。[⑦]因此，苏天爵以高凝的侨居地称他为"河内高公"。

至元十六年，高凝出任江南行御史台监察御史。随后迁江西行省郎中。[⑧]二十五年累迁南台治书侍御史。[⑨]二十九年，监察御史商琥举荐"昔任词垣风宪，时望所属而在外者"高道凝等十人，宜置居翰林，备顾问。由御史大夫月儿鲁等上奏。[⑩]三十一年冬，新即

---

① 《元文类》卷五八，叶1a。《全元文》第2册，第273—278页，注明又见康熙十五年《永清县志》卷一四。

② 《元文类》卷二八，叶22b。《牧庵集》卷七。

③ 魏初《书傅氏家传后》，《青崖集》卷五，叶45a。

④ 魏初《七言绝句——赠高道凝》，《青崖集》卷二，叶2a。

⑤ 姚燧《河南道劝农副使白公墓碣铭》，《元文类》卷五五，叶3b；《元史》卷一七〇《畅师文传》，第3995页。

⑥ 许衡《至元三年十二月二十九日与子师可书》，《鲁斋遗书》卷九，叶5a，文渊阁四库全书本。

⑦ 欧阳玄《元中书左丞集贤大学士国子祭酒追封魏国公谥文正许先生神道碑》，《圭斋集》卷九，叶4b。

⑧ 虞集《黄纯宗遗诗序》、《宗濂书院记》，《道园类稿》卷十八，叶27a、卷二四，叶6b。

⑨ 《至正金陵新志》卷六，叶48a、40a。《官守志二·题名》，《宋元地方志丛书》，台湾大化书局，第三册。

⑩ 《元史》卷一七《世祖纪》至元二十九年三月壬寅，第361页。

位的成宗诏修《世祖实录》,召命姚燧为翰林学士,高凝为侍读,至元后九年由他们二人共总裁之。①大德五年(1301)又出任南台侍御史。②七年丁未(1307),姚燧为前江淮行省平章政事游显写神道碑,是依据已故翰林侍读学士高凝所撰《事状》,可见他卒于这年以前,官至翰林侍读学士。③

高凝为廉希宪家族所撰的《家传》是廉希宪《事略》的主要史料,然而他没有文集,这篇《家传》仅见于《元朝名臣事略》。《全元文》第11册辑得高凝文三篇,却遗漏了这篇《家传》。

清河元公撰神道碑

延祐七年(1320)英宗即位,"一新庶政",任命廉希宪子御史中丞廉恂为平章政事,诏命翰林学士元明善制恂父恒阳王神道碑,碑文参考《家传》写成,苏天爵也将这篇神道碑选入自编的《元文类》,题为《平章政事廉文正王神道碑》。④廉希宪《事略》篇幅数倍于其他人,《家传》和《神道碑》都是长篇,《神道碑》也是《事略》的重要依据,全文引用多达28段,而《家传》则有46段。

卷七之四　左丞张忠宣公文谦
野斋李公撰神道碑

张文谦的《事略》基本上依据李谦这篇神道碑,苏天爵也将全文选入他所编《元文类》,题为《中书左丞张公神道碑》。⑤

先茔碑

张文谦《事略》第一段下注:"野斋李公撰神道碑。"注文接着是"又《先茔碑》云",令人误认为李谦又另写了一篇《先茔碑》,畿辅丛书本"又"之下多"某公撰"三字,意示作者另有其人。实际上这是王磐所作,摘录自他所写的《张氏先德之碑》,现保留在明成化《顺德府志》中。⑥

蜀郡虞公撰新茔记

张文谦《事略》的最后一段,论述他提倡儒术,支持许衡之说"得进见于当时",朱熹之书"著于天下"。下注引自虞集所撰《新茔记》。全文苏天爵也选入自编的《元文类》,题为《张氏新茔记》。虞集的《道园类稿》也收此碑,题名《张氏先茔碑》。⑦

卷八之一　内翰窦文正公默
野斋李公撰墓志

李谦所写的墓志是窦默"事略"的主要史料,这篇墓志不见于其他任何记载,是仅存

---

① 姚燧《唐州知州杨公墓志铭》,《牧庵集》卷二八,叶16b;《牧庵集》附录《年谱》,叶11b,至元三十一年甲午;《元史》卷一七四《姚燧传》,第4058页。

② 《至正金陵新志》卷六,叶37a。

③ 姚燧《江淮等处行中书省平章政事游公神道碑》,《牧庵集》卷二二,叶1b。

④ 《元文类》卷六五,叶1。辑入《清河集》卷五、《全元文》第24册,第352—363页。

⑤ 《元文类》卷五八,叶9a。《全元文》第9册,页101。

⑥ 明成化《顺德府志》卷三。《全元文》第2册,第263页。

⑦ 《元文类》卷三〇,叶18a。《道园类稿》卷四五,叶4b。《全元文》27册,第403页。

于《元朝名臣事略》一书的珍贵文献。《全元文》第9册第286—288卷李谦文，遗漏了这篇墓志未辑。

神道碑

窦默"事略"之末有两段引文注《神道碑》，但缺注作者，《全元文》从文渊阁四库全书本《畿辅通志》辑出王磐撰《大学士窦公神道碑》，至元十七年作。然而此《神道碑》中并无"事略"引文的内容。[①]

杨文宪公文集

《杨文宪公文集》即卷六汪世显神道碑作者杨奂的文集，原书已佚，辑本《还山遗稿》所载此文是从《元朝名臣事略》辑出，原文是片断或全文？篇名是什么？因何而作？皆不得而知。由于窦默"事略"引《墓志》提到"忽必烈访求贤士三十年"，能得他认可的"惟得李状元、窦汉卿二人"，故从杨奂文集中引出这段谈李俊民的故事，用小字附注于后。明嘉靖宋廷佐辑刊《还山遗稿》，自《元朝名臣事略》此处辑出。《全元文》再将《还山遗稿》中此文编入杨奂文，并袭用其自拟标题"李状元事略"。[②]

汲郡王公中堂事记

在前引"杨文宪公文集云"一段引文后，又引"汲郡王公中堂事记云"。《中堂事记》是王恽在中统初年任职中书省时的亲历记录，从他中统元年十月至燕京，随行中书省"综练众务，日熟闻见"。次年二月，行省官奉旨北上，他随行到开平，至九月初返燕，按年月日顺序记录所见朝廷大事，可补充取材《实录》的《元史本纪》，尤其是所记人事任命及人物简况，所经地及其描述等，保留了不少重要史料。王恽这段话摘自王恽《秋涧先生大全文集》八二卷《中堂事记》下，六月八日戊戌。由于当日颁旨追谥李俊民，故王恽写了这段文字介绍李俊民的事迹。

《元史·李俊民传》就是藉《元朝名臣事略》用小字附注杨奂和王恽文集中两段有关李俊民的报道，编写成正史中的一篇小传。[③]

卷八之二　左丞姚文献公枢

公侄牧庵撰神道碑

姚燧撰写的《神道碑》前特意冠以"公侄"二字，即此文乃他为其伯父姚枢所作。当时姚燧"承乏翰林，复世公官"，继伯父之后任翰林学士承旨。于公他有资格执笔；于私，作为亲侄，当然熟悉伯父的事迹，"恐公事业不能详尽，不敢干他词臣，故惟自述"。所以这篇姚枢"事略"全采用姚燧"详尽"的神道碑文。苏天爵选入自编的《元文类》，题为《中书左丞姚文献公神道碑》。也收入四库全书辑本《牧庵集》。[④]

---

① 雍正《畿辅通志》卷一〇七。又见雍正《肥乡县志》卷五、光绪《畿辅通志》卷一七二及《全元文》第2册第271—273页。

② 《还山遗稿》卷上，叶28b，适园丛书本；《全元文》第1册，杨奂文，第150页。用《元朝名臣事略》校。

③ 《元史》卷一五八《李俊民传》，第3733页。形式上也随《元朝名臣事略》，附传于窦默传后。

④ 《元文类》卷六〇，叶8b；《牧庵集》卷十五，叶1—19；《全元文》第9册，第573—585页。

静庵笔录

《神道碑》提到：赵复至燕，"北方经学自兹始"。以下小字注："又《静庵笔录》云"：内容是记赵复的来历、学问和言行。《静庵笔录》似乎是一部笔记体书，前人所作各种《元艺文志》皆不见记载。《千顷堂书目》和《补辽金元艺文志》皆著录有《静庵春秋志疑》九帙，注明作者"失名"。[1] 江西南丰人刘埙曾为同乡"静庵刘君"的《金刚经解》作序，称："吾州里有居士曰静庵刘君元璋，以儒会释，根器不凡。"也不知《静庵笔录》的作者是否就是这位刘元璋。[2]

另卷八之三，许衡"事略"又引《静庵笔录》。

卷八之三　左丞许文正公衡

祭酒耶律公撰考岁略

祭酒耶律公即耶律有尚。耶律有尚（1236—1320），字伯强，《元史》有传。耶律楚材之兄、金中京副留守善材之孙。善才死义于汴，有尚之父钧得到东平万户严氏父子的尊重和接纳，乃徙居善才为官之地东平。中统初，任东平工匠长官。蒙哥汗在位的 1254 年，忽必烈接受关中为其潜藩分地，廉希宪被任命为宣抚使，奏征许衡为京兆提学。有尚闻讯，艰关数千里前往求学，"受业许衡之门"。至元八年，许衡兼任国子祭酒，教授勋臣贵戚子弟，让有尚等旧弟子担任斋长"伴读"。两年后，许衡南归，起任有尚为国子助教，"嗣领其学事"。后历任秘书丞、蓟州知州、真金太子詹事院长史，继刘因教学于春坊，授国子司业。二十四年，正式设国子监学，春坊学徒随有尚入监，仍任司业，明年升祭酒。有尚"前后五居国学"，"教国子几三十年"，如武宗时大臣上奏所说："许文正公典教胄子，耶律某继之，自助教至位祭酒。"造就人才有功，"宜优爵秩"，进拜昭文馆学士，仍兼祭酒。故苏天爵称他为"祭酒耶律公"。

有尚在受学许衡时，将许衡的言行"默而识之，其后考次年谱，笔之于书"。这就是构成《事略》的基本史料《考岁略》和《国学事迹》。[3]《考岁略》按年记载许衡生平事迹，不见有单行本传世。清乾隆修《四库全书》时，从《永乐大典》辑出《许鲁斋考岁略》一卷，虽肯定"是编载衡言行较史为详"，但以"大端已具于史"为由将此书弃置《存目》。[4] 新编《四库存目丛书》所收《许鲁斋考岁略》是据明万历怡愉等编刻《鲁斋遗书》的附录。许衡文集的各种版本大多附有《考岁略》，《元朝名臣事略》基本上已全文收录。

耶律公国学事迹

许衡《事略》又引耶律有尚《国学事迹》十段，《事略》全文末段前一段："先生之教人也……"，下注《考岁略》，实为《国学事迹》之误。《国学事迹》同样载于《鲁斋遗书》附录中。

---

① 黄虞稷《千顷堂书目》（补元代部分）；倪灿、卢文弨《补辽金元艺文志》（元代部分）。《辽金元艺文志》，第 20、94 页，商务印书馆，1958 年。

② 《金刚经解序》大德元年，《水云村吟稿》卷五，叶 13b。文渊阁四库全书。

③ 《元史》卷一七四《耶律有尚传》，第 4064 页；苏天爵《皇元故昭文馆大学士兼国子祭酒耶律文正公神道碑铭》，《滋溪文稿》卷七，第 101 页。

④ 《四库全书总目》卷五九《史部十五·传记类存目一》，第 538 页上栏。

蜀郡虞公文集

许衡《事略》中一段专论许衡创建国学，"使国人知有圣贤之学，而朱子之书得行于斯世者"，引自虞集的文集《送李扩序》，现存于《道园类稿》和《道园学古录》两种文集中。苏天爵也收入自编的《元文类》。①

牧庵文集

在上引《蜀郡虞公文集》一段下，小字注"又《牧庵文集》云"，内容是阐扬许衡培养弟子的成就，出自姚燧的《送姚嗣辉序》。苏天爵也选入自编的《元文类》，已收入辑本《牧庵集》。②

静庵笔录

在"又《牧庵文集》云"一段后，仍用小字注"又《静庵笔录》云"，引文共36字，评述许衡在燕，从学者良莠不齐的情况。

牧庵文集

正文又有一段引《牧庵文集》，内容是许衡告诫姚燧应如何看待文章的作用。这段话出自姚燧的《送畅纯甫序》，苏天爵也选入自编的《元文类》，已收入辑本《牧庵集》。③

［鲁斋先生画像赞］

全文最末一段，注明出自"眉山刘公撰文集序"。头一句是："鹿庵赞先生之像曰"，一直到"盖异世而同符者也"，是引用王磐《鲁斋先生画像赞》一文，此文苏天爵也编入《元文类》。④

［鹿庵王氏论赞］

接着"自关洛大儒倡绝学"至"鲁斋先生生焉"一段，也是王磐的话，见于鲁斋文集卷末《名儒论赞》"鹿庵王氏曰"之下。

眉山刘公撰文集序

继王磐的话之后，第三小段才是"眉山刘氏"自己的话，也载于《名儒论赞》"鹿庵王氏曰"一段前，"眉山刘氏曰"之下，内容与《事略》所引相同。⑤苏天爵曾作《题鲁斋先生遗书后》，认为许衡的学说"幸有遗书六卷者在，犹得见其仿佛焉"。⑥他看到的眉山刘公《文集序》当然附在这部六卷本遗书中。清宫中曾有元刊《鲁斋遗书》六卷本一函二册，前有大德九年（1305）杨学文序。⑦明成化刻本即祖此本，仍有杨学文序，说"中斋苏公来牧安成"，出鲁斋遗稿将广其传。中斋苏公不见于其他记载，杨学文曾任太和州同知。⑧而安成是以安福为中心的古郡名，元安福、太和州皆属吉安路，可见杨学文是以地方官作序。他署名前冠以"眉山后学"，同"眉山刘公"正是同乡。

---

① 《送李扩序》，《元文类》卷三五，叶16b；《道园类稿》卷二〇，叶21b；《道园学古录》卷五，叶13a。

② 《元文类》卷三四，叶11a；《牧庵集》卷四，叶11b。

③ 《元文类》卷三四，叶7a；《牧庵集》卷四，叶7a；见《全元文》9册，第377页。

④ 《元文类》卷一八，叶9b；《全元文》间接从《涵芬楼古今文钞》编入第2册第259页王磐文。

⑤ 《鲁斋遗书》卷一四，叶4a.

⑥ 《滋溪文稿》卷二八，页466。

⑦ 《天禄琳琅书目续编》卷一一，叶14a、b。光绪长沙王氏刻本。

⑧ 程钜夫《太和州重修快阁记》，《雪楼集》卷一三，叶10a。作于至大四年，称"式车杨学文"。

刘有庆,字志善,号损斋,四川眉山人,初任南陵县主薄,平江书院山长,江西等处儒学提举,官至翰林待制。与巴西邓文原善之,同被人称为"学完行尊"的四川学者。[①] 泰定元年,以江西等处儒学提举的名义,为宋人赵惠的《四书笺义》作叙。[②] 我怀疑刘有庆就是苏天爵所谓的"眉山刘公",可能与杨学文为《鲁斋遗书》作序一样,是他作为江西学官热心倡导儒学的表现。许衡《事略》和《名儒论赞》中的"眉山刘氏"的话应出于刘有庆为元刻《鲁斋遗书》所作的序。

卷九之一　太史王文肃公恂
济南杨公撰行状

济南杨公即杨文郁(1235—1303),《元史》无传,幸有他的《神道碑》文传世,称他字从周,济阳人,从小读书。年及成人,就出仕于本道。提刑按察使陈祐(字节斋)闻其名,将他向朝廷推荐,除阙里教授。

至元十五年,杨文郁由翰林国史院荐授应奉翰林文字,王恽所作推荐事状称他为"济南士人",赞扬他"天资雅厚,质而有文,子史群经多所浃洽,今年近强仕,经明行修,不求闻达,侍庭闱以蔬水悦亲,居乡里以教授为业"。[③]《元朝名臣事略》元刻本称他"济南杨公",聚珍版丛书本则注作"济阳杨公"。济阳是金济南府(元升路)属县,故称济南或济阳人,只不过是称路、府或县名的不同。苏天爵曾作文赞美济阳和杨文郁,说"济阳介乎齐、鲁之间,圣贤德化之所被也"。这里出了一位"邑之先进有若故翰林学士杨文安公,雅德懿行为世师表"。[④] 他入翰林院不久,补翰林修撰,历任待制,升直学士,改任国子祭酒。元贞二年因病还乡,大德元年(1297)征回京,升侍讲学士、翰林学士。二年春正月,成宗以一批翰林、集贤耆德旧臣,清贫守职,特赐钞二千一百余锭,杨文郁名列众翰林院臣中。[⑤] 七年卒,年六十九。[⑥]

李谦说:杨文郁"素从乡先生张清真、杨素庵(弘道)、杜止轩(仁杰)游,得其议论为多。为文必援据义例,质实不崇华藻,有《林下集》藏于家"。[⑦] 当时没能刻印,《林下集》不仅失传,甚至不为人所知,因而各种《元艺文志》皆没录入。王恽的《行状》幸赖《元朝名朝事略》得以保存。

杨公又撰墓志　王恽《事略》引"济南杨公"撰《行状》4段;接着引"杨公又撰"《墓志》,共引5段,都是杨文郁所作。

---

① 柳贯《见初亭记》,《柳待制》卷一四,叶4b. 民国《南陵县志》卷三三《人物·流寓》;王沂《张君仲实行述》,《伊滨集》卷二四,叶4a。

② 《四书笺义叙》,《丛书集成初编》0244册《四书笺义》卷首。

③ 王恽《荐济南士人杨从周事状》,《秋涧集》卷八八《乌台笔补》,叶18。

④ 《滋溪文稿》卷六,《济阳文会序》,第79页。

⑤ 《元史》卷一九《成宗二》,第417页。

⑥ 原作"七十九",前文杨文郁自称:"今予六十有八矣",接着是"俄遭疾,遂不起"。不可能跳到79岁。又下文李谦说:"公少予二年。"据《元史·李谦传》,大德六年,以年七十一,乞致仕。文郁比他年少二岁,应为六十九之误。

⑦ 李谦《翰林学士杨公神道碑铭》,清乾隆《济阳县志》卷一二,叶21a。《全元文》第9册,第97—100页。

家传　在《墓志》之后，又连引《家传》3段，没署作者，又因苏天爵疏忽而遗漏。①

卷九之二　太史郭公守敬
太史齐公撰行状

太史齐公即齐履谦（1263—1329），字伯恒，大名人，《元史》有传，也有苏天爵为他写的《神道碑》文。齐履谦之父名义，善算术。七岁时教他读书，十一岁"教以推步星历，尽晓其法"。至元十三年，初立太史局，改治新历，不久升局为院。十六年，履谦十七岁，补星历生，得到太史令王恂的赞赏，侍奉诏治历的许衡、杨恭懿左右，勤学请教。新历既成，又参加修《历经》、《历议》。二十九年，太史令郭守敬奉诏浚惠通河，荐任星历教授，凡仪象未完备者奏请命齐履谦完成，如按宋旧图考定莲花、宝山等漏壶的规制，命工改作，恢复了鼓楼计时的制度。大德二年，升保章正，始专历官之政。九年冬，始立南郊，祀昊天上帝，摄司天台官。至大三年，升授时郎秋官正，兼领冬官正事。四年，仁宗即位，喜尚儒术，擢国子监丞，教国学子弟。又改授国子司业。英宗至治元年，拜太史院使。履谦在太史院，适逢秘书监辇亡宋图籍，留置本院，昼夜诵读，精思深究，故其学博洽而精通，自六经、诸史、天文、地理、礼乐、律历，下至阴阳、五行、医药、卜筮，无所不能，而于经学尤其精邃。齐履谦的著作很多，经学有关于《易》、《书》、《春秋》和《四书》的，有关于天文、历法的，有遗文若干卷。②

齐履谦在太史院与郭守敬共事近四十年，最熟悉郭的生平事迹，懂得郭在天文、历法和科学技术等方面的成就，《行状》由他写最为合适，因此郭守敬整篇《事略》全采自《行状》，苏天爵也将这篇《行状》选入自编的《元文类》中，题为《知太史院事郭公行状》。③

卷十之一　尚书刘文献公肃
平章宋公撰墓志

刘肃《事略》的第一段引自宋子贞撰《墓志》。宋子贞最先被东平行台严实招置幕府，用为详议官。金京城汴梁陷落，子贞拔刘肃于羁旅，共事严实父子。中统元年，世祖置十路宣抚使，子贞任益都济南等路宣抚使，刘肃任真定路宣抚使。二人接着先后出任右三部尚书，参与策划创立中书省，裁定典章制度。宋、刘二人在东平共事二十年，世祖即位后在朝又有同样的经历，故由宋子贞撰写刘肃的《墓志》。这篇《墓志》仅载于《元朝名臣事略》。《全元文》第1册宋子贞文遗漏了这篇墓志。

商文定公撰墓碑

商文定公即本书卷十一之二的"参政商文定公"。商挺（1209—1288），《元史》有传。金亡，商挺受严实聘为诸子师。实子忠济嗣，辟挺为经历，赞助忠济兴学养士。1253年，

---

① 《全元文》第10册卷三五八杨文郁文，将有关"太史王文肃公"的《行状》、《墓志》和《家传》等重要文章通统遗漏了。

② 《元史》卷一七二《齐履谦传》，第4028页；苏天爵《元故太史院赠翰林学士齐文懿公神道碑铭》，《滋溪文稿》卷九，第128页。

③ 《元文类》卷五〇，叶1，《全元文》第21册，第753—761页，又是辑自"清宣统印本《涵芬楼古今文钞》"。

商挺被忽必烈征召至潜邸，先后佐杨惟中、廉希宪宣抚关中。世祖即位，与廉希宪宣抚陕蜀，改行省参知政事。至元元年，任中书省参知政事。①商挺与刘肃在东平和在朝皆有同僚之谊，故由他撰写《墓碑》。

刘肃《事略》全文共分6段，除开头引宋子贞《墓志》1段外，以后5段皆出自商挺撰《墓碑》。②

卷十二之一，又有商挺撰内翰王文康公《先茔碑》一篇。

卷十之二　平章宋公子贞
太常徐公撰墓志

太常徐公即徐世隆（1199—1278），《元史》有传。金正大四年（1227）进士。金亡，严实招致东平幕府，俾掌书记。忠济嗣位，以世隆为东平行台经历，赞助忠济兴学养士。中统元年，出任燕京路宣抚副使。至元元年，迁翰林侍讲学士，兼太常卿。因此，苏天爵称他为"太常徐公"。

徐世隆任职翰林期间，"诏令典册多出其手"，因此编选前贤内外制可备馆阁用者，书名《瀛洲集》百卷。他的"古文纯正明白，无奇涩之偏"。论事"秉笔而书，顷刻千百言，言尽意到，灿然成文"。有文集若干卷。③可惜皆已失传。他撰写的宋子贞《墓志》是这篇"事略"的主要史料，共引用10段。幸赖《元朝名臣事略》得以保存。④

连同这篇《墓志》，《元朝名臣事略》共引徐世隆文3篇，以下是：

卷十二之一　王　鹗　太常徐公撰墓碑

卷十三之一　李　冶　太常徐公撰四贤堂记

东平吴公踈堂集

东平吴公即吴衍，字曼卿，或作蔓庆、曼庆，⑤谥文贞。鄄城人。金进士李昶，在东平行台严实及子忠济幕下任职，后来因父忧去官，杜门教授，吴衍和李谦、马绍等名士，皆出其门。⑥吴衍历任提刑按察副使。⑦至元二十五年，任江南行御史台侍御史。三十年，升御史中丞。⑧延请张翥于江宁学宫，让子弟受业。⑨

这段引文用小字附注于前引《墓志》之后，始知吴衍曾著有《踈堂集》，但未说明引文文体和篇名，《踈堂集》也不见于任何著录，内容和卷帙更无从得知。

尚书李公撰神道碑

"尚书李公"即李昶（1203—1289），东平须城人，《元史》有传，本书卷十二之三有"尚

---

① 《元史》卷一五九《商挺传》，第3738—3742页。

② 《全元文》第2册，第506—516页，商挺文共辑得8篇，遗漏了这篇刘肃《墓碑》。

③ 《元史》卷一六〇《徐世隆传》，第3768—3770页；《元朝名臣事略》卷十二之四《太常徐公》。

④ 《全元文》第2册，第386—401页徐世隆文，遗漏了这篇宋子贞《墓志》。

⑤ 《雪楼集》卷一七《金福建提刑按察司事曾公墓志铭》，叶3b。

⑥ 《元史》卷一六〇《李昶传》，第3761—3763页。

⑦ 王恽《秋涧集》卷一九《蔓庆宪副良友》，叶13。胡紫通《紫山大全集》卷六《谢吴曼庆宪副良友》，叶8b。

⑧ 《至正金陵志》卷六，叶34a、37a。

⑨ 《元史》卷一八九《张翥传》，第4315页。

书李公"的"事略"。李昶是金兴定进士。金亡，回东平，任严实、忠济父子幕官。1259年，忽必烈征宋途中，召见于濮州，问治国用兵之要。次年，忽必烈即位，召至开平，访以国事。至元五年，起为吏礼部尚书，故苏天爵称之为"尚书李公"。[①]

李昶在东平"处赞画之任"，与幕长宋子贞议论相合，配合默契，有多年共事之谊，故由他为宋子贞撰写《神道碑》。[②]

高唐阎公文集

"事略"引《墓志》，记述宋子贞倡新庙学，齐鲁儒风为之一变，下小字注"又高唐阎公文集云"。这是一段故事，说东平庙学请康晔为师，某学生梦与诸生郊迎老师于郭外，梦见其中部分人"衣金紫"，后来"果至通显"，提到姓名的有前文的翰林承旨李谦、中丞吴衍和后文的翰林承旨徐琰等。阎复的文集已失传，这段文字《藕香零拾》本《静轩集》和《全元文》皆遗漏未辑。

卷十之三 参政杨文献公果

王文康公文集

首段引用王鹗文集，杨果生平事迹全在这段文字中概述，仅见于《元朝名臣事略》此处引用，似碑、志文，但未注"墓碑"、"墓志"之类。《元史》杨果本传显然是据"事略"删改而成。可惜王鹗的文集已不传，此段文体、篇名皆无从得知。[③]

杨叔能事言补

杨叔能即杨弘道（1189—？），字叔能，号素庵、默翁，淄川（今山东淄博西南）人，博学无所不知。金末南渡后，与元好问、刘祁、杨奂等"皆以诗鸣"。[④]金亡，避乱流落南宋襄汉间，宋理宗端平元年（1234），任襄阳府学教谕。[⑤]而集中又有《赠仲经诗序》称：端平二年（1235）清明后出襄阳，摄唐州司户。后北还乡里。[⑥]中统、至元间，曾出任益都路提举学校官。[⑦]

王恽说：杨弘道"文章德业，师表一世"。"文章极自得趣，有《小亨集》行于世"。[⑧]《小亨集》由元好问作序，序中说："兴定末，叔能与予会于京师。"他的诗得到礼部尚书赵秉文等人的赞赏，"以为今世少见其比"。"叔能用是名重天下今三十年。"[⑨]鲜于枢说《小亨集》共十卷[⑩]明初尚存，《文渊阁书目》有残缺本《小亨集》一部五册。焦竑《国史经籍志》则载有《小亨集》十卷。清初已失传，四库全书馆从《永乐大典》中辑得诗五卷，文

---

① 《元史》卷一六〇《李昶传》，第3761页。

② 《全元文》第2册，第353—355页李昶文，遗漏了这篇宋子贞《神道碑》。

③ 《元史》卷一六四《杨果传》，第3854页。《全元文》第8册第1—37页王鹗文遗漏未辑。

④ 鲜于枢《困学斋杂录》，丛书集成2884册，第12页；于钦《齐乘》卷六，叶29b，宋元方志丛刊，第1册第628页，中华书局，1990年。

⑤ 杨弘道《祭刘总管文》，《小亨集》卷六，叶24b，四库全书珍本初集，商务印书馆。

⑥ 杨弘道：七律《赠仲经》序，《小亨集》卷四，叶2b—3a。

⑦ 杨弘道《李氏迁祖之碑》，《益都金石记》卷三，《石刻史料新编》，第1辑20册。

⑧ 王恽《儒士杨弘道赐号事状》，《碑阴先友记》，《秋涧集》卷八七，叶15a；卷五九，叶8b。

⑨ 《杨叔能小亨集引》，《遗山先生文集》卷三六，叶16b。

⑩ 《困学斋杂录》，第12页；《丛书集成》0029册《文渊阁书目》（一）卷九，第114页；《丛书集成》0028册《国史经籍志》（四）卷五，第275页。

一卷。因避乾隆名讳,改名"弘道"为"宏道"。

《事言补》是另一部笔记体著作,久已失传,仅存魏初所写的序称:素庵先生"致力古学,为名辈所推重,尝著《事言补》三卷"。[①] 这段《事言补》用小字注于引"王文康公文集"的正文之下,内容是表彰杨果的才貌和人品。《元史·杨果传》末段显然同出《事言补》,但内容反多于《元朝名臣事略》,可见苏天爵引用时有所删节。

牧庵文集

"事略"引姚燧文集中这段文字提到:中统初"无斥其名某相"(指王文统,因视为"叛臣"被诛,故"无斥其名"),"自洛阳起西庵杨公宣抚辽西",杨果借"回妇越商"夫妻言语不通的笑话,表达他的不满。四库辑本《牧庵集》不见这个故事,《全元文》姚燧文也未辑出。

国朝典章

这段引自《元典章》卷十四《吏部·公规二》"执政官外任不书名"。此文件中的"杨少中"即杨果,因他官阶少中大夫。[②]《元史》本传提到:杨果由参知政事外任怀孟路总管,因"以前尝为中书执政官,移文申部",仍享有"特不署名"的礼遇,就是根据《元朝名臣事略》所引用载入《元典章》的这篇公文。

野斋李公文集

最后一段引李谦文集,记述杨果出任怀孟路总管时,创建庙学礼殿的事。

卷十之四　宣慰张公德辉
汲郡王公撰行状

宣慰张公德辉的"事略"全用王恽所写的张德辉《行状》,一百卷的《秋涧先生大全文集》没收。《元史·张德辉传》是据《行状》写成,但许多具体细节皆被本传删略,只能凭"事略"所引《行状》补充。[③] 如姚从吾作《张德辉岭北纪行足本校注》,他将原篇分为13小节,其中第8、第10、第12小节,是采用《元朝名臣事略》和《元史·张德辉传》增补的。注者认为这三小节的增入,不但上下文衔接,实在合之方成完璧。他还将《元朝名臣事略·宣慰张公德辉》作为附录全文抄录于《校注》全文之后。[④]

卷十一之一　左丞李忠宣公德辉
牧庵姚公撰行状

姚燧撰写的这篇《行状》苏天爵也选入他所编《元文类》,四库本《牧庵集》也辑出,并已收入《全元文》第9册姚燧文,篇名《中书左丞李忠宣公行状》。[⑤] 李德辉《事略》全文主要采自姚燧写的《行状》。当时,李德辉由安西王相,改任安西省参知政事、陕西四川行省左丞,姚燧则由秦王(由安西王改封)文学出任陕西汉中道提刑按察副使,如姚燧所

---

① 魏初《青崖集》卷三,叶17b,《素庵先生〈事言补〉序》,四库全书珍本初集。
② 《元典章》卷一四,第514页,中华书局,2011年。
③ 《全元文》第6册王恽文也未辑出这篇行状。
④ 台湾大学《文史哲学报》,1962年。
⑤ 《元文类》卷四九,叶1;《牧庵集》卷三〇,叶4—13;《全元文》第9册,第484—490页。

说"荷公（李德辉）知且久游其门"，又与德辉子李頵同学，故请他写成这篇《行状》。

野斋李公撰神道碑

李德辉《事略》末尾有三段引自李谦撰《神道碑》，一段是记他和平解决"既降复叛"的罗施鬼国的过程，一段是评述他的人品，最后一段讲他与阿合马原来"偕侍潜邸"，"及当国用事"，"未始一至其门"。这篇李德辉《神道碑》仅见于《元朝名臣事略》。[1]

卷十一之二　参政商文定公挺

清河元公撰墓碑

元明善所撰商挺的墓碑是这篇"事略"的主要史料来源。经缪荃孙辑入《清河集》，并被《全元文》吸收。[2]

礔陵周公撰墓志

张起岩所作七言古诗《送周学士致政南归》，中有句"今日又见周礔陵"。[3]魏初诗《送周集贤正平致仕东归》，中有句"独有礔陵气象真"。[4]可见"礔陵周公"就是张、魏二人诗中的集贤学士周正平。而《析津志·名宦》中有一位"集贤学士正平周砥"，原来他名砥，字正平。[5]礔陵或作壏陵，古城名，在东平路聊城西南十五里。五代晋开运初于此建州。宋淳化初，圮于水，移治孝武渡西。[6]周砥因籍贯聊城，故以古名壏陵为号。

严忠济继其父镇东平，幕僚徐世隆倡议兴学养士，培养的人材"往往著名当代"，代表人物就有后来官居国子祭酒集贤学士的周砥。[7]至元元年，王鹗建议设翰林国史院，荐周砥为应奉翰林文字，兼太常博士。后官至太常寺首长太常卿。[8]五年，立御史台，侍御史张德辉以衰老请辞，举荐周砥等"可任风宪"。[9]二十四年，尚书左丞叶李请立太学，荐周砥等十人为学官，周砥由太常卿出任国子监学祭酒。[10]最终官至集贤学士兼国子祭酒。魏初至元二十八年壬辰（1292）卒，[11]作诗《送周集贤正平致仕东归》应在此前。而张之翰《送周学士致政南归》诗中有句："壏陵抗章乞致仕，年去七十犹有二。"故周砥是至元二十八年以前68岁时退休的。

---

① 《全元文》第9册李谦文遗漏了这篇李德辉《神道碑》。

② 《清河集》卷六，叶66b—69b；《全元文》第24册第376—379页元明善文。拟篇名《参政商文定公墓碑》。

③ 《西岩集》卷三，叶5a。四库全书珍本。

④ 《青崖集》卷二，叶13b。

⑤ 《析津志辑佚》，第153页。

⑥ 顾炎武《肇域志》（二），《山东·东昌府·聊城县》第510页，上海古籍出版社，2004年。

⑦ 阎复《乡贤祠记》，光绪《高唐州志》卷八，叶7a。中国方志丛书。

⑧ 《元史》卷五《世祖纪》，第100页，至元元年九月壬申朔；《元朝名臣事略》卷一二，《内翰王文康公》，第239页。胡紫遹《太常博士厅壁记》，《紫山先生大全集》卷九，叶7a；《元史》卷一七〇《胡紫遹传》，第3992页。

⑨ 《元朝名臣事略》卷十之四《宣慰张公》，第210页。

⑩ 《元史》卷一七三《叶李传》，第4049页；苏天爵《昭文馆大学士兼国子祭酒耶律文正公神道碑铭》，《滋溪文稿》卷七，第101—106页。

⑪ 张之翰《挽魏中丞太初》："生值壬辰岁又辰，嗟嗟六十一年身。"生卒皆壬辰年。《西岩集》卷八，叶5b。

商挺在东平任经历官,赞助严忠济大兴学校,周砥是他培养的学生之一,故由他撰写《墓志》。全文共引《墓志》5 段。

牧庵文集

"事略"引《墓志》,记丁巳年(1257)阿蓝答儿会计陕西、河南,以下小字注引"又《牧庵文集》云"。这段出自《牧庵集》之《谭公神道碑》。[①]内容是忽必烈派人治理河南、关西、邢州,"中土诸侯民庶翕然归心",遭宗亲离间,造成与大汗蒙哥的矛盾。《牧庵集》中经四库馆臣篡改的译名可藉这段引文改回。

牧庵文集

"事略"引《墓碑》,记至元十年封皇子忙阿剌为安西王,以商挺为王相。以下小字注引"又《牧庵文集》云"。这段出自姚燧的《延厘寺碑》,内容是描述安西王的长安营帐,管辖范围和军政财权等。这篇碑文苏天爵也选入自编的《元文类》,四库本《牧庵集》也辑出,并已收入《全元文》第 9 册姚燧文。[②]

卷十一之三　枢密赵文正公良弼

牧庵姚公撰庙碑

赵良弼"事略"开头就引姚燧撰《庙碑》,全文共引《庙碑》3 段。此《庙碑》仅见于《元朝名臣事略》,《牧庵集》和《全元文》皆遗而未辑。

野斋李公撰墓碑

李谦为赵良弼撰写的《墓碑》是这篇"事略"的主要史料来源,全文共引 14 段。此《墓碑》仅见于《元朝名臣事略》,《全元文》第 9 册李谦文遗漏未辑。

蜀郡虞公文集

"事略"引《庙碑》,提到张易"坐擅发卫兵以醮"。以下小字注引"又《蜀郡虞公文集》云"。摘自虞集的《徽政院使张忠献公神道碑》,他的文集《道园学古录》卷一七和《道园类稿》卷四〇皆收有这篇《神道碑》。苏天爵的引文除主语"公",明确为"工部尚书张公九思"外,略有删削。然而将张易对构变的高菩萨、王著等"不能辨其伪,不敢抗",改为"素恶相(阿合马)奸",即"以兵与之"。由于当时张易是被世祖处死的,虞集文集中的碑文用"不能辨其伪"为张易开脱。姚燧的《庙碑》同样说"见误是僧"。实际上张易与阿合马矛盾甚深,数十年后苏天爵已没必要回避,将不能辨其伪,改为素恶阿合马之奸(可能是神道碑的原稿),使我们更深入了解世祖朝轰动国内外的王著杀阿合马事件的真相。因此,《元朝名臣事略》已佚的引文固然有保存文献之功,即使其文尚在,这种偶然的改动,读者如能细察,更能从中得到重要的讯息。

鲁斋文集

由于赵良弼曾出使高丽、日本,这一段是世祖向他询问高丽的国情和赵的回答,《元史·赵良弼传》也有这一段内容。赵良弼的事何以会出自《鲁斋文集》?今本许衡文集中也没找到这段话。

---

① 《牧庵集》卷二四,叶 5a;《全元文》卷九,第 709 页。
② 《元文类》卷二二,叶 6a;《牧庵集》卷一〇,叶 5a;《全元文》卷九,第 518 页。

卷十一之四　参政贾文正公居贞

牧庵姚公撰神道碑

姚燧撰写的《神道碑》是贾居贞"事略"的主要史料，苏天爵也选入自编的《元文类》，题为《参知政事贾公神道碑》。四库全书辑本《牧庵集》和《全元文》皆已收入。[①]

汶上曹公撰行状

汶上曹公即曹元用（？—1329），《元史》有传，字子贞，汶上（今属山东）人，故以籍贯称他为"汶上曹公"。最早任镇江路儒学正，考满游京师，得到翰林承旨阎复的欣赏和推荐。御史台辟为掾史，转中书省右司掾，与清河元明善、济南张养浩，同时号为三俊。后除应奉翰林文字，迁礼部主事。武宗设尚书省，改任右司都事，转员外郎。英宗时授翰林待制，升直学士。泰定二年，授太子赞善，转礼部尚书兼经筵官。累迁翰林侍讲学士，兼经筵官，预修仁宗、英宗两朝实录。天历二年卒，追封东平郡公，谥文献。

曹元用有诗文《超然集》四十卷，早已失传。[②]贾居贞的"事略"引用他写的《行状》3段，文字不多，但仅有《元朝名臣事略》保存。

苦斋雷公文集

苦斋雷公即雷膺（1225—1297），《元史》有传，字彦正，浑源人。太宗时戊戌选试，与选为儒户。史天泽镇真定，辟为万户府掌书记。世祖即位，授膺大名路宣抚司员外郎。中统二年，翰林承旨王鹗、王磐荐膺为翰林修撰。至元二十一年，任江南行御史台侍御史。[③]二十三年，迁江南浙西道提刑按察使，同年致仕。二十九年，又征召为集贤学士，备顾问。大德元年卒于京师，谥文穆。[④]姚燧为《雪堂雅集》作跋，收集有作品的文人27人，其中有集贤学士苦斋雷膺，故知他号"苦斋"，苏天爵乃尊称他为"苦斋雷公"。[⑤]

贾居贞"事略"用小字引苦斋雷公《文集》两段，皆记贾居贞征鄂、治鄂的事迹。可惜苦斋《文集》已不存，仅保留"事略"所引片断，故不知是何文体和篇名。雷膺《全元文》作者中无名，当然也不会辑录这篇文字。

卷十二之一　内翰王文康公鹗

太常徐公撰墓碑

徐世隆所撰《墓碑》是王鹗"事略"的主要史料来源，这篇《墓碑》仅见于《元朝名臣事略》。[⑥]

李恺撰言行录

王鹗"事略"引用李恺撰《言行录》共4段，都是有关忽必烈潜藩时期王鹗漠北之行的细节，以及王鹗奏对的言论。不知李恺是何许人？《言行录》是什么书，我没发现有其他记载。

---

① 《元文类》卷六一，叶1；《牧庵集》卷一九，叶1—8；《全元文》第9册，第642—647页。

② 《元史》卷一七二《曹元用传》，第4062页。

③ 《至正金陵新志》卷六，叶37a。

④ 《元史》卷一七〇《雷膺传》，第3990页。

⑤ 《跋雪堂雅集后》，《牧庵集》卷三一，叶10a。

⑥ 《全元文》第2册，第386—401页徐世隆文遗而未辑。

商文定公撰先茔碑

商挺所撰王鹗《先茔碑》只引用了一段,内容是记阿合马欲求王鹗推荐他为相,遭到拒绝。但不屑于提他的名,而以"贾胡"代之,反映出当时汉族大臣对阿合马的敌视。这段《先茔碑》文也仅见于《元朝名臣事略》。①

卷十二之二　内翰王文忠公磐

野斋李公撰墓志

李谦所撰《墓志》是王磐"事略"的主要史料来源,李谦是王磐在东平学校主师席时的弟子,又得他的引荐入翰林院,因此这篇《墓志》由他执笔。李谦所撰《王磐墓志》仅见于《元朝名臣事略》。②

墓碑

王磐"事略"第二段下注"墓碑",中华书局点校本《元朝名臣事略》对此"墓碑"加注说:聚珍本作"墓志",且下文均作"墓志",似是。按本书例,凡首注出处,必列其作者之名,此则无。由于这里所注"墓碑"前佚作者名,致使聚珍本误以为"碑"乃"志"之误。今查《广平府志》、《永年县志》和《金石分域编》诸书,皆有张晏所撰王磐神道碑,在永年县北三十里曲陌镇。结衔二行:"集贤殿大学士昭[文][馆]大学士荣禄大夫大司农兼御史中丞张晏谍并书。""朝散大夫大名路同知李晔篆额"。碑文十八行,行八十字,铭四行,行六句。末行"至元三年岁在丁丑夏四月辛未朔越四日甲戌立石"。

由此可见,王磐"事略"所注的"墓碑"无误,是在他去世40年后的顺帝至元三年丁未(1337)所立的《神道碑》。作者张晏,中书左丞张文谦长子,初侍裕宗(太子真金)于东宫,为府正司丞。世祖思功臣子孙,选充刑部郎中,迁吏部郎中、大司农丞。成宗元贞改元,命讲经史,特授集贤侍读学士、参议枢密院事,升集贤学士,嘉议大夫、枢密院判官。如所撰《神道碑》结衔所示,张晏仕至集贤殿大学士、昭文馆大学士、荣禄大夫、大司农兼御史中丞。死后赠陕西行省平章政事,封魏国公,谥文靖。③立碑虽在王磐身故多年后,但碑文早在树碑前撰写,执笔者乃故人之子,对他生前还是熟悉的。

《全元文》辑入张晏撰《王磐墓神道碑铭》,辑自清嘉庆《广平府志》卷八,篇名乃校点人代拟。④《永年县志》载有《神道碑》名,全称为《大元故翰林学士承旨资德大夫赠端真雅亮佐命功臣太傅开府仪同三司追封洺国公谥文忠王公神道碑铭并序》。但《广平府志》仅录铭,《永年县志》仅有上引描述,并未录碑文,但评论说:碑载"磐走襄阳,宋将闻其名,署议事参军。《史·传》所未及"。⑤这类《元史》王磐本传失载的内容,幸而保存在《事略》的引文中。

玉堂嘉话

至元十一年一段之后,又一小段引"玉堂嘉话",内容是"有诏集百官问钞轻物重事",

---

① 《全元文》第2册,第506—516页商挺文遗而未辑。

② 《全元文》第9册,第62—122页李谦文遗而未辑。

③ 《中书左丞张公神道碑》,《元文类》卷五八,叶13b;《元史》卷一五七《张文谦》,第3698页。

④ 《全元文》第35册,第207—208页。

⑤ 《永年县志》卷一四《碑碣》,叶4b,光绪三年刻本。

接着是王磐的对答。原文仍保留在王恽《秋涧集》中，但主人翁姓名有所不同，《元朝名臣事略》用其字作"学士王文炳"，《秋涧集》则用其号作"大学士王鹿庵"。[①] 不知是因苏天爵的更改？或是《玉堂嘉话》另有失传版本？

卷十二之三　尚书李公昶

野斋李公撰墓碑

李谦所撰的墓碑是李昶"事略"的唯一史料来源。据《元史·李昶》本传称：他在严忠济东平行台任经历官，后"去官，杜门教授，一时名士，若李谦、马绍、吴衍辈皆出其门"。李谦作为李昶的得意门生，是为其师撰写《墓碑》的合适人选。这篇《墓碑》仅存于《元朝名臣事略》。[②]

卷十二之四　太常徐公世隆

东平徐公撰墓碑

东平徐公即徐琰（？—1301），字子方，号容斋、养斋、汶叟，东平人。严忠济镇东平，徐世隆为幕客，倡议修复泮宫，兴学养士，这批学生往往著名当代，仕至江西行省参政、翰林学士承旨的徐琰是其中杰出代表。[③] 忠济曾迎元好问校试学生文章，预选四人中就有徐琰。[④] 至元初年，徐琰出任陕西行省左右司郎中。至元六年兴建的灞河石桥，就是听取他们这些僚属的建议。[⑤] 虞集的文集中提到：至元十三年，"时东平徐公琰方为行省左司员外郎"，可见"东平徐公"是虞集、苏天爵等翰林晚辈对徐琰的共同称谓。[⑥]

十八年，真金太子命侍从太常官宋衟择可备顾问者，衟推荐徐琰等人，遂召琰于东平，任命为中书省左司郎中。[⑦] 二十三年，出任岭北湖南道提刑按察使。[⑧] 二十六年，经御史中丞董文用推荐，升江南行御史台御史中丞。[⑨] 二十八年，改任江西行省参知政事。[⑩] 三十一年，迁浙西廉访使。时治所尚在平江，有旨迁置于杭。[⑪]

大德二年，入为翰林学士承旨。五年卒，谥文献。[⑫]

苏天爵评说世祖时，"中外居言责者，大抵多文学老成之士"。例举就有徐琰在内。[⑬] 他又是徐世隆东平兴学培养的人才，应是撰写碑文的理想作者。孔齐认为徐琰的文集可

① 《玉堂嘉话》卷之四，《秋涧集》卷九六，叶16b。

② 《全元文》第9册，第62—122页李谦文遗而未辑。

③ 阎复《乡贤祠记》，光绪《高唐州志》卷八，叶7a。

④ 《元史》卷一六〇《阎复传》，第3772页。

⑤ 李庭《创建灞石桥记》，《寓庵集》卷五，叶51。

⑥ 《奉元路重修宣圣庙学记》，《道园类稿》卷二二，叶21a；《道园学古录》卷三五，叶4a。

⑦ 《元史》卷一一五《裕宗传》，第2890页。

⑧ 姚燧《奉议大夫广州治中阎君墓志铭》，《牧庵集》卷二九，叶7b，9a。

⑨ 《元史》卷一四八《董文用传》，第3499页；《至正金陵志》卷六，叶34a。

⑩ 程钜夫《至元二十八年龙集辛卯十月十日至洪，王肯堂治书见示芙蓉诗次韵二首》、《徐容斋参政王安野治书……次韵二首》，《雪楼集》卷二六，叶6a。

⑪ 陶宗仪《南村辍耕录》卷六《廉使长厚》，第71页，中华书局，1997年。

⑫ 李之绍《祭徐承旨文》，《国朝文类》卷四八，叶13a、b。

⑬ 《御史中丞魏忠肃公文集序》，《滋溪文稿》卷五，第69页。

供"异日史馆之用",是"不可阙"的"大元国朝文典"。^①可惜他的文集已失传,连书名也无从得知。不过王恽提到他有《爱兰轩诗卷》,不知付刻没有?^②他也是《录鬼簿》提到的"前辈名公乐章行于世者"的曲作家。^③散曲今存小令十二首,套数一篇。

徐世隆"事略"的第一段,下注"东平徐公撰墓碑"。下文每段都下注出自"墓志",头一段无本书例应注的撰人,最先引用的文献往往是全篇的主要史料来源,下文长达21段怎么会不再出现呢?幸好元末的《析津志》"名宦"卷几乎全抄自《元朝名臣事略》,虽然删去了几段,也不是每段出注,但仍两次总结性地注出"并见墓志"。^④我猜测东平徐公所撰"墓碑"乃"墓志"之误。

徐琰所撰徐世隆《墓志》仅见于《元朝名臣事略》,《全元文》辑徐琰文,无论是《元朝名臣事略》,还是《顺天府志》和《析津志辑佚》,都遗漏未辑。^⑤

卷十三之一　廉访使杨文宪公奂

遗山元公撰墓碑

元好问所撰"墓碑"是杨奂"事略"的主要史料来源,这篇碑文尚保存在他的文集中,全名《故河南路课税所长官兼廉访使杨公神道之碑》。^⑥

公文集

本篇第3段引《墓碑》,记杨奂通过耶律楚材举办的戊戌选试,宣授河南路课税所长官。下用小字引"又公文集云",内容是杨奂本人评说十路课税所发挥的积极效果。这段文字也收入《还山遗稿》卷上,并自拟篇名《耶律楚材改课税制》。由于《还山遗稿》这一段正是从《元朝名臣事略》辑出,如末句"凡佐吏许自辟以从","佐"误为"在",《还山遗稿》与《全元文》皆因循致误,聚珍本迳改为"佐",中华书局点校本姚景安已据聚珍本校正。^⑦

鲁国东游录

杨奂"事略"最末一段无注,姚景安先生点校本加注:"此段文字阙注出处,聚珍本补'墓碑'二字。然核之《元遗山先生全集》卷二三《故河南路课所长官兼廉访使杨君神道之碑》,文字颇多出入,疑另有所本。"查永乐大典本《顺天府志》,"廉访使杨文宪公"内容多抄自《元朝名臣事略》,卷前概述、第一段全文抄自《事略》,下注"元遗山撰墓碑",以下五段省去,《事略》脱注出处的一段全部保留,末注:"见《鲁国东游录》。"^⑧明杨士奇等编《文渊阁书目》,载有《紫阳先生东游记》一册,^⑨应该就是《鲁国东游录》。辑本《还山遗

---

① 《至正直记》卷一,第65页。上海古籍出版社,2012年。

② 《题徐中丞子方爱兰轩诗卷》,《秋涧集》卷三三,叶12b。

③ 锺嗣成《录鬼簿》卷上,第6、64页,"徐子芳廉使"或"徐子方宪使",古典文学出版社,1957年。

④ 明初修《顺天府志》,名宦部分注明"以上并见《析津志》"。清末缪荃孙从《永乐大典》辑出。北京图书馆善本组又从《永乐大典》和辑本《顺天府志》辑出《析津志辑佚》。徐世隆"事略"见于《顺天府志》卷九,第174—178页,北京大学出版社,1982年;《析津志辑佚》,第184—186页。

⑤ 《全元文》第10册,第618—632页徐琰文。

⑥ 《遗山先生文集》卷二三,叶1—8a;《全元文》第1册,第556—557页。

⑦ 《还山遗稿》卷上,叶29b;《全元文》第1册,第150页;《元朝名臣事略》,第258页。

⑧ 《顺天府志》卷九《名宦》,第180页;《析津志辑佚》,第188页。

⑨ 《文渊阁书目》卷一八,丛书集成0030册,第226页。

稿》有《东游记》一篇,内容是"壬子(1252)春三月"杨奂应东平行台公邀请,与其他文士一起东游阙里等处的游记,并无此段内容。而这段前半以"君著述有"开头,是第三者的口气,与元好问碑文相同,然内容有异。第二段介绍《正统书》,在"其叙曰"之后,仍与碑文一致。① 我猜想《紫阳先生东游记》或《鲁国东游录》,除杨奂的《东游记》外,又增入了编刊者所辑有关杨奂著述的报道。

卷十三之二　内翰李文正公冶

李冶"事略"的依据无碑传之类,史料来源多而且杂,问题也较多。

事迹

聚珍本作"某公撰敬斋事迹",不知何据。所引这段是写他自幼至金亡前后的事,冠以"某公撰",仍不知作者是谁。"敬斋"是他的号,内容确是记"敬斋事迹",但不知是什么性质的文献。

门生集贤焦公撰文集序

"集贤焦公"指焦养直(1238—1310),东昌路堂邑(今属山东)人,"为学寻坠绪于游离困苦之余"。东平万户严忠济延请敬斋李先生于府办学,养直"往来从之,至于数十年,问学不绝。"因此苏天爵称他为李冶的门生。至元十三年(1276),养直以词赋经义中选儒户。十八年,以真定路儒学教授超拜典瑞少监。"入侍帷幄",向世祖陈说古先帝王政治,又为成宗进讲《资治通鉴》。大德三年(1299)升集贤侍讲学士,后进集贤学士。武宗至大元年(1308),授集贤大学士。② 故称他为"集贤焦公"。

据《元史》本传,李冶"所著有《敬斋文集》四十卷"。《事略》第二段就引用这篇焦养直所撰《文集序》,记述他治学的经过和成就。焦养直的文章身后由亲属编成《彝斋存稿》,然而与《敬斋文集》都已失传,这篇《敬斋文集序》因此仅靠《元朝名臣事略》保留其中片断。③

王庭问对

丁巳年(1257),忽必烈驿召李冶至潜邸,询问天下大事。"事略"第二段就是这次两人会见时问答的记录,故命名《王庭问对》。这段文字甚长,《元史·李冶传》基本上依据李冶"事略",并节录采用了《王庭问对》。明永乐间修《历代名臣奏议》,再从《元史·李冶传》摘出,加以分门别类插入有关卷次中。崇祯时张溥加以删节重刊。《全元文》辑李冶文,又分别从文渊阁《四库全书》本(据永乐《历代名臣奏议》原刊本)或崇祯本《历代名臣奏议》辑出。《王庭问对》经《元史》和《历代名臣奏议》两次节录和转抄并割裂分载,已失原貌。事情因何而起,故事的完整性皆无从谈起。《全元文》将一篇文字分成四篇,散在前后两处,代拟标题为《治天下策》、《对地震策》和两个重复的《论贤臣》。④ 一个山居的老儒,何以会凭空发这些言论,令人不解。如恢复原状和原篇名《王庭问对》,那就一目

---

① 《永乐大典》辑本《顺天府志》卷九,第179页。
② 《元史》卷一六四《焦养直传》,第3859页;虞集《焦文靖公神道碑》、《焦文靖公彝斋存稿序》,《道园类稿》卷四一,叶19a;卷一八,叶2a。
③ 《全元文》第10册,第30页焦养直文仅收文一篇,《敬斋文集序》遗而未辑。
④ 《全元文》第2册,卷四七,李冶文,分散在15、16和23、24页。

了然了。

《历代名臣奏议》元代部分，经陈得芝、邱树森先生标点、整理，于1998年以《元代奏议辑录》为名出版。此书的特点就是查明每篇奏议的出处，干脆替换为原来文字并注明来源。如陈得芝先生虽仍将其分三段并加"论人才"、"论治天下难易"和"论地震"三标题，但已将割裂的文字按顺序归拢，并注明出自《元朝名臣事略》中李冶的《王庭问对》。[①]辑佚就应追寻最初文本，陈、邱二先生的作法是值得学习和借鉴的。

王文忠公撰书院记

王磐所撰《书院记》，内容是记李冶晚年家元氏，于封龙山构讲堂、斋舍讲学，题目应是封龙山书院记之类，可惜此文已佚，仅存《元朝名臣事略》节录的这一段。[②]

与翰苑诸公书

王磐撰《书院记》提到"立翰林院于燕京"，召授李冶翰林学士。以下小字引《与翰苑诸公书》，表示辞退之意。这一段已经《全元文》辑出，注明出自《元朝名臣事略》卷一三。

敬斋泛说

接着引《敬斋泛说》四段。在第二段下小字注："公著述有《文集》四十卷，《壁书丛削》十卷，《泛说》四十卷，《古今黈》四十卷，《测圆海镜》十二卷，《益古衍段》三卷，其它杂著又十余卷。"可见他除"经为通儒，文为名家"外，也兼攻自然科学。《敬斋泛说》是他文集外的另一部四十卷巨著，可惜仅有这几小段保存在《元朝名臣事略》中。

太常徐公撰四贤堂记

末段引徐世隆所撰《四贤堂记》，记至元二年，平定州守刘天禄"为屋数楹，置赵、杨、元、李四公像其中以事之"。即供奉金末的"一代宗师"赵秉文、杨云翼，以及近年海内敬仰的元好问和李冶，称"四贤堂"，可惜《四贤堂记》已佚，仅存《元朝名臣事略》所引片断。[③]

卷十三之三　太史杨文康公恭懿

牧庵姚公撰神道碑

姚燧所撰《神道碑》是杨恭懿"事略"的主要史料来源，全文共六大段，五段出自《神道碑》。《神道碑》苏天爵也选入自编的《元文类》，四库全书辑本《牧庵集》和《全元文》也收入，题为《领太史院事杨公神道碑》。[④]

墓志

在全文倒数第二段，至元十六年之下，杨恭懿奉召赴都于太史院改历。这一大段的内容，主要是他和领太史院的张易、许衡所上改历奏议和《合朔议》。下注"墓志"，遗漏了撰者。而下接全文最末段引《神道碑》，开头一句："征士萧𣂏志其墓曰：……"这句话告给我们，前一段未署名的墓志正是萧𣂏所作。

萧𣂏（1241—1318），字惟斗，奉元路咸宁（今陕西西安）人。《元史》有传，隐居读书南

① 《元代奏议集录》，第45—47页，浙江古籍出版社，1998年。

② 《全元文》第2册，第243—308页的王磐文，王磐所撰《书院记》未辑。

③ 《全元文》第2册，第386—401页徐世隆文。徐世隆所撰《四贤堂记》未辑。

④ 《元文类》卷六〇，叶1；《牧庵集》卷一八，叶1—8；《全元文》第9册，第626—631页。

山三十年,博极群书,天文、地理、律历、算数,靡不研究。为文辞,立意精深,言近而指远。关辅之士,翕然宗之,称为一代醇儒。[①]世祖征不至,陕西行省官荐授陕西儒学提举,皆辞。继而成宗累征授国子司业、集贤直学士,皆未赴,故人称为"征士"。大德十年,进集贤侍读学士,即其家授之。武宗即位,仁宗为皇太子,以太子右谕德征召,始至京师,授集贤学士、国子祭酒、谕德如故。以老疾辞。延祐五年卒,谥贞敏。[②]

至正四年,苏天爵出任陕西行御史台侍御史,当时萧𣋳之文已散逸无几,才动手与人采辑。后编成《勤斋文集》十五卷,行于世。清乾隆修《四库全书》,从《永乐大典》辑出《勤斋集》八卷。

最末段下注《神道碑》,查《元文类》中《太史杨文康公神道碑》,的确有杨恭懿"事略"中这段文字。《全元文》从《四库全书》本《元朝名臣事略》辑出,收入萧𣋳文中,并命名《太史杨文康公墓志铭》。引文开头,"征士萧𣋳志其墓曰"是姚燧所撰《神道碑》文转引萧𣋳《墓志》中的话。辑者忽略了末尾明明有注,这段出自《神道碑》。最后,"呜呼！诚知德不易之言哉！"是姚燧发的感叹,更不能算《墓志》中的文字。尤为重要的是,前一段作者佚名的《墓志》正是萧𣋳所作,可惜将这段长四五倍的文字遗漏未辑,将仅与《神道碑》重复的一小段,却并非出自《墓志》的文字辑入萧𣋳文中。[③]

卷十四之一　左丞董忠献公文炳

清河元公撰家传

元明善所撰《家传》是董文炳"事略"的主要史料来源,苏天爵也将它选入自编的《元文类》,题为《藁城董氏家传》。已被缪荃孙辑入《清河集》。《全元文》据《清河集》收入。[④]

李野斋撰墓志

《藁城董氏家传》提到(董文炳"事略"未引):文炳病故,世祖"敕翰林待制李谦志其墓,翰林学士承旨王磐撰神道碑"。这篇"事略"少量引用《墓志》和《神道碑》作为补充。李谦的《墓志》共引二段,一段在正文引《家传》记董文炳幼年事之下,用小字引《墓志》作为补充。另一段作为正文,记己未年董文炳随忽必烈伐宋,降服光山县台山砦的事迹。这篇《墓志》已佚,仅存《元朝名臣事略》所引片断。[⑤]

王文忠公撰墓碑

王磐所撰《墓碑》只引了一小段,夹注于《家传》载董文炳与张世杰大战于大江中一段之下,记其子士元战死于淮东之役。《墓碑》即元明善《家传》中提到的《神道碑》,全名《赵国忠献公神道碑》,现存于嘉靖《藁城县志》。[⑥]

---

① 《元史》卷一八九《萧𣋳传》,第4325页。

② 苏天爵《元故集贤学士国子祭酒太子右谕德萧贞敏公墓志铭》,《滋溪文稿》卷八,第114页;刘致《萧贞敏公谥议》,《元文类》卷四八,叶23b。

③ 《全元文》第10册,第719—786页萧𣋳文。

④ 《元文类》卷七〇,叶1;《清河集》卷七,叶74a;《全元文》第24册,第312—320页。

⑤ 《全元文》第9册,第62—122页李谦文,未辑董文炳《墓志》。

⑥ 嘉靖《藁城县志》卷九,叶1a,后修县志及《畿辅通志》皆转录;《全元文》第2册,第286—291页已收入。

卷十四之二　内翰董忠穆公文用
蜀郡虞公撰行状

虞集所撰《行状》是董文用"事略"的主要史料来源，苏天爵也将它选入自编的《元文类》，题为《翰林学士承旨董公行状》。又同见于虞集的《道园学古录》和《道园类稿》。①

遗事

董文用"事略"整篇几乎全用《行状》，仅开头一段引《行状》，记董文用随世祖围鄂，闻宪宗崩。下小字注"又《遗事》云"，是讲文用"一日三谏"，劝忽必烈回师争夺帝位。我不知《遗事》是什么文献？

卷十四之三　枢密董正献公文忠
牧庵姚公撰墓碑

姚燧所撰《墓碑》是董文忠"事略"的主要史料来源，苏天爵也将它选入自编的《元文类》，四库全书辑本《牧庵集》和《全元文》也收入，题为《金书枢密院事董公神道碑》。②

涿郡卢公撰墓志

涿郡卢公即卢挚，字处道，号疏斋，涿州（今河北涿州市）人。据他自述："挚在稚幼，特蒙世祖皇帝天地大造教育作成。""遭际先朝（世祖朝），服勤帷幄，多历年所，擢置侍从。"原来卢挚的出身和其他为官翰林和风宪的文人不同，"稚幼"时就在忽必烈身边，由他抚养、教育成长。成年后就任命为官。③

在至元十三年以前，卢挚任太府监属官令史。因有人控告他"盗断监布"，世祖"命杀以惩众"。常侍世祖左右的符宝郎董文忠建言："宜付有司簿责阅实，以俟后命。"经董文忠调查，原来太府监的布两端都有多余的布头，"尚方工官"需要零碎布料，认为毁掉整匹可惜，切断羡余的布料给工官，并非贪污归己。卢挚的性命赖董文忠得以保全，交情不同一般，故董氏家人请他撰写《墓志》。④

元朝平宋后，卢挚出任翰林院属官，巡行江南诸郡，籍在官书板。接着出任燕南河北道、江东建康道、陕西汉中道提刑按察副使，河南路总管。大德元年，回朝任集贤学士。三年，又出任岭北湖南道肃政廉访使。卸任后，七年，又入朝任翰林学士。十一年，再出任江东道肃政廉访使。至大四年，仁宗继位，召回翰林院任职，随即告病致仕，不久病故。⑤

卢挚在生前就有《诗文集》，可能在出任江东道按察副使时已结集，书名《江东藁》，赠送给在江南行台结识的侍御史程钜夫。⑥约在他再次赴宁国任江东道廉访使时，徐嘉善

---

① 《元文类》卷四九，叶 10b；《道园学古录》卷二〇，叶 7—14；《道园类稿》卷五〇，叶 1a。
② 《元文类》卷六一，叶 8b—15；《牧庵集》卷一五，叶 19—26，自命名《董文忠神道碑》。
③ 《移岭北湖南道肃政廉访乞致仕牒》，《天下同文集》卷二三，叶 90a、b；《与姚江村先生书》，《元文类》卷三七，叶 13a。
④ 董文忠《事略》引卢挚撰两段《墓志》文，已辑入《全元文》11 册，第 21 页，惟标题误作"董文公墓志"，应循《元朝名臣事略》原标题作"枢密董正献公墓志"，或注"文忠"名。
⑤ 关于卢挚生平，见拙文《卢挚生平及诗文系年再检讨》，《中华文史论丛》2014 年第 4 期。
⑥ 程钜夫《卢疏斋江东藁引》，《雪楼集》卷一四，叶 4b。

得到他的近稿,作为"后集"刊行。[1] 张雨有七律咏《卢疏斋集》,诗序说有宣城校官本,可见当时已有刻本。[2]《卢疏斋集》明初尚存,杨士奇《文渊阁书目》有两部,分别装九册或八册,皆完全,估计约二三十卷。[3] 明成祖时收入《永乐大典》,近人已从残卷中辑出诗文数十篇。清人补编的各种《元史艺文志》,仅录书名《疏斋文集》,同样缺注卷数,内容更无从得知,可见《艺文志》作者皆未亲见原书。[4]

成宗时吴澄北行归来,"征中州文献,东人往往称李（谦）、徐（琰）、阎（复）；众推能文辞,有风致者,曰姚、曰卢"。将他与姚燧并列,被推崇为当代文宗。[5] 卢疏斋等十余家的文集,被列为"大元国朝文典","皆为异日史馆之用,不可阙"的重要文献。

卷十五之一另有卢挚撰郝经神道碑。

卷十五之一　国信使郝文忠公经
高唐阎公撰墓志

阎复所撰《墓志》保存在《郝文忠公陵川集》卷首,缪荃孙辑入他编刻的《藕香零拾》丛书本《静轩集》,篇名《元故翰林侍读学士国信使郝公墓志铭》。[6]

保定苟公撰行状

用小字注于第二段引《墓志》正文后。保定苟公即苟宗道,字正甫,金河东南路孟州河阳人。父士忠,金末河朔受兵,被推为义兵都统。岁壬辰（1232）,蒙古进军河南,遂北迁以避兵锋,寄居顺天路清苑,与郝经之父思温同处邻里,相处甚融洽,士忠让宗道从郝经受学。顺天路至元十二年改保定路,故苏天爵称他为"保定苟公"。中统元年,郝经奉旨使宋,苟宗道以门生随行,任都事和书状官,被留仪真,向郝经问学多年,遂成儒者。[7] 至元间任监察御史,二十六年累迁南台治书待御史,历任江北淮东道肃政廉访副使,仕至国子祭酒。

《行状》全名《故翰林侍读学士国信使郝公行状》,保存在《郝文忠公陵川集》卷首。苟宗道自幼从郝经学,使宋时又同被拘留十六年,作为多年的弟子和下属,对郝经了解最深,故由他撰写行状。

涿郡卢公撰墓碑

卢挚所撰《墓碑》苏天爵也选入他所编《元文类》,题为《翰林侍读学士郝公神道碑》。《郝文忠公陵川集》卷首也录入此碑,全名"元故翰林侍读学士国信使郝公神道碑铭",并署名"集贤学士嘉议大夫卢挚撰"。《神道碑》提到:郝经子采麟,"以文学行治权置侍

---

① 徐明善《疏斋卢公文后集序》,《全元文》17 册,第 233 页。

② 张雨《卢疏斋集并序》,《句曲外史集》卷中,四库全书叶 1,1216—371 下。

③ 《文渊阁书目》,卷九,丛书集成初编,册 0030,第 115 页。

④ 黄虞稷《千顷堂书目》补元代部分,第 58 页。倪灿、卢文弨《补辽金元艺文志》元代部分,第 130 页。钱大昕《补元史艺文志》卷四,第 275 页。《辽金元艺文志》,商务印书馆,1958 年。

⑤ 《送卢廉使还朝为翰林学士序》,《吴文正公集》卷二五,叶 2b,文渊阁四库全书,1197—2600 《全元文》14 册,第 92 页。

⑥ 《静轩集》卷四,叶 33b—36b;《全元文》第 9 册,第 292—295 页。

⑦ 郝经《河阳遯士苟君墓铭》、《先父行状》,《郝文忠公集》卷三五,叶 30b;卷三六,叶 9b。

从",出任集贤直学士,准备徙其父之厝安葬于孟州河阳县,请卢挚撰写神道碑铭。[①]而据前引阎复所撰郝经墓志铭,具体指明"迁窆"是"大德三年春",《神道碑》和《墓志铭》是郝采麟同时邀请卢挚和阎复分别撰写的,时间应在大德二年秋或冬。采麟与卢挚皆出身侍从,又是集贤院同僚,因此请卢挚撰写《神道碑铭》。而《墓志铭》则由翰林学士阎复撰写。

班师议

"事略"引《墓碑》,己未年忽必烈围鄂,闻蒙哥死讯班师。下用小字注"又按公《班师议》云",引用郝经分析当前形势,建议忽必烈班师争夺帝位的内容。《班师议》全文现存郝经文集中。[②]

与宋论本朝兵乱书

《事略》引《墓碑》,郝经被"馆留真州","上书宋主,移文其执政"。下有小字注引《行状》两段,接着引《与宋论本朝兵乱书》。可能宋朝听闻新即位的忽必烈遭到其弟阿里不哥和西北诸王的反对,因而怀疑蒙古新朝能否巩固,从而不善待通好使臣。郝经在信中论述忽必烈取得帝位的合法性,并得到蒙古诸王和汉地诸侯的支持,对方"卒无所成无所疑也"。这封信仍保存在郝经文集中。篇名《复与宋国丞相论本朝兵乱书》。[③]

临川吴公文集

临川吴公应指吴澄,我从他的《吴文正公集》没找到这段文字,容今后再考。

卷十五之二　静修刘先生因

刘因的《事略》通篇没有引用碑传文之类,除了引用他本人《文集》中的自述外,还有景仰他的人对他作的评价。

野斋李公撰文集序

李谦所撰《文集序》,《四部丛刊》初编本《静修先生文集》据涵芬楼藏宋刊小字本影印,无此序,另据抱经楼旧藏元至顺本补入东平李谦序全文。[④]

静修文集

第二段是引刘因本人的《文集》,开头一句"先生上宰相书曰",这是编者苏天爵的话。这篇《上宰相书》仍保存在《静修先生文集》中,也被苏天爵选入自编的《元文类》。这段引文是刘因在接到征聘时,向当朝执政者申述推辞理由的一封长信。所引文字对原文有较多删节,使篇幅精简,而文意无损。[⑤]

会稽袁公文集

会稽袁公即袁桷(1266—1327),字伯长,号清容居士。庆元路鄞县人,庆元原称明州,唐开元间自越州析出,属古会稽郡地,故称为"会稽袁公"。袁桷出身南宋官僚世家。

---

① 《元文类》卷五八,叶16—20;《天下同文集》卷四〇,叶125a—129b;《郝文忠公集》卷首。《全元文》第11册,第15—18页。

② 《郝文忠公集》卷三二,叶7b—12a。

③ 《郝文忠公集》卷三八,叶7a—8b。

④ 《全元文》第9册,第286—288卷李谦文未辑。

⑤ 《静修先生文集》卷二一,叶1—2;《元文类》卷三七,叶9a—11a。

以茂才异等被廉访司荐于行省，授丽泽书院山长。大德初，经阎复等荐任翰林院检阅官。升应奉翰林文字、兼国史院编修官。历任翰林修撰、待制、集贤直学士，改任翰林直学士。至治元年，升侍讲学士。泰定四年卒于家，谥文清。

袁桷在翰林近三十年，朝廷制册、勋臣碑版，多出其手。苏天爵评论他的文辞"奥雅奇严"，堪称"国家文学博洽之儒"，因此"以文章名海内。士咸以为师法，文体为之一变"。"会稽袁公文集"[①] 即他所著《清容居士集》五十卷，今有元刻本流传。[②] 本段引文出自《真定安敬仲墓表》，安熙字敬仲，刘因弟子，袁桷为安熙作《墓表》，因他得刘因之传，故进而阐述刘因之学及其渊源。此文也被苏天爵选入自编的《元文类》，篇名为《安先生墓表》。[③]

助教吴明进策

吴明的生平事迹不见记载，他的"进策"被苏天爵选编入《静修刘先生》"事略"中。可能他在当时文坛颇有影响，可惜后来湮没无闻。《全元文》第59册有吴明文《进策》一篇，注明辑自《顺天府志》卷九。然《顺天府志》有多种版本，《全元文》所辑吴明文应出自永乐《顺天府志》，乃缪荃孙从《永乐大典》抄出。[④] 与《元朝名臣事略》引文核对，文字几乎全同，只有三处有异，缪抄本文字不通，可见《顺天府志》这段《进策》出自《事略》，而是《顺天府志》、《永乐大典》或缪荃孙移录时抄错。如"旋以母老辞去"，"旋以"误为"授以"，《全元文》点校者读不通此句，竟将"授"字点入上句，仍令人莫解其意。又如"士之处世不自贵重"抄成"世之处士……"这句话更令人无法理解了。

明叶盛《菉竹堂书目》卷二有《吴助教万年策》一册，可见助教吴明与郑介夫、赵天麟一样，曾累次向朝廷进言，并结集成册传世，表彰刘因的《进策》应是他的《万年策》之一。叶盛卒于成化十年，说明15世纪后期此书尚存于世，可惜《历代名臣奏议》未收。

苏天爵本人还自写一篇《静修先生刘公文表》，两次引用国子助教吴明陈书于朝的文字，可见苏天爵对吴明颇敬重，赞同他对刘因的评价，不仅将吴明的《进策》辑入静修刘先生的《事略》中，而且在为刘因写墓表时，干脆将吴明的话引入自己的表文。[⑤]

翰林待制欧阳玄赞先生之像

《事略》末段没注出处，而是在正文中以"翰林待制欧阳玄赞先生之像曰"开头，引用欧阳玄对刘因的赞词。此文现存所著《圭斋文集》，苏天爵也选入自编的《元文类》，篇名《静修先生画象赞》或《静修刘先生画象赞》。[⑥]

---

① ［永乐］《顺天府志》（卷九，第195页）和《析津志辑佚》（第194页）皆转引《元朝名臣事略》，下注"会稽表公伯长文集"，姓字全备，但将"袁"误写为"表"。

② 苏天爵《元故翰林侍讲学士知制诰同修国史赠江浙行中书省参知政事袁文清公墓志铭》，《滋溪文稿》卷九，第133—137页；《元史》卷一七三《袁桷传》，第4025—4026页。

③ 《清容居士卷》卷三〇，叶21b—23；《元文类》卷五六，叶16b—17a；《全元文》第23册，第651—652页。

④ ［永乐］《顺天府志》卷九，第194—195页。

⑤ 《滋溪文稿》卷八，第110—114页。

⑥ 《圭斋文集》卷一五，叶3b—4a；《元文类》卷一八，叶14a；《全元文》第34册，第586页。

引文作者及篇名表

作 者		引用书或篇名	卷次	传主	今存何书	原书或篇名	存佚	全元文
元永贞	1	太常元公撰世家	1之1	木华黎		东平王世家	佚	未辑
元永贞		太常元公撰世家	1之2	安 童		东平王世家	佚	未辑
张匡衍	2	张匡衍撰行录	1之1	木华黎		不明	佚	未辑
姚 燧	3	牧庵撰招抚使王兴秀碑	1之1	木华黎	牧庵集卷二一	怀远大将军招抚使王公神道碑铭	存	9/699
姚 燧		牧庵撰按察使赵瑨碑	1之1	木华黎	元文类卷五五、牧庵集卷二七	故提刑赵公夫人杨君新阡碣铭	存	9/786
姚 燧		牧庵姚公撰神道碑	2之3	阿里海涯	元文类卷五九、牧庵集卷一三	湖广行省左丞相神道碑	存	9/551
姚 燧		又刘武敏公碑	2之3	阿里海涯			佚	未辑
姚 燧		牧庵姚公撰神道碑	4之3	不忽木			佚	未辑
姚 燧		牧庵姚公神道碑	4之4	彻 里	元文类卷五九、牧庵集卷一四	平章政事徐国公神道碑	存	9/566
姚 燧		牧庵撰左丞李恒庙碑	6之4	张弘范	元文类卷二一、牧庵集卷一二	资善大夫中书左丞赠银青荣禄大夫平章政事谥武愍李公家庙碑	存	9/492
姚 燧		牧庵 文集	7之2	史天泽	元文类卷二八、牧庵集卷七	《江汉堂记》	存	9/443
姚 燧		牧庵撰 神道碑	8之2	姚 枢	元文类卷六〇、牧庵集卷一五	中书左丞姚文献公神道碑	存	9/573
姚 燧		牧庵 文集	8之3	许 衡	元文类卷三四、牧庵集卷四	送姚嗣辉序	存	9/380
姚 燧		牧庵 文集	8之3	许 衡	元文类卷三四、牧庵集卷四	送畅纯甫序	存	9/377
姚 燧		牧庵姚公 文集	10之3	杨 果		不明	佚	未辑
姚 燧		牧庵姚公撰 行状	11之1	李德辉	元文类卷四九、牧庵集卷三〇	中书左丞李忠宣公行状	存	9/484
姚 燧		牧庵 文集	11之2	商 挺	牧庵集卷二四	谭公神道碑	存	9/708
姚 燧		牧庵 文集	11之2	商 挺	元文类卷二二、牧庵集卷一〇	延厘寺碑	存	9/518
姚 燧		牧庵姚公撰庙碑	11之3	赵良弼		不明	佚	未辑
姚 燧		牧庵姚公撰 神道碑	11之4	贾居贞	元文类卷六一、牧庵集卷一九	参知政事贾公神道碑	存	9/642
姚 燧		牧庵姚公撰 神道碑	13之3	杨恭懿	元文类卷六〇、牧庵集卷一八	领太史院事杨公神道碑	存	9/626
姚 燧		牧庵姚公撰 墓碑	14之3	董文忠	元文类卷六一、牧庵集卷一五	金书枢密院事董公神道碑	存	9/586

作 者		引用书或篇名	卷次	传主	今存何书	原书或篇名	存佚	全元文
元明善	4	清河元公撰勋德碑	1之2	安童	元文类卷二四、清河集卷二	丞相东平忠宪王勋德碑	存	24/340
元明善		清河元公撰勋德碑	2之1	伯颜	元文类卷二四、清河集卷三	丞相淮安忠武王勋德碑	存	24/346
元明善		清河元公撰勋德碑	3之2	月赤察儿	元文类卷二三、清河集卷二	太师淇阳忠武王勋德碑	存	24/332
元明善		清河元公撰神道碑	7之3	廉希宪	元文类卷六五、清河集卷五	平章政事廉文正王神道碑	存	24/352
元明善		清河元公撰墓碑	11之2	商挺	清河集卷六	参政商文定公墓碑	佚	24/376
元明善		清河元公撰家传	14之1	董文炳	元文类卷七〇、清河集卷七	藁城董氏家传	存	24/312
李谦	5	野斋李公文集	1之2	安童			佚	未辑
李谦		野斋李公文集	2之1	伯颜			佚	未辑
李谦		野斋李公撰神道碑	7之4	张文谦	元文类卷五八	中书左丞张公神道碑	存	9/101
李谦		野斋李公撰墓志	8之1	窦默			佚	未辑
李谦		野斋李公文集	10之3	杨果			佚	未辑
李谦		野斋李公撰神道碑	11之1	李德辉			佚	未辑
李谦		野斋李公撰墓碑	11之3	赵良弼			佚	未辑
李谦		野斋李公撰墓志	12之2	王磐			佚	未辑
李谦		野斋李公撰墓碑	12之3	李昶			佚	未辑
李谦		野斋李公撰墓志	14之1	董文炳			佚	未辑
李谦		野斋李公文集序	15之2	刘因	静修先生文集卷首	静修先生文集序	存	未辑
刘敏中	6	中庵刘公撰庙碑	2之1	伯颜	中庵集卷一	敕赐淮安忠武王庙碑	存	9/480
刘敏中		中庵刘公撰勋德碑	4之2	答剌罕	元文类卷二五中庵集卷四	敕赐太傅右丞相赠太师顺德忠献王碑	存	11/537
王恽	7	汲郡王公玉堂嘉话	2之1	伯颜	秋涧集卷九六玉堂嘉话卷四	宋未下时江南谣云	存	无
王恽		汲郡王公文集	2之1	伯颜	秋涧集卷二二/8a	大贤诗三首序	存	无
王恽		汲郡王公撰庙碑	2之2	阿术	秋涧集卷五〇	大元光禄大夫平章政事兀良氏先庙碑铭	存	6/382

续表

作者		引用书或篇名	卷次	传主	今存何书	原书或篇名	存佚	全元文
王　恽		汲郡王公 文集	5之1	耶律楚材	秋涧集卷四四《杂著》	太宗英文皇帝	存	6/244
王　恽		玉堂嘉话	6之4	张弘范	秋涧集卷九七玉堂嘉话卷五	[至元十一年]明年十二月临安降	存	无
王　恽		汲郡王公撰 家传	7之2	史天泽	秋涧集卷四八	开府仪同三司中书左丞相忠武史公家传	存	6/343
王　恽		汲郡王公中堂事记	8之1	窦默	秋涧集卷八二中堂事记	中统二年六月八日	存	无
王　恽		汲郡王公撰行状	10之4	张德辉			佚	未辑
王　恽		玉堂嘉话	12之2	王磐	秋涧集卷九六玉堂嘉话卷四	有诏集百官问钞轻物重事	存	无
阎　复	8	高唐阎公撰勋德碑	3之1	月吕禄	元文类卷二三静轩集卷三	太师广平贞宪王月吕禄那演勋德碑	存	9/257
阎　复		高唐阎公撰纪绩碑	3之3	土土哈	静轩集卷三	枢密句容武毅王纪绩碑	佚	9/265
阎　复		高唐阎公撰勋德碑	4之1	完泽	静轩集卷三	丞相兴元忠宪王勋德碑	佚	9/268
阎　复		高唐阎公 文集	10之2	宋子贞				未辑
阎　复		高唐阎公撰墓志	15之1	郝经	郝文忠公集卷首、静轩集卷四	元故翰林侍读学士国信使郝公墓志铭	存	9/292
王　构	9	瓠山王公撰墓志	4之3	不忽木			佚	未辑
？	I	吴松江记	4之4	彻里			佚	未辑
宋子贞	10	平章宋公撰神道碑	5之1	耶律楚材	元文类卷五七	元故领中书省耶律公神道碑	存	1/169
宋子贞		平章宋公撰墓志	10之1	刘肃			佚	未辑
张　都	11	燕居丛谈	5之1	耶律楚材			佚	无此人
李　微	12	李微撰墓志	5之1	耶律楚材			佚	无此人
元好问	13	遗山元公上公书	5之1	耶律楚材	遗山集卷三九、元文类卷三七	癸巳岁寄中书耶律公书　上耶律中书书	存	1/285
元好问		遗山元公撰神道碑	6之2	严实	遗山集卷二六	东平行台严公神道碑	存	1/584
元好问		遗山元公撰勋德第二碑	6之3	张柔	遗山集卷二六	顺天万户张公勋德第二碑	存	1/597
元好问		遗山元公撰墓碑	13之1	杨奂	遗山集卷一九	故河南路课税所长官兼廉访使杨公神道之碑	存	1/546
赵　衍	14	赵衍撰行状	5之1	耶律楚材			佚	无此人

续表

作者		引用书或篇名	卷次	传主	今存何书	原书或篇名	存佚	全元文
郝经	15	陵川郝公文集	5之1	耶律楚材	郝文忠公陵川集卷三二	立政议	存	4/85
郝经		郝文忠公撰神道碑	5之2	杨惟中	郝文忠公陵川集卷三五	中书令江淮京湖南北等路宣抚大使杨公神道碑	存	4/441
郝经		周子祠堂记	5之2	杨惟中	郝文忠公陵川集卷三四、二六	前段出：周子祠堂碑，后段出：太极书院记	存	4/405
郝经		又刻太极图……	5之2	杨惟中	郝文忠公陵川集卷二六	[太极书院记]	存	4/339
郝经		陵川文集	6之3	张柔	郝文忠公集卷三五	故易州等处军民总管何侯神道碑铭	存	4/437
郝经		[郝文忠]公班师议	15之1	郝经	郝文忠公陵川集卷三二	班师议	存	4/81
郝经		公与宋论本朝兵乱书	15之1	郝经	郝文忠公陵川集卷三二	复与宋国丞相论本朝兵乱书	存	4/120
杨奂	16	杨文宪公文集	6之1	汪世显	还山遗稿卷上	总帅汪义武王世显神道碑	佚	1/155
杨奂		杨文宪公文集	8之1	窦默	还山遗稿卷上	李状元事略（辑自事略）	佚	1/150
杨奂		[杨文宪]公文集	13之1	杨奂	还山遗稿卷上	元耶律楚材改课税制（辑自事略）	佚	1/150
杨奂		鲁国东游记	13之1	杨奂	还山遗稿卷上	东游记（无《事略》所引内容）	佚	未辑
虞集	17	蜀郡虞公文集	6之1	汪世显	元文类35、学古录6、类稿16	陇右王汪氏世家勋德录序	存	26/168
虞集		蜀郡虞公撰庙堂碑	6之4	张弘范	元文类21、学古录14、类稿37	元帅张献武王庙碑（淮南宪武王庙堂之碑）	存	27/215
虞集		蜀郡虞公撰新茔记	7之4	张文谦	元文类30 类稿45	张氏新茔记	存	27/403
虞集		蜀郡虞公文集	8之3	许衡	元文类35、学古录5、类稿20	送李扩序	存	26/173
虞集		蜀郡虞公文集	11之3	赵良弼	学古录17、类稿40	徽政院使张忠献公神道碑	存	27/270
虞集		蜀郡虞公撰行状	14之2	董文用	元文类49、学古录20、类稿50	翰林学士承旨董公行状	存	27/160
王磐	18	王文忠公撰神道碑	6之3	张柔	畿辅通志168（107）	蔡国公神道碑	存	2/267
王磐		王文忠公撰神道碑	7之1	刘秉忠	藏春集卷六附录	光禄大夫太保赠太傅仪同三司文贞刘公神道碑铭	存	2/299
王磐		王文忠公撰神道碑	7之2	史天泽	元文类卷五八	中书右丞相史公神道碑	存	2/273

续表

作　者	引用书或篇名	卷次	传主	今存何书	原书或篇名	存佚	全元文
王　磐	某公撰　先茔碑	7之4	张文谦	成化顺德府志	张氏世德之碑	存	2/262
王　磐	某公撰　神道碑	8之1	窦　默	雍正畿辅通志卷一〇七	昭文馆大学士窦公神道碑	存	2/271
王　磐	鹿庵赞先生之像曰	8之3	许　衡	元文类卷一八	鲁斋先生画像赞	存	2/259
王　磐	失注出处	8之3	许　衡	鲁斋文集卷末·名儒论赞	[鹿庵王氏曰]	存	无
王　磐	王文忠公撰书院记	13之2	李　冶			佚	无
王　磐	王文忠公撰墓碑	14之1	董文炳	嘉靖《藁城县志》9	赵国忠献公神道碑	存	2/286
王　鹗	19 王文康公撰墓志	6之3	张　柔			佚	未辑
王　鹗	王文康公　文集	10之3	杨　果			佚	未辑
王若虚	20 滹南王公撰勋德碑	6之3	张　柔			佚	未辑
李　槃	21 韦轩李公[藏春]文集序	7之1	刘秉忠			佚	未辑
张文谦	22 张忠宣公撰行状	7之1	刘秉忠	藏春集卷六附录	光禄大夫太保赠太傅仪同三司谥文贞刘公行状	存	22/281
徒单公履	23 徒单公履撰墓志铭	7之1	刘秉忠	藏春集卷六附录	故光禄大夫太保刘公墓志	存	无此人
许　衡	24 鲁斋　文集	7之1	刘秉忠			佚	未辑
许　衡	鲁斋　文集	11之3	赵良弼			佚	未辑
王博文	25 西溪王公撰行状	7之2	史天泽			佚	未辑
高　凝	26 河内高公撰家传	7之3	廉希宪			佚	未辑
？	Ⅱ 静庵笔录	8之2	姚　枢			佚	未辑
	静庵笔录	8之3	许　衡				无
耶律有尚	27 祭酒耶律公撰考岁略	8之3	许　衡			存	无
耶律有尚	耶律公　国学事迹	8之3	许　衡	下文已全引,无此段。		存	无
耶律有尚	耶律公　国学事迹	8之3	许　衡	许文正公遗书卷末	国学事迹,分11段引	存	未辑
刘	Ⅲ 眉山刘公撰文集序	8之3	许　衡	鲁斋文集卷末·名儒论赞	眉山刘氏曰	存	未辑
杨文郁	28 济阳杨公　行状	9之2	王　恂			佚	未辑
杨文郁	杨公撰　墓志	9之2	王　恂			佚	未辑
？	Ⅳ ？家传	9之2	王　恂			佚	未辑
齐履谦	29 太史齐公撰行状	9之3	郭守敬	元文类卷五〇	知太史院事郭公行状	存	2/753

续表

作　者		引用书或篇名	卷次	传主	今存何书	原书或篇名	存佚	全元文
商　挺	30	商文定撰 墓碑	10之1	刘　肃		尚书刘文献公肃墓碑	佚	未辑
商　挺		商文定公撰先茔碑	12之1	王　鹗		翰林学士承旨王文康公鹗先茔碑	佚	未辑
徐世隆	31	太常徐公撰 墓志	10之2	宋子贞		中书平章政事宋公墓志	佚	未辑
徐世隆		太常徐公撰 墓碑	12之1	王　鹗		翰林学士承旨王文康公鹗墓碑	佚	未辑
徐世隆		太常徐公撰四贤堂记	13之2	李　冶			佚	未辑
吴　衍	32	东平吴公 疎堂集	10之2	宋子贞			佚	未辑
李　昶	33	尚书李公撰 神道碑	10之2	宋子贞		中书平章政事宋公神道碑	佚	未辑
杨弘道	34	杨叔能 事言补	10之3	杨　果			佚	未辑
	V	国朝典章	10之3	杨　果	元典章卷一四	吏部·公规二·执政官外任不书名	存	无
周　砥	35	礳陵周公撰 墓志	11之2	李德辉		参政商文定公墓志	佚	无此人
曹元用	36	汶上曹公撰 行状	11之4	贾居贞		参政贾文正公行状	佚	未辑
雷　膺	37	苦斋雷公 文集	11之4	贾居贞			佚	无此人
雷　膺		苦斋 文集	11之4	贾居贞			佚	无此人
李　恺	38	李恺 言行录	12之1	王　鹗			佚	无此人
[张　晏]	39	墓碑	12之2	王　磐	光绪永年县志卷一四、广平府志、金石分域编	翰林学士承旨资德大夫赠端真雅亮佐命功臣太傅开府仪同三司追封洺国公谥文忠王公神道碑铭	存	35/207
徐　琰	40	东平徐公墓碑（志？）	12之4	徐世隆		太常徐公世隆墓碑	佚	未辑
	VI	[敬斋]事迹	13之2	李　冶			佚	无
焦养直	41	门生集贤焦公撰文集序	13之2	李　冶		[敬斋]文集序	佚	未辑
李　冶	42	王庭问对	13之2	李　冶	元史卷一六〇、历代名臣奏议卷六五	治天下策、对地震策、论贤臣、论贤臣	佚	2/15、16、23、24
李　冶		[李文正]公与翰苑诸公书	13之2	李　冶			佚	2/17
李　冶		敬斋泛说	13之2	李　冶			佚	无
萧　斆	43	征士萧公撰 墓志	13之3	杨恭懿		太史杨文康公恭懿墓志铭	存	10/762

续表

作 者		引用书或篇名	卷次	传主	今存何书	原书或篇名	存佚	全元文
?	Ⅶ	遗事	14之2	董文用			佚	无
卢 挚	44	涿郡卢公撰 墓志	14之3	董文忠		[金书枢密院事董公]墓志 全元文 董文公墓志	佚	11/21
卢 挚		涿郡卢公撰 墓碑	15之1	郝 经	郝文忠公集卷首 元文类卷五八	元故翰林侍读学士国信使郝公神道碑铭	存	11/15
苟宗道	45	保定苟公撰 行状	15之1	郝 经	郝文忠公陵川集卷首	故翰林侍读学士国信使郝公行状	存	11/708
吴 澄	46	临川吴公 文集	15之1	郝 经			?	
刘 因	47	静修 文集	15之2	刘 因	静修集卷二一	上宰相书	存	13/332
袁 桷	48	会稽袁公 文集	15之2	刘 因	清容居士集卷三〇	真定安敬仲墓表	存	23/651
吴 明	49	助教吴明 进策	15之2	刘 因	滋溪文稿卷八、永乐顺天府志卷九	静修先生刘公文表名宦·静修刘先生	佚	59/227
欧阳玄	50	翰林待制赞先生之像	15之2	刘 因	元文类18、圭斋集15	静修刘先生画像赞	存	34/586

An Inquiry into the Historical Background of *Biographical Sketches of Some Famous Ministers of the Yuan Dynasty*

Zhou Qingshu, Institute of Mongolian History in Inner Mongolian University

Abstract: *Biographical Sketches of Some Famous Ministers of Yuan Dynasty* [*Yuan chao ming chen shilue*] is a collection of biographies of some famous ministers in the Yuan era, compiled by Su Tianjue at the late period of the Yuan Dynasty. This collection of biographies has compiled some primary sources that include Xing Zhuang (the biography of the dead people), family history, stele inscriptions, epitaphs, and the articles of scholars' collected works. It keeps some articles had already lost and exist only in this collection now. Su Tianjue had used the authors' second name (alias or pseudonym), origin place of his lineage, official title, and posthumous title honored by the emperor, instead of using real name. By analyzing such characteristic, this article is intended to verify those real authors of biographies, their status in the literature world at that time, their works in which the quoted passages had appeared, and their relationship with the subjects of the biographies. The article also attempts to investigate the existence of the quoted passages, where they are, in which books, which place (e.g. tablets or local records), and the original titles, as well as if the titles are the same as the ones quoted in the *Biographical Sketches* if they still exist. The article could help the researchers to fully recognize the value of this book as historical data and provide convenience in using as reference.

Key Words: Biographical Sketches of Some Famous Ministers of the Yuan Dynasty; *Yuan chao ming chen shilue*; Su Tianjue

（本文作者为内蒙古大学蒙古史研究所教授）

元代徽州进士考述[*]

张金铣　汪　翔

提　要：论文考订元代徽州进士姓名，并对《光绪安徽通志》及《新安名族志》等文献中相关进士身份进行辨析，指出其错讹。

关键词：元代　徽州　进士

自唐宋已降，徽州人文鹊起，学者辈出，号称"东南邹鲁"、"文献之邦"。^① 两宋时期，徽州所辖六县（歙县、休宁、婺源、绩溪、黟县、祁门）簪缨连绵，累世科第者不绝，据《嘉靖徽州府志·选举志》登进士者达六百二十四人。元至元十四年（1277），升徽州为路，仍领六县之地，元贞元年（1295）升婺源县为婺源州。由于相关资料匮乏，元代徽州进士人数难以考订。成书较早的《弘治徽州府志》登录元代徽州进士不过汪泽民、赵宜中、胡善、吕诚、朱克正等五人，此后其他文献虽有增补，但数目依旧有限，且颇多误收。本文借鉴近代以来学术界研究成果，检索有关文献，试图对元代徽州进士进行考订。

一、元徽州各科进士考

元代科举每三年一次，考试分为乡试、会试、殿试三级。自延祐开科至元末，乡试凡十七次，会试和殿试各十六次，总计录取进士1139人。乡试合格者称贡士、乡贡进士，可参加次年二月的礼部会试，合格后再经殿试排名，分左、右两榜公布，右榜为蒙古、色目进士，左榜为汉人、南人进士，两榜最多不过一百人。元代徽州进士人数较少，可考订有延祐二年（1315）李岳，延祐五年（1318）汪泽民、程栗、奚渊浩、汪焕文，泰定元年（1324）赵宜中，至正五年（1345）胡善，至正十一年（1151）朱克正、程国儒、吕诚以及至正十四年（1154）吴相尧。

（一）延祐二年乙卯科

延祐二年乙卯科，为元科举首科。据《元史》卷二五《仁宗纪二》："三月乙卯，廷试进士，赐护都沓儿、张起岩等五十六人及第、出身有差。"该科右榜第一名为蒙古人护都沓儿，左榜第一名为汉人张起岩。

李岳，字嵩山，婺源严田人，官至饶州路德兴县尉。乾隆《婺源县志》及民国《婺源县志》均载其为延祐乙卯科张起岩榜进士。光绪《安徽通志》卷一五五《选举志》亦载李岳为该科进士。

---

* 基金项目：教育部人文社科基地徽学研究中心重点项目"宋元时期徽州进士研究"（SK2012A142）。

① ［元］赵汸《东山存稿》卷一四《商山书院学田记》，四库全书本。

（二）延祐五年戊午科

延祐五年戊午科，是元科举第二科。据《元史》卷二六《仁宗纪三》："三月戊辰，御试进士，赐忽都达儿、霍希贤以下五十人及第、出身有差。"该科右榜第一名为蒙古人忽都达儿，左榜第一名为汉人霍希贤，殿试进士五十人，仅为法定名额的一半。徽州该科进士有汪泽民、程栗、奚渊浩、汪焕文等四人。

汪泽民（1274—1356），字叔志，系出婺源汪氏，后寓居宣城。《元史》卷一八五有传，云："徽之婺源州人，宋端明殿学士藻之七世孙也。少警悟，家贫力学，既长，遂通诸经。延祐初，以《春秋》中乡贡，上礼部，下第，授宁国路儒学正。五年，遂登进士第，授承事郎、同知岳州路平江州事。"历信州路、平江路推官，升为兖州知州。至正三年（1343），入为翰林待制，参与修撰宋、辽、金三史。迁国子司业、集贤直学士，未几以礼部尚书致仕。晚年自号"堪老真逸"，与宣城张师鲁辑录宋元诗作，订成《宛陵群英集》二十八卷。十六年，长枪军琐南班等部哗变，攻破宣城，汪泽民遇害。

程栗，婺源州人。据《弘治徽州府志》卷六《选举志》，延祐四年以《易》中江浙行乡试。《类编列举三场文选》甲集卷二谓其中江浙乡试第七名。次年入京会试，据《寰宇通志》卷一二《徽州府》，登三甲进士。延祐七年，任宣城县尹。

奚渊浩，黟县人。嘉庆及道光《黟县志》卷五《选举·科第》称，"元朝徽州科第之见旧志者，本属寥寥，而黟阙载，今录其可考者"，仅有奚渊浩一人，云"延祐五年霍希贤榜"，官至南台御史。《光绪安徽通志》言其为本科进士，任南台御史。但《至正金陵新志》所列南台御史名录中无奚渊浩其人，萧启庆《元代进士辑考·延祐五年戊午科》怀疑其记载"恐误"。[①]

江焕文，字伯垫，婺源人，官至翰林侍读。清康熙、乾隆、嘉庆、光绪等《婺源县志》及《光绪安徽通志》卷一五五《选举志》均载其为延祐五年进士。

（三）泰定元年甲子科

泰定元年甲子科，为元代科举第四科。据《元史·泰定帝纪》，泰定元年（1327）三月，"戊戌，廷试进士，赐八剌、张益等八十四人及第、出身有差。会试下第者，亦赐教官有差"。该科右榜第一名为蒙古人八剌，左榜第一名为汉人张益。徽州该科进士为婺源人赵宜中。

赵宜中，字心道，婺源州人。赵氏原籍汴州（今河南开封），"先任征商之职，而家于歙"。[②]"其父学《易》，为通儒，仕不择官，官不择地"，曾受学于方回，官至县尹。[③]"宜中受教家庭"，以《易》登为泰定元年二甲进士，授将仕郎、扬州路如皋县丞，"然县丞为正八品，可知赵宜中在第三甲之列"。[④]"终奉训大夫、广州路番禺县尹"。[⑤]

（四）至正五年乙酉科

至正五年乙酉科，为元代科举第九科。《元史》卷四一《顺帝纪四》载，至正五年

① 萧启庆《元代进士辑考》，第175页，中研院史语所，2012年。
② ［元］吴澄《吴文正公集》卷一八《送赵宜中序》，四部丛刊初编本。
③ ［清］程瞳《新安学系录》卷一六，黄山书社，2006年。
④ 陈高华《元泰定甲子科进士考》，《内陆亚洲历史文化研究》，南京大学出版社，1996年。
⑤ ［明］彭泽修，汪舜民纂《弘治徽州府志》卷六《选举》，天一阁明代方志选刊，上海古籍书店，1982年。

（1345）"三月辛卯，帝亲试进士七十有八人，赐普颜不花、张士坚进士及第，其余赐出身有差"。《元史》卷九二《百官志八·选举附录》亦载，"五年三月辛卯，廷试举人，赐普颜不花、张士坚等进士及第、进士出身、同进士出身有差，如前科之数"。[①] 该科右榜状元为蒙古人普颜不花，左榜状元为汉人张士坚。徽州该科进士为婺源人胡善。

胡善，字子纯，婺源考川人。至正四年江浙乡试，次年以《诗经》登第，授"将仕郎、福州路古田县丞"。[②]《新安名族志》前卷《胡》亦云："至正五年进士，为古田县丞。"萧启庆《元进士辑考》将胡善列入"疑误"，不确。

（五）至正十一年辛卯科

至正十一年辛酉科，为元科举第十一科。《元史》卷九二《百官志八》记载，至正十一年（1351），"三月丙辰，廷试举人，赐朵列图、文允中等进士及第、进士出身、同进士出身有差，凡八十有三人"。右榜第一名为蒙古人朵列图（字仲容），左榜第一名为汉人文允中，共取八十三人。其中有徽州进士朱克正、吕诚、程国儒等三人。

朱克正，字平仲，初名晏，[③] 休宁县里仁乡人，曾师事同乡定宇先生陈栎。至正十年（1350），考中江浙行省乡试，次年三月朱克正以《尚书》登第，授将仕郎、婺源州判官。元末社会动荡，朱克正任满后不再求仕，受聘于十字路万户府镇抚金震祖，教其子弟。[④]

吕诚，字诚孚，先祖由歙县迁至婺源，中至正十年江浙乡试，主考官"批其《角端赋》甲场屋"。[⑤]《弘治徽州府志》卷六《选举志》，"至正十一年文允中榜"，授将仕郎、绍兴路诸暨州判官。十三年，协助元帅铁古迭儿收复婺源，寻为江浙行省召为乡试帘内掌卷官，"事毕之诸暨州任"。后迁征仕郎、兴化路兴化县尹，改除延平路推官。到任时城陷，从经略使李国凤克复路治，卒于官。[⑥]《新安名族志》后卷《吕》亦载，"至正十一年进士，官至延平府推官，城被寇陷，起义克复，卒于官"。有《和靖看梅图》、《题萱蝶图》等诗传世。

程国儒（1321—1362），字邦民，歙县人，通《易经》，寓居鄱阳（今属江西）。"至正十一年进士，授余姚州判官，摄绍兴录事"。[⑦] 元末兵兴，以招抚功升行省管勾，改浙东枢密院都事。至正十九年，朱元璋攻占徽州，执赴应天府，授内省都事。壬寅年（1362），授南昌知府，坐事被系，自尽死。程国儒早年与刘基、杨维桢俱负盛名，著作有《雪崖文集》，今不传。刘炳《春雨集》卷四称他"丰仪肃伟，精博《诗经》"。

（六）至正十四年甲午科

至正十四甲午科，为元代科举第十二科。据《元史·百官志八》，"十四年三月乙巳，廷试举人，赐薛朝晤、牛继志等进士及第、进士出身、同进士出身有差，凡六十有二人"。该科右榜状元为蒙古人薛朝晤，左榜状元为汉人牛继志。休宁人吴相尧为该科进士。

---

① 《元史》卷九二《百官志八·选举附录》载："既罢复兴之后，至正二年三月戊寅，廷试举人，赐拜住、陈祖仁等进士及第、进士出身、同进士出身有差，凡七十有八人。国子生员十有八人：蒙古人六名，从六品出身；色目人六名，正七品出身；汉人、南人共六名，从七品出身。"

② 《弘治徽州府志》卷六《选举》。

③ ［清］廖腾煃《康熙休宁县志》卷五《选举·进士》，上海古籍出版社，2010 年。

④ ［明］程敏政《新安文献志》卷九七，黄山书社，2004 年。

⑤ 《弘治徽州府志》卷八《人物志》。

⑥ 《弘治徽州府志》卷八《人物志》。

⑦ 《新安文献志·先贤事略上》。

吴相尧，字舜卿，休宁石岭人。《康熙休宁县志》卷五《选举·进士》称，"至正十四年牛继志榜"。《新安名族志》后卷《吴》记载，"至正十四年进士，官河南儒学提举"。《江南通志》亦载其为元进士，惟登第年代不详。

二、元徽州"乡贡进士"误题"进士"

元代乡试中选者参加次年礼部会试，这些"贡士"被称作"进士"、举人，但他们真正身份是"乡贡进士"，而非"进士"。经过会试和殿试及第后，方能称作"进士"。乡试在八月举行，亦称乡贡、乡闱、秋闱，共举办十七次，依次是：延祐元年甲寅(1314)、延祐四年丁巳(1317)、延祐七年庚申(1320)、至治三年癸亥(1323)、泰定三年丙寅(1326)、天历二年己巳(1329)、至顺三年壬申(1332)、后至元元年乙亥(1335)、至正元年辛巳(1341)、至正四年甲申(1344)、至正七年丁亥(1347)、至正十年庚寅(1350)、至正十三年癸巳(1353)、至正十六年丙申(1356)、至正十九年己亥(1359)、至正二十二年壬寅(1362)、至正二十五年乙巳(1365)。

元代鄞县学者袁桷《送薛景询教授常熟序》云："泰定元年，吾里进士上南宫曰薛君景询、程君时叔、史君东父。三人者，皆故宦家，所居皆在城东。……未几，独景询下第。"[1]"上南宫"，即参加礼部会试。程时叔（端学）、史东父（驹孙）为泰定元年进士，而薛景询会试下第，显然其身份是"乡贡进士"。然而在碑刻方志文献中，往往径称"乡贡进士"为"进士"，导致其身份相混淆。清钱大昕曾指出，"《江西通志·选举门》载元时《进士题名》，皆诞妄不足信。……盖《志》所采者多出于家乘墓志，凡曾应乡举者皆冒进士之名，而修志者不能别择也，且如元之设科始于延祐二年，而《志》乃有至元丙子乡试、大德戊戌进士、大德乡试诸人，是并《元史》全未寓目矣"。[2]碑刻、方志记载往往真伪相杂，难以分辨。"明代以后有关元代进士的记载错误颇多，特别是元人习惯称中乡试的举人为乡贡进士，易与进士相混，其结果往往是以讹传讹，沿误至今"。[3]至治元年进士王复道、元统二年进士滕文禄、至正元年进士吴仕奎和吴节、至正癸巳进士俞元膺，其真正身份应是"乡贡进士"。

其一，至治元年进士王复道。

《道光徽州府志》卷九之二《选举志·进士》载，王复道，字伯初，婺源范溪人，至治元年辛酉(1321)宋本榜进士，"衡山县尹，有美政"。《光绪安徽通志》卷一五五《选举志》作"王道复"，为至治元年辛酉(1321)宋本榜进士，"婺源人，衡山令"。然据《弘治徽州府志》卷八《人物志》，王复道，"字伯初，婺源人。至治中试江浙，除福建泉州府教授，天历二年调湖广衡州府衡山县尹，有美政"。据此王复道并未登进士，应为乡贡进士。王德毅以至治元年非乡试之年，当为至治三年中江浙行省乡试。[4]

其二，元统二年进士滕文禄。

《新安名族志》后卷《滕·婺源·江湾》称滕文禄系婺源江湾人，"登元统二年第"。元

---

① ［元］袁桷《清容居士集》卷二三《送薛景询教授常熟序》，四部丛刊初编本。
② ［清］钱大昕《十驾斋养新录》卷一三《江西通志》，上海书店，2011年。
③ 桂栖鹏《元进士误载举正》，《贵州师范大学学报》2001年1期。
④ 王德毅《元人传记资料索引》第一册，第199页，中华书局，1987年。

统二年（1334）并非乡试、会试之年。《嘉靖徽州府志》卷一三《选举志》则云，滕文禄，元统二年中乡试，"婺源人，任山长"。据《民国婺源县志》卷一五《选举志·科第》，滕文禄，以《诗》登元统三年乙亥乡试，"任山长"。元统三年即顺帝至元（后至元）元年，是年十一月，"改元统三年仍为至元元年"。① 据此，滕文禄亦系乡贡进士。次年，元顺帝罢科举，停京师礼部会试。

其三、其四，至正元年进士吴仕奎和吴节。

吴仕奎、吴节，均见于《新安名族志》后卷《吴》。吴仕奎，休宁石岭人，"至正元年进士，累官云南楚雄定远县尹"；吴节，休宁博村人，"元致和二年迁钟泽，至元七年进士，授瑞州学正"。顺帝至元七年，即至正元年（辛巳年，1341），为恢复乡试之年，次年壬午为会试之年，且州学正之职非进士所授，故吴仕奎、吴节等应为乡贡进士。

其五，至正癸巳进士俞元膺。

《新安名族志》前卷《俞》称俞元膺，婺源人，"至正癸巳进士，授翰林学士"。至正癸巳即至正十三年，是年为乡试之年，没有会试、殿试。据《弘治徽州府志》卷六《选举志》，俞元膺中至正十三年（癸巳年）乡试。同书卷八《人物志》及《嘉靖徽州府志》卷一七《宦业传》均称，"俞元膺，字元应，婺源城南人，治《春秋》，至正癸巳科第四名，授翰林学正。尝编邑志，长于《诗》，有二李家数"。据此，俞元膺为乡贡进士，并非殿试进士出身。萧启庆推测"癸巳"当为"癸卯"之误，② 似需继续考证。

三、元徽州"进士"疑误辨析

元代徽州进士，主要见于明清徽州方志及《江南通志》、《光绪安徽通志》、《新安名族志》等提到元代徽州进士姓名。

登第年代	弘治徽州府志	嘉靖徽州府志	道光徽州府志	光绪安徽通志	江南通志
至元年间			张叔云、张叔英	张叔云、康南龙、张叔英	
延祐二年			李岳	李岳	
延祐五年	汪泽民	汪泽民	汪泽民、江焕文、奚渊浩	汪泽民、奚渊浩	汪泽民
至治元年			王复道	王道复	
泰定元年	赵宜中	赵宜中	赵宜中	赵宜中	赵宜中
至正五年	胡善	胡善	胡善、黄绍林、黄仲实	胡善、黄绍林、黄仲实	胡善
至正十一年	吕诚、朱克正	吕诚、朱克正	朱克正、吕诚	朱克正、吕诚	朱克正、吕诚
至正十四年		吴相尧	吴相尧	吴相尧	吴相尧
阙年				陈有彰	

据《道光徽州府志》、《光绪安徽通志》，至元年间进士有祁门张叔云、康南龙、张叔英三人。元代有两至元年号，一是世祖至元，共三十一年（1264—1294），二是顺帝至元，共六年（1335—1340），称后至元。世祖至元年间，并未推行科举；顺帝至元元年，罢科举，

---

① 《元史》卷三八《顺帝纪一》，中华书局，1977 年。
② 萧启庆《至正二十三年癸卯科》，《元进士辑考》第 372 页，中研院史语所，2012 年。

同样没有开科。《同治祁门县志》卷二二《选举志》载，至元二十九年壬辰陈亮榜，有张叔云、张叔英，居十东都石坑。钱大昕曾评论《江西通志》等书，"元之设科始于延祐二年，而《志》乃有至元丙子乡试、大德戊戌进士、大德乡试诸人，是并《元史》全未寓目矣"。可见两书所载有误，张叔云等三人并非元代科举进士。

进士黄绍林，亦见于《新安名族志》、《康熙婺源县志》。《新安名族志》称其"至正丙戌进士，为连江令，倡讨红巾贼有功，封福建道元帅"。至正丙戌即至正六年，与康熙《婺源县志》、《光绪安徽通志》所云至正五年进士不合，疑为误题进士。进士黄仲实，仅见于《光绪安徽通志》、乾隆《婺源县志》，称至正五年张士坚榜进士。《新安名族志》称其为黄绍林之弟，然称其"洪武初以国难署县事，有减税便民之政，民咸德之"，并未提其为进士。康熙《婺源县志》及《徽州府志》未提其人。可见其记载值得怀疑。进士陈有彰，仅见《光绪安徽通志》，然同治、光绪《祁门县志》并无陈有彰登进士之记载。

《新安名族志》所载元进士表。

进士	籍贯	主要事迹	资料来源
张叔重	婺源	至元丁亥进士，怀孟路经历。	前卷·张
张叔云	祁门	登至正壬辰科。	前卷·张
汪雷	休宁	字惟烈，号屏山，元天历元年进士，官至广东副使。	前卷·汪
柯天命	歙县	泰定元年，曰天命公，由进士历官翰林学士。	前卷·柯
柯仕荣	歙县	天命子，由进士任徽州通判。	前卷·柯
黄元承	婺源	至元乙丑进士，为丹阳令，遇贼不屈而死，封忠节。	前卷·黄
黄绍林	婺源	至正丙戌进士，为连江令，倡讨红巾贼有功，封福建道元帅。	前卷·黄
俞元膺	婺源	至正癸巳进士，授翰林学士。	前卷·俞
胡善	婺源	至正五年进士，为古田县丞。	前卷·胡
周俨	绩溪	登进士第，官至江西等处行中书省左丞。	后卷·周
周杰	婺源	以进士官浙东道宣慰使。	后卷·周
周淳一	绩溪	以进士任南康路同知。	后卷·周
李初月	休宁	至顺庚午廷试进士，与笃列图、王文烨榜，任翰林讲书。	后卷·李
李清	绩溪	大德间由进士历官兵部郎中。	后卷·李
李维	绩溪	延祐间，维以进士为歙令。	后卷·李
吴仕奎	休宁	至正元年进士，累官云南楚雄定远县尹。	后卷·吴
吴相尧	休宁	至正十四年进士，官河南儒学提举。	后卷·吴
吴昌一	休宁	大德甲辰进士。	后卷·吴
吴节	休宁	至元七年（即至正元年）进士，授瑞州学正。	后卷·吴
吴原道	休宁	登元进士。	后卷·吴
吕诚	婺源	至正十一年进士，官至延平府推官。	后卷·吴
滕文禄	婺源	登元统二年第。	后卷·吴

《新安名族志》以明代徽州大族为主，追根溯源提到元代徽州进士多达二十二人（后裔移出徽州者未列），其中胡善、吕诚、吴相尧等人，分别为至正五年、十一年、十四年进士，滕文禄、吴仕奎、吴节、俞元膺等，其身份应为"乡贡进士"，前已考订。其余诸人事迹皆不甚详，且有与其他文献抵牾者，尚需继续分析。该书"序"称"博采各邑各氏之谱，约而成

一郡名族之志"。^① 清钱大昕曾称"家谱不可信",^② 并引唐颜师古之语:"私谱之文出于闾巷,家自为说,事非经典,苟引先贤,妄相假托,无所取信,宁足据乎?"^③ 谱牒尚需与其他材料相互印证,方能得其真实。

张叔重,"至元丁亥进士";黄元承,"至元乙丑进士";李清,"大德间由进士历官兵部郎中";吴昌一,"大德甲辰进士"。如前所述,至元、大德年间并未推行科举,所以其身份不可能是元代进士。

祁门张叔云,"登至正壬辰科"。考至正壬辰年(1352)并未开科,而《光绪安徽通志》称张叔云为"至元间进士",显见记载歧异,亦无其他相关记载。

休宁汪雷,"元天历元年进士",考天历元年即致和元年(1328),当年七月泰定帝去世,九月文宗图帖木儿即位,改元天历(1328—1329)。是年既无会试、殿试,亦无乡试,该文当有错讹。

其他如歙县柯天命、柯仕荣父子,绩溪周俨、周杰、周淳一,休宁李初月、吴原道,绩溪李维,《新安名族志》称其为"进士",然并无事迹记载,徽州方志也未提及,其可靠性是值得怀疑的。

元代学者郑玉曾评论:"新安士习,惟婺源为盛。每三岁宾兴,州县望烟而举,士子云合响应;休宁次之,歙县次之,绩溪又次之,祁门与黟县为最下者也。"^④ 徽州进士姓名可考者在十人左右,其登科人数远不能与唐宋明清相比。其原因是多方面的。首先,元朝历年短促,而科举长期弃而不设,科举名额极少。总计开科不过十六次,每科登第者不及百人(仅元统元年及数)。科举名额分配上,元朝重北人而轻南人,江浙行省包括浙东、浙西、江东、福建之地,而乡贡不过二十八人,^⑤ 经会试、殿试后,江浙行省登进士者每科不过数人而已。其次,元朝推行民族歧视政策,造成士人不满,"义不仕元",^⑥ 仕宦热情不高,士大夫或不参加科举考试,隐居不仕宦甚多。就进士分布来看,婺源最多,这里是朱熹故里,文风很盛,而人口又较他县为多,元贞元年(1295)升为婺源州。其次是休宁、歙县人。在元朝徽州进士中,成就最为突出当数婺源汪泽民,官至翰林直学士,参与宋、辽、金三史编撰,汇编《宛陵群英集》。

Study on Jinshi(进士)of Huizhou(徽州)in Yuan Dynasty
Zhang Jin-xian　Wang Xiang

Abstract: The paper examines the names of Jinshi(进士)of Huizhou(徽州)in Yuan Dynasty, and determines the identity of Jinshi(进士)from relevant historical documents including

---

① [明]戴廷明、程尚宽《新安名族志·序》,黄山书社,2007年。
② [清]钱大昕《十驾斋养新录》卷一二《家谱不可信》,江苏古籍出版社,2000年。
③ [汉]班固《汉书》卷七五《眭弘传》,颜师古注,中华书局,1962年。
④ [元]郑玉《师山遗文》卷一《送汪德辅赴会试序》,四库全书本。
⑤ [明]徐一夔《始丰稿》卷八五《送赵乡贡序》云:"元置行省于浙,领郡三十二,杭隶焉,贡士之额仅二十八人,是时杭之士不加少也,三年或不能贡一人。"
⑥ 《新安名族志》前卷"汪"。

"Anhui Tong Zhi（安徽通志）" in Guangxu Regime（光绪朝）of the Qing Dynasty, "A History of Illustrious Families in Xin'an（新安名族志）" and so on by pointing out and correcting errors.

Key Words: Yuan Dynasty；Huizhou（徽州）；Jinshi（进士）

（本文作者分别为安徽大学历史系教授、徽学研究中心兼职研究员；
安徽大学历史系博士研究生）

黑水城所出《肃州路官员名录》新考

张笑峰

提　要：黑水城所出《肃州路官员名录》对研究元末西北地区职官制度等方面有着重要的史料价值。本文通过对该文书重新录文，并结合其他黑水城所出文书，考订其撰拟时间应为至正三十年八月之后，并进一步对元末肃州等路官员迁转、增设的原因、背景进行研究。

关键词：元末　《肃州路官员名录》　黑水城

《俄藏黑水城文献》收录了一件编号为 TK226、定名为《肃州路官员名录》[①] 的文书。在《俄藏黑水城文献》第六册叙录中，其又被称为《肃州路改官名录》。这件文书为研究元末西北地区、尤其是肃州路官员迁转、任职制度等问题提供了重要的参考依据。其正反两面共记载了二十一位甘肃行省官员迁转的信息，其中肃州路内迁转及迁往肃州路的有十六位，肃州路官员分别迁往甘州、曲先答林都元帅府等外地任职的共有两位。文书中明确记载："前甘肃省郎中"也里帖木儿"今筌亦集乃达……"正因为如此，这件文书得以在亦集乃路存档，保存了下来。

目前，对《肃州路官员名录》的研究有杜立晖《俄藏黑水城肃州路官员名录文书考释》[②] 一文，该文章对这件文书的时间及定名进行了考释，并对文书中行詹事院等职官机构来源进行了讨论。但是通过与其他黑水城出土文书的比对，笔者认为该文认定的文书撰拟时间还有待进一步研究。同时，由于原件的模糊、残缺等诸多原因，以往的录文多存在一些遗漏衍误之处。因此，本文拟对该文书重新录文，在此基础上结合其他黑水城出土文书对《肃州路官员名录》的撰拟时间重新考订，并通过对作为下路的肃州置有"治中"一职现象的考察，对《肃州路官员名录》所体现的元末肃州等路官员迁转、增设的原因、背景进行研究。

一、 文书介绍及其内容

《肃州路官员名录》文书的具体情况为："元写本。未染麻纸，厚。高 19.8，宽 29.3。共 16 行，行 17 字。行楷，墨色浓淡不匀。首尾缺。下部残损。分列各官员前官职与今改任官职。可辨识的人名有：锁南朵立只、郭斌、张从政、孟仲祥、大黑奴、完者秃、见你立克、赛因帖木〈儿〉、也里帖木儿、伯忽、只住、藏不、不颜等。可辨识的前任官职有：行詹事院都事、本院掾史、本院宣使、本院照磨、本院管勾、甘肃省理问、理阳县达鲁花赤、甘肃省郎中、省员外郎等。今改任的官职完整并可辨识者有：肃州路治中、肃州路推官、肃州

① 《俄藏黑水城文献》第四册，上海古籍出版社，1997 年，第 228—229 页。
② 杜立晖《俄藏黑水城肃州路官员名录文书考释》，《西夏学》第五辑，第 79—84 页。

路同知、肃州路判官、曲先答林都元帅、肃州同知等。顶格起头，均用"一名"某某的形式，并用折线勾出。背为同一文书续文。共 8 行，行 15 字。可辨识的人名有：伯家奴、貌肃州奴、也里赤不花、哈三、也先不花、也立赤等。可辨识的前任官职有：总管、肃州判官、肃州路知事、沙州同知等。今改任官职有：肃州同知、治中、经历、肃州推官、北庭元帅等。"

　　现参照《肃州路官员名录》图版，录文如下：

（正面）

一　　一名，锁南朵立只，前行詹事院都事，今夆①
二　　　　　肃州路治中
三　　一名，郭斌，本院掾史，今夆肃州路推官
四　　一名，张从政，本院掾史，今夆肃州路……
五　　一名，孟仲祥，前本院宣使，②今夆肃州……
六　　一名，大黑奴，前本院照磨，今肃……
七　　一名，完者秃，前本院管勾，今肃州路……
八　　一名，见你立克，③前甘肃省理问，④今肃州路同知
九　　一名，赛因帖木，前理阳县达鲁花赤，今夆
一〇　　　　肃州路判官
一一　　一名，也里帖木儿，前甘肃省郎中，今夆亦集乃达⑤
一二　　一名，伯忽，肃州路总，⑥今甘州达⑦
一三　　一名，只住，肃州达，⑧今曲先答林都元帅⑨
一四　　一名，藏不，⑩行中书省右，今夆省⑪□
一五　　一名，不颜，甘省⑫员外郎，今肃州……
一六　　一名，绰思吉，本省理，今肃州同知
（背面）

一　　一名，也先不花，诸迭总管，今肃州同知
二　　一名，伯家奴，肃州判官，今治中

---

① "夆"，为"举"的俗写。为保持文书原貌，本文中均录为"夆"。
② "宣使"，杜立晖《俄藏黑水城肃州路官员名录文书考释》第 80 页将"使"误为"史"。
③ "见你立克"，《俄藏黑水城肃州路官员名录文书考释》将"见"录为"贝"。
④ "理问"，《俄藏黑水城文献》第六册《附录》（上海古籍出版社，2000 年）第 27 页将"问"误为"司"。
⑤ "亦集乃达"，"达"，右行补入。《俄藏黑水城肃州路官员名录文书考释》脱"达"。
⑥ "肃州路总"，《俄藏黑水城肃州路官员名录文书考释》将"总"误为"孙"。
⑦ "甘州达"，《俄藏黑水城肃州路官员名录文书考释》将"达"误为"路"。
⑧ "肃州达"，《俄藏黑水城肃州路官员名录文书考释》"肃州"后衍"路"。
⑨ "曲先答林都元帅"，《俄藏黑水城肃州路官员名录文书考释》"元帅"后衍"府"。
⑩ "今夆省"，《俄藏黑水城肃州路官员名录文书考释》未录"今夆"。
⑪ "藏不"，人名，《俄藏黑水城文献》第六册《附录》第 27 页将其误为"藏不行中"。
⑫ "甘省"，《俄藏黑水城肃州路官员名录文书考释》未录"甘"。

三　　一名，薿肃州奴，肃州路知事，今经历①
四　　一名，也里赤不花，甘理问案牍，今肃州
五　　　　　推官
六　　一名，哈三，沙州同知，今北庭元帅②
七　　一名，也先不花，③甘州同知，今肃州……
八　　一名，也立赤，④怯薛丹，今肃州……

二、文书撰拟时间考订

在《肃州路官员名录》中，部分官职使用了简称，如"达"即"达鲁花赤"，"总"即"总管"，"右"应为"右丞"，"理"则是"理问"等。另外，文书中又有"甘肃省"、"行中书省"、"甘省"、"本省"，前三者为"甘肃等处行中书省"的简称。"本省"一词，由于该文书发文单位缺失，暂不能断定其是"甘肃等处行中书省"还是"肃州分省"。元代"行中书省、行枢密院增置之外，亦有分省、分院"。⑤分省的设置与元末政治军事形势不无联系，正是在这种背景下，肃州、亦集乃等分省相继出现。但是，正史中并无甘肃行省建置分省的相关记载，仅在黑水城文书中出现有"亦集乃甘州分省"，"亦集乃分省"（TK204V《宣光二年甘肃等处行中书省亦集乃分省咨文》），⑥"肃州分省"（M1.0192［F14:W6A］《粮食储运文书》）。⑦正是这件载有"肃州分省"的粮食储运文书为解决《肃州路官员名录》的撰拟时间提供了依据。

M1.0192［F14:W6A］《粮食储运文书》：
一　　□□圣旨里……承奉
二　　　　　甘肃行中书省……为
三　　……□该准肃州分省咨该来咨为变……事，移咨本省左丞袁殊劄付郎中也里帖木提调
四　　……放支……小麦壹伯贰拾石磨……乾其子伍拾石去后回据肃州路申至正三十年八月
五　　……今年等处将人民、头畜、粮食并未刈田禾抢劫残荡在仓止有仓……肆升……
六　　……此事已经差照磨帖麦□移咨肃州分省指办……预备完备差……非轻咨……
七　　……并事系非轻除。已差本省理……咨前去肃州分省投达鲁花赤……
八　　……交割……紧急变磨完备，特办快便脚力陆续差官与元差去官一

---

① "经历"，《俄藏黑水城文献》第六册《附录》第28页将"历"误为"筵"。
② "北庭元帅"，《俄藏黑水城肃州路官员名录文书考释》"元帅"后衍"府"。
③ "也先不花"，《俄藏黑水城肃州路官员名录文书考释》将"花"误为"化"。
④ "也立赤"，人名，《俄藏黑水城文献》第六册《附录》第28页将其误为"也立赤怯"。
⑤ 《元史》卷九二《百官志八》，中华书局，1976年，第2327页。
⑥ 《俄藏黑水城文献》第四册，第209页。
⑦ 《中国藏黑水城汉文文献》第二册，国家图书馆出版社，2008年，第271页。

　　　　同……

九　　……奉此,府司合行具申,伏乞

一〇　照验施行,须至申者

　　在这件粮食储运文书中,"肃州分省"共出现了三次,"肃州路"出现了一次,分省与路总管府建制。文书中明确记载有"至正三十年",故该文书应为北元时期的文书,由此也可以确定肃州分省的设置应在至正三十年八月之前。该文书被认为是亦集乃路向甘肃行省禀呈由肃州分省负责磨麦之事,[①] 如此结论恐有不妥,因为该文书中未有"亦集乃"三字,唯一能引起歧义的可能只有"移咨本省左丞袁殊劄付郎中也里帖木"一句中"本省"一词。而该句中所出现的"郎中也里帖木"恰又见于《肃州路官员名录》正面第十一行"也里帖木儿,前甘肃省郎中,今拳亦集乃达"。也里帖木儿为甘肃省郎中,"左丞袁殊"亦为甘肃省官员。因此,该文书中"本省"并非"亦集乃分省",而是"甘肃等处行中书省"。

　　正是由于这两件文书中"甘肃省郎中也里帖木"信息的契合,为解决《肃州路官员名录》的撰拟时间提供了更为确凿的证据。杜立晖《俄藏黑水城肃州路官员名录文书考释》一文中先是根据"肃州推官"设置于泰定四年,断定《肃州路官员名录》撰于元中后期,又根据《元史》中至正十七年十月"置分詹事院"记载,认定该官员名录"成书时间应当在元末至正十七年之后"。然而,"至正十七年"与该文书真正撰拟时间相差甚远。通过《粮食储运文书》、《肃州路官员名录》中"甘肃省郎中也里帖木"信息的契合,《肃州路官员名录》中称"也里帖木"为"前甘肃省郎中",而至正三十年八月其尚为"甘肃郎中"。所以,也里帖木的改迁应当发生在至正三十年八月之后。因此,《肃州路官员名录》的撰写时间晚于至正三十年八月,属于北元时期的文书。

三、 文书背景分析

　　以上所讨论的《肃州路官员名录》等文书所属时间均为北元初年,其中所体现出来的莫过于官员转迁、设置混乱等问题。"治中",即其中比较有代表性的官职之一。

　　治中,治理政事文书档案之官吏。"居中治事,主众曹文书,汉制也,历代皆有,隋为郡官,唐改为司马,说在佐后"。[②] 元代各路总管府均置,佐各路长官处理行政事务,与同知、判官、推官同为正官,元代上路"同知、治中、判官各一员",下路"不置治中员,而同知如治中之秩"。[③] 据《肃州路官员名录》载,肃州路治中至少有两员,一名为原行詹事院都事锁南朵立只,另一名是原肃州判官伯家奴。不仅如此,肃州同知至少为三员,一是原甘肃省理问见你立克,二是原本省理问绰思吉,三是原诸迭总管也先不花。

　　这种下路设治中,官制混乱的现象不仅出现在肃州路,在同为下路的亦集乃路亦有所反映。在《中国藏黑水城汉文文献》收录了一件北元时期的词讼文书,出现有"亦集乃路总管府治中"一职。

---

① 杨彦彬《试析元末至北元初期甘肃地区的分省设置》,《西夏学》第四辑,第155页。

② 《文献通考》卷六二《职官十六・治中》,中华书局,1986年,第565页。

③ 《元史》卷九一《百官志七》,第2316页。

M1·0543［T9:W3］《宣光元年强夺驱口案》①：

一　宣光元年闰三月二十一日申，司吏崔文玉等

二　坐觧……强夺驱口等事。

　　　　　　　　［印章］

三　亦集乃路总管府推官闫

四　亦集乃路总管府判官

五　亦集乃路总管府治中

六　同知亦集乃路总管府事［签章］

七　亦集乃路总管府总管

八　亦集乃路总管府达鲁花赤［签章］

九　亦集乃路总管府达□□赤

一〇　奉议大夫亦集乃路总管府达鲁花赤……脱欢

　　在该这件文书中，"亦集乃路总管府治中"一职之后并无官员签章或署名，而是在"同知亦集乃路总管府事"后跟一蒙古官员签章。据此，亦集乃路总管府治中、同知极有可能由同一蒙古官员担任。且先不论署名问题，亦集乃路设有"治中"一职由此已可断定。另外，文书中三次出现达鲁花赤，其中有两次署名，一次是八思巴文签章，另一次则是汉文书写"脱欢"。据《元史·百官志》记载：诸路总管府，"达鲁花赤一员"。②此中官制混乱问题由此已可见一斑。

　　文书中所反映的官员增置、迁转问题，同样也是元末政局动荡所导致的群体现象研究的一部分。③黑水城所出《也火汝足立嵬土地案》④中，至正十一年也火汝足立嵬状申甘肃行中书省要求从永昌路到亦集乃路复业，与顺帝时期政局动荡，社会矛盾凸显息息相关。至正十二年，"河南、陕西，腹里诸路，供给繁重，调兵讨贼"。⑤十三年，"永昌愚鲁罢等作乱，锁南班讨平之，至是复起"。十四年，"发陕西军讨河南贼，给钞令自备鞍马军器，合二万五千人，马七千五百匹，永昌、巩昌沿边人匠杂户亦在遣中"。⑥此时的永昌路供给繁重、兵事繁多。同样，黑水城所出《失林婚书案》⑦中被告人闫从亮就是因为至正十九年红巾军起义攻破巩昌城，先是逃避兵灾至永昌甘州住坐，后于至正廿一年避至亦集乃路。至元二十八年，顺帝自大都北遁塞外，随之而来的是大量的内地官员、居民亟待安置的问题。《肃州路官员名录》很明显就是这样一份重新安排官员的名单。

　　随着元末肃州等路政治军事形势的变化，官员机构的设置需要做出相应的调整，这些在黑水城出土文书中都有所反映。然而，官员机构的调整除了已严重与《元史·百官志》官制规定不符外，种种原因之下，《元史·选举志》所载铨法所定的考满和升迁规定

---

① 《中国藏黑水城汉文文献》第四册，第675页。

② 《元史》卷九一《百官志七》，第2316页。

③ 张笑峰《也火汝足立嵬土地案发覆》，《元史论丛》第十四辑，第435页。

④ 《中国藏黑水城汉文文献》第四册，第838—868页。

⑤ 《元史》卷四二《顺帝纪五》，第894页。

⑥ 《元史》卷四三《顺帝纪六》，第909、914—915页。

⑦ 《中国藏黑水城汉文文献》第四册，第871—918页。

也受到了严重的破坏。《中国藏黑水城汉文文献》第六册所收的一封举荐信正好说明了这一问题。

M1·1111［F9:W30B］《举荐信》[①]：

一　一员普伯忽歹[②]，年卅四岁，畏兀

二　氏，高昌王位下怯薛丹身世

三　除前历仕外，始由至正廿九年七

四　月内，蒙大尉[③]丞相买住荐，

五　充亦集乃路司狱，移咨

六　中书省□定□至当年十一月

七　□四日到任勾当，历过十四月。至宣

八　光元年正月[④]内，又蒙

九　岐王[⑤]大尉丞相朵只巴荐充

一○　知事，先行照会[⑥]，到任勾当。仰望

一一　大人主盟提携，于

一二　系义王[⑦]下分中书省断事……

一三　知事或四部相……

一四　至死不敢忘也□……

在这封举荐信中，被举荐人为"高昌王位下怯薛丹"畏兀儿人普伯忽歹，至正二十九年为太尉丞相买住荐举任亦集乃路司狱，十四个月之后，蒙岐王大尉丞相朵只巴举荐为知事。文书中还提及"分中书省"，"四部"等。这封举荐信即为普伯忽歹出任知事联系诸王"主盟提携"所用。亦集乃路司狱，仅仅过了十四个月，经过举荐，即可举迁为知事。由此可见，元代官员考满和升迁的规定已在一定程度上遭到破坏。

总之，元末肃州、亦集乃等路官员大为增加的原因可以总结为以下两点：一是当时政治军事形势发生变化，官员机构增设。二是官制铨法败坏、考满升迁规定遭到背弃，"举荐"、"提携"大行其道。然而，《肃州路官员名录》等文书所反映出来官员机构的增设并非毫无功用，其在一定程度上解决了部分北通官吏诸如"前甘州同知也先不花"等的生计问题，对加强逃避战乱而来的居民的管理也有所裨益。

---

① 《中国藏黑水城汉文文献》第六册，第 1357 页。

② "普伯忽歹"，李逸友《黑城出土文书》（汉文文书卷），科学出版社，1991 年，第 194 页脱"歹"。

③ "蒙太尉"，《黑城出土文书》（汉文文书卷）第 194 页将"蒙"录为"据"。

④ "正月"，《黑城出土文书》（汉文文书卷）第 194 页将"正"录为"六"。

⑤ "岐王"，《黑城出土文书》（汉文文书卷）第 194 页将"岐"录为"政"。

⑥ "先行照会"，《黑城出土文书》（汉文文书卷）第 194 页将"照会"录为"具呈"。

⑦ "系义王"，《黑城出土文书》（汉文文书卷）第 194 页未录"系义"。

A New Investigation on the Document "List of Officials of the Suzhou Route" Excavated from the Ruin Khara-Khoto

Zhang Xiaofeng, Ningxia University

Abstract: The document "list of officials of the Suzhou Route (circuit)" excavated from Khara-Khoto is important to the research of the official system of the Northwest district of the late Yuan Dynasty. This article proves that the document "list of officials of the Suzhou Route", through analyzing its passage revised and copied, and with other documents excavated from Khara-Khoto, was written after August of 1370. Finally, the article further studies on the reason and background about the promotion and increasing implementation of official in the Suzhou Route in late Yuan Dynasty.

Key Words: Late Yuan Dynasty; list of officials of Suzhou Route; Khara-Khoto

（本文作者为宁夏大学西夏学研究院博士研究生）

元代制笔业发展述略

——从《元五家赠笔工范君用册》谈起

林 欢

提 要：元代文人在与笔工的交往过程中留下了大量脍炙人口的作品。《元五家赠笔工范君用册》便是其中之一。它是以鲜于枢为代表的元代文人为当时制笔名工范君用题辞并存留至今的珍贵文物。册文所记载的内容多涉及元代制笔业发展中的一些情况，不仅具有重要的艺术价值，而且具有极其重要的历史价值。对此册的解读，能够丰富元代工艺美术史以及元代书画史等元史研究上某些尚未涉及的领域。

关键词：《元五家赠笔工范君用册》 元代 制笔业 笔工 湖笔

"世言善书不择笔，此物岂可不精择？"[1]元代书画所取得的成就是中国书画史上的重要篇章之一。这种兴盛之风反映在文具制造业上便是涌现出大量的笔、墨工匠。马明达、朱友舟等先生曾从元代诗文作品中检索出 60 位元代笔工的信息。[2]相对国祚较短的元代，居然有这样的笔工数量，可谓前无古人后无来者。故宫博物院藏纸本《元五家赠笔工范君用册》（以下简称"元五家"）（新 145399）中所讴歌的主人公，便是其中优秀的代表之一。本册长约 33 厘米，宽约 13 厘米。为元代书法家鲜于枢、官宝、杜世学、李倜、赵橚五人在观赏赵孟頫赠笔工范君用跋后有感而发，并被好事者汇聚而成的法书精品。它不仅具有极高的书法艺术价值，而且包含了丰富的元代历史文化信息。此册在历史上经由多人鉴藏，最终收入故宫博物院，后被认定为国家一级文物。

范君用为杭州一著名笔工，以制作兔毫笔得名。他与当时诸名士保持着良好关系。清人梁同书在《笔史·笔之匠》中载：

> 范君用，郭天锡有《赠笔工范君用七律》。其诗曰："光分顾兔一毫芒，偏洒春分翰墨场。得趣妙从看剑舞，全身功贵善刀藏。梦花不羡雕虫巧，试草曾供倚马忙。昨过山僧余习在，小书红叶拭新霜。"[3]

---

① ［元］方回《桐江续集》卷二〇《赠笔工冯应科》，文渊阁四库全书，台北商务印书馆，1983—1986 年，第 1193 册，第 473 页。

② 马明达《元代笔工考》，南京大学民族研究所等编《元史及民族史研究集刊（第十五辑）》，南方出版社，2002 年；朱友舟《〈元代笔工考〉校补》，刘迎胜主编《元史及民族与边疆研究集刊（第二十四辑）》，上海古籍出版社，2012 年。

③ ［清］梁同书《笔史》卷一六，续修四库全书，上海古籍出版社，2002 年，第 1115 册，第 21 页。

郭天锡（1227—1302），字佑之，号北山，元初重要的书画家和鉴藏家之一，侨寓杭州，与赵孟頫、鲜于枢等人交游密切。无独有偶，诗人方回（1227—1307）《赠范君用笔工五首》、[①]范梈（1272—1330）《和谢友人惠范君用笔》[②]同样是对其制笔成就的肯定。由此我们可以产生疑问：以范君用为代表的元代笔工究竟有多大魅力引得如此之多书画名家为其题辞，元代制笔业究竟发展到何种程度以致影响到当时的书画艺术创作，范氏的个人境遇究竟是个案还是当时社会的普遍现象？本文拟从一个较为具体的角度，在前人研究的基础上对于元代制笔业的发展概况进行专题性研究。这在元代及明早期江南文人的社会生活，以及具体到元代毛笔制作技术的发展和研究上应有所帮助。

一、原　文

[一] 百工之技，唯制笔难得，其人何哉？盖他艺易通而书法难通也。故间有能者。父不能传之于其子，况师弟子乎？中统（1260—1264）初，有笔工刘远、李思温者，擅名当世：初则道行京师，久则名闻天下。一时善书者非二家之笔不录也。以故赝者日多。手不能辨，乃聚群工，俾以良林，授以意，并造以应之。既而赝者复加于前，悉收他笔，易其签题以应之。如此数年，无复刘、李之笔矣。余始来杭，有冯应科者制笔颇工，三数年之间，技日益进，价日益增，至一笔售他笔之价五倍！既为厚利所诱，遂取刘、李之下策行之，其价因若也。不知者当用其名耳。余为此技遂绝。今复有范君用者，持子昂赠跋一卷来见，且赠余所制笔一十支，胶而试之，诚如子昂所称：虽冯应科盛年所制，不过能也。范生乞言，遂以此技难工，及刘、李、冯三人者行于天、败于利之说以告之。庶其自爱，以成一世之名云。大德辛丑（1301）五月旦日，困学民鲜于枢信笔书。

[二] 白玉堂中俱视草，黄金台□助登瀛。湘筠月兔真奇绝，海内纷纷识姓名。高昌官宝。

[三] 旧闻宣州诸葛笔，曾入东坡读书事。白头瘴海赋归与，预书四喜言渠渠。已知识字忧患始，笔固吾仇何必尔。衔香法酒团龙茶，后人用意即可加。宣州绝艺那复有？莫怪当年邻琼玖。范生名字亚老冯，各代钟王称尝同。管城一派在苕水，日费中山兔千趾。善书可使声价都，坐进此道诚师模。后来纷纷挥翰手，范生缚笔连夜昼。渔阳老子墨遗香，药石之言生勿忘。四明杜世学孟傅父。

[四] 余不范君用之精妙，诸公称赏尽矣。余复何言？但君用常服伯机所云刘、李、冯三人趋利败艺之语为戒，则艺愈精利亦自足矣。不然何异？诒覆车之辙也。岁勉之，勉之。员峤真逸白。

[五] 吴兴范君用善缚笔。息斋尚书称其转侧向背甚可人意；子昂学士称其一笔可作数千字，而锋芒不挫；员峤都运称其精妙；伯机都司称其冯应科所制不能过善之；司业称其艺绝伦等。五公翰墨妙一世，其所题品如此，譬之良马伯乐，一顾价增百倍。君用其珍藏之。延祐三年（1316）正月上浣蜀西赵橚拜观因书卷末云。

① ［元］方回《桐江续集》卷二七《赠范君用笔工五首》，文渊阁四库全书，第1193册，第581页。
② ［元］范梈《范德机诗集》卷二《和谢友人惠范君用笔》，文渊阁四库全书，第1208册，第84页。

二、释　注

（一）元五家

"元五家"中首推鲜于枢（1246—1301），元代著名书法家。其书风豪爽、劲健，气势雄伟，这与他书写工具的优良分不开。仅从本册题跋中的线条形态看，他选用的当是以兔毫为原料的硬毫笔。通篇线条劲健，圆润中有刚韧，极有弹性。其次是官宝，生平不详。但据其落款，当为高昌人。再次为杜世学。据《延祐四明志》，杜氏时（1314—1320）任庆元路总管府学录，[①]四明人。其余生平不详。还有员峤真逸，即李倜（？—1331），又称李筼峤，字士弘，河东太原人。工诗文，善书画，官至集贤院侍读学士。《图绘宝鉴》中所谓官至翰林学士的李筼峤，实为一人两名。[②]又赵橚，字茂原，号月楼，眉山人。至治间（1321—1323）为吴学正。后调官至京师，出为闽中巡徼。[③]

（二）百工之技，唯制笔难得，其人何哉？盖他艺易通而书法难通也

所谓"难"者，根本原因在于毛笔的锐钝以及肥瘦的分寸不易拿捏。书家用笔各有偏好，笔工只有熟悉用笔者的书写习惯，才能真正做到量体裁衣，作出称心的笔来。他人之笔，并非一定适合自己。唐人柳公权曾向宣州制笔名家诸葛氏求王羲之笔，诸葛氏事先断言："公权能书，当继来索，不必却之。"结果"前者右军笔，公权固不能用也。"[④]另外，我们从元人文集中诸如"笔不如意辄怒叱"[⑤]的激烈情绪表达可见书画家的创作必须要求适宜的工具。例如鲜于枢有时会因不得好笔而在作品中抒发其不满。辽宁博物馆藏其草书《杜甫〈茅屋为秋风所破歌〉》卷后记"……玉成先生使书，三易笔，竟此纸。"[⑥]上海博物馆藏其草书《韩愈〈送李愿归盘谷序〉》中有"……大德庚子……寄寓村舍。文房之具不备，人有'千金冯应科笔'相借者，皆南人托名伪作，一入墨，锋便散，凡四五易竟此卷，然皆不成……"[⑦]与其相类的还有书家杨维桢。杨维桢（1296—1370）从自己奇崛肆意的书风出发，多挑选尖圆遒劲的笔。他谈到："制之精者，标其号曰画沙锥。尖圆遒健，可与韦昶（晋代制笔名家）争艳。余用笔喜劲，故多用之。称吾心手，吾书亦因之而进。"[⑧]与此相反的如藏于美国佛利尔美术馆的《题邹复雷〈春消息〉》卷："……老铁贞在蓬荜居，试张有墨，尚恨乏聿。"所谓"聿"就是笔。"乏聿"，就是缺少称手的好笔。可见杨维桢对邹复雷所提供的毛笔是不满意的。又书画家郭畀（1280？—1335）曾于至大戊申（1308）九月十二日为甘露本无传长老抄经，恰逢杭州潘又新送来好笔，"书小楷数千而不伐"，于是他

---

① ［元］袁桷《延祐四明志》卷二《职官考》，文渊阁四库全书，第491册，第360页。

② ［清］顾文彬《过云楼书画记》卷二《元五家赠笔工范君用册》，续修四库全书，第1085册，第179—180页。

③ 《御选元诗姓名爵里·诸家姓名爵里》一，文渊阁四库全书，第1439册，第430页。

④ ［宋］邵博《闻见后录》卷二八，文渊阁四库全书，第1039册，第349页。

⑤ ［元］方回《桐江续集》卷二五《赠笔工杨日新》，文渊阁四库全书，第1193册，第473页。

⑥ 刘正成主编《中国书法全集·元代编（鲜于枢、张雨卷）》，荣宝斋出版社，第45册，2000年，第58页。

⑦ 刘正成主编《中国书法全集·元代编（鲜于枢、张雨卷）》，第45册，第81页。

⑧ ［元］杨维桢《画沙锥赠陆颖贵笔师序（有诗）》，［明］赵琦美《赵氏铁网珊瑚》卷七，文渊阁四库全书，第815册，第479页。

大呼"可爱,可爱!"①早在元初,吴兴徐信卿以精于制笔为士林所重。其所制笔缚一管不合意,即进行拆裂并重新组合,必得心应手乃止。

"用笔贵能知笔意!"②相对而言,绝大多数笔工不通书法,书家亦不了解制笔。古代一些笔工之所以闻名于世,是因为其不仅擅长制笔,而且还能弄清毛笔使用不畅的弊端所在,能够使书家心手之间的感应更为灵敏。笔工只有兼通书法,才能把毛笔做好。若是不懂书法,那就有可能摸不清笔毫长短、选料等细微之间的妙处,更无法把握各个环节关键问题所在。可见精良的工具对书艺的精进有着直接的帮助。这也促使书画家参与文房四宝制作技艺革新一时风气。因此,古今书家多能根据个人书写的喜好偏爱选毫造笔之能者。对书家来说择得佳笔,本身就是一种精神享受。"夫善书之得佳笔,犹良工之用利器,应心顺手,是亦一快。彼谓不择笔而妍健者,岂通论哉?"③由于某些杰出笔工本身文化素质的过硬,具备了书家的修养,并能够切身体会到书家的具体要求,进而制作符合书家个性的良笔。如"子昭喜法书,能知笔工拙"。④陆颖"本农家而善缚笔,长子尤能知笔之病,次子亦能缚笔而不废农事"。⑤恰恰说明了笔工了解书学对于其技艺提高的重要性。正所谓"书艺与笔工,两者趣各异。工多不解书,书不究笔制。二事互相能,万颖率如志"。⑥

(三)中统初,有笔工刘远、李思温者,擅名当世:初则道行京师,久则名闻天下

1. 刘远

金末元初制笔名工,以善制"鼠须笔"著称。鼠须笔大多情况下应当理解为狼毫笔。⑦传说其制法源于辽东。郝经有诗赞曰:"辽东黄貂健且圆,得法自远源也传。"⑧另外元好问(1190—1257)记载:"宣城诸葛寂无闻,前后两刘新策勋。"⑨可见刘远(诗中"两刘"之一)的制笔技艺采纳了"宣笔"制作法。在刘远之后,有张进中继承了其制笔技艺:"张氏初年学刘远,刘远之名翻有腼。始知一技足名世,况乃穷年究坟典。"⑩

2. 初则道行京师,久则名闻天下

文房四宝不仅是古代文人的必需品,而且还成为彼此之间相互赠送、珍藏的交际物。文中所提刘远、李思温等笔工以及张进中"后来雪庵、松雪俱善书,始爱都人张生黄鼠须"⑪,大多受到了文人的推荐。又笔工温国宝祖祖辈辈以制笔为业,身份下贱,但他又并非通常笔匠那样的粗浅之人。例如书家郑元佑(1292—1364)曾受"张尊师"推荐,得到

---

① [元]郭畀《元郭畀手写日记(客杭日记)》,四库全书存目丛书,齐鲁书社,1996年,史部第127册,第557页。

② [元]程钜夫《雪楼集》卷二九《笔歌赠张进中》,文渊阁四库全书,第1202册,第440页。

③ [元]吴师道《礼部集》卷一七《山谷老人帖》,文渊阁四库全书,第1212册,第234页。

④ [元]胡祇遹《紫山大全集》卷三《答子昭赠笔》,文渊阁四库全书,第1196册,第43页。

⑤ [明]解缙《文毅集》卷一六《题缚笔帖》,文渊阁四库全书,第1236册,第836页。

⑥ [元]王恽《秋涧集》卷五《赠笔工张进中》,文渊阁四库全书,第1200册,第55页。

⑦ 朱友舟《〈兰亭序〉与鼠须笔考辨》,《荣宝斋》,2012年8月。

⑧ [元]郝经《陵川集》卷九《鼠毫笔行赠刘远》,文渊阁四库全书,第1192册,第90页。

⑨ [金]元好问《刘远笔》,《御定佩文斋咏物诗选》卷一七九,文渊阁四库全书,第1433册,第126页。

⑩ [元]程钜夫《雪楼集》卷二九《笔歌赠张进中》。

⑪ [元]黄玠《弁山小隐吟录》卷二《赠制笔沈生》,文渊阁四库全书,第1205册,第40页。

了温国宝笔。据称其笔曾为"揭学士所赏识"。① 文中"揭学士"即书家揭傒斯（1274—1344），亦曾为温国宝作序："自是凡有自吴中来者，余必求温氏之笔，而愈不可多得矣。"② 由此可见，这些书家的相关作品在一定程度上具有现代意义上的广告性质，为手工艺人打开市场做了很好的宣传。杨维桢承认陆颖贵笔的价值："余用笔喜劲，故多用之称吾心手，吾书亦因之而进。"③ 尽管诗人只是从使用者的角度来侧面褒扬笔工绝妙的技艺，表明陆氏所制之笔的受欢迎程度，但也是从另一方面对笔工技艺的认可与欣赏。

（四）以故赝者曰多。手不能辨，乃聚群工，俾以良林，授以己意，并造以应之。既而赝者复加于前，悉收他笔，易其签题以应之

极力降低成本并假借名家之名进行销售活动会在市场竞争中取得较大优势。对于毛笔重新贴标并进行改易签题之事，在传统文具的制造和经营行业中历来有之。其目的在于利用品牌的原有知名度以提高货品的档次，进而在最大限度上获得利润。民国时期，生产经营规模排名分别位居第一、二位的徽墨老字号上海"老胡开文广户氏"和芜湖"胡开文沄记"即如此行事："沄记"自创设之日起便把经营毛笔作为它的附带业务。多从湖南购进中等与普通笔，而从湖州引进高档笔品。对于前者，店家在购进后还要再加工，如刻杆、烫印、修笔等，将这些笔材改为"胡开文"名号再销售，这会在很大程度上提高这些中下等毛笔的价格档次。④ 与此类似的是"（广户氏）老胡开文"北京琉璃厂店。其曾在解放前后频繁地从南方购进中档以下毛笔，在本店进行加工后冠以"老胡开文"名号出售。对此，北京市政府于1963年明确禁止了"老胡开文"的这种投机行为。⑤ 当然，制笔作为一门手艺，养家糊口为基本的要务，无可非议。但是据鲜于枢等人言，某些笔工贪恋钱财，特别是当其产业达到一定规模后，可能会以次充好，牟取暴利。我们从鲜于枢的文字中可以看出，当时伪托制笔名家名号的行为已经甚为猖獗。尽管这种非法使用冠名权的行为严重扰乱了制笔业的市场秩序，对于本来已经泛滥的"名家"笔品来说更是雪上加霜，但是从另外一个方面而言，这种行为无疑是制笔名家刘远、李思温、冯应科等人声名显赫的一种反映。由此可知，制笔名家要爱惜自己的名声，永远立于不败之地。除了本身技术的积累之外，人格涵养、情操也非常重要。

（五）今复有范君用者，持子昂赠跋一卷来见，且赠余所制笔一十支，胶而试之，诚如子昂所称。虽冯应科盛年所制，不过能也

1. 赵孟頫

以赵孟頫（1254—1322）为代表的文人通过在杭州和大都之间的交游活动，产生了元代两个文化圈的碰撞和交融，并建立了一个以自己为核心的一个庞大的文艺圈。他们这些人交相唱和、赠答。例如在"元五家"文中特别提到了赵孟頫的真迹。可惜的是早在清

---

① ［元］郑元佑《侨吴集》卷六《赠制笔温生》，文渊阁四库全书，第1216册，第486页。

② ［元］揭傒斯《赠笔工温国宝序》，（明）董斯张编《吴兴艺文补》卷二八，续修四库全书，第1679册，第33页。

③ ［元］杨维桢《画沙锥赠陆颖贵笔师序》。

④ 芜湖市工商联《关于"胡开文墨厂的创设、发展和改造"（初稿）的补充材料》，1959—1961年，芜湖市档案馆藏。

⑤ 《北京市人民委员会财贸办公室关于加强老胡开文和戴月轩业务经营的批复》，1963年，北京市档案馆藏。

代中期赵氏真迹已失,不过有信息表明,赵孟頫曾夸赞范君用"其一笔可作数千字,而锋芒不挫而已"。①

2. 冯应科

冯应科是元代制笔的佼佼者。仇远称:"浙间笔工麻粟多,精艺惟数冯应科。"② 方回赞:"善书今谁第一人,冯应科笔今第一。"③ 吴澄认为:"坡公诧葛吴,蔡藻朱所褒。迩来浙西冯,声实相朋曹。"④ 可见,冯应科制笔成就在当时人们心目中居于精妙无伦的地位,甚至有人认为他的名声可以和宋代制笔名家诸葛高相媲美。然而当时有些工匠在利益的驱动下,针对冯应科笔的作伪活动,以及冯应科本人自毁名誉的行为,造成了"冯应科"作为品牌名气最终被毁的严重后果。从"元五家"文中我们不仅得到了元代笔坊多的信息,也得到了笔市场鱼龙混杂、绝大多数商品质量欠佳的信息。

（六）白玉堂中俱视草,黄金台□助登瀛。湘筠月兔真奇绝,海内纷纷识姓名

1. 白玉堂

古代多指翰林院,又称"玉堂"。元人黄玠有诗赞誉笔工温生"频年万里献玉堂,名与欧虞俱炫赫"。⑤ 理学家谢应芳（1295—1392）则赞笔工王伯纯"昔年草制供玉堂,玉堂仙人云锦裳"。⑥

2. 视草

古代词臣奉旨修正诏谕一类公文。泛指代皇帝起草诏书。典出《汉书·淮南王传》:"时武帝方好艺文,以（刘）安属为诸父,辩博善为文辞,甚尊重之。每为报书及赐,常召司马相如等视草乃遣。"⑦ 又有《旧唐书·徐安贞传》:"上每属文及作手诏,多命安贞视草,甚承恩顾。"⑧

3. 黄金台

古台名。又称金台、燕台。故址在今河北易水河畔,相传为战国燕昭王筑,置千金于台上,延请天下贤士,故名。此典与以上"白玉堂"句,反映了元代文人希望以自己的才学为君王出力的迫切愿望。

4. 登瀛

即"登瀛洲"。比喻士人得到皇帝的恩宠,如登仙界。据《新唐书·褚亮传》:唐武德四年,太子李世民开文学馆,以房玄龄、杜如晦等18人为学士,备顾问以咨政事。⑨ 后天下学子皆以"十八学士"仰慕之。元代书画家柯九思（1290—1343）曰:"沈生笔妙能随

---

① ［清］顾文彬《过云楼书画记》卷二《元五家赠笔工范君用册》,续修四库全书,第1085册,第179—180页。

② ［元］仇远《金渊集》卷二《赠溧水杨老》,文渊阁四库全书,第1198册,第19页。

③ ［元］方回《桐江续集》卷二〇《赠笔工冯应科》。

④ ［元］吴澄《吴文正集》卷九七《代东曾小轩谢冯笔蜡纸之贶》,文渊阁四库全书,第1197册,第898页。

⑤ ［元］黄玠《弁山小隐吟录》卷二《赠缚笔温生》,文渊阁四库全书,第1205册,第30页。

⑥ ［元］谢应芳《龟巢稿》卷四《赠笔生王伯纯》,文渊阁四库全书,第1218册,第94页。

⑦ ［汉］班固《汉书》卷四四《淮南王传》,中华书局,1962年版,第2145页。

⑧ ［后晋］刘昫《旧唐书》卷一九〇中《徐安贞传》,中华书局,1975年版,第5036页。

⑨ ［宋］欧阳修、宋祁《新唐书》卷一〇二《褚亮传》,中华书局,1975年版,第3977页。

意,曾记蓬莱应制时。三十六宫花漠漠,玉阶研露写新词。"[1]

5. 湘筦

指以湘妃竹为主的笔管原料。如笔工冯应科"蜀丝缠金缕湘竹",[2]李子昭的笔"老兔贡霜毫,湘筦效奇节"。[3]另外早在魏晋南北朝时期,湖州当地笔工即采用浙西天目山北麓灵峰山下的鸡毛竹,"北取兔毫于溧之中山,南取绿管于越之文山"。[4]这种竹货源充足,价廉质高。

6. 月兔

指笔头原料。元代湖笔以兔毫为主。某些学者认为元代湖笔主要以羊毫入笔为主要标志,然事实并非如此。[5]其根源在于羊毫价格过于低廉。其使用起源于社会底层。尽管在秦汉制笔法中即加入羊毫,但其只是作为毛笔的辅助部分——"披毛"[6]使用。由于羊毫笔廉价并多用于民间,它便成了次等笔的代名词。与此相反,紫毫的经济价值很高,有"紫毫之价如金贵"[7]的说法。山兔背脊上两行紫黑色箭毛,弹性极强,谓之"紫毫"。元代文人在与湖州笔工的交往过程中关于兔毫笔的描述不可胜数。例如有诗称赞:"何人缚兔中山来,褐衣犹带山烟湿。"[8]又有笔工王伯纯"拔来秋颖带微霜"、[9]王子玉"广寒偷拔老兔毫"[10]等。这些诗文中明确告诉我们:当时制作毛笔的主料来源于兔毫。直到明初,仍有"一锋杀尽山中兔"[11]的说法,由此可见兔毫笔直到明初仍是笔业的主打产品。孔齐《笔品》也为我们提供了旁证:"予幼时见笔之品,有所谓'三副二毫'者,以兔毫为心,用纸裹,隔年羊毫副之,凡三层。有所谓'兰蕊'者,染羊毫如兰芽包,此三副差小,皆用笋籍束定入竹管。有所谓'枣心'者全用兔毫,外以黄丝线缠束其半,取其状如枣心也。至顺间有所谓大、小'乐墨'者全用兔毫散卓,以线束其心。"[12]可见在元末,除羊毫"兰蕊"以外,"三副"、"枣心"、"乐墨"散卓三种,均为兔毫所制。

尽管当时在士大夫阶层使用白羊毫笔并不多见,但据元人记载,此间产自西北草原上的黄羊毫笔却是身份的象征。早在西夏时期,西北地区的笔工已经掌握了较为先进的制笔技术,是中原宋文化与当地资源之间的巧妙结合。虞集(1272—1348)曾做《黄羊尾毛笔赞并序》赞曰:"西北之境有黄羊焉,玉食之珍品也。西夏之人,有取其尾之毫以为笔者,岁久亡其法。张掖刘公伯温,尝命笔工之精技作而用之,果称佳妙。其修史著廷,盖尝用之。中朝文学之士,咸为之赋。而伯循、廷心、伯敷,又称杰作于一时也。"虞集所赞的

① [元]柯九思《笔生沈日新来求书,就写旧诗以寄》,[清]顾嗣立编《元诗选三集》卷五,文渊阁四库全书,第1471册,第335页。

② [元]宋无《梁隆吉遗冯笔并诗答以长句》,《翠寒集》,文渊阁四库全书,第1208册,第325页。

③ [元]胡祗遹《紫山大全集》卷三《答子昭赠笔》。

④ [明]董斯张《(崇祯)吴兴备志》卷二六《方物征》,文渊阁四库全书,第494册,第527页。

⑤ 朱友舟《论元代湖笔》,《兰台世界》,2012年9月。

⑥ [宋]苏易简《文房四谱》卷一,文渊阁四库全书,第843册,第3页。

⑦ [唐]白居易《白居易集》卷四《紫毫诗》,中华书局,1979年,第86页。

⑧ [明]赵琦美编《赵氏铁网珊瑚》卷七《赠笔工沈日新》,文渊阁四库全书,第815册,第473页。

⑨ [元]谢应芳《龟巢稿》卷四《赠笔生王伯纯》。

⑩ [元]周权《此山诗集》卷三《赠笔工王子玉兼能书》,文渊阁四库全书,第1204册,第17页。

⑪ [明]解缙《文毅集》卷四《笔妙轩》,文渊阁四库全书,第1236册,第629页。

⑫ [元]孔齐《至正直记》卷二《笔品》,中华书局,丛书集成初编本,1991年,第28页。

"张掖刘伯温",并非明初爵称"诚意伯"的福建青田人刘基（伯温，1311—1375），而是生活在元中后期且参修辽、金、宋三史的沙剌班。[①] 考究其生平，出生在属于西夏人后裔的官宦家庭，进士，多有善政。用黄羊毫笔创作，运笔感觉极佳。相对而言，黄羊尾毫笔仅是元代少数文人的偏好，原因在于黄羊极难捕捉，"生而善驰，射不容罤"。故而以黄羊毫为料的毛笔数量极少，"不能及诸君子之盛"，[②] 很难推广。

（七）旧闻宣州诸葛笔，曾入东坡读书事。白头瘴海赋归与，预书四喜言渠渠。已知识字忧患始，笔固吾仇何必尔。衔香法酒团龙茶，后人用意即可加。宣州绝艺那复有？莫怪当年邻琼玖

1. 诸葛笔

自魏晋至南宋，宣州是古中国笔业的中心。唐宋两代，尤以当地诸葛氏制笔世家以高超的制笔技艺闻名于世。宋代文人如梅尧臣、欧阳修、苏轼、黄庭坚等都特别推崇"诸葛笔"。

2. 瘴海

指南方有瘴气之地，如苏轼被流放的海南等地。

3. 四喜

即苏轼所认为的四大喜事。苏轼贬岭南后回都城后用到诸葛笔，惊叹不已。他称赞诸葛笔含蓄内敛如君子一般蕴藉、宽和而有涵养。因此，他甚至把使用诸葛笔当作贬谪归来后的四大喜事之一："今日于叔静家饮官法酒，烹团茶，烧衔香，用诸葛笔，皆北归喜事。"[③]

4. 衔香

香名。角香的俗称。衔，又称"牙"。

5. 法酒

古代朝廷举行大礼时的酒宴。因进酒有礼，故名。泛指宫廷宴饮时所饮的酒。《史记·叔孙通列传》："至礼毕，复置法酒。诸侍坐殿上皆伏仰首，以尊卑次起上寿。"[④] 司马贞《索隐》引姚氏曰："进酒有礼也。古人饮酒不过三爵。君臣百拜，终日不为之乱也。"[⑤]

6. 琼玖

琼和玖，皆为美玉名。后世常用以其美称礼物或喻贤才。

（八）管城一派在苕水，日费中山兔千趾

1. 管城

又称"管城子"、"毛颖"等，特指毛笔。唐人韩愈的《毛颖传》载："毛颖者，中山人也……秦始皇时，使蒙将军恬南伐楚，次中山，将大猎以惧楚……遂猎，围毛氏之族，拔其豪，载颖而归，献俘于章台宫，聚其族而加束缚焉。秦皇帝使恬赐之汤沐，而封诸管城，号

① 尚衍斌《说沙剌班——兼论〈山居新语〉的史料价值》，达力扎布主编《中国边疆民族研究》（第五辑），中央民族大学出版社，2011 年，第 22—61 页。

② ［元］虞集《道园类稿》卷一五《黄羊尾毛笔赞有序》，元人文集珍本丛刊，台北新文丰出版公司，1985 年，第 5 册，第 460 页。

③ ［宋］苏轼《苏轼文集》卷七〇，中华书局，1986 年，第 2236 页。

④ ［汉］司马迁《史记》卷九九《叔孙通列传》，中华书局，1959 年版，第 2723 页。

⑤ ［汉］司马迁《史记》卷九九《叔孙通列传》，第 2724 页。

曰'管城子'，日见亲宠任事……"[1] 此传尽管是一篇寓言性质的传纪文体，但所述许多内容可被视为史实。据《史记·王翦列传》，秦将李信称带兵二十万即可破楚，秦王嬴政"遂使李信及蒙恬将二十万南伐荆……蒙恬攻寝，大破荆军"，[2] 暂时取得胜利。

2. 中山

地名，位于今安徽宣城市之东北部至江苏溧水一带。[3] "宣笔"主要以兔毫为原料。宣州制笔业之所以兴起，与其拥有得天独厚的原料优势有关。

三、元代制笔业发展中值得注意的几个情况

（一）选料的多样性

制笔贵在选料。古代制笔的原料有一般可以分为"紫毫"（兔毛）、"狼毫"（黄鼠狼毛）、"兼毫"（两种或两种以上的毛组合）、"羊毫"（羊毛）四大类。元代制笔业突出的一个特点是动物毛原料选择上的多样性，特别是以兔毫为主的兼毫笔的大量使用，完全遵循了古代制笔的传统，进而体现了其技艺的高超。由于各地区情况不同以及风俗习惯的差异，取料有显著区别。如：从魏晋至宋代，古人较为常用的是以兔毛为主，掺以它毫的兼毫笔。传说宋代诸葛高所制的"鼠须笔"即为黄鼠狼尾毛加兔毫制作而成。在元代除兔毫外，狸毛、猪鬃、麝毛等原料依然在沿用。例如笔工范养素制笔"拔毛剪须搜鼠貂"，[4] 陈重实制笔"讵数豕鬣并狸毛"。[5] 杨维桢也记陆颖贵制笔"常以丰狐之毫或麝毛须制以遗我……"[6]

（二）产地的广泛性

元代制笔产地呈现多元化发展的态势。例如北方笔工有刘远、张进中、刘伯温（沙刺班）等。南方笔工除吴兴之外，仅就孔齐《笔品》所载：杭州、宣州、江西等地出现的笔工佼佼者也不少。特别是以杭州为核心的周边地区，例如杭州有许文瑶、黄子文、潘又新；武林有严应、严子英等；钱塘有凌子善、钱瑞、张江祖等；苏州张蒙、吴下顾辅；娄江顾秀岩；溧水杨茂林、宣州杨日新等。以及大量籍贯待考的笔工如李思温、林君实等。江西的制笔业具有悠久的历史，唐代便有制作散卓笔的记载，宋元以后，优秀的笔工代不乏人。例如元代上清笔工倪文宝居于龙虎山，三世以来，以制笔为业。临川邓东白曾为其笔肆题赠"正心"牌匾。

（三）产品质量的苛刻要求

中国毛笔的制作技法的工艺要求极为复杂。其中的关键在于笔头的制作。即"心力尽于初画妙，眼睛全在一毫头"。[7] 首先，工匠取兔毛的部位和季节是很讲究的。由于秋

---

① 黄永年译注《韩愈诗文选译》，巴蜀书社，1990年，第119—120页。
② ［汉］司马迁《史记》卷七三，《王翦列传》，第2339页。
③ 朱友舟《韩愈〈毛颖传〉之中山考》，《兰台世界》，2012年2月下旬。
④ ［元］张雨《句曲外史贞居先生诗集》卷三《制笔范养素乞诗为作长句》，台北学生书局，1970年，第184页。
⑤ ［元］郑东《赠笔生陈重实》，［元］顾瑛编《草堂雅堂》卷七，文渊阁四库全书，第1369册，第319页。
⑥ ［元］杨维桢《东维子集》卷九《赠笔师陆颖贵序》，文渊阁四库全书，第1221册，第461页。
⑦ ［明］虞堪《希澹园诗集》卷三《题赠笔生王纯与径山愚庵及公同赋》，文渊阁四库全书，第1233册，第612页。

冬季节山兔颈、背部的毛"毫长而锐",故"秋毫取健,冬毫取坚",遵循"锋齐腰强为善"的标准。

其次,笔工要挑选最佳的毛用来制作笔头。择毫精妙是决定毛笔实用价值以及经济价值的必要保障。择毫包括选毫与分毫两部分,它是整个制笔工艺中重要的部分。择毫就是将熟后的毛施以初步拣选,除去无用之绒毛及杂毛等。这种工作主要在"水盆"里进行,有诗赞曰:"水盆洗出紫兔毫,便觉文章生羽翼。"[①]择毫的工作非常繁琐,既要准确又要耐心,要求对每一根毛料的强弱、锋颖、长度以及色泽等进行精心挑选,以便留下正齐而圆的毫毛。往往在千万根兔毫中才能选中一根。唐人白居易称:"……千万毛中拣一毫。毫虽轻,功甚重……"[②]钱泳称:"每一枝笔,只要选其最健者二三根入其中,则用之经年不败,谓之选毫。"[③]用这样精心挑选的兔毫制作的笔头,不仅锋长腰直,而且像锥刀一样尖利。正所谓:"空山老兔脱毛骨,简拔精锐披蒙茸。"[④]

第三,分毫。在制作笔头时,不同的部位需要不同的材料,以便不同级别的毫料各尽其能。其中特别以笔尖的制作要求最高。笔工要选用毛杆最长、粗壮挺拔且最为刚健的毫用在笔尖上,以达到"择毫入笔铦于刀"[⑤]、"快利入手如铦刀"[⑥]以及"圆如截玉铦如锥"[⑦]等效果。

另外还有结装。结装是将理顺的毛按照不同长度、品种进行分类,再一层一层卷起装成笔的过程。由于笔头为圆锥形,因此从笔尖到根部的衬毛配置数量也应该逐渐增多。而衬毛增加的幅度,受制于预设笔形的长短肥瘦。"至于用意之妙,锋齐不难,而腰强为难。锋齐者类不能强,腰强者有不能齐。虽赵文敏用冯、陆笔,亦仅得其齐,而罕得其强。"[⑧]衬垫过少、过多皆不合适。笔工陆颖贵曾骄傲地宣称自己的笔"纵有祖范阳之神锤,吾锥不得易摧矣"。[⑨]

最后,在笔头作好以后,还需要由专门的技工剔除性质不合之杂毫。古人对于剔毫要求更为严格,几乎是一种近乎苛刻的过程。其制作成本与精力非一般人所能想像。

(四)元代毛笔制作技法存在着承上启下的关键性作用

宋元时期是中国古代毛笔形制流变中发展、变化的重要时期,就用途而言是书笔与画笔的分途;在制笔技艺上是"披柱法"与"散卓法"的并行;在思想理念上是"复古"与创新的结合。

"披柱法"是我国较早年代的制笔法。它早在秦汉时期便已产生。所谓"披柱法",就是先选用较坚硬的毫毛作笔心,即"笔柱",然后再在其上覆以不同长度的,较软且薄的数层披毛,并将笔柱紧紧抱住。这些披毛起到了决定笔头外观,塑形及支撑作用。不

---

① [元]张昱《赠制笔生许文瑶》,顾嗣立编《元诗选三集》卷一,中华书局,1987年。
② [唐]白居易《白居易集》卷四《紫毫诗》。
③ [清]钱泳《履园丛话》卷一二《艺能·选毫》,续修四库全书,第1139册,第183页。
④ [清]《御定佩文斋咏物诗选》卷一七九《赠笔工陆继翁》。
⑤ [元]顾瑛编《草堂雅堂》卷七《赠笔生陈重实》。
⑥ [明]赵琦美《赵氏铁网珊瑚》卷七,《赠笔工沈日新》。
⑦ [元]张雨《句曲外史贞居先生诗集》卷三《制笔范养素乞诗为作长句》。
⑧ [明]孙作《沧螺集》卷二《赠笔生张蒙序》,文渊阁四库全书,第1229册,第488页。
⑨ [元]杨维桢《画沙锥赠陆颖贵笔师序(有诗)》。

仅如此，由于皮毛质地以及颜色的不同，颜色变化颇为美观，因而有着"缚得铦鉏含五彩"①的效果。就两者的具体功用而言，由"披注法"制成的毛笔较为劲健，不太适用写草书或作画。故散卓笔恰恰弥补了以上不足。由于审美观念的改变，加之毛笔绘画功能的增强，适用于草书或绘画的毛笔种类也日益增多，进而"散卓法"制笔技艺得到进一步的发展。"散卓法"亦作"无心散卓法"，是直接选用一种或两种毫料散立扎成较长的笔头，并将其深埋于笔腔中制作而成的一种较软的长锋笔。其中"散卓"又可作为动词，有"散扎"之意。宋人认为"熙宁后，世始用无心散卓笔，其风一变"。②其与前者最大的区别在于笔头内没有笔柱。这种笔头的大部分被纳入笔腔；笔锋较长且偏软，蓄墨量大，宜于快速、大量的书写和作画，且笔迹丰满、柔润、婉转。进而为宋元时期水墨山水画的发展、兴盛创造了物质条件。另有孔齐也回忆"……有所谓'枣心'者，全用兔毫，外以黄丝线缠束其半，取其状如枣心也。至顺间有所谓大小乐墨者，全用兔毫散卓，以线束其心，根用松胶缎入竹管，管长尺五以上，笔头亦长二寸许，小者半之……"③值得注意的是，上文所说"枣心"笔即"枣核笔"，它是一种由紫毫制成的笔头外形像枣核的小型散卓笔。由于紫毫的根部与锋尖细而中部粗，故而"枣心笔"是紫毫天然形态放大后的夸张。学者王恽（1227—1304）称他所用的宣城笔"笔圆如枣心"，锐利如囊中的刀颖，用它挥洒作字是一种人生乐趣。④杨维桢曾特别记载："会稽杨维桢在小蓬台试陆颖贵枣心笔书。"⑤枣心式笔头又被称作兰蕊式笔头。有诗赞陆颖的笔"枣心兰蕊芳菲菲"，⑥陆继翁的笔"枣心兰蕊动光彩"。⑦

由于笔法上的审美偏差，元代"复古"之审美取向基本表现为"宗法晋唐"。从魏晋到唐代，随着书画创作技法的发展，笔具的改革也呈现出多样化的趋势。例如唐代最具代表性的鸡距笔便以笔肚粗短而笔锋尖锐硬劲为主要形制特点，进而影响到唐以来书坛纵横洒脱的风气。到了宋代，名家书写的连贯性与文字的表达、情性的流露越来越交融难分。因而此时的笔具性能渐趋软熟、散毫、虚锋。而这种"虚"、"软"的宋代风尚恰恰为元代诸家所不满。故元代的制笔技艺适应了当时社会上的"复古"风尚。"呜呼，安得一用古制复，书契载睹羲皇俗！"⑧反映了书家的心声。例如赵孟頫等人"书到通神逼二王"，⑨他们要求"虽云好手必利器，心手器要三者全"。⑩早在元初"张氏之笔

---

① ［元］谢应芳《龟巢稿》卷四《赠笔生王伯纯》。
② ［宋］叶梦得《避暑录话》卷上，文渊阁四库全书，第 863 册，第 638 页。
③ ［元］孔齐《至正直记》卷二《笔品》。
④ ［元］王恽《秋涧集》卷四《宣城笔》，文渊阁四库全书，第 1200 册，第 42 页。
⑤ ［元］杨维桢《友闻录序》，［明］朱存理《珊瑚木难》卷七，文渊阁四库全书，第 815 册，第 217 页。
⑥ ［明］龚敩《鹅湖集》卷一《赠吴兴陆颖笔花轩》，文渊阁四库全书，第 1233 册，第 633 页。
⑦ ［明］曾棨《赠笔工陆继翁》，［清］《御定佩文斋咏物诗选》卷一七九，文渊阁四库全书，第 1433 册，第 127 页。
⑧ ［明］童冀《尚䌹斋集》卷四《题笔工温国宝诗卷》，文渊阁四库全书，第 1299 册，第 631 页。
⑨ ［明］贝琼《苕溪陆文宝挟笔过云间持卷求余言而一时缙绅之作不啻百篇有论笔法自赵松雪用落墨而始废者有为笔卦者近肤学小子率意妄作类如此可叹也已因赋五绝》，（清）《御选宋金元明四朝诗·御选明诗》卷一〇二，文渊阁四库全书，第 1444 册，第 512 页。
⑩ ［元］郝经《陵川集》卷九《鼠毫笔行赠刘远》。

如秋鹰，神王骨劲随纵横。又如囊锥乍脱颖，毛生历阶楚王惊"。[1] 元末，另有杨维桢独赏陆颖贵"尖圆遒健"的画沙锥笔。此笔当是陆颖贵为杨维桢特制的笔，较当时其他书家的用笔尖锐硬挺。其性能更接近于魏晋时期的兔毫笔。因此，陆颖贵才那样自矜"虽势要求之而不可得"，并说"非会稽铁史先生弗能知"。杨维桢也不无得意地说："颖贵欲以吾当右军，曷当？"可见，杨维桢有着强烈的嗜古超凡意识。从其书法可以看到他有意标新立异，全力追求奇古。他不仅仅在书法的审美取向上讲究古法，就是对于笔具也崇尚复古。

在元代，文人画的迅速发展使得文人们开始追求以书入画，注重绘画笔法的"写"意。这必然要求所用之笔锋要软硬适中，弹性适宜，且储水量大。自元代后期开始，以羊毫笔为主的湖笔开始补充着兔毫笔所达不到的艺术空间。沈秀荣制作的笔"不论兔颖与羊毛，染墨试之能耐久"，[2] 是诗人称赞其笔持久耐用的明证。用羊毫改良之后的毛笔，蓄墨量更多，从而使得柔软的笔毛在画纸上展开，进而使得不同深浅的墨呈现出在纸面上的晕化迹象。这是元代绘画技法和材料变化需要的结果。柔软而富有弹性的长锋羊毫笔的盛行，导致了明代的书画家们在创作风格上的大胆革新，从而也影响到了对书写工具毛笔的选择，适应了当时文人画技法变化的需要。不过直到清代中期以后，社会上才大量出现了羊毫笔或以羊毛为主的兼毫笔。

（五）制笔业高度的商品化

元代文房四宝市场的发展既是文化发展的物质基础，也同当时商品经济的繁荣密不可分。从现有资料来看，除了当时吴兴地区多有人从事行商贸易外，元代一些规模较大，专业性强，商品化倾向明显的店铺受到广大士人们的重视。尤其是一些较大笔商特别注重品牌的培养。他们在自己生产产品之上加记标示铺址及姓氏的作法由来已久。如当时按笔工的价值取向的店铺名者，张子良之"笔妙轩"、陆文宝之"笔花轩"、倪文宝之"正心"等即是如此。又有按笔头造型、书法特点命名其商品者，如"画沙锥"、"铁心颖"[3]，以及按笔料比例命名的"染散卓"[4] 等。这些笔注重与受众的情感沟通，迎合了顾客们的消费心理。特别是陆文宝凭借制笔作坊"笔花轩"[5] 多年的经营，得以致富。沈梦麟曾做客其庄园"耕墅轩"并留诗《练溪陆文宝耕墅轩》一首，尤其注明："陆郎邀我试毛锥。"[6] 另一方面，元代笔商已经具有相当的广告自觉意识。他们为提高自己产品知名度采取了多重做法，在某种程度上体现出市场竞争的本质特征。例如元大都的张进中"四方咸知进中名，得其一者，以为珍异"。[7] 他曾"茹笔钟楼市"。[8] 而当时元大都作为当时全国政治、经济、文化的中心，城内两个主要的商业区，集聚了各色各样的店铺。其中一个便是城市

---

① ［元］程钜夫《雪楼集》卷二九《笔歌赠张进中》。

② ［元］仇远《金渊集》卷二《赠笔工沈秀荣》，文渊阁四库全书，第1198册，第19页。

③ ［元］杨维桢《画沙锥赠陆颖贵笔师序》。

④ ［明］赵琦美编《赵氏铁网珊瑚》卷七《赠笔工沈日新》。

⑤ ［明］龚敩《鹅湖集》卷一《赠吴兴陆颖笔花轩》。

⑥ ［元］沈梦麟《花溪集》卷三《陆文宝笔花轩》，文渊阁四库全书，第1221册，第89页。

⑦ ［元］王士熙《张进中墓表》，（元）苏天爵编《元文类》卷五六，文渊阁四库全书，第1367册，第743页。

⑧ ［元］王恽《秋涧集》卷五《赠笔工张进中》。

中心的钟鼓楼周围。"朝廷年年写佛经,千人万人集佛庭。张氏施笔知几万,宝藏赫奕腾金英。张氏施笔真施笔,有口未尝言福德。"[①]张进中在扬名的同时,经济实力也相应得到提升。

（六）文人与工匠的交游以及文人对于自身命运的怜悯

元末东南沿海发达的商业经济带来了"百业平等"的思想,传统儒家向来对商人所持的轻视或鄙斥态度开始发生微妙而富有历史意味的变化。元明之际江南文人乐于与市井之人交往。例如谢应芳言"生今卖笔我卖文,何异适越资章甫",[②]即将自我与笔生等同视之,虽出卖的物品有异,但均是一种求生之道。这种对待手工艺人的平等思想是促使其礼赞笔工技艺与品格的基础。基于这种人格平等观念,他们与商人的关系密切而友善。其原因一方面是源于对手工业者技艺的特殊感情,另一方面可能是源于时势造就两类人相似身世。

1. 文人与工匠的交游

经营商业虽是一种经济行为,但从另一个角度来看,又是一种文化行为。在元代,大批笔工与士大夫们竞相往来。时值大都、杭州是全国制笔业的两个中心,当地对笔以及笔工的品评和比较十分盛行。许多商家也主动向名流显达求诗求文,以借名人的推荐而声名鹊起。如张进中所制毛笔因"极精锐宜书"[③]而受到赵孟頫、王恽等书家的喜爱。故赵孟頫有赞"平生翰墨空余习,喜见张生缚鼠毫"。[④]张进中与"淇上王仲谋、上党宋齐彦、吴中赵子昂皆与之善。三家皆世称善书者,其知君良有以"。[⑤]当然,文人与笔工的交往的根源在于其对笔的喜爱。书家陈基（1314—1370）曾为笔工顾辅作序:"……生之业既切于士之用,生之字复切于士之学。余且以是为生勉世之乐,与为善者得无以为过乎?"[⑥]此外,道士书画家张雨（1277—1348）《赠笔生沈君实》[⑦],诗人张昱《赠制笔生许文瑶》均是写给笔生的诗文作品,都是对制笔技艺的赞赏与肯定。笔工能书,与文人们一起挥毫便是重要的交流过程,这种交流对他制笔必定有一定的启发作用。又故宫博物院藏卫仁近行书《修问帖》页（故2898—12/35）是写给"九成学士"郯韶的一封尺牍,文中有言"吴兴钱应科,缚兔糊口,所制甚精。近来吾乡备言吾兄作成之厚,尤且归美贱子,是盖吾兄爱仆之至,而使人皆推及之也"。钱应科实为一笔工,卫仁近较为含蓄地表达了这样一种意愿:希望郯韶帮助推荐钱应科的毛笔,意在为钱应科之笔打开销路。

2. 对于自身及工匠命运的同情与怜悯

元朝时,大批手艺较好的笔工专事御笔和高档笔类的制造。相对于因科举不畅而造成大批儒士赋闲于家的现状,以张进中为代表的笔工还受到宫廷的崇信无疑是令人羡慕

---

① ［元］程钜夫《雪楼集》卷二九《笔歌赠张进中》。
② ［元］谢应芳《龟巢稿》卷四《赠笔生王伯纯》。
③ ［元］王士熙《张进中墓表》。
④ ［元］赵孟頫《松雪斋集》卷五《赠张进中笔生》,文渊阁四库全书,第1196册,第650页。
⑤ ［元］王士熙《张进中墓表》。
⑥ ［元］陈基《夷白斋稿》卷一七《顾生文字说序》,文渊阁四库全书,第1222册,第270页。
⑦ ［元］张雨《句曲外史集补遗》卷上,文渊阁四库全书,第1216册,第404页。

的。人称"非进中所为者不用也,进中自持笔以入,必赐以酒……"[1]与此相对应的却是儒生。元代儒生的社会地位相对不高,再加上元末的天下大乱,更加引起了东南隐士们对于自身命运的哀叹。那些时常唱着"贫无食肉相,颇悔身业儒"[2]或"时方用武我业儒"[3]的隐逸文人,大多处于社会中下层。他们既无赵孟頫、鲜于枢等人的仕宦经历,更无刘远、张进中等匠人业笔入宫的幸运,因而屡屡以唐人韩愈的《毛颖传》做典,抒发自己郁郁不得志的远大抱负。例如谢应芳在《赠笔生王伯纯》中提到:"诸公笔谏佐明主,老我笔耕笺古诗。逝将重作毛颖传,为纪频年遭薄贱。"[4]另外在他们对于笔工的赠诗中,那些关心国计的政治气息不仅没有减少,甚至有多了几许悲天悯人的人文关怀。尽管他们在表面上赞誉笔工绝佳的运气,但是在内心中却是对自我命运的哀怜。例如"元五家"中有多处反映他们的心声。又有"遗我利器五色光,将使奏赋蓬莱宫"[5],劝告笔工珍惜为国尽忠的难得机会"颖也此时须自荐,国家用尔颂升平"。[6]另外,由于他们对民生状况有真切了解,所以他们的笔工诗贴近社会实际,具有强烈的社会责任感和社会批判精神。对于各类商人的职业活动、职业风险、职业品格、职业信仰以及社会交往、婚姻家庭生活等也给予全方位的关照。特别是王逢著有《秦笔妻(有序)》,[7]在一定程度上反映了包括儒者与笔工在内的整个社会生活趋于动荡之下的无助与凄凉。

(七)制笔中心行程以湖州为中心的多点并进结构,为明清时期制笔业发展的流派奠定了基础

元代制笔业在原料取材的本地化、笔工群体和制笔理论的形成、制笔业商品经济的萌芽等社会因素的综合影响下,为明清时期制笔业发展的流派奠定了基础。

1. 地域性商业化活动

随着制笔业的振兴,元代吴兴当地的笔具生产的商品化程度较高,被时人描绘为"浙间笔工麻粟多"。[8]特别是善琏村坐落于"家家缚兔供文苑"[9]的苕溪、雪溪之畔,该村"生禽玉兔出明月"[10],是当时有名的笔乡。笔作为一种专业化的手工业商品,已经实现了跨区域的商品流动。当时善琏万安坊一带形成了别具一格的笔市。除了诸如"王生卖笔来吾庐"[11]等从生产者直接进入流通领域外,当地人大多数用笔舫贩笔:"几家有艺如有田,侯门曳裾笔满船。"所谓笔舫是一种专门运笔的船。善琏地处杭嘉湖水乡泽国,与外界联系往来的交通工具主要是舟船。例如笔工施廷用"一棹江湖正风雨……过我烟江阖庐

---

① [元]王士熙《张进中墓表》。
② [元]陆文圭《墙东类稿》卷一五《赠笔生杨日新》,文渊阁四库全书,第1194册,第733页。
③ [元]谢应芳《龟巢稿》卷四《赠笔生王伯纯》。
④ [元]谢应芳《龟巢稿》卷四《赠笔生王伯纯》。
⑤ [元]黄玠《弁山小隐吟录》卷二《赠制笔沈生》。
⑥ [元]张昱《可闲老人集》卷四《赠湖州杨均显制笔》。
⑦ [元]王逢《梧溪集》卷四《秦笔妻(有序)》,文渊阁四库全书,第1218册,第702页。
⑧ [元]仇远《金渊集》卷二《赠溧水杨老》。
⑨ [元]沈梦麟《花溪集》卷二《赠笔生陆文俊》,文渊阁四库全书,第1221册,第71页。
⑩ [元]陆居仁《茗之水诗》,故宫博物院藏(新138269)。
⑪ [元]谢应芳《龟巢稿》卷四《赠笔生王伯纯》。

浦"。^①顺着四通八达的水路，这些笔舫的足迹遍及大江南北。其中一些名工的产品行销很广。如笔工张蒙"自漳、泉、广，海贾舶来吴，舣舟岸下，百金易之，殆无虚岁。虽淞之士大夫求笔有不待，远走百里而取之几席之下矣"。^②可见他的商品能满足"殆无虚岁"的市场需求以及"百金易之"的价格条件，生产规模及产品质量有一定的保证。当然，这种贸易方式也使得一些笔工逐渐向周围地区分散，从而促进了江浙一带制笔业整体的发展。

2. 笔工群体的大量涌现及师承技艺的延续

如果说宣州制笔业之所以能名震全国，是因为具有得天独厚的上等原料优势，那么湖笔能够持久发展，首先归功于一批掌握制笔核心技艺的传承人。当地制笔世代相传，即"家有其业，业有其人"。早在元初，吴兴较为出名的笔工便有着较为明晰的师承关系，例如"吴兴作者首冯陆"，^③指的是冯应科与陆颖，两者的技艺传自徐信卿，"冯陆之前尚有人，柯山之徐世无匹"。^④又有"玉翁洒翰唯冯须，冯制法授以柯山徐。当年松雪所亲见，故使颖也能冯如"。^⑤同样指明了徐信卿的重要作用。不过就总体而言，当地制笔技艺的传承主要遵循了血缘家族世传的模式。例如父子、兄弟、舅甥等。当时有一个典型的例子："吴兴陆用之精于为笔，不在冯颖之下。徙居娄江，授其甥顾秀岩，秀岩又授其甥张蒙。世传笔法，如出一手。"^⑥言张蒙制笔技艺之传承由来。另外，为了在市场竞争中立于不败之地，私营作坊主很注重对技艺的保密，绝少向外展示技艺，而是单把它传给自己的男性后代，以守其业。这是历代私营手工业者的共同特点。吴兴陆颖令子孙慎守其业，"诸孙文豹昌其后"。之所以如此传承，多因为笔工都具有专门的制笔技术，而这种技术过去为私家传授，世传技艺：一靠眼睛，二靠感觉。"呜呼！生治世以乐其身，不必仕之及也；擅一艺以寿其名，不必文之多也。"^⑦制笔工人发明、创造并不断改进的制笔工艺的专业技术素质，已经呈现出精神文化层面的内容。

3. "四德"标准的确立

湖笔之所以成为全国制笔业的中心，关键在于其笔"尖齐圆健良有方"。^⑧在使用方面，这种"赤锋圆健光彩浮"^⑨的制作要求对形成湖笔的形制标准及扩大湖笔的名声作用最大。元代以后书法名家十分讲究性能要求，并把尖、圆、齐、健四字称之为"四德"。^⑩所谓"尖者，笔头尖细也。齐者，于齿间轻缓咬开，将指甲掀之使扁排开，内外之毛一齐而无长短也。圆者，周身圆溷饱湛，如新出肥土之笋，绝无低陷凹凸之处也。健者，于指上打圈子，绝不涩滞也"。^⑪要达到这种水平，必须有眼明手稳、经验丰富的笔工才能制造出来。

---

① ［明］虞堪《希澹园诗集》卷一《赠笔生施廷用》，文渊阁四库全书，第 1233 册，第 592 页。
② ［明］孙作《沧螺集》卷二《赠笔生张蒙序》，文渊阁四库全书，第 1229 册，第 488 页。
③ ［明］童冀《尚䌹斋集》卷四《题笔工温国宝诗卷》。
④ ［明］虞堪《希澹园诗集》卷一《赠笔生施廷用》。
⑤ ［明］赵琦美编《赵氏铁网珊瑚》卷七《赠笔工沈日新》。
⑥ ［明］孙作《沧螺集》卷二《赠笔生张蒙序》。
⑦ ［元］王士熙《张进中墓表》。
⑧ ［明］解缙《文毅集》卷四《笔妙轩》。
⑨ ［明］王冕《竹斋集》卷下《谢友惠温生笔》，文渊阁四库全书，第 1233 册，第 76 页。
⑩ ［明］屠隆《考槃余事》卷二《笔·法》，续修四库全书，第 1185 册，第 359 页。
⑪ ［清］唐秉钧《文房肆考图说·笔说》，书目文献出版社，1996 年，第 200 页。

制笔看似容易,但要做出精品却是很难。

总体而言,"四德"标准的出现与当时笔市劣品横行的情况密切相关。例如生产成本的高低往往是经营者关注的对象。相对而言,降低成本就会在竞争中取得优势。特别是制笔中"择毫"的工序,毫的优劣完全取决于工匠的良心。例如熟毫为制笔中的关键一步,主要目的在于去脂除污。不论采用何种方法处理毛料,目的是使尾毛脱脂后易于操作制笔,直顺而有弹力。受商业利益的诱惑,制笔者有意采取过度的熟毫方法以降低毛料的寿命,达到速售、多售的目的。书家袁桷(1267—1327)曾提到:"近世子昂承旨擅书名吴中,笔工争进技庭下,率形制相类,书不满卷则已成秃翁。盖毫熟则易乏。如脂韦之士宁复生气。子昂不言其短,将以为彼养生计。"[1]文中"脂韦"指圆滑,没有骨力,此处借指笔毛脆弱容易折断。由此可见,"四德"除指笔而言外,还有更深的做人寓意。就笔而言,需要笔锋坚韧,浑圆饱满,修削整齐,劲健有力;就人而言,要求笔工技艺精尖,见贤思齐,内方外圆,身心健康。笔要正直,人亦要正直,才能制出好笔。在历代笔工与文人的交往过程中,我们往往那个见到文人对于笔工品格的描绘。"纤圆见伦理,遒劲傲盘折。起伏应提案,顿挫愈健捷。笔疵良多端,试为一论列。锋危多困弱,过促亦驽桀。中虚易涣散,太实伤拥结。而能四者间,求全得心诀。学书运笔耳,十笔九凡劣。就能到神御,终亦因点画。笔人例尘俗,定谓何妄说。"[2]正因为这些品格高尚,技艺精湛的佳工特别稀少,诗人们才特意记之。

4.制笔技艺以及对于后世的影响

明清时期,毛笔及砚的制作与纸和墨一样,在注重实用以外,更加讲求工艺的欣赏性。在这种风气促使下,毛笔制作材料的选用和制作工艺都更加讲究,有的甚至以豪华为尚。吴兴笔工陆颖贵由元入明之后,其笔"制成进入蓬莱宫,紫花彤管飞青虹。九重清燕发宸翰,五色绚烂皆成龙。"[3]故宫博物院藏有书家曾棨(1372—1432)在永乐十三年(1415)秋七月写有行书《赠王孟安词》纸本册页(新119152),纵29,横39厘米。"右苏武慢词一阕,为吴兴王孟安作。盖孟安工制笔,能造其妙。予平生用之,无不如意,故作此词,以赞美之。"此篇前半部分为曾棨仿唐韩愈《毛颖传》。后半部分赞扬王孟安笔在宫廷所受宠遇。王孟安是一名制造湖笔的良工。其祖为明代湖州著名笔工王古用,工于制笔,居南京。斋名为"古用轩"和"笔华轩"。曾棨称赞他制笔"能造其妙,予平生所用,无不如意",继续体现出文人与笔工之间良好的合作关系,而这正是明初书法佳作赖以产生的必要条件之一。事实证明,直到明代永宣时期,朝廷重臣们使用的还是兔毫笔。无论是王孟安、陆文宝还是陆继翁,皆吴兴人士。由此可见,吴兴笔工所创制的"湖笔"品质优良,工艺水平高超,已经处于明初制笔史上的成熟阶段,并且已经成为当时朝堂上下耳熟能详的文房用品。

四、余　论

古人云:"工欲善其事,必先利其器。"中国书画的整体兴起与发展,跟"器"有着直接

① [元]袁桷《清容居士集》卷四四《赠番易笔工童生》,文渊阁四库全书,第1203册,第594页。
② [元]胡祇遹《紫山大全集》卷三《答子昭赠笔》。
③ [明]曾棨《赠笔工陆继翁》。

的关系。元代社会对客观物质世界认识能力的提高为当时制笔业的承上启下创造了相当适宜的契机。元代文学中"雅正"的文风以及大小文人们隐逸情怀的反映，使得元代笔工的广告意识自觉与社会名流的广告自觉形成了一种良性互动。它们在相当程度上为我们复原了元代制笔业发展的一些基本情况，并且使得当时一些与书画家频繁交往的笔工青史留名。一些数量可观的专业手工业生产者已与农业生产脱离关系，以追求利润为最终目的。制笔商人的成分开始变得复杂，市场的主导力量是财势显赫的坐贾行商，但是最活跃的却是散布于城乡市场、为生计而不停奔波的小商贩。人们开始注重对市场商品质量、名牌产品的生命力和市场秩序等问题，客观上形成了对商品经济深层次问题的探讨。元代"湖笔"的脱颖而出，不仅对于后来中国书写文明的发展起到了重要的作用，而且也为元代书画艺术风格的形成奠定了基础。与此同时，一种具有较高工艺技术含量和艺术审美情趣的制笔工艺技术得以继续发展。特别是以"披注法"与"散卓法"并行的兔毫笔制作技艺，以及元末出现的白羊毫笔，兼容了中国书、画界在艺术创作上各自不同的运笔要求和技术条件，从而为明清制笔工艺的发展奠定了较好的基础。

本文在写作过程中得到了故宫博物院书画部研究馆员华宁女士以及器物部焦东华先生的帮助，特此感谢。

The Development of HU-brush Production in the Yuan Era

Lin Huan, the Palace Museum

Abstract: Writing brush, being one of the four treasures in writing materials, got an important function on the art of calligraphy and painting ancient China. In Yuan period, Hu-brush (writing brush produced in Huzhou) was popular within the high status intellectual in the Yangtze River Delta. These brushes were finely made with perfect craftsmanship, and represented the new stage of the brush production history. Because of it, a large number of poems and articles were written to praise and express appreciation for those skillful artisan-masters of brush making. Through a booklet *Yuan Wu jia zeng bi-gong Fan jun yong ce* [The booklet with the great five articles for master Fan of writing brush making] written by Xianyu Shu and others, this paper exposes the details on the development of HU-brush history in the Yuan era.

Key Words: *Yuan Wu jia zeng bi-gong Fan jun yong ce*; Yuan period, Hu-brush; Brush production; Artisan

（本文作者为故宫博物院器物部副研究馆员）

附录：

1.《元五家赠笔工范君用册·鲜于枢/官宝行书赠笔工范君用册页》(新 145399)，故宫博物院藏。元代。长 33.9，横 12.3 厘米。国家一级乙类文物。

新 00145399-1

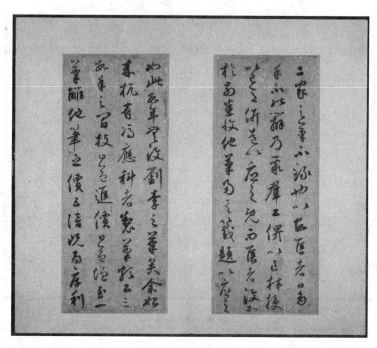

新 00145399-2

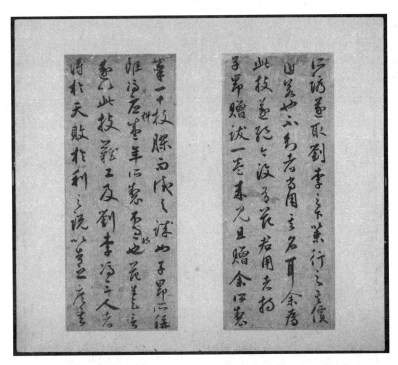

新 00145399-3

新 00145399-4

2.《卫仁近行书修问帖册页》(故 2898-12/35),故宫博物院藏。元代。长 30.5,横 43.6 厘米。国家一级乙类文物。

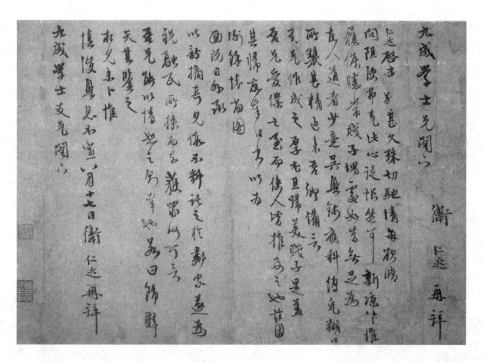

3.《陆居仁草书苕之水诗卷(局部)》(新 138269),故宫博物院藏。元代。全轴长 28.2,横 130.7 厘米。国家一级甲类文物。

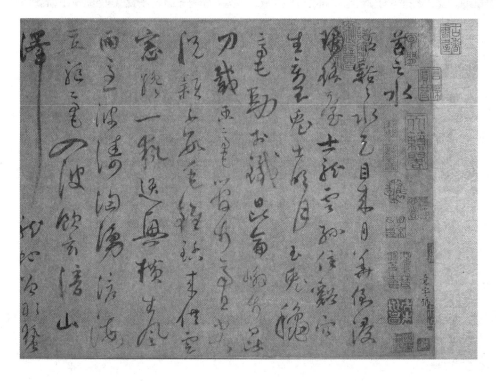

4.《曾棨行书赠王孟安词册页》（新119152），故宫博物院藏。明代（永乐十三年，1415）。长29，横39厘米。国家一级乙类文物。

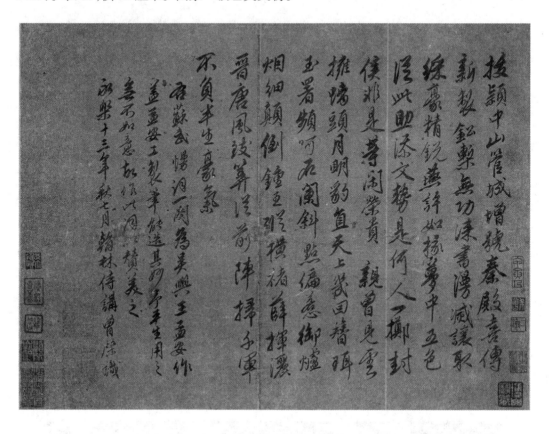

下层民众眼中的蒙、宋与高丽

——南宋海道所获蒙丽信息追踪

刘迎胜　金恩美

提　要： 宁波为南宋与高丽往来的重要口岸。自北宋起，因为辽、金立国于北，宋室与高丽无法沿陆路往来，只能借助海道交往，对中国北方也甚少直接接受信息的渠道，因而宁波不仅是宋、丽两国商人交易，官府借抽分获取收入的场所，也是南宋当局通过高丽入境人员，了解高丽及中国北方蒙、金统治区情况的重要地方。南宋梅应发、刘锡纂修《（开庆）四明续志》卷八中收有两则有关高丽的资料。其中第一则史料，记录了高丽海难遇险船舶在获救之后，南宋当局发现船员中有高丽高级官员的随从，通过讯问了解了此前刚发生不久的高丽国王与权臣之间的斗争。其第二条材料，则记载了两位普通南宋百姓被蒙古掳掠后，在辽阳地区的境遇。南宋官员通过他们，了解到处于蒙、宋之间的山东杨安儿武装集团的情报。本文循上述史料所涉人物与事件的线索，考察了史料中所反映的蒙、宋与高丽间交往。

关键词：《开庆四明续志》　高丽　蒙古　南宋

南宋梅应发、刘锡纂修有《（开庆）四明续志》，其开庆元年刻本今存北京图书馆，而中华书局《宋元方志丛刊》收录者为清咸丰四年（1854）《宋元四明六志》本。此方志卷八中，收有两则有关高丽的资料，其一为《蠲免抽博倭金收养飘泛倭人丽人附》中之"收养丽人"条，其二为《收刺丽国送还人》。

宁波为南宋与高丽往来的重要口岸，高丽海船在发生海难后，也时常随波逐流飘至此地，因而不时可见高丽入境人员。自北宋起，因为辽、金立国于北，宋室与高丽无法沿陆路往来，只能借助海道交往，且对中国北方也甚少直接接受信息的渠道。因而宁波不仅是宋丽两国商人交易，官府借抽分获取收入的场所，也是南宋当局通过高丽入境人员，了解高丽及中国北方蒙、金统治区情况的重要地方。

上述《（开庆）四明志》中的第一则资料，记录了高丽海难遇险船舶在获救之后，南宋当局发现船员中有高丽高级官员的随从，通过讯问了解了此前刚发生不久的高丽国王与权臣之间的斗争。其第二则材料，则记载了两位普通南宋百姓被蒙古掳掠后，在辽阳地区的境遇。南宋官员通过他们，了解到处于蒙宋之间的山东杨安儿武装集团的情报。

其实上述《（开庆）四明志》中的资料，杨渭生先生当年在编《元丽关系史料》时已经发现，并将其摘出，刊于第 561 页；此外亦收录于李瑾明与姜锡东主编的《宋元时代的高丽史材料》（全 2 卷）的第二卷中。[①]

---

① 首尔：新书院（이근명 • 장시동 외 5 명，『송원시대의 고려사 연구』2，서울：신서원），2010 年。

迄今其第一篇《收养丽人》笔者未见有关研究，而第二篇《收刺丽国送还人》仅见已故浙江大学教授黄时鉴先生的初步研究，[①]可见尚未引起宋元史及高丽史学界的重视。今先分录其文，然后对其中所涉人物与事件加以考索，最后再作分析。

一、收养丽人

宝祐六年（1258）十一月水军申：石衕山有丽船一，丽人六名，飘流海岸。公命帐前校取之来，诘其所以。张小斤三，则丽之李枢密藏用家奴也。金光正、金安成、金万甫、卢善才，则丽之万户土军也。金惠和，则丽之还俗僧也。各因本国迁发把隘，驾船往白陵县收买木植。是年十月十三日在海遭风，不知所向。飘流至石衕山。具言："自癸巳（1233）丽主避鞑，徙居海岛之江华县。岛阔三百余里，其去陆岸之程亦三百里，仅存南计、北计十七州。鞑一哨，则事之以宝货，间遣使至新都，延之承天馆，馈遗丰甚。自戊申（1248）后，鞑使不屑渡海，丽主躬帅其属往承天府礼逆之，祈免侵掠。彼必欲丽主复归旧都，此惧其绐己，卒不从。鞑于是连年围海岸，逼新都，境土就荒，米价翔踊，银瓶一斤，易粟三苦，准中国一硕，民殍死者众。鞑退，丽人始还旧巢，采粟以充饥，取松实以售商贾。有崔令公，世积金、谷。今年四月八日，令公出礼佛，丽主遣人乘间诛之，尽发所藏赈军民，国粗定。又言有向上头目人洪服良，因在边，背丽归鞑。今丽有贡，必遣往服良所，因以转致于鞑。自江华至服良所约七日，自服良所至鞑，远近则不可知也。丽有三窟：曰早窟，曰山水窟，曰袈裟窟，俱为鞑蹂躏。兵弱，昼不敢与鞑战，夜仅能偷劫，终弗支。今兵之在海岸者号三十九领，领二只。又都兵马大船十二只，大船面阔三丈，长亦如之，状如箕，织席为帆，便于正顺风而已。"公以其事上闻，且从本司日支六名米各二升，钱各一贯。及归国，则又给回程钱六百贯，米一十二硕。公于怀远御外，周且密矣。[②]

（一）丽船发现地石衕山

上述史料记载，宝祐六年冬，在石衕山南宋水军发现一艘遭遇海难的高丽船，上有高丽人六名。"石衕山"作石弄山。宋乾道《四明图经》卷七《昌国》"山"条目下，有这样一段记载："石弄山，在县东北九百五十里，山石玲珑，东西相悬，人可出入。"[③]元大德《昌国州图志》卷四"叙山"条记："石衕山，在海之东北，有石玲珑，故名。"[④]

北宋与高丽海路本有南北两途，北道以山东登州港为起点，南道从浙江宁波港出发。宁波因有浙东运河与杭州相通，而从杭州又有大运河北上，直通都城汴梁。商使海舶在宁波登岸之后，可一路水程直赴汴京。故尽管登州密近高丽，但往来于宋丽之间的商使多取

① 《宋丽蒙关系史事一瞥——〈收刺丽国送还人〉考述》，原载《庆祝邓广铭教授九十华诞论文集》，河北教育出版社，1997年；收于黄时鉴著《黄时鉴文集》，中西书局，上海，2011年，第2册，见第87—97页。

② 《（开庆）四明续志》卷八《蠲免抽博倭金收养飘泛倭人丽人附》，宋开庆元年刻本，北京图书馆。

③ ［宋］张津等纂修（乾道）《四明图经》卷七，清咸丰四年（1854）《宋元四明六志》本，《宋元方志丛刊》第五册，中华书局影印，1990年。

④ 冯福京《（大德）昌国图志》，咸丰刊本，收于《宋元方志丛刊》第六册，中华书局，1990年。

道宁波。

华东长江以北黄海近岸因长江、淮河／废黄河的冲淤，沙州浅滩众多，船舶易搁浅，因此，凡往来于黄海与江南沿海的海船在黄海水域均不可贴近海岸，而要离岸相当距离。[①] 此外，宁波港外的舟山群岛大小岛屿1390余个，广布于面积达2万千余平方公里的浙北海域，是从黄海南下的海舶在航过长江口之后最易发现的地标。宋室南渡后，为防止金人经黄海南侵，在该群岛设立数个巡检司，以控制南北海洋通道。[②] 所以不但从高丽航向宋朝明州海船，皆以舟山群岛作为终点的地理坐标物，且海难漂流船只也易于被设于此处的海防斥侯所发现而获救。

（二）李枢密藏用

在这艘高丽船上的六人中，张小斤三是高丽枢密李藏用的家奴。李藏用是元宪宗蒙哥与元世祖忽必烈两朝高丽重要大臣，见于元丽各种史料。《高丽史·李藏用传》记：

> 李藏用，字显甫，初名仁祺，中书令子渊六世孙。父儆，清俭寡欲，通经史，善断事，官至枢密院使。藏用高宗朝登第，调西京司录，入补校书郎，兼直史馆，累迁国子大司成、枢密院承旨，升副使，拜政堂文学。元宗元年（1259），参知政事，加守太尉，监修国史，判户部事，进中书侍郎平章事，又加守太傅，判兵部事，太子太傅。[③]

由此可知张小斤三向南宋方面所称有关李藏用为"枢密"之言不虚。

1.《中堂事记》的记载

忽必烈即位之后，李藏用曾陪同高丽王子王植至元廷。有关此次入元，《高丽史》记载：

> 五年（1264），蒙古征王（按，高丽王子王植）入朝，王命宰相会议，皆持疑未决。藏用独曰："王觐则和亲，否则生衅。"金俊曰："既就征，万一有变，乃何？"曰："我以为必无事也。脱有变，甘受孥戮。"议乃定，遂从王入朝。[④]

---

① 宋人徐兢所撰之《宣和奉使高丽图经》记"黄水洋"曰："黄水洋，即沙尾也，其水浑浊且浅。舟人云：'其沙自西南而来，横于洋中千余里，即黄河入海之处。舟行至此，则以鸡、黍祀沙。'盖前后行舟过沙，多有被害者，故祭其溺死之魂云。自中国适句骊，唯明州道则经此，若自登州版桥以济，则可以避之。比使者回程至此，第一舟几遇浅，第二舟午后三桅并折，赖宗社威灵，得以生还。故舟人每以过沙尾为难，当数用铅硾时，其深浅不可不谨也。"——卷三四，王云五主编丛书丛书集成初编，商务印书馆据知不足斋丛书排印，1936年，第121页。

② 参见刘迎胜《宋元时代浙江、福建沿海的巡检司——兼论元澎湖巡检司》，收于林立群主编《跨越海洋——"海上丝绸之路与世界文明进程"国际学术论坛文选》（2011·中国·宁波），浙江大学出版社，2012年8月，第186—199页。

③ 郑麟趾《高丽史》卷一〇三《李藏用传》，明景泰二年朝鲜活字本。

④ 同上注。

上述《高丽史》所记为高丽宫廷方面此次出使之前的情况。至于高丽使团抵达大都之后与元朝方面官员会见的情形，王恽《中堂事记下》在庚申年（中统元年，1260）六月项下有详细记载：

> "十一日辛丑，都堂置酒宴世子植等于西序。其押燕者：右丞相史公、左丞相忽鲁不花、王平章、张右丞、张左丞、杨参政、姚宣抚、贾郎中、高圣举，从西榻南头至东北作曲肘座，掌记王恽、通译事李显祖，皆地座西向。其高丽世子与参政李藏用字显甫尚书李翰林直学士南榻座，亦西向。又有龙舒院书状等官凡六人，尚书已下三人，皆袜而登席，相次地座。酒数行，语既不通，其问答各以书相示。丞相史公首问曰："汝国海中所臣者凡几处？军旅有无见征戍者？掌兵者何人？官号何名？"参政李藏用对曰："掌兵者金氏。"史曰："岂复犹以莫利支为名乎？"曰："此名废去已久，其官亦皆带枢府兵部之号。"史曰："闻汝国亦常与宋人通好，然乎？"曰："但商舶往来耳。"①

"都堂"之称在唐时已经出现。《通典》："旧尚书令有大厅，当省之中，今谓之都堂。"②宋金时代沿用，指中书省大堂。"西序"，按传统礼仪，待客于西序。"主人升立于序端，西面；宾西序，东面。"③"押燕"此言主方陪伴宾、主持宴会。

王恽的这段记载，是元代史料中首次提及李藏用。其时间上距《（开庆）四明志》所记宝祐六年其下属漂海至宋的时间仅一年半，因而可基本视为同时代的史料，较《高丽史》早得多，非常珍贵。王恽所记场面虽然是元政府设宴招待高丽世子与其随行人员李藏用一行，但从双方问答内容看，元廷在调查高丽国内的情况。由于双方语言不通，故而问答皆以书面形式进行，王恽是现场的书记官，可见上述内容当录自各方的书写问答内容，其可靠性不容怀疑。该史料另一可贵之处是详列了元朝方面参与会见的人员名单。兹对其作简单考述如下：

（1）右丞相史公：元人黄溍所撰之《监修国史题名记》提到：

> 昔在世祖皇帝中统二年（1261），翰林学士承旨王公鹗奏请立史局，纂修先朝实录，及辽、金二史，其国史则请以右丞相史公天泽监修，上悉从之。④

王磐《中书右丞相史公神道碑》亦记史天泽为中书右丞相事在中统二年。⑤而《元史》卷一一二《丞相表》也在中统二年项下，将史天泽列为右丞相。⑥但查《中堂事记中》中统元

---

① ［元］王恽《秋涧先生大全文集》卷八二，四部丛刊景明弘治十一年马龙、金舜臣刻本（以下简称《秋涧集》）。

② ［唐］杜祐撰《通典》卷二二《〈职官四〉尚书上·尚书省并总论尚书》，王文锦、王永兴、刘俊文、徐庭云、谢方点校，中华书局，1988年，第590页。

③ ［元］敖继公《仪礼集说》卷一，元大德刻明修本，北京图书馆藏。

④ 黄溍《金华黄先生文集》卷八《续稿五》（简称《黄金华集》），四部丛刊景元抄本。

⑤ 苏天爵《元文类》卷五八，四部丛刊景元至正本。

⑥ 《元史》卷一一二《丞相表》，中华书局标点本，第2794—2795页。

年五月十九日项下：

> 诏以世臣不花、经略史天泽为右丞相。不花时三十三，宪宗朝怯薛丹长，领断事官，其祖太祖神元皇帝朝功臣，父也孙秃花，宪宗朝万夫长。忽鲁不花、耶律铸为左丞相。忽鲁不花时年三十一。父不令吉歹官人。①

可见中统元年史天泽已为右丞相。

（2）左丞相忽鲁不花：《中堂事记中》中统元年五月七月项下录忽鲁不花名后，小字注记："不令吉（及）[歹]第二子，时年三十一岁。"② 另外，《中堂事记中》中统元年五月十九日项下又有"诏以忽鲁不花、耶律铸为左丞相。忽鲁不花时年三十一。父不令吉歹官人"。③《元史·丞相表》中统二年项下左丞相为忽鲁不花与耶律铸两人。而据《中堂事记》忽鲁不花中统元年已为左丞相。

不令吉歹，又作不怜吉带。志费尼在记载元宪宗蒙哥即位时的风波时，三次提到不怜吉鲟。其中第一次写道："在一个吉祥如意的时刻，当蒙哥可汗登上汗位时，他以不怜吉鲟(*Bürilgitei)管辖别失八里地区。"④

第二次，当志费尼提到蒙哥破获了窝阔台与察合台二系宗王反对他即位的阴谋之后，"对他们的阴谋和诡计仍不放心。他们因此把不怜吉鲟那颜和一支由十土绵勇敢青年和英雄突厥人组成的军队派往位于别失八里和哈剌和林之间的兀鲁黑塔黑(Ulugh-Taq，突厥语 uluγ taγ，意为"大山"，当指按台山——笔者)、杭海(Qanghai)和横相乙儿(Qum-Sengir)地区"。⑤

当宪宗派出使臣要求阴谋反对他登基的贵族们前往大斡耳朵自证清白后，"至于那些来自叶密立和海押立者，当他们各自来到不怜吉鲟军中，他便把他们连同较大的异密送走，解除他们的武装；他们当中留下来的，他视情况予以处理和处决"。⑥

关于此人，英译者博伊尔曾出注云：此名在波斯文中写为 BRNKWTAY。柯立福曾将《元史》中的两段记载介绍给他。其中一段为《元史》卷三《宪宗纪》："诸王也速忙可，不里、火者等后期不至，遣不怜吉鲟率兵备之。"⑦ 第二段为《元史》卷三《宪宗纪》："元帅卜邻吉鲟自邓州略地，遂渡汉江。"⑧ 柯立福还在另一信中告诉博伊尔，不怜吉鲟来源于蒙古语 bürilgi，意为"放荡者"或"破坏者"。⑨

---

① 《秋涧集》卷八一。
② 同上。
③ 同上。
④ 《世界征服者传》(Juwaini, Tārīkh—i Jahāngušā)，何高济汉译本《世界征服者传》，内蒙古人民出版社，1980 年（以下简称《世界征服者传》汉译本），上册，第 290 页。
⑤ 同上书，第 690 页。
⑥ 同上书，第 691 页。
⑦ 标点本，第 44 页。
⑧ 标点本，第 50 页。
⑨ 《世界征服者传》(汉译本)，上册，第 291 页，注（9）。

《仁宗纪》皇庆元年（1312）三月"敕归德亳州，以宪宗所赐不怜吉带（Bürilgitei/Bürilgidei）地一千七十三顷还其子孙。……赐汴梁路上方寺地百顷"。①

（3）王平章：即王文统。《元史·丞相表》所录中统朝中书平章政事中，元年王文统名列首位，二年与三年名列第二位。

（4）张右丞：当指张启元。《元史·丞相表》所录中统元年中书右丞仅有廉希宪一人，而此表所列中统二年中书右丞为"张"，名字失载。中华书局校勘本据《世祖纪》等资料补为张启元。②清人汪辉祖《元史本证》与施国祁《元史证误》均认为张启元中统元年七月为中书右丞，较王恽所记晚一个月。

《中堂事记中》中统元年五月十九日项下记：诏以"张参政为右丞，宣抚杨果，宣抚商挺参知政事。余如故"。③

《元史·丞相表》所录中统元年中书参知政事为张启元，即当王恽所记之"张参政"。据上述《中堂事记》的记载，可知张启元此年五月十九日已被授为中书右丞。

（5）张左丞：《元史·丞相表》所录中统元年中书左丞张文谦。《中堂事记中》记中统元年五月"六日丁酉，诸相会左丞张仲谦第"。其下小字注曰："左丞名文谦，字仲谦，邢州沙河人，资安和靖，公内敏于政，不大声以色。"④苏天爵《左丞张忠宣公》记："公名文谦，字仲谦，顺德沙河人。岁丁未召居潜邸。中统元年拜中书左丞。"⑤

（6）杨参政：当指杨果。《元史·丞相表》所录中统元年中书参知政事仅一人，为张启元；而中统二年参知政事为商挺与杨果。苏天爵《参政杨文献公》也称杨果为参知政事在中统二年，曰："公名果，字正卿，祁州蒲阴人，金正大初登进士第，国初为河南课税及经略司幕官，中统元年拜北京宣抚使，明年入拜参知政事，至元六年出为怀孟路总管，其年薨，年七十三。"⑥但前引《中堂事记中》中统元年五月十九日项下记：诏以"张参政为右丞，宣抚杨果，宣抚商挺参知政事。余如故"。⑦可见杨果被授参知政事在中统元年，较《丞相表》所录早一年。《中堂事记下》所记此年六月十一日元中书省宴高丽使团时，在座的"杨参政"，即当指杨果。

（7）姚宣抚：即姚枢。王恽《中堂记事中》中统元年五月五日丙寅"有旨命宣抚姚枢赴省同议军需调度等事"。其下小字注："姚字公茂，郴城人，资明亮深识，有理学，尝从征大理，有佐命功。至元改元，转天下官，公力为多。上尝曰：公茂善谈，论物之圆者，只说出柄来。官至中书左丞，终翰林承旨。"⑧

（8）贾郎中：指贾居贞。《中堂事记上》："左右司郎官八，郎中：贾居贞，字仲明，真定获鹿人，金尚书右丞益谦之孙，资聪敏，有左氏学，通诸国译语。"⑨

---

① 《元史》卷二四《仁宗纪》，皇庆元年（1312）三月条，标点本，第551页。

② 《元史》卷一一二《丞相表》，第2832页，校勘记3。

③ 《秋涧集》卷八一。

④ 同上注。

⑤ 《元朝名臣事略》卷七，姚景安点校，中华书局，1996年第142页。

⑥ 《元朝名臣事略》卷十，第203页。

⑦ 《秋涧集》卷八一。

⑧ 同上注。

⑨ 《秋涧集》卷八〇。

（9）高圣举：罕见有人论及。他是金末文人，也是元好问与郝经的友人。元好问曾作诗题为《病中感寓赠徐威卿，兼简曹益甫、高圣举先生》，诗云：

> 读书略破五千卷，下笔须论二百年。正赖天民有先觉，岂容文统落私权。
> 东曹掾属冥行废，乡校迂儒自圣癫。不是徐卿与高举，老夫空老欲谁传。①

清人施国祁注"圣举，或即高鸣"。元好问写过"《送高雄飞序》"，其中提到"河东高鸣雄飞"。②可见高鸣为河东人，但高圣举为西京人（大同）。西京与河东金为二路。郝经有诗题为《送高圣举之关西》：

> 碧落心期已自通，满襟霜月又相同。斯文不坠浮云外，元气常存劫火中。
> 太华峰头老秋色，铜驼陌上旧春风。终当对此一樽酒，岂限秦关西与东。③

与上引郝经的诗类似，胡祗遹与王旭等人的诗作也透露了他降蒙后的经历。胡祗遹的诗《寄高圣举、刘汉卿④》曰：

> 外补求清简，那知益贱繁。省评甘指喉，部介亦趋奔。
> 百务如星火，千忧入梦魂。尘颜将俗状，卑辱不堪论。⑤

诗中说高圣举、刘汉卿等人赴外地作为是希望"清简"，但实际上却庶务繁多，卑辱不堪。王旭的诗题为《上高侍郎圣举》：

> 乐奏钧天备八音，羌丝羯鼓漫哇淫。齐梁扫去文方正，洙泗传来道更深。
> 黄合素隆当世望，白云元有出尘心。高门不厌麻衣客，试作南山白石吟。⑥

说明他后来虽在仕途上有所上升，曾官居侍郎，但仍与普通文人有往来。元人魏初与高圣举之子道凝有往来。他在《赠高道凝》诗序中写道：

> 侍御道凝之尊君侍郎先生，在中统未建元之前十年，我先大夫玉峰被召荐中州名
> 士大夫六七十人，有曰西京高圣举，年三十已上，博学善属文，通世务，有器识，廉介

---

① ［金］元好问撰，［清］施国祁注《元遗山诗集笺注》卷十，清道光二年南浔瑞松堂蒋氏刻本，上图藏本。

② 《元遗山集》卷三七，四部丛刊影明弘治本。

③ ［元］郝经《郝文忠公陵川集》卷十三《律诗》，明正德二年李瀚刻本，北京图书馆古籍珍本丛刊，91 册，书目文献出版社影印本。

④ 王恽提到"刘杰，字汉卿，益都人"，中统初为中书"左房省椽"。——《中堂事记上》，《秋涧集》卷八〇。

⑤ 胡祗遹撰《紫山大全集》卷五，清文渊阁四库全书补配清文津阁四库全书本。

⑥ ［元］王旭《兰轩集》卷八，清文渊阁四库全书补配清文津阁四库全书本。

有守，可使临财，亦可以临政。岁丙辰，遗山元先生入燕初，朝夕奉杖屦。曾闻其说："今之能文者，李之和、高圣举，人莫之识也。"自后，初尝求先生之文，如记，如序，如诗文，往往读之，不能舍去。[①]

中统建元在1260年，可见他归顺蒙古的时间约在元定宗贵由朝，时年三十余，至见高丽使团时，已五十岁左右。

（10）通译事李显祖：《中堂事记上》："李显祖，字显卿，相人。"为中书宣使。[②]

2.《高丽史》中的相应内容

有关此元丽双方此次见面，《高丽史》亦有记载：

"时永宁公綧在蒙古，言：高丽有三十八领，领各千人，通为三万八千人。[③]若遣我，当尽率来为朝廷用。"史丞相召藏用至中书省问之。藏用曰："我太祖之制盖如此。比来死于兵荒，虽曰千人，其实不然。亦犹上国，万户牌子头数目，未必足也。请与綧东归点阅。綧言是，斩我；我言是，斩綧。"綧在侧，不敢复言。又问："高丽州郡户口几何？"曰："不知。"曰："子为国相，何为不知？"藏用指窗楔曰："丞相以为凡几个？"丞相曰："不知。"藏用曰："小国州郡户口之数，有司存虽，宰相焉能尽知。"丞相默然。[④]

《中堂事记》未提及此次会见中史天泽向高丽方面所提问题的背景。《高丽史》则明言因高丽质子王綧向元透露高丽方面的军队为三十八领，每领千人，引起元朝的注意。《中堂事记》所提及史天泽所谓"军旅有无见征战者？掌兵者何人？官号何名？"这几个问题，针对此而问。《高丽史·李藏用传》所记："我太祖之制盖如此。比来死于兵荒，虽曰千人，其实不然。亦犹上国，万户牌子头数目，未必足也。"而王恽所记史天泽的问题"汝国海中所臣者凡几处？"则相当于《李藏用传》中"高丽州郡户口几何？"王恽所提供的李藏用回复中未涉及这个问题的答案，而《李藏用传》则记：其回复"不知"后，史天泽显然感到不满，追问：其身为国相，岂不知本国州郡户口，但李藏用坚称不知。

---

① ［元］魏初《青崖集》卷二，四库本。

② 《秋涧集》卷八〇。

③ 《高丽史》："高丽太祖统一三韩，始置六卫，卫有三十八领，领各千人，上下相维，体统相属，庶几乎唐府卫之制矣。"（卷八一《兵志》）这三十八领军队的构成究竟如何，有待查证。《高丽史》提供了各领的名称："鹰扬军一领、龙虎军二领"，"左右卫保胜十领、精勇三领，神虎卫保胜五领、精勇二领，兴威卫保胜七领、精勇五领，金吾卫精勇六领、役领一领，千牛卫常领一领，海领一领，监门卫一领"（同上），惟其各领数字相加超过三十八。

韩国学者李基白的看法是：按《高丽史》卷八一《兵志一·兵制》的"六卫"条，属于六卫的全部领数是四十二。但是其中"保胜"与"精勇"领数之和，恰为三十八，所据者为《文献备考》的如下记载："臣谨按，郑麟趾曰：六卫三十八领，若除《丽史》所称四十二领中役领、海领、常领、监门一领，而只计保胜、精勇，则合于三十八之数。"（《增补文献备考》卷一一六《兵考八·卫兵》）李基白认为，由于"保胜"与"精勇"是高丽京军（高丽时期的中央军称为"京军"）的核心，故"三十八领"应指"保胜"与"精勇"。参见：李基白《〈高丽史〉卷八十一〈兵志一〉译注》，载于李基白、金龙善《"高丽史"兵志译注》，首尔：一潮阁(이기백,「'고려사' 권81 '병지 1'」,『'고려사' 병지 역주』, 일조각),2011,第63页。

④ 《高丽史》卷一〇三《李藏用传》。

《秋涧集》收有《和高丽参政李显甫》诗一首,既称和诗,则李藏用必作诗在前,惜今已不存。王恽和诗为:

> 恩波如海际天隅,一日京师识老苏。喜向岩廊瞻汉相,疑随仙仗听嵩呼。
> 衣冠自是乘槎客,文彩还惊照乘珠。共美朝天蒙宠渥,三韩秋色满归涂。①

诗题称李藏用为参政,正是中统元年李藏用随高丽世子王禃来大都时的职衔。而诗末"三韩秋色满归涂"一句,则说明高丽使团此次入元归国的时间在秋季。李藏用原作应写于辞行时,而王恽的和诗当作为送别时。

(三)李藏用所知吴彦高二曲

《高丽史·李藏用传》记录了李藏用与元文人王鹗之间的交往,曰:

> 翰林学士王鹗,邀宴其第。歌人唱吴彦高《人月圆》、《春从天上来》二曲。藏用微吟其词中音节。鹗起,执手叹赏曰:"君不通华言而解此曲,必深于音律者也。"益敬重。帝闻藏用陈奏,谓之阿蛮灭儿里干②李宰相,见者亦谓海东贤人,至有写真以礼者。③

据元好问《中州集》记,吴彦高名吴激,彦高为其字。乃宋宰相吴栻之子,王履道外孙,而米元章婿也。将命帅府,以知名留之,仕为翰林待制。出知深州,到官三日而卒。

1.《人月圆》
此词为吴彦高名作,见录于元好问《中州乐府》与刘祁之《归潜志》,两者微异。
元好问所记为:

> 吴内翰彦高《人月圆》
> 南朝千古伤心事,犹唱后庭花。旧时王谢堂前燕子,飞向谁家。
> 恍然一梦④,仙肌⑤胜雪。宫鬓⑥堆鸦,江州司马,青衫泪湿,同是天涯。
> 彦高北迁后,为故宫人赋此。时宇文叔通⑦亦赋《念奴娇》,先成而颇近鄙俚,及见彦高此作,茫然自失。是后人有求作乐府者,叔通即批云:吴郎近以乐府名天下,

---

① [元]王恽《秋涧集》卷十五,四部丛刊景明弘治本。
② 此称谓待考。
③ 《高丽史》卷一〇三《李藏用传》。
④ "恍然一梦"在《归潜志》录诗中作:"偶然相见。"
⑤ "仙肌"在清人陈廷焯:《白雨斋词话》(清光绪二十年刻本)卷三录诗中作"天姿"。
⑥ "宫鬓"在《归潜志》录诗中作:"云鬓。"
⑦ 即宇文虚中。叔通为其字。《中州集》:宇文虚中,成都人,宋黄门侍郎,以奉使见留,为翰林学士承旨(元好问辑《中州集·甲集》卷一,四部丛刊景元刊本)。《金史》与《宋史》均有传。当代研究见王庆生撰《金代文学家年谱》,凤凰出版社,2005年,上册,第1—29页。

可往求之。①

《归潜志》记《人月圆》创作经过更详：

> 先翰林尝谈国初宇文太学叔通主文盟时，吴深州彦高视宇文为后进，宇文止呼为小吴。因会饮，酒间，有一妇人，宋宗室子，流落，诸公感叹，皆作乐章一阕。宇文作《念奴娇》，有"宗室家姬，陈王幼女，曾嫁钦慈族。干戈浩荡，事随天地翻覆"之语。次及彦高，作《人月圆》词，曰……宇文览之，大惊，自是，人乞词，辄曰："当诣彦高也。"
>
> 彦高词集篇数虽不多，皆精微尽善。虽多用前人诗句，其剪截缀辑若天成，一云其翦（裁）[截]（据明抄本及聚珍本改）缀辑皆若天成。真奇作也。先人尝云：诗不宜用前人语。若夫乐章，则剪截古人语，亦无害，但要能使用尔。如彦高《人月圆》，半是古人句，其思致含蓄甚远，不露圭角，不犹胜于宇文自作者哉！②

据清人陈廷焯记，此诗标题全文为《人月圆·宴张侍御家有感》，他还补充了吴彦高创作的经过，云：

> 洪景卢云："先公在燕山，赴北人张总侍御家，集出侍儿佐酒。中有一人，意状摧抑可怜。叩其故，乃宣和殿小宫姬也。坐客翰林直学士吴激作词记之，闻者挥涕。"③

吴激曾于金天会十四年（1136）代表金出使高丽，其父吴栻也参加宋使团出使过高丽。④

2.《春从天上来》
此词副题为"感旧"，南宋已有人抄录，其句云：

> 海角飘零，叹汉苑秦宫。坠露飞萤，梦回⑤天上。金屋银屏歌吹，竞举青冥。问当时遗谱，有绝艺鼓瑟，湘灵⑥促哀弹。似林莺呖呖，山溜泠泠，梨园太平乐府⑦醉，几度春风，鬓发星星，舞彻中原，尘飞沧海，风雪万里龙庭。写胡笳幽怨。人憔悴，不似丹青，酒微醒，一轩凉月，灯火青荧。

---

① ［金］元好问撰《中州乐府》，四部丛刊景元本。
② 刘祁：《归潜志》卷八，崔文印点校本，中华书局，1983 年，见第 83—84 页。
③ ［清］陈廷焯《白雨斋词话》卷三，清光绪二十年刻本。
④ 《金史》卷六〇《交聘表》；［宋］徐兢撰《宣和奉使高丽图经》；并见王庆生《金代文学家年谱》，第 31，36 页。
⑤ "梦回天上"，［清］谢朝征《白香词谱笺》卷四所录句为"梦里天上"。——清光绪刻半厂丛书本。
⑥ ［唐］杜甫《酹高蜀州诗》：鼓瑟至今悲帝子。注：湘妃，尧之女，故曰帝子。传言湘灵鼓瑟。余见《词后（词）[语]话》。
⑦ 《长恨[歌]》：梨园弟子白发新，椒房阿监青娥老。

彦高序云,会宁府遇老姬善琵琶,自言梨园旧籍,因有感而赋此。后三山郑中卿,尝从张贵谟使金,亦闻彼中有歌之者。"①

吴彦高上述两首词作,皆为感宋败于金,君民被辱的悲情而作。它们可能是通过金传入高丽,而为李藏用所知。高丽是时的境遇与宋有几分相似,其士人的心绪亦当与诗的意境相合。

（四）　承天馆与升天馆

南宋官方所存这艘高丽船上的军士的供词中所提到供蒙古使臣住宿的"承天馆",不但在《高丽史》中,且在宋代史料中蒙古时代以前皆作"顺天馆",如《宣和奉使高丽图经》、《宋史》等,而在进入蒙古时代以后在《高丽史》中作"昇天馆",如:

> 庚戌三十七年六月:庚子(1250年7月6日),蒙古使多可、无老孙等六十二人来,审出陆之状。到昇天府馆,责王出迎江外。王不出,遣新安公佺,迎入江都。②
>
> 庚戌三十七年十二月:丙辰(1251年1月18日),蒙古使洪高伊等四十八人来,止昇天馆,曰:俟王出迎乃入。己未(1月21日),王迎于梯浦宫。③
>
> 辛亥三十八年冬十月:乙巳(1251年11月3日),蒙古使将囯、洪高伊等四十人来至昇天馆。戊申,王出迎于梯蒲。皇帝④新即位,诏国王亲朝及令还旧京。⑤
>
> 壬子三十九年七月:戊戌(1252年8月22日),蒙古使多可、阿土等三十七人来,帝密敕多可等曰:汝到彼,国王出迎于陆,则虽百姓未出,犹可也。不然,则待汝来,当发兵致讨。多可等至,王遣新安公佺出迎之,请蒙使入梯浦馆,王乃出见。宴未罢,多可等以王不从帝命,怒而还昇天馆。⑥
>
> 三十九年(1252),李岘奉使如蒙古。沆谓岘曰:"彼若问出陆,宜答以今年六月乃出。"岘未至蒙古,东京官人阿母侃、通事洪福源等请发兵伐之,帝已许之。及岘至,帝问:"尔国出陆否?"对如沆言。帝又问:"留尔等。别遣使审示。否则如何?"对曰:"臣正月就道,已于昇天府白马山营宫室城郭。臣[不]敢妄对。"帝乃留岘,遂遣多可、阿土等,密敕曰:"汝到彼,国王迎于陆,则虽百姓未出,犹可也。不然则速回。待汝来,当发兵致讨。"岘书状张镒随多可来,密知之,具白王。王以问沆。对曰:"大驾不宜轻出江外。"公卿皆希沆意,执不可,王从之,遣新安公佺出江迎多可等,请入梯浦馆,王乃出见。宴未罢,多可等怒王不从帝命,还昇天馆。识者曰:"沆以浅智误国大事,蒙古必至矣。"未几,果至,屠灭州郡,所过皆为煨烬。⑦
>
> 乙卯四十二年八月:"壬午(1255年9月20日),北界报蒙兵抄略清川江

---

①　[宋]何士信《群英草堂诗余》后集卷下《名贤词话》,明洪武二十五年遵正书堂刻本;[宋]武陵逸史《类编草堂诗余》卷四"长调",明嘉靖刻本。
②　《高丽史》卷二三《高宗二》。
③　《高丽史》卷二三《高宗二》。
④　宪宗蒙哥。
⑤　《高丽史》卷二四《高宗三》。
⑥　同上。
⑦　《高丽史》卷一二九《叛逆三崔忠献、怡、沆、竩》。

内。以崔暄为殿中内给事。戊子（9月26日），蒙兵二十余骑到昇天府，京城戒严。…………（九月）丁未（1255年10月15日），崔璘与蒙古使六人来，留客使于昇天馆。先入奏云："车罗大、永宁公领大兵到西京，候骑已至金郊。"①

丁巳四十四年：秋七月丙辰（1257年8月14日），车罗大使佐十八人到昇天馆。戊午（8月16日），王邀宴于梯浦馆。庚午（8月28日），以崔暄为右副承宣。壬申（8月30日），金轼自车罗大屯所安北府还，云："车罗大曰：王若亲来，我即回兵。又令王子入朝，永无后患。"②

戊午四十五年九月："甲戌（1258年10月26日），安庆公涫偕蒙使还到昇天馆。乙亥（10月27日），幸升天阙迎蒙使。③

庚申元年（1260）二月：癸亥（4月7日），将军金承俊、侍郎李凝、散员闵洪济等偕蒙使加勿等六人，先到昇天馆。④

由此判断，《（开庆）四明续志》中所提到的"承天馆"，应当为"昇天馆"之讹误。那么为什么南宋宁波地方官员会将"昇天馆"误记为"承天馆"呢？

前已提及，蒙古在宴请高丽使团时，双方的问答是以书面形式进行的，宋、丽交流的方式也应相同。如果我们设想，宋方官员在盘问这六位获救的高丽人时，也以书面形式进行，则这六位高丽人在述状中，就已经将"昇天馆"误记为"承天馆"。但是高丽人怎么会将本国地名写错呢？考虑到六位高丽人中，张小斤三为李藏用家奴，金光正、金安成、金万甫、卢善才均为高丽土军，可能甚至不属正规军队编制，而最后一位金惠和是还俗僧人。他们发生海难之前，是被派去为修建防御工程而砍伐木料，是去干一些粗活。因此他们都是高丽社会下层人士，不可能受过良好的教育，至多不过识一些汉字。因此，在述状中将"昇天馆"误记为"承天馆"的可能性很大。不过，这个书写错误必要有一个前提，即"昇天馆"与"承天馆"在当时高丽语的语音中相同，或相近。如何证明这种猜测呢？

我们设想的探讨路径是，查找"昇"与"承"两字在高丽语言的读音。今存高丽语最重要的数据为《鸡林类事》。"昇"与"承"两字虽未收入其中，但可通过同音字查证。

1. 与"承"同音的"成"字 'cheng' 在《鸡林类事》注音比较：

肥曰骨盐真 / kir-'jəm-(cin)

亦曰盐骨易成 / 'jəm-kir-'i-sjə⑤

2. 问物多少曰密翅易成 / mjə-c'i-'i-sjə⑥

按，在语法上，"易成"处谓语位置。为了比较，除了"易成"之外，再看其他几个使用谓语，但读法相近的例子：

---

① 《高丽史》卷二四《高宗三》。

② 同上。

③ 同上。

④ 《高丽史》卷二五《元宗一》。

⑤ 姜信沆《〈鸡林类事〉'高丽方言' 语译》，《〈鸡林类事〉'高丽方言' 研究》，首尔：成均馆大学校出版社（강신항，「계림유사 '고려방언' 어역」，『계림유사 '고려방언' 연구』성균관대학교 출판부），1980年（以下简称姜信沆1980），第74页。

⑥ 姜信沆1980，第109页。

（1）有客曰孙集亦室延（按，孙集亦室延应为孙集亦室之误）/ son-cip-'i-sir[①]

（2）有曰移实 / 'i-sir[②]

按，亦室、移实所代表的原音均为yisyeo-，是韩语的存在动词yisi-的不定形。[③]在语法上，亦室、移实、易成均处谓语地位，且使用谓语的作用也一样。因此按两个单词看，"易成"也可以读yisyeo-。因此，"成"字的起首辅音应近于s-。

3. 袜曰背成。民国版《鸡林类事》注音作"背成" / po-sjən, puai-tʂʻiəŋ。

金喆宪分析[④]：背 = 补妹切…puʌi>puəi

成 = 是征切…zrjeŋ>cʻrjəŋ

成 = 辛聿切…sjuət>sjuəd、sjuər。

姜信沆也分析[⑤]：

背	K[⑥] = 补妹	蟹合一去队帮	（民）2[⑦] 成	K = 是征 梗开三平清禅
	J[⑧] = 补妹			J = 时征
	H[⑨] = puai			H = tʂʻiəŋ
	Z[⑩] = puai			Z = tʂing
	T[⑪] = pei			T = tʃʻiəŋ

金哲宪认为"背成"是"背成"的错误，他跟着民国版修正了"背成"，而猜测"背成"的中世韩语词是"뵈쳥（puəi-crjəŋ）"。[⑫]但姜信沆提出其他意见。他提《训蒙字会》之中"袜又俗呼훠쳥（huo-cheng）"，认为当时"盛"及"成"更接近"쳥（tʂʻiəŋ）"词，不是"신（sin）"词。但他也提了，虽然"常母系列字（包括禅母平声字）"的元来推定音是/tʂʻ-/，但此系列字字音，以北京为首的一部地区往往看到/tʂʻ-/音变成了/s/音。[⑬]"成"

---

① 姜信沆1980，第107页。

② 同上书，第112页。

③ 李承宰《〈鸡林类事〉与借字表记资料的关系》，《大东文化研究》第30辑（이재승，「계림유사와 차자표기 자료의 관계」，『대동문화연구』제30집），1995年，第117页。

④ 金喆宪《〈鸡林类事〉研究》，《国语国文学》第25卷（김철헌，「계림유사연구」，『국어국문학』제25권），1962，第104页。

⑤ 姜信沆1980，第87页。

⑥ 广文编译所编《重校宋本广韵》，台北：广文书局，1969年。

⑦ "民"表示民国十六年（1927）年刊行的《说郛》，据明钞本校正排印，上海商务印书馆，1927年。K表示《广韵》；J表示《集韵》；H表示平山久雄（东京大学）推定宋代音；Z表示周祖谟《宋代汴洛语音考》；T表示《中原音韵》。

⑧ 《集韵》，台北中华书局印行，四部备要珍仿宋版本，1996年。

⑨ 平山久雄教授推定音。平山久雄不满足于周祖谟的《宋代汴洛语音考》的推定看法，他本人在其基础上进而拟出新的推定宋代音。他就拟音提议与姜信沆作了交流，由姜信沆整理成文。有关平山氏推定宋音，见姜信沆，《〈鸡林类事〉与宋代音资料》，《东洋学》5（강신항，「계림유사와 송대음자료」，『동양학』5），1975，第1到13页。

⑩ 周祖谟《宋代汴洛语音考》，《辅仁学志》第12卷，1、2合期（1943）。

⑪ 刘德智注音，许世瑛校订《音注中原音韵》，广文书局，1969年再版。

⑫ 金喆宪1962，第104页。

⑬ 姜信沆《〈鸡林类事〉'高丽方言'的声母与中世国语的子音》，《〈鸡林类事〉'高丽方言'研究》，首尔：成均馆大学校出版部（강신항，「계림유사 '고려방언' 의 성모와 중세국어의 자음」，『계림유사 '고려방언' 연구』성균관대학교 출판부），1980年，第133到134页。

属于"常母系列字"，也有"成"表示 /s-/ 音的方言，他认为在"背成"反映当代的方言。因此他猜测"背成"的中世韩语词是"보션（po-sjən）"，"背成"是"뵈쳥（puai-tʂʻiəŋ）"。[①]而也可以猜测，当时两个读法很接近，s- 和 ch（tʂ）- 的发音区分不太明显。

为了说明高丽时代 s- 和 ch（tʂ）- 的关系，还可举出多音词"盛"。

《鸡林类事》：鞋曰盛 /sin[②]

鞋的中世韩语词是 sin，大部分学者都是认为"盛"相当于 sin 的读音。"盛"是多音词，或读为 sheng，或读为 cheng。此例证明在高丽时代，"盛"的两个读法很接近，也证明's-'和'ch-'的发音区分不明显。

因此，结论是，该"承天馆"的"承"是"昇"之误。

（五）崔令公被杀事

崔令公为崔忠献孙崔沆之子，名竩，《高丽史》卷一二九有传。据该传记，系崔沆与他人之婢私通所生，因崔妻无子，得立为嗣。高丽高宗四十四年（1257），崔沆病重时曾将他托付给宣仁烈与柳能。崔沆死后，其属下秘不发丧，"会夜别抄、神义军、书房、三番都房、三十六番拥卫，乃发丧"。于是高丽高宗"即授竩借将军，又命为教定别监"。其父沆本身就是妓女所生，而崔竩又因母贱，时人读簿书至倡妓贱隶之言，辄讳之。竩得知有人讽刺他，则皆杀之。

崔竩虽四代主政，但年少暗劣，不礼遇贤士。所与亲信者，如柳能、崔良伯辈，皆庸俗之人，于是种下祸根。

1. 世积金谷

李藏用的家奴张小斤三等诉崔竩"世积金谷"，《高丽史·崔竩传》虽有"时又遭岁饥馑，不发粟赈贷，由是大失人望"的文字，两者相合，但该传还有其他记载。

崔沆死后的当年，该传记："竩发仓赈饥民，又给诸领府各三十斛。"后来"竩复归延安宅及靖平宫于王府，纳其家米二千五百七十余石于内庄，宅布帛油蜜于大府寺。又以年饥，发私廪赈权务、队正、近仕、左右卫、神虎卫校尉以下，及坊里人"。

不久，"有闵偁者，自蒙古逃还，以所佩金牌献竩，且曰：'在蒙古时闻大臣密议，今后不复东伐。'竩悦，与第舍、米谷、衣服，拜为散员"。

由此可见，崔家确实积累了大量的钱粮，崔竩在其父死后，也有过一些散发钱粮的举动，但或许因为受益不均，仍然怨声载道。

2. 四月八日礼佛

《高丽史·崔竩传》也记金仁俊等"约以四月八日，因观灯举事"。农历四月初八为佛诞日。除上述《崔竩传》的记载外，《高丽史》中还有不少有关佛诞日的景象的记录，如：

> 辛丑，燃灯，观呼旗戏于殿，庭赐布。国俗以四月八日是释伽生日，家家燃灯。前期数旬，群童剪纸，注竿为旗，周呼城中，街里求米布为其费，谓之呼旗。[③]

---

① 姜信沆 1980，第 87 页。他以为"sin=tʂʻiəŋ"，"cʻrjəŋ=tʂʻiəŋ"，"sin=ʂiəŋ"。按前面的图式，"po—sjən=puai-tʂʻiəŋ"及"po—sjən=puai—ʂiəŋ"。

② 姜信沆 1980，第 87 页。

③ 《高丽史》卷四〇《恭愍王三》。

（淑昌院妃金氏）尝以四月八日张灯后园，设火山，具弦管以自娱。其黄帘绣幕皆供御之物，观者如市，三日乃罢。①

三十二年四月八日，怡燃灯结彩，棚陈伎乐百戏，彻夜为乐。都人士女，观者如堵。②

十五年，盹以四月八日大燃灯于其第，京城争效之。③

可见佛诞日王京处处燃灯，热闹非凡，观灯者众，是乘乱起事的好时机。

3."丽主遣人乘间诛之"

（1）《高丽史·崔竩传》

《崔竩传》详记其被杀事，称他后来与柳能、金仁俊等交恶。于是神义军都领郎将朴希实、指谕郎将李延绍召集大司成柳璥、郎将金仁俊、金承俊、李公柱等人，密谋约以四月八日佛诞日观灯举事。崔良伯得知此事后，当面表示同意，但背地里却将消息泄露给崔竩。崔竩急召柳能议事，时已黄昏，柳能表示当晚无法采取特别措施，要崔竩召夜别抄，凌晨时分由韩宗轨带兵平定金仁俊等。但两人密议的计划却被人走漏给金仁俊，金仁俊于是提前起事。金仁俊召集共谋者，逮捕韩宗轨杀之。

> 又召指谕徐均汉等，会三别抄于射厅，使人呼于道，曰："令公死矣！"闻者皆集，璥与松庇等亦至。仁俊曰："如此大事，不可无主者。可推大臣有威望者以领众。"即召枢密使崔昷。昷至，又邀朴成梓议之。

金仁俊等集结军队，虽然"燃松明如昼，家人呼噪"，但因为此日大雾，崔竩家人竟未察觉。至黎明，夜别抄等坏竩家壁而入。有勇士元拔，"闻难惊起，拔剑当户，兵不得前。元拔自度不胜，欲担竩走避，以竩肥重，未能，乃扶上屋茅"。元拔战死后，竩被捕杀。

（2）《高丽史节要》卷一七《高宗安孝大王四》所记略同：

> 三月柳璥、金仁俊等诛崔竩。竩年少暗弱，不礼遇贤士，咨访时政，其所与亲信者，如柳能、崔良伯之辈，皆轻躁庸隶，其舅巨成元拔，与竩宠婢心镜，外施威福，内行谮诉，黩货无厌，时又连岁饥馑，不能发仓赈恤，由是大失人望，及宋吉儒之贬，又与柳璥、柳能、仁俊兄弟等交恶，不与接见。神义军都领郎将朴希实、指谕摄郎将李延绍密谓璥、仁俊、承俊、将军朴松庇、都领郎将林衍、摄郎将公柱、队正朴天湜、别将同正车松祐、郎将金洪就及仁俊子大材、用材、式材等曰："竩亲近憸小，信谗多忌，若不早图，吾曹恐亦不免。"遂定计，约以四月八日，因观灯举事。
>
> 中郎将李柱闻之，与牵龙行首崔文本、散员庚泰、校尉朴瑄、队正俞甫等，密为书通竩。良伯，大材之妻父也，大材以其谋告良伯。良伯佯从，而密告竩。竩急召柳能计议，时日已暮，能曰："暮夜无能为，请以片简谕夜别抄指谕韩宗轨，迟明召李日休

---

① 《高丽史》卷八九《后妃二》。
② 《高丽史》卷一二九《叛逆三崔忠献、怡、沆、竩》。
③ 《高丽史》卷一三二《叛逆六辛旽》。

等，勒兵讨仁俊未晚也。"𣸣然之。

大材妻在侧闻之，使告大材。大材告仁俊曰："事急矣，不如早图。"既昏，仁俊率子弟，趣神义军，见希实、延绍云："事泄，不可犹豫。"乃召集向所与谋者，及别将白永贞，队正徐挺、李悌、林衍，使衍及指谕赵文柱、吴寿山，捕宗轨杀之。

又召指谕徐均汉等，会三别抄于射厅，使人呼于道曰："令公已死矣！"闻者皆集，璮与松庇等亦至。仁俊曰："如此大事，不可无主者，可推大臣有威望者以领众。"即召枢密使崔昷。昷至，又邀致鹰扬军上将军朴成梓议之。

仁俊召良伯，未及升堂，别抄兵以炬火烧口，斩之。衍又至日休家，绐曰："令公唤子来，可急往。"日休曰："令公夜何召我？"衍遂斩之。

仁俊又令𣸣门卒，不报更筹。分队伍于广场，燃松明如昼，众人喧躁，而适大雾，𣸣家宿卫兵，无一人知者。黎明，夜别抄坏𣸣家壁以入。元拔，壮士也，宿𣸣家，闻难惊起，拔剑当小户，兵不得前。元拔自度不胜，欲担𣸣踰垣而走，𣸣肥重未果，乃扶上𣸣于屋𫗦，以身当户，寿山突入击之，中额，踰垣而走，别抄兵追斩于江岸，又索𣸣及能，皆斩之。

璮、仁俊与昷诣阙，百官俱会泰定门外，两府及璮、仁俊入谒便殿，复政于王，王谓璮、仁俊曰："卿等为寡人立非常之功！"潸然泣下。

该书又记：

是日以璮为枢密院右副承宣，松庇为大将军，仁俊为将军，余皆赐爵有差。衍初名承柱，蜂目豺声，捷而有力，能倒身臂行，或投盖于屋梁，为大将军宋彦庠厮养卒，后归其乡镇州，蒙兵适至，衍与乡人逐之，遂补队正，尝奸人妻，有司欲治之，仁俊力请𣸣曰：衍壮士可用，今因疑罪，受刑太甚，则将为无用也。𣸣释之，又荐为郎将，故衍常呼仁俊为父，承俊为叔父。

《崔𣸣传》虽然称金仁俊等密谋起事在四月初八佛诞日，但因消息走漏而被迫提前行动，但并未言明提前于何时，其文字仿佛给人以从密谋至崔𣸣被杀所有事件均发生于四月初八夜间的印象。但《高丽史节要》明言此事发生于三月。《高丽史·高宗》所记杀崔𣸣的时间亦为三月：

丙子，大司成柳璮、别将金仁俊等诛崔𣸣，复政于王。以璮为枢密院右副承宣，朴松庇为大将军，仁俊为将军，余皆赐爵有差。[①]

三月丙子即三月二十六日，相当于公历 1258 年 5 月 1 日。可见此事发生于四月初八之前十余天。

4."尽发所藏赈军民"

---

① 《高丽史》卷二四《高宗三》。

《崔竩传》记其被杀后：

> 发竩仓谷分赐有差。太子府二千斛，诸王、宰枢、文武百官以至胥吏、军卒、皂隶、坊里人小，不下三斛。又赐诸王、宰枢至权务、队正布帛有差。又以所畜马赐文武四品以上，又加赐三品。遣郎将朴承盖于庆尚道，内侍全琮于全罗道，籍没竩及万宗奴婢、田庄、银帛、米谷。①

《高丽史》又记，崔竩死后于三月己卯（二十九日，1258.5.4）：

> 发崔竩家赀分给有差。夏四月庚辰朔，赐柳璥、金仁俊、朴希实、李延绍、朴松庇、金承俊、林衍、李公柱等卫社功臣号。其中有干贱肆者，至子孙皆令许通一等，赐米二百石，彩段百匹；其次米百石，彩段百匹，甲第及土田有差。壬午，赐五军神骑等银谷有差，又赐笃废疾者。……丁酉，别赐夜别抄、神义军人米三斛，银一斤，布三匹。②

该史料还记：

> （高宗）四十五年（1258）四月，救急都监以年饥，发崔谊仓谷赐太子府二千斛，诸王宰枢各六十斛，宰枢致仕及显官三品以上各三十斛，三品致仕及文武四品各二十斛，五六品各十斛，九品以上七斛。又赐两班寡妇及城中居民、军士、僧徒、诸役人有差。③
>
> 高宗四十六年正月（1259）大仓御史奏仓廪已匮，无以颁禄。乃以崔竩别库米一万五千石补四品以下禄俸。④

《高丽史节要·高宗安孝大王四》也有记载：

> 仁俊进曰："竩不恤生民，坐视饿死而不赈贷，臣等举义诛之，请发粟赈饥，以慰人望。"

由此可知，张小斤三向宋方提供的情况，是基本准确的。当然，他作为李藏用的家丁，虽然有机会接触当时高丽境内普通人所不知的政治内情，但作为下层军士所知毕竟有限，有些可能还来自传闻。此外，杀崔竩的主谋是金仁俊等人，高丽高宗事后才知情。李藏用并非谋杀崔竩事件的当事人，故而其身边人员对只能有来自间接的消息，南宋明州官员调查所记与历史真实之间有误差不足为怪。

---

① 《高丽史》卷一二九《叛逆三崔忠献、怡、沆、竩》。
② 《高丽史》卷二四《高宗三》。
③ 《高丽史》卷八《食货三》。
④ 《高丽史》卷八〇《食货三》。

二、收刺丽国送还人

开庆元年（1259）四月，纲首[①]范彦华至自高丽，赍其国礼宾省牒，发遣被虏人升甫、马儿、智就三名回国。制司[②]引问马儿者，年二十六，扬州湾头岸北里解三也。十二岁随父业农，秋时为鞑掠去，[③]至鞑酋蒙哥叔宴耻达大王所，拨隶鹘辣海部下牧马，剃作三搭发，取名马儿。年十五时，又见虏至一人，即今升甫也。升甫，年二十四，本姓冯，名时，临安府人，生七岁，父以庄田在淮安州盐城往居焉。淳祐九年（1249）为鞑所掠，[④]亦隶鹘辣海。智就者，年三十八，德安府人黄二也。家市缣帛，有庄在城外之西罗村。十四岁，金国投拜人杨太尉仕于德安，阴结李全妻小姐姐，贰于鞑以叛，黄遂为鞑所虏。[⑤]鞑主第三兄使往沙沲河牧羊，凡三年，冀州种田凡十二年，咸平府运粮凡六年。宝祐五年（1257）七月，头目人车辣大领贰万人出军，冯时、解三皆以牧马从，凡两月，至丽界首东路，屯于和尚城。丽师不出，及十一月久雨，马多冻死，人且馁。冯、解谋逸归本朝，匿深山中。师退，丽人取以归真岛上。六年（1258）正月，入丽京，拜丽主，月给米养之。旬余，黄二亦至，皆在汉语都监所宿食。三月，发入范彦华船，又逾年（1259）三月，船始归。制司即备申朝廷，以各人本贯并无亲属，欲收刺厢军。续准省札，从所申，收刺解三，取名解福；冯时取名冯德；黄二取名黄恩，并收刺崇节指挥，专充看养省马著役。丽国省牒，附见于后。

高丽国礼宾省，牒上大宋国庆元府。当省准贵国人升甫、马儿、智就等三人，

---

① 黄时鉴先生在其文中已经指出，"纲首"，指宋海舶首领，在高丽文献中又作都纲，见其文集，第2册，第88页。

② "制司"，指"沿海制置大使司"，并查得开庆元年任明州沿海制置大使为吴潜，见其文集，第2册，第89页。

③ 这位被高丽送还的马儿（原名解三）时年26岁，14年前被掳走时，推算其时为乙巳年（1245）。其时入侵扬州的为察罕所部张柔军。《元史》卷二《太宗纪》："乙巳年（1245）秋，后（笔者按，脱列哥那）命马步军都元帅察罕等率骑三万与张柔掠淮西，攻寿州，拔之，遂攻泗州、盱眙及扬州。宋制置使赵蔡请和，乃还。"（标点本，第40页）宋当时各制置使无"赵蔡"其人。据《宋史·理宗纪》及《赵葵传》，赵葵在绍定、端平年间任淮东、京河制置使。"赵蔡"当为"赵葵"。见《元史·太宗纪》中华书局标点本，第41页，校勘记注8。并见《黄时鉴文集》，第2册，第91页。

④ 黄时鉴因蒙古在1249与1250年对外无重大战事，《宋史》与《元史》也均无记载，查得当代学者胡照曦、邹重华等据周密《齐东野语》卷十八《赵信国辞相》等文献载录，记述"淳祐九年春，蒙军由察罕、大纳、黑点、别出古四大首领统率攻淮南，……赵葵调遣水军往来应敌，吕文德指挥所部屡挫蒙军"（《宋蒙（元）关系史》，四川大学出版社，1992年，见第165页）。黄时鉴还提出，[清]毕沅《续资治通鉴》所记淳祐九年八月戊午，宋理宗"诏：今春北师侵边，吕文德指授将士，累策奇功，进官二等"（卷一七二，中华书局标点本，第470页）即指此事。

⑤ 黄时鉴：事当发生在1235。《元史·太宗纪》"七年乙未春，……曲出围枣阳，拔之，遂徇襄、邓、入郢，掳人民牛马数万而还。"（标点本，第34页）《元史》行文未提及德安，但若考南宋文献，德安当时无疑也被蒙古军队占领。当代学者胡通提到："阔出一路，于是年七月进入荆襄，先后得到宋唐、均、德安北军叛将的回应，又攻陷枣阳、光化，下邓州，分兵围攻襄樊和郢州，大掠城郊后撤兵北还。"（胡勇：《论宋蒙（元）京湖战场》，载胡照曦、邹重华主编《宋蒙（元）关系研究》，四川大学出版社，1989年）胡勇所据为《宋史》、《元史》、杜范《清献集》卷六《论襄阳失守札子》和《齐东野语》卷五《端平襄州本末》。参阅陈世松、匡裕彻、朱清泽、李鹏贵《宋元战争史》，四川省社会科学院出版社，1988年，第95页。——黄时鉴上引文，第91页，及同页脚注3。

久被狄人捉拏。越前年正月分,逃闪入来,勤加馆养。今于纲首范彦华、俞昶等合纲放洋还国,仍给程粮三硕,付与送还。请照悉,具如前事,须牒大宋国庆元府,照会施行,谨牒。己未(1259)三月□日,谨牒。注簿文林郎金之用,注簿文林郎李孝悌,丞文林郎金光远,丞文林郎潘吉儒,试少卿、入内侍、文林郎李轼卿,朝议大夫任柱判事、入内侍、通议大夫三司使、太子右庶子罗国维,判事、正议大夫、监门卫、摄上将军奉君用。①

(一)"鞑靼蒙哥叔宴耻达大王"与"鹘剌海"

"鞑酋"与"鞑主"均为宋人对蒙古统治者的称谓,数见于《后村集》、《蒙鞑备录》与《黑鞑事略》。

蒙哥为成吉思汗第四子拖雷子。黄时鉴查《元史·宗室世系表》、《元朝秘史》与《史集》中蒙哥的亲叔辈,虽皆未见与"宴耻达"名相合者,但他却从《元史·宗室世系表》所著录的成吉思汗三弟合赤温诸子中,发现其长子名按只吉歹,"《元史》又作按只带、按只台、按赤带和按赤台,《蒙古秘史》第235节作阿勒赤歹,《史集》汉译作额勒只带,这个名字蒙古文可复原为alčidai,'宴耻达'无疑是其另一种音译"。②

不过黄时鉴据《元史·宪宗纪》中宪宗元年"冬,以宴只吉带违命,遣合丹诛之"的记载,以为此人在元定宗贵由死后的争夺皇位斗争中,站在蒙哥的对立面,1251年蒙哥即位后不久被诛杀。③元代称宴只吉带者并非只有合赤温之子一人。上述《宪宗纪》中提到的被合丹所杀之宴只吉带,并非这里提到的"宴耻达",而应为元定宗贵由派往高加索地区监视拔都的野里知吉带。④

至于"胡辣海",黄时鉴考证也有所获。他提到约在1214年成吉思汗将其大营(在斡难河、怯绿连河上游和斡耳罕河流域一带)以东之地封给诸弟,合赤温(子阿勒赤歹)得金边墙外之合兰真沙陀一带,北接别勒古台分地,东至合剌温山(大兴安岭南脉),南抵胡卢忽儿河(在今西乌珠穆沁旗)。《史集》记成吉思汗分封给额勒只带那颜(笔者按,即本件之"宴耻达")三千人,因多为乃蛮人、兀良合惕人与塔塔儿人,其统兵将领分别为乃蛮人,兀良合惕人和塔塔儿人。⑤《史集》中提到的兀良合惕,蒙古文可复原这Uliankat,其中之 -t 为名词复数附加成份,故此名原形为 Ulianka "兀良合",即本件之"鹘辣海"。⑥

(二)"金国投拜人杨太尉"与李全妻小姐姐

"金国投拜人杨太尉仕于德安阴结李全妻小姐姐"一句,不能点断为"金国投拜人杨太尉仕于德安,阴结李全妻小、姐姐"。黄时鉴教授已正确理解点断为"金国投拜人杨太尉仕于德安,阴结李全妻小姐姐"。

黄时鉴说:"本件所说的'金国投拜人杨太尉'或是杨家'小姐姐'的族人"。⑦

---

① [宋]梅应发、刘锡纂修《(开庆)四明续志》卷八,宋开庆元年刻本,北京图书馆。
② 黄时鉴上引文,第92页。
③ 同上。
④ 参见拙文《读〈定宗征拔都〉》,刊于《内蒙古社会科学》,1982年,第4期,第63—66页。
⑤ 《史集》第1卷第2分册,余大钧、周建奇汉译本,商务印书馆,1983年,第85—91页。
⑥ 黄时鉴上引文,第91页。
⑦ 同上。

按，杨太尉应即杨安儿。杨安儿称"太尉"事，未见史料直接提及，不过李全弟称李二太尉，[1] 杨太尉之称可能由此讹传。

宋人首次了解到杨安儿是在成吉思汗攻金时。《建炎以来朝野杂记》：

> 嘉定七年正月九日甲戌[2] 夜三鼓，濠州钟离县北岸吴团铺有三骑渡淮而南。水陆巡检梁实问所由，三人者出文书一囊，绢画地图一册，云是鞑靼王子成吉思遣来纳地请兵。翌日，守臣知之，遣效用统领李兴等以本州岛不奉朝旨不敢受，谕遣之。又翌日，遇庙堙，即以筏送之而去。先是有杨安儿者，李全之妇翁也，见金人政乱，起兵叛之，践踏山东数郡，依山负海，时出时入。……其五月，燕京破，山东群盗大起。杨安儿者，本淄州皮匠也，金主璟泰和间杀人，亡命为盗于太行，有众千余。璟招降之，贷死流于上京。及鞑靼入寇，金人命为副统军，令招必胜军三千人迎敌军，败而窜，复往山东聚众，金人讨之，安儿与其徒数人入海，为舟师所杀。[3]

《金史》所记更详：

> 初，益都县人杨安国，自少无赖，以鬻鞍材为业，市人呼为杨鞍儿，遂自名杨安儿。泰和伐宋，山东无赖往往相聚剽掠，诏州郡招捕之。安儿降，隶诸军，累官刺史、防御使。大安三年（1211），招铁瓦敢战军，得千余人，以唐括合打为都统，安儿为副统，戍边至鸡鸣山，不进。卫绍王驿召问状，安儿乃曰："平章、参政军数十万，在前无可虑者。屯驻鸡鸣山所以备间道透漏者耳。"朝廷信其言，安儿乃亡归山东，与张汝楫聚党，攻劫州县，杀略官吏，山东大扰。安贞至益都，败安儿于城东。安儿奔莱阳，莱州徐汝贤以城降安儿，贼势复振。登州刺史耿格开门，纳伪邹都统，以州印付之，郊迎安儿，发帑藏以劳贼。安儿遂僭号，置官属，改元天顺。凡符印诏表仪式，皆格草定，遂陷宁海，攻潍州。伪元帅方郭三据密州，略沂、海。李全略临朐，扼穆陵关，欲取益都。安贞以沂州防御使仆散留家为左翼，安化军节度使完颜讹论为右翼。七月庚辰，安贞军昌邑东，徐汝贤等以三州之众十万来拒战，自午抵暮，转战三十里，杀贼数万，获器械不可胜计。壬午，贼棘七率众四万阵于辛河。安贞令留家由上流胶西济，继以大兵，杀获甚众。甲申，安贞军至莱州，伪宁海州刺史史泼立以二十万阵于城东。留家先以轻兵薄贼，诸将继之，贼大败，杀获且半，以重赏招之，不应。安贞遣莱州黥卒曹全、张德、田贵、宋福诈降于徐汝贤，以为内应。全与贼西南隅戍卒姚云相结，约纳官军。丁亥夜，全缒城出，潜告留家。留家募勇敢士三十人，从全入城，姚云纳之。大军毕登，遂复莱州，斩徐汝贤及诸贼将以徇，安儿脱身走，讹论以兵追之，耿格、史泼立皆降，留家略定胶西诸县，宣差伯德玩，袭杀方郭三，复密州，余贼在诸州者皆溃去。安

---

① 元人柳贯记："初，金季李全据山东以叛，其弟二太尉略地至文登。"——柳贯《于思容墓志铭》，《柳待制文集》卷二一附录，上海商务印书馆缩印元至正刊本，四部丛刊。

② 按洪金富编《辽宋夏金元五朝日历》（中研院史语所目录索引丛刊），嘉定七年正月九日为乙亥，即公历 1214 年 2 月 20 日；而甲戌则为正月八日，即公历 1214 年 2 月 19 日。——见第 316 页。

③ ［宋］李心传《建炎以来朝野杂记》乙集卷十九"鞑靼款塞"条，清武英殿聚珍版丛书本。

儿尝遣梁居实黄县甘泉镇,监酒石抹充浮海赴辽东,构留哥,已具舟,皆捕斩之。十一月戊辰,曲赦山东,除杨安儿、耿格及诸故官家作过驱奴不赦外,刘二祖、张汝楫、李思温,及应胁诱从贼,并在本路自为寇盗,罪无轻重,并与赦免。获杨安儿者,官职俱授三品,赏钱十万贯。十二月辛亥,耿格伏诛,妻子皆远徙诸军。方攻大沫堌,赦至,宣抚副使知东平府事乌林荅与即引军还,贼众乘之,复出为患。诏以陕西统军使完颜弼知东平府事,权宣抚副使。其后杨安儿与汝政等,乘舟入海,欲定岠嵎山,舟人曲成等击之,坠水死。①

黄时鉴据《宋史》卷四七六—四七九《李全传》、周密《齐东野语》卷九《李全》概括:"李全是山东地方武装势力首领。他在1214年12月起兵反金,一度是山东红袄军领袖;1218年归附南宋;1227年5月又从青州投降蒙古,为山东淮南行省长官。'李全妻小姐姐'是山东淄州、青州界内杨家堡堡主杨安儿之妹,能'马上运双刀,所向披靡',后与李全结亲,又称'李姑姑'、'四娘子'。1235年时,'小姐姐'还在蒙古方面。"②

宋人刘克庄记:"绍定辛卯(1231)叛将李全犯扬州,恃锐轻出,为王师掩击,殪城下。其妻杨姑,山东盗杨安儿之女。安儿首乱山东者,兵败逃海死。姑勇而囗,其党奉以为帅,自于行伍中择全嫁之。全素健斗,及归朝,囗全连节旄,姑封小君,名为忠义,阴贰于鞑,驻军山阳。"③

周密《齐东野语》记李全最详:

李全,淄州人,第三,以贩牛马来青州。有北永州牛客张介引至涟水。时金国多盗,道梗难行,财本寖耗,遂投充涟水尉司弓卒。因结群不逞为义兄弟,任侠狂暴,剽掠民财,党与日盛,莫敢谁何,号为李三统辖。后复还淄业屠,尝就河洗刷牛马,于游土中蹴得铁枪杆,长七八尺。于是就上打成枪头,重可四十五斤。日习击刺,技日以精,为众推服,因呼为李铁枪。遂挟其徒横行淄、青间,出没抄掠。

淄青界内有杨家堡,居民皆杨氏,以穿甲制鞲为业。堡主曰杨安儿,有力强勇,一堡所服。亦尝为盗于山东,聚众至数万。有妹曰小姐姐,或云其女,后称曰姑姑。年可二十,膂力过人,能马上运双刀,所向披靡。全军所过,诸堡皆载牛酒以迎,独杨堡不以为意。全知其事,故攻劫之。安儿亦出民兵对垒,谓全曰:"你是好汉,可与我妹挑打一番。若赢时,我妹与你为妻。"全遂与酣战终日,无胜负,全愈且惭。适其处有丛筱,全令二壮士执钩刀,夜伏筱中。翌日再战,全佯北,杨逐之,伏者出,以刀钩止,大呼,全回马挟之以去。安儿乃领众备牛酒,迎归成姻,遂还青州,自是名闻南北。

时金人方困于敌,张介又从而招之,授以兵马,衣以红袍,号红袄军。嘉定十一年间,金人愈穷蹙。全因南附,乃与石珪、沈铎辈结党以来,知楚州应之纯遂纳之,累战功至副总管。明年,金主珣下诏招之,全复书有云:"宁作江淮之鬼,不为金国之臣。"

① 《金史》卷一〇二《仆散安贞传》。
② 黄时鉴上引文,第91页。
③ 《林韶州墓志铭》,《后村集》卷一五七,四部丛刊景旧钞本。

遂以轻兵往潍州，迁其父母兄嫂之骨葬于淮南，以誓不复北向。时山东已为鞑所破，金不能有，全遂下益都，张林出降，遂并献济、莒、沧、滨、淄、密等凡二府九州岛四十县，降头目千人，战马千五百四，中勇军十五万人，闻于朝，遂以全为左武卫大将军、广州观察使、京东忠义军都统制、马步军副总管，特赐银、绢、缗钱等。

先是，贾涉知盐城县，以事忤淮漕，方信孺劾之，未报。涉廉知信孺阴遣梁昭祖航海致馈，以结李全，遂遣人捕得之，亟申于朝，方由是罢，涉召入为大理司直。未几，知楚州。时忠义军头目李先拳勇有胆气，且并领石珪、沈铎之军，李全深忌之。至是，极力挤先，涉遂以李先反侧闻于朝。于是召先赴密院审察，甫至都门，殿师冯榯宴之三茅观后小寨，命勇士扑杀之，于是全愈无忌惮矣。先既诛，涟水人情不安，头目裴渊等遂请石珪为帅于盱眙。制司大恐，遂令李全率万人以往，全惮珪，不敢动。制司无策，遂分其军为六。乃呼裴渊赴山阳禀议，责以专擅招珪，令密图之，以功赎罪。会鞑兵至涟水，珪亦自疑，遂杀渊以归鞑。

先是，权尚书胡榘，尝言全狼子野心不可倚仗。及全获捷于曹家庄，擒金人伪驸马，乃作《濠梁歌》，以诮之，云："春残天气何佳哉，捷书夜自濠梁来，将军生擒伪驸马，虏兵十万冰山摧。何物轻獧挑胡羯，万里烟尘暗边徼，边臣玩寇不却攘，三月淮壖惊蹀血。庙谟密遣山东兵，李将军者推忠精，铁枪匹马首破阵，喑呜叱咤风云生。推杀群妖天与力，虏丑成擒不容逸，失声走透虏鼓挝，犹截腾骧三百四。防围健使催赐金，曹家庄畔杀胡林，游魂欲反定悬胆，将军岂知关塞深。君不见，往日蕲王邀兀术，围合孤跳追不得，夫人明日拜函封，乞罪将军纵狂逸。岂知李侯心胆麄，捕缚猘子才须臾，金牛走敌猛将有，泗州斩贼儒生无。宗社威灵人制胜，养锐图全勿轻进，会须入汴缚沣王，箛鼓归来取金印。"既而涉以病归，遂以郑损继之。损与涉素不相成，幕中诸客惧损修怨，乃嗾李全申请，乞差真德秀、陈韡、梁丙知楚州。于是朝廷遂改损为四川制置，乃以知阁门事许国用徐本中例换授朝议大夫，再转为太府少卿知楚州。

国自是歉然，惧侪辈轻己。开阃之初，命管军已下皆执朝参之礼。时全已为保宁军节度使，前阃皆与抗礼。至是，幕府宋恭、苟梦玉等惧变，遂调停，约全拜于庭下，国答拜于堂上。议已定，及庭参国，乃傲然坐而受之，全大惭愤，竟还青州。

至冬，国大阅两淮军马，全妻李姑姑者，欲下教场犒军，实求衅耳，幕府复调停力止。及淮西军回人，仅得交子五贯，乃尽以弓刀售之李军，而淮西军亦怨矣。未几，全将刘庆福自青来，谋以丁祭之夕作乱，以谋泄而止。既而制府出榜，以高显为词，指摘北军。庆福亦大书一榜，揭于其右，语殊不逊。次日，庆福开宴于万柳亭，游幕诸客及青州倅姚翀在焉。酒行方酣，忽报全至海州，促庆福北还。时国方纳谒，北军径自南门入，直趋制府。强勇军方解甲，望见北军，皆弃去，遂排大门而入。帐前亲兵欲御之，国乃大呼曰："此辈不过欲多得钱绢耳。"方行喝犒，闻北军大喊登城，张旗帜，火已四起，飞矢如雨。国额中一箭，径趋避于楚台。北军劫掠府库，焚毁殆尽。国在楚台久之，使令姚翀求和。翀遂缒城而出，以直系书"青州姚通判"，以长竿揭之马前，往见李姑姑。李逊谢不能统辖诸军以致生变。姚遂请收军，李云："只请制置到此商量，便可定也。"姚亟回报，则国已遁矣。次日，北军得国于三茅道堂，以小竹舆舁至李军。国不能发一语，复送还楚台，以兵环守，国遂死焉。文武官遇害者凡数十人。未几，全乃入吊，行慰奠礼，且上章自劾，朝廷不敢问也。遂进全为少保，而以大理卿徐希稷知楚州军。

变之先一日，苟梦玉已知其谋，亟告于国，国不以为然。至是，全得其告变之书，欲杀之，而梦玉已归滁。乃命数十骑邀于路而杀之。制府捐三千缗捕贼，而全亦捐五千缗，无状大率如此。希稷至楚，一意逢迎，全益以骄。

既而还青州，或传为金人所擒，或以为已死。刘琸乘时自夸以驱除余党。史丞相入其言，遂召希稷，而以琸为代，琸既以盱眙军马自随。中途所乘马无故而踣，琸怒，遂斩二濠寨官，人疑其非吉征也。琸初至，军声颇振，不数日，措置乖方。南、北军已相疑，适忠义军总管夏全自盱眙领五千人来。先是，全欲杀夏，琸为解免之，至是，琸留以自卫，且资其军以制全。然夏军素骄，时作过劫掠居民，琸乃捕为首数人斩之，犹未戢。乃札忠义都统权司张忠政权副都统，忠政辞不就。杨姑姑知之，遂呼忠政谋所以拒制司之策，忠政曰："朝廷无负北军，夫人若欲忠政反，惟有死耳。"遂归家，令妻子自经，次焚告敕宝货于庭，然后自尽。

制司闻变，遂戒严。命夏全封闭李全、刘全、张林等府库，且出榜令北军限三日出城。是日，诸营搬移自东北门出。夏军坐门首搜检，凡金银妇女多攘取之。余皆疑惧不敢出，制司又从而驱逐之。有黑旗一对仅百人，乃北军之精锐者，坚不肯出。潜易衣装，与夏军混杂。南军欲注矢挥刃，则呼曰："我夏太尉军也。"南军遂不疑之。至晡，大西门上火忽起，至夜，遂四面纵火，杀害军民。琸遂命守子城，护府库。凡两日夜，军皆无火饭，饥困不复用命。夏全知事急，遂挺身入北军。李姑姑遂与夏剧饮，酒酣泣曰："少保今不知存亡，妾愿以身事太尉，府库人马，皆太尉物也。本一家人，何为自相戕？若今日剿除李氏，太尉能自保富贵乎？"夏全惑其说，乃阴与李军合，反戈以攻南军。琸屡遣人招夏议事，竟不至，乃以十万贯犒军求和。夏全乃令开一路，以马军二百卫送琸出大西门，星夜南奔，至宝应已四鼓矣。从行官属惟余元赟、沈宣子，余悉死焉。夏军回至淮阴，乃为时青、令晖夹击，尽得所掳财物七巨艘。既至盱眙，范成、张惠闭门拒之，且就军中杀其母妻，于是夏全乃轻身北窜。刘琸遂移司于杨之堡寨，朝廷遂改楚为淮安州，命将作少监姚翀知州事。

时李全犹未还，王义深、国安用为权司。刘庆福与张甫谋就楚之淮河缚大浮桥。或告李姑姑以二人欲以州献金人，姑姑即遣人请姚翀议事，翀不获已而往，则大厅已设四果桌，余二客则庆福及甫也。庆福先至，姑姑云："哥哥不快，可去问则个。"谓李福也。时福卧于密室，凡迂曲数四乃至。庆福至榻前云："哥哥没甚事？"福云："烦恼得恁地。"刘觇福榻有剑出鞘，心动，亟出，福急挥剑中其脑。既而甫至，于外呼云："总管没甚事否？"福隐身门左，俟其入，即挥剑，又仆之，福遂携二首以出，乃大张乐剧饮。姚遂揭榜，以刘、张欲谋作逆，密奉朝旨已行诛戮，乃闻于朝。李福增秩，姑姑赐金，进封楚国夫人。未几，福复以预借粮券求衅，遂召北军入城，官民死者甚众，姚翀赖国安用匿之而免。于是朝廷诸闻各主剿除分屯之说，久之不决。既而盱眙守彭忱及遣张惠、范成入淮安，说国安用令杀李福及李姑姑。未几，李福就戮，而姑姑则易服往海州矣。

其后分屯之说已定，而江闸所遣赵瀓夫剿杀之兵适至。北军怒为张、范所卖，欲杀之，二人遂遁去。国安用追至盱眙，彭忱宴之，方大合乐，忽报军变，始知张、范已献盱眙于北矣，彭忱遂为所擒。

既而李全至楚，揭榜自称山东、淮南行省，于是尽据淮安、海州、涟水等处。先是全遣张国明入朝禀议，嫚书至，朝廷未有以处之。会时青亦遣人至，国明遂遣人报全，全遂杀青。国明极言李全无它意，朝廷遂遣赵拱奉两镇节钺印绶以往。而江阃乃遣申生结全帐下谋杀之，事觉，全囚申生，以其事上于朝。盖全时已有叛志矣。会盐城陈遇谋于东海截夺全青州运粮之船，全由是愈怒，遂兴问罪之师。首攻海陵，守臣宋济迎降，遂进围扬州。朝廷始降诏削夺全官爵，住给钱粮，会诸路兵诛讨，然战多不利，内外为之震动。是时全合诸项军马，并驱乡民二十余万，一夕筑长围数十里，围合扬之三城，为必取之计。会元夕，欲示闲暇，于城中张灯大宴，全亦张灯于平山堂中。夜，全乘醉引马步极力薄城，赵范命其弟葵领兵出城迎战，至三鼓，胜负未决。葵先命李虎、丁胜同持兵塞其瓮门。至是，全欲还而门已塞，进退失据，且战且退，遂陷于新塘，由是各散去。次日，于沮洳乱尸中，得一红袍而无一手指者，乃全也。先是，全投北，尝自断一指，以示不复南归。时绍定四年正月。后三日，北军悉遁，制府露布闻于朝，遂乘胜复泰之盐城。后三月，淮南诸州北军皆空城而去矣。

其雏松寿者，乃徐希稷之子。贾涉开阃维扬日，尝使与诸子同学。其后全无子，屡托涉祝之。涉以希稷向与之念，遂命与之，后更名垍云。刘子澄尝著《淮东补史》纪载甚详。然余所闻于当时诸公，或削书所未有者，因摭其槩于此，以补刘氏之阙文云。①

"小姐姐"本名杨妙真。元人陈桱在记录宋将"赵范讨李全余党于淮安，大败之。全妻杨妙真奔金，淮安平"之后，注释道：

> 赵范、赵葵复帅骑步十万攻盐城，屡败贼众，遂薄淮安城，杀贼万计，焚二千余家，城中哭声振天。五月，淮安五城俱破，斩首数千，烧砦栅万余家，淮北贼归赴援舟。帅又剿击，焚其水栅，夷五城，贼始惧。王旻、赵必胜、全子才等移砦西门，与贼大战，又破之。全妻杨氏谓郑衍德等曰："二十年梨花枪，天下无敌手。今事势已去，撑拄不行。汝等未降者，以我在故尔。杀我而降，汝必不忍。若不图我，人谁纳降？今我欲归老涟水，汝等宜告朝廷，本欲图我来降，为我所觉，已驱之过淮矣，以此请降乎？"众曰："诺。"望日，杨氏遂绝淮而去，其党即遣冯垍等纳款军门，赵范许之，淮安遂平。杨氏归山东，又数年而病死。②

（三）汉语都监所

黄时鉴注："高丽接待马儿等三人居住的'汉语都监所'，是高丽王朝的行政机构之一。《高丽史·百官志·诸司都监各色》列有'汉文都监'，恭让王三年，改汉语都监，为汉文置教授官。'③据本件，'汉语都监（所）'也是接待汉人的机构。但恭让王三年是公元

---

①　周密《齐东野语》卷九《李全》，张茂鹏点校，裴汝诚审阅，中华书局，唐宋笔记丛刊，1983 年，第157—164 页。

②　[元]陈桱《通鉴续编》卷二十一，元刻本。

③　《高丽史》卷七七《百官志二》。

1391 年,为何本件中宝祐六年(1258)已有 '汉语都监所' 的名称,存以待考。"① 但他又查得忠烈王 "十五年二月辽东饥元遣张守智等 (今)[至?]本国,措办军粮十万石,转于辽东。王命群臣出米有差"。十五年(至元二十六年,1289)三月 "汉语都监宫阙都监各二百石"。② 则 "汉语都监" 之名世祖时已有之。

按,上述《高丽史·百官志·诸司都监各色》有关汉语都监所的文字 "汉文都监恭让王三年改汉语都监为汉文置教授官",似应点断为 "汉文都监,恭让王三年改汉语都监为汉文,置教授官。" 亦即恭让王三年(1391)之前,一直是称为 "汉语都监",与本文所讨论的《开庆四明续志》所记不矛盾。

(四)黄时鉴的其他考证

1.“鞑主第三兄”:黄时鉴认为,“鞑主” 指蒙哥,并根据三第认为 “第三兄” 指阿里不哥。理由如次:

(1)拖雷妃唆鲁禾帖尼所生子排序为蒙哥、忽必烈、旭烈兀与阿里不哥。阿里不哥为蒙哥三弟。兄与弟常人易混。③

(2)阿里不哥作为幼子守产,拥有真定路八万户。冀州隶真定路。

2.“沙泡河牧羊” 及 “咸平府” 运粮:“沙陀河” 当指漠北阿里不哥营地。咸平运粮当指准备征高丽。④

3.“头目人车辣大”:黄时鉴将其考为《宪宗纪》所记征高丽之札剌儿带／札剌觩,《元史·塔出传》之札剌台,即《高丽史》所记 “车罗大”。⑤

三、宋对丽蒙关系的认识

南宋初,为拯救被掳至北方的徽、钦二帝,曾派员取海路到高丽,企图借道至女真故地,遭高丽婉拒。南宋末丞相吴潜在其《奏晓谕海寇复为良民及关防海道事宜》中,提到通过高丽了解蒙古情况的重要性:

> "大抵守江海与守两淮、荆蜀不同。守两淮、荆蜀,全以人守。江海则半以天,半以人。何以言之?
>
> 两淮、荆蜀,战在平陆之也,守在城池之间。必须强兵猛将,始可御敌。故曰专属人。
>
> 若守江海,则异是矣。敌纵有千艘万舰,欲行侵犯,一才起柂,便为风水所使。所谓千艘万舰,风泛水疾,飘泊东西,无缘会成综,合伴并力向前。吾国不过得死士三千人,坚牢战船数十只,据要害敌所以经之地。一舟过,则杀一舟,自可使之只轮不返。况鲸波万里,又有不测之风飓乎此。臣所谓不必深虑者,一也。
>
> 今高丽虽臣属于鞑,然每有疑畏鞑贼之心。迁都海岛,防其侵犯,决不至为鞑向

---

① 黄时鉴上引文,第 95 页。
② 《高丽史》卷七九《食货二》。
③ 黄时鉴上引文,第 93 页。
④ 同上书,第 93—94 页。
⑤ 同上书,第 94—95 页。

导。纵使有窥中国之意，然无松杉木可以造船。其国虽有船只，止是杂木，亦无钉铁。只可在其国近境往来卖买，岂能远涉鲸海。纵曰：李松寿在海州，所当防备。然北方平原万里，素亦不产松杉。其船不过用杨柳本打造，江且难涉，况于航海？所以二十年来，未尝不传李松寿在海州造船，厚以银两，招南方水手，元不见其一毫动息。况吾国之新海州，又瞰其旁，保无他虞。

昔辛巳（1161），逆亮[1]犯顺，固尝航海，为李宝所败而遁，是时亦止在海州之唐岛。获捷初，未尝及吾二浙之海面也。此臣所谓不必深虑者二也。臣空臆尽言，冒渎圣听，罪当万坐，伏乞睿照贴黄。臣既以海道，宜仰渎圣听，但有一事粗当防者，臣不敢隐。此间舶船尚有贩高丽者，大率甲番三只到丽国，必乙番三只回归，丙丁亦之。今庆元人见有在彼国仕官者，却缘此等船只，皆属朝廷分司，制司不可得而察其往来之迹。此间之舟，乙只可以载三二百人，万一彼有异志，并吾甲乙两番之舟，并行拘夺，以渡鞑贼，则亦意外之过虑也。故臣以为君（？）朝廷以舶矜拔隶沿海制司，却择一收钱。最高年分，责令制司抱解净钱，则于国镪无亏，而发船事权属之制司，可以操持。考察其所关事体，颇为不细。况缓急之际，亦可团结大舟，为国家后户之备。此其为计，又在不言之表，兼亦可以因发舶舟，令晓畅之人伪为商旅，至彼国审探鞑贼事宜等，而上之又有无穷利便，难以尽述。但此事，臣不敢言，恐或者以为与朝廷争利，惟乞陛下自取决于圣衷而已今。有《丽鞑本末》一册，并用缴进，伏乞睿照。[2]

由此可知，宋在明州关注入境高丽船只，调查其入境人员，是因为了解到高丽附蒙，恐蒙古利高丽往来南北之便，趁机攻宋。上述《开庆四明续志》所记，便是这种调查的两份记录。可惜他向朝廷提供的《丽鞑本末》一书，今已不存。

限于篇幅等原因，前引"收养丽人"条中有关江华岛阔三百余里，其去陆岸之程亦三百里；高丽王所控制之南计、北计十七州；洪福源误作洪福良；高丽"三窟：曰早窟，曰山水窟、曰袈裟窟"；及其"兵之在海岸者号三十九领，领二只"等问题，皆留待将来有机会时再作讨论。

Mongols, Song-China and Goryeo in the Eyes of Ordinary People
——a study on the information of the Mongols and Goryeo got through maritime routes by the Southern Song

Liu Yingsheng & Kim Eunmi, Institute of Asian Studies, Nanjing University

Abstract: Ningbo 宁波 was one of the most important ports for the trade between the Southern Song-China and Goryeo-Korea (Koryŏ) 高丽. Maritime links played important role in the Song-Goryeo communications at that time for North China was occupied by Khitan-Liao and Jurchen-Jin Dynasties. Therefore, Ningbo was not only a commercial port but a place where the

---

[1]　当指金海陵王完颜亮。
[2]　［宋］吴潜《许国公奏议》卷三，清钞本。

Southern Song could get information of North China and Korea.

In juan 8 of the *Siming Xuzhi* 四明续志, namely the *Supplement Gazetteer of Ningbo* compiled in 1259 in the late Song era, there are two materials relating Goryeo. The first document recorded a Korean ship was saved after a maritime disaster, through one of the six sailors in the ship who was a retinue of a Korean high ranking official formerly, the Song government knew the recent affairs happened in Korea. The second material provided the histories of two ordinary Song people captured by the Mongols and also the information of Yan Aner 杨安儿, a warlord in north of the Hui River between the Mongol and the Southern Song.

This paper discusses the people appeared in the two documents mentioned above based on other Song and Yuan sources.

Key Words: *Kaiqing Siming Xuzhi*；Goryeo；Korea；Mongol；South Song Dynasty；China

（本文作者分别为南京大学元史研究室 / 民族与边疆研究中心教授、硕士研究生）

"纲首"与宋日、宋丽交往[*]

赵莹波　孟海霞

提　要：宋商纲首（又称"都纲"或"船头"）是负责纲运的商人首脑，在宋日和宋丽贸易中发挥着重要作用。中、日、韩史料中也都有相应的记载，中日两国贸易港口都曾出土书有宋商纲首姓氏墨书的陶瓷器。这些宋商纲首亦商、亦使，是通晓东北亚各国政治、经济、文化各领域的本地通，有的被任命为当地的地方官，甚至任命为宋朝以及日本和高丽的国使。

关键词：宋日贸易　宋丽贸易　纲首　墨书

10 世纪以来，宋商一直活跃在宋日贸易和宋丽贸易中，其中，宋商纲首已受到中外学者的关注，[①]其相关研究论著都有独到之处。笔者在研读中外史料，尤其是日本《大宰府天满宫史料》[②]时发现很多有关在日宋商纲首的相关史料，另外还在日本福冈埋藏文化财博物馆发现大量有关宋商纲首方面的出土文物，这些史料和文物有的被学者们所忽略，兹略作如下分析。

一、从中日两国出土文物看宋商"纲首"

明州（宁波）南宋庆元元年（1195）升格为庆元府，唐宋以来成为宋朝对日本海上贸易的主要口岸（此外尚有泉州和华亭等地），是中国对新罗、日本经济文化交流的窗口。而日本相应的出入港主要是博多。

博多是宋商"纲首"停留之地，也是日本僧侣入宋办手续出发之地，位于福冈市的那珂川东侧。在博多出土有大量 10 到 12 世纪的中国陶瓷器，这些陶瓷器底部大都有墨书（图 1）。尽管有的墨书字迹漫漶，尚待作进一步识别和解读，但多数可识别者已为今人

---

　　* 本文是国家社科基金项目"宋朝与日本、高丽之间'准外交关系'研究"（项目编号：15BZS012）和上海市教育委员会科研创新项目"10~14 世纪日本史料中'涉外伪文书'整理与研究"（项目编号：15ZS031）的阶段性成果。

　　① 陈高华、吴泰《宋元时期的海外贸易》，天津人民出版社，1981 年；高荣盛《元代海外贸易》，四川人民出版 1998 年；（日）森克己《日本・高麗来航の宋商人》，《朝鲜学报》，1956 年；（日）原和美子《宋代東アジアにおける海商の仲間関係と情報網》，《历史评论》，1999 年；（日）榎本涉《宋代の"日本商人"の再検討》，《史学杂志》，2001 年；（日）榎本涉《東アジア海域と日中交流——九一一四世纪》，吉川弘文館，2007 年；大庭康時《博多綱首の時代》，《历史学研究》，2001 年；大庭康時、佐伯弘次、菅波正人、田上勇一郎《中世都市博多を掘る》，海鸟社，2008 年；（韩）李镇汉《高丽时代宋商往来研究》，景仁文化社，2011 年。

　　② 竹内理三《大宰府天满宫史料》，太宰府天满宫藏版，1964 年。大宰府和大宰府天满宫所珍藏的史料。分上世编、中世编、续中世编共计 17 卷，除大宰府天满宫本身所珍藏的原始史料外，还几乎囊括本各个时期的史书和寺庙馆藏文献，如《日本纪》，《日本后记》，《日本纪略》等。并收有《宋史》，《金史》，《元史》和《明史》中有关中日交往的中文史料—著者注。

图1 "黄釉铁绘盘"正面·反面①

传达了各种各样的信息,其内容大致可分为两类:

1."纲"铭或姓氏"纲"铭墨书②

所谓"纲"铭墨书,即在中国人姓氏后加上"纲"字,或直接书写"纲司"或"纲"字的墨书,以两个汉字的居多。其中以一个直径31.5厘米的"黄釉铁绘盘"最为显著,绘盘的正面有类似向日葵的图案(图2③),图案的花芯像是一个贝壳。而在绘盘背面则为两个很大的"纲司"汉字墨书(图2)。日本民族素爱向日葵,由此推测,这种向日葵加贝壳的图案,应该是宋商专门向岛国日本出口的"唐货"之一。

图2 带有"纲"铭墨书的陶磁器

① 日本福冈埋藏文化财博物馆藏《東アジア中世海道——海商·港·沈没船》,国立历史民俗博物,每日新闻社,2005年,第88页。后文所附图亦同。

② 关于瓷器上书有纲首姓氏墨书,中外学者有多种提法。而笔者认为"纲"铭或姓氏"纲"铭墨这种提法更为恰当。这种提法源自于大庭康时的《墨书陶磁器》(大庭康时、佐伯弘次、菅波正人、田上勇一郎(《中世都市博多を掘る》,海鸟社、2008年,第99页。)一文。

③ 笔者2007年11月摄于日本福冈埋藏文化财博物馆。

　　还有的陶瓷器前面书有"丁"、"张"、"黄"这样文字,后面是一"纲"字,即"丁纲"、"张纲"、"孙纲"等(图1)墨书。据统计,这样的墨书种类和数量共计222件(如表1所示[①]),其中以"丁纲"墨书为最多,计48件,"纲司"字样的墨书计12件。

　　有学者认为,"纲"铭墨书是识别货物属于哪个"纲首"或者货物分属于哪个"纲"的运输集团的标志,[②]"纲司"则为纲首的意思。也有学者认为"纲"有贸易公司的含义,如"丁纲"意指丁姓老板的贸易公司,或表示装卸货物归属的符号,公司用这种方式来管理这些带有墨书的陶瓷器。1974年在福建泉州出土的一艘南宋时期古船中,也发现有"纲"字墨书的青瓷瓶和"纲司"字样的木简。[③]另外,1975年5月在韩国新安冲发现的元代古沉船中(沉船时间约在元至治三年即1323年),有数枚带有"纲司私"墨书的木简(图4)。[④]由此推测,木简在以木箱为单位的堆积货物中起到易于识别的作用。而像陶瓷器这种更小的以捆包为单位的货物识别方式大概只能在其底部用墨书的形式来处理吧。

表1　"纲"铭以及姓氏"纲"铭墨书一览表

纲铭	纲	纲司	□纲	永纲	王纲	黄纲	关纲	久吉纲	久纲	许纲	九纲	光纲	七纲	主纲	周纲	上纲	正纲
点数	53	12	21	1	4	2	1	1	2	2	14	2	2	1	3	1	1
纲铭	荘纲	孙纲	大纲	大林纲	丁纲	张纲	陈纲	郑纲	得纲	二纲	八纲	冯纲	富纲	柳纲	李纲	林纲	六纲
点数	2	3	1	1	48	1	2	3	1	6	1	1	10	7	1	6	

图3　带有"纲司私"墨书的木简

---

　　①　佐伯弘次《中世都市博多と"石城管事"宗金》,《史淵》133,1996年;大庭康时、佐伯弘次、菅波正人、田上勇一郎《中世都市博多を掘る》,海鸟社、2008年,第99页。

　　②　森川哲雄、佐伯弘次《内陸圏、海域圏ネットワークとイスラム》,九州大学21世纪COEプログラム(人学科学),《東アジアと日本：交流と変容》,2006年,斯波义信《綱首、綱司、公司—ジャンク商船の経営をめぐって》。

　　③　同注释①。

　　④　日本福冈埋藏文化财博物馆藏《東アジア中世海道——海商・港・沈没船》,国立历史民俗博物,每日新闻社,2005年,第25页。

图 4　宁波博物馆三块石刻

2.人名墨书

　　所谓人名墨书是指仅书写中国人姓氏或名字的墨书。如表2[1]所示。目前能确认姓氏的共有 80 多位。虽然表 2 中所出现的名字未必和史料里出现的宋商姓氏完全一致，但像谢国明[2]那样的"谢"氏以及"王"、"周"和"吴"等姓氏皆可断定为宋商姓氏；两国史

表2　人名墨书一览表

姓名	安永	安光	一郎	王工	王康	王三	王四	王四郎	王七	王十	王大	王二	河南	吉光	吉十	久九	久富	宫久	许金	金良	五郎
点数	1	1	1	4	1	1	1	1	5	1	1	10	1	2	5	1	1	1	1	1	4

姓名	吴好	光吉	国吉	国静	今久丸	三吉	三郎	市丸	师男	七郎	谢六	朱八	周太	周二	春日	仁光	仁与	千义丸	荘一	大吉	大年
点数	1	1	5	1	2	1	1	2	1	1	1	1	1	1	1	1	1	1	1	1	1

姓名	大林	大郎	仲信	忠吉	得安	得丸	得仁	二郎	明道	有久	祐吉	李太房	龙树	林三	林七	林小太郎	林浜	六郎	はこさき殿	みつなか
点数	1	1	2	1	2	2	2	1	1	2	3	1	1	1	2	1	1	2	1	1

---

①　笔者根据日本福冈埋藏文化财博物馆展出的图片资料整理。

②　谢国明为著名的在日宋商纲首，文后有详细论述——著者注。

料中出现的不少类似于"张国安"、"张光安"和"张秀安"①这样的名字，宋商的可能性也比较大大。至于诸如"国吉"、"光吉"和"忠吉"②等名，近亲者的可能性比较大，但不能排斥其为日本人的可能性。

除此之外，墨书中还能看到像"太郎"、"次郎"这样姓氏，这些称呼在中国也有，因此很难判断其国别。但通过对史料的研读，也不排除为宋商名字的可能性。例如，宋商的代表人物谢国明在日本被称为"船头"和"纲首"，又被称为"谢太郎国明"或"谢郎"。③他定居在"博多总镇守"的栉田神社附近并娶日本女子为妻，史料中曾有"博多纲首谢国明，请圆尔而卫栉田之家"④的记载，所以这也有可能是宋商的姓氏。

墨书既生动地反映了宋商在宋日贸易中的作用，又成为博多在逐渐扩大的宋日贸易中兴衰的证据。考察发现，博多像一个卸货和保管货物的港口，汇集了从 11 世纪前半期到 12 世纪后半期废弃的陶瓷器，宋商还在那里建有属于自己的被称作"唐房"〔チャイニーズ・タウン〔Chinesetown〕〕即唐人街——著者注〕⑤的房屋。

现存于宁波博物馆的三块碑刻（图 4）记录了乾道三年（1167）三名居住在博多的宋商分别捐给明州寺庙 10 贯钱的事迹，它们可印证博多宋商建有"唐房"的史实。

三块碑刻上的文字分别是"日本国太宰府⑥博多津居住弟子丁渊捨□十贯文砌路一丈功德奉献三界诸天十方智圣本□上代本命星官见生□□四惣法界众生同生佛果者乾道三年四月　日"、"日本国太宰府居住弟子张宁捨身砌路一丈功德奉献三界诸天宅神香火上代先先亡本命元辰一切神祇等乾道三年四月"和"超生佛界者张六郎姚黄氏三娘路一丈功德荐亡考捨钱十贯明州礼拜日本国孝男张公给意建州普城县寄日"。由此可见，"丁渊"和"张宁"居住在太宰府或博多，⑦而张公意则"寄日本国"，即暂住于日本（的博多），尚非定居者。他们大概是来往于明州和博多之间从事宋日贸易并居住在博多"唐房"的宋商。

二、从中外史料看宋商"纲首"

本节将根据中、韩、日三国文献进一步探讨宋商纲首的情况。首先看《宋史》和《高丽史》中的有关载录。《宋史》中涉及"纲首"的共有九条，如表 3 所示：⑧

---

① 关于张国安等宋商的情况本文还有详细论述。

② 《扶桑略记》，《太宰府天满宫史料》卷 5，太宰府天满宫藏版，1964 年，第 332 页。

③ 《圣一国师年谱》，《太宰府天满宫史料》卷 8，1964 年，第 8 页。

④ 《历代镇西要略》，《太宰府天满宫史料》，卷 7，1964 年，第 425 页。

⑤ 服部英雄《日宋贸易的实态—和"诸国"来的客人们、チャイナタウン"唐房"—》，九州大学 21 世纪ＣＯＥ计划，东亚和日本—交流和变化，2005 年，第 26 页。

⑥ 大宰府是日本负责九州防卫和对外交涉的都督府，日本外交的要冲，其政厅被称为"远之朝廷"。

⑦ 太宰府属博多地域，这里的太宰府应该是泛指博多。

⑧ 由笔者根据《宋史》归纳而成。赵莹波《宋日贸易研究——以在日宋商为中心》，博士论文，南京大学历史系，2012 年，第 49 页。

表3　中国《宋史》等文献中的"纲首"

顺序	时　间	纲　首	主要内容	出　处
1	元丰三年（1070）	纲　首	广州南蕃纲首以其主管国事国王之女唐字书，寄龙脑及布与提举市舶孙回，回不敢受，言于朝	《宋史》卷四八九《外国列传五》
2	绍兴二年（1133）	卓　荣	闰四月诏候到日，高丽纲首卓荣等量与推恩	《宋史》卷四八七《外国列传五》
3	宋绍兴七年（1137）	蔡景芳	纲首蔡景芳招诱舶货，收息钱九十八万缗，各补承信郎	《宋史》卷一八五《食货志下七》
4	宋绍兴三十二年（1163）	徐德荣	三月高丽纲首徐德荣诣明州言，本国欲遣贺使	《宋史》卷四八七，《外国列传五》；《宝庆四明志》卷六，《郡志》六，《叙赋下》
5	宋乾道七年（1169）	纲　首	诏见任官以钱附纲首商旅过蕃买物者有罚，舶至除抽解和买，违法抑买者，许蕃商越诉，计赃罪之	《宋史》卷一八六《食货志下八》
6	宋乾道九年（1171）	纲　首	始附明州纲首以方物入贡	《宋史》卷四九一《外国列传七》
7	宋淳熙二年（1175）	纲　首	倭船火儿滕太明殴郑作死，诏械太明付其纲首归，治以其国之法	《宋史》卷四九一《外国列传七》
8	宋开庆元年（1259）	范彦华	开庆元年四月纲首范彦华至自高丽 赍其国礼宾省牒 发遣被掳人升甫马儿智就三名回国	《开庆四明续志》卷八（《宋元四明六志》第四十一）[①]
9	宋开庆六年（1265）	范彦华	三月发入范彦华船 又逾年三月船始归 制司即备申朝廷	《开庆四明续志》卷八，（见《宋元四明六志》第四十一）

所列具体名字中，"蔡景芳"当为宋商纲首，"卓荣"、"徐德荣"和"范彦华"皆为高丽等外国"纲首"。《高丽史》中有关宋商纲首（都纲）的记载却更为详尽，详见表4：[②]

表4　《高丽史》中的宋商"纲首"

顺序	时　间	纲　首	主要内容	出　处
1	高丽德宗二年（1033）	林　霭	宋泉州商都纲林霭等五十五人来献土物	《高丽史》卷五，《世家》德宗二
2	高丽仁宗六年（1128）	蔡世章	三月丁亥，宋纲首蔡世章赍带高宗即位诏来。	《高丽史》卷十五，《世家》仁宗六
3	高丽毅宗二年（1148）	郭英　庄华　黄世英　陈诚　林大有	八月，是月宋都纲郭英、庄华、黄世英、陈诚、林大有等三百三十三人来	《高丽史》卷十七，《世家》毅宗二
4	高丽毅宗三年（1149）	丘迪　徐德荣	秋七月，宋都纲丘迪徐德荣等五百人来	《高丽史》卷十七，《世家》毅宗三
5	高丽毅宗三年（1149）	寥悌	八月庚寅，宋都纲寥悌等六十四人来	《高丽史》卷十七，《世家》毅宗三
6	高丽毅宗三年（1149）	林大有　黄辜	八月丁巳，林大有、黄辜等七十一人来	《高丽史》卷十七，《世家》毅宗三
7	高丽毅宗三年（1149）	陈诚	八月庚寅，宋都纲陈诚等八十七人来	《高丽史》卷十七，《世家》毅宗三

---

① 载《宋元四明六志》（四），宁波出版社影印《宁波历史文献丛书》，2011 年。

② 此表根据（韩）李镇汉《高丽时代宋商往来研究》（景仁文化社，2011 年）一书以及陈高华、吴泰《宋元时期的海外贸易》（天津人民出版社，1981 年）一书中材料整理而成。

（续表）

顺序	时 间	纲 首	主要内容	出 处
8	高丽毅宗五年（1151）	丘 通	秋七月丙午 宋都纲丘通等四十一人来。	《高丽史》卷十七，《世家》毅宗五
9	高丽毅宗五年（1151）	丘 迪　徐德荣	秋七月，宋都纲丘迪等三十五人、徐德荣等六十七人来	《高丽史》卷十七，《世家》毅宗五
10	高丽毅宗五年（1151）	陈 诚	八月壬申，宋都纲陈诚等九十七人来	《高丽史》卷十七，《世家》毅宗五
11	高丽毅宗五年（1151）	林大有	八月癸酉，林大有等九十九人来	《高丽史》卷十七，《世家》毅宗五
12	高丽毅宗十六年（1162）	侯 林	三月，宋都纲首侯林等四十三人来，明州牒云。	《高丽史》卷十八，《世家》毅宗十六
13	高丽毅宗十六年（1162）	徐德荣　吴世全	宋都纲徐德荣等八十九人、吴世全等142人等人来	《高丽史》卷十八，《世家》毅宗十六
14	高丽毅宗十七年（1163）	徐德荣	七月乙巳，宋都纲徐德荣等来献孔雀及珍玩之物，德荣又以宋帝密旨，献金银合二副，盛以沉香	《高丽史》卷十八，《世家》毅宗十七
15	高丽明宗四年（1173）	徐德荣	宋遣徐德荣来献	《高丽史》卷十九，《世家》明宗十六
16	高丽高宗十七年（1229）	金仁美	宋商都纲金仁美漂流来济州	《高丽史》卷二十二，《世家》高宗十六

可见，《高丽史》十五条记载中涉及有案可查的宋商纲首人数多达十五人，他们多次来往于宋丽之间，而以南宋时期去高丽者居多。其中，纲首徐德荣均见于两国史料，但其国籍却各执一词。《宋史》称徐德荣为“高丽纲首”，《高丽史》却表述为“宋都纲”，并且，1149 年和 1163 年的记述都称之为“宋都纲”。其实，这种看似矛盾的记载却向我们透露出当时的一些纲首所可能拥有的特殊身份。

首先，从 1163 年的记载看，《宋史》记为“（绍兴二十三年）三月，高丽纲首徐德荣诣明州言，本国欲遣贺使……”《高丽史》则记为“七月乙巳，宋都纲徐德荣等来献孔雀及珍玩之物，德荣又以宋帝密旨，献金银合二副，盛以沉香”。所谓的“诣明州言”和“以宋帝密旨”正好表明徐德荣同时在为两国政府传递消息，担当着两国的使者，问题是其国籍属于哪一方呢？

关于这个问题，日本学者榎本涉和韩国学者李镇汉向我们揭示了《宋会要辑稿》中的一条重要记载：“（绍兴二十三年）明州奏进武副尉徐德荣船自高丽入定海县港，称：‘去年五月被旨，差载国信往高丽国，今回信。’”[①] 这表明徐德荣拥有宋朝“进武副尉”的官职，作为“国信使”派往高丽，是一名官商合体的“纲首”。另据《高丽史》记载：[②]（宋乾道七年）明州沿海制置使赵伯圭曾派明州人（“郡人”）徐德荣去侦察金与高丽联军攻宋的情况。看来，徐德荣的国籍虽为宋人，但实际是具有宋丽双重背景的宋商纲首。

---

① 参见榎本涉《东亚海域与日中研究——九—十四世纪——》，吉川弘文馆，2007 年，第 80 页。

② 据《高丽史》卷十八记载：徐德荣实为宋朝“都纲”，贸易往来于宋、丽之间，并兼为两国传递消息。参见顾宏义《〈宋史·高丽传〉史源考》，《中国边疆史地研究》第 17 卷第 4 期，2007 年 12 月，第 122 页。

　　像徐德荣那样担当两国信使的商人当时并不少见,如宋神宗熙宁八年(1075),宋泉州商人傅旋持高丽省礼牒来宋,代高丽一方聘请宋朝的音乐家①。在表3中我们还发现,宋开元元年(1259)"四月纲首范彦华至自高丽,赍其国礼宾省牒发遣被掳人升甫马儿智就三名回国……"显然,范彦华作为高丽"纲首",曾担当高丽的使节来宋交涉相关事宜。

　　下面再看日本史料中有关宋商纲首的情况,如表5②所示:

表5　日本史料中的宋商"纲首"

顺序	时　间	纲首	主 要 内 容	出　处
1	日宽仁四年 (1017)	文囊	九月十四日壬午,诸卿复阵,定申大宰言上解文并大宋国商客解文等事,纲首文囊,定申云,年纪不及参来,须从回却,而申感当今之德化参来之由,宜被安置也	《太宰府天满宫史料》卷四《小右记》,第476页
2	日万寿四年 (1024)	周文裔 章仁昶 章承辅	九月九日,又今度副纲章仁昶者,先度纲首周文裔之副纲首章承辅之二男也	《太宰府天满宫史料》卷四《御堂关白记》,第401页
3	日万寿四年 (1024)	陈文祐 章仁昶	四月三十日丁酉,大宋国商人解文云,大宰府解文,大宋国福州商客陈文祐等参著事。	《太宰府天满宫史料》卷五《扶桑略记》、《参天台五台山记》第235、286页
4	日承历五年 (1081)	刘坤	二月二十八日乙酉今日有阵头定,申大宋国商客刘琨参朝事	《太宰府天满宫史料》卷五《渡宋记》,第361页
5	日承历二年 (1081)	孙忠	阿阇梨诚寻者,本天台宗之人,为体清凉山,私附商客孙忠商船,偷以渡海	《太宰府天满宫史料》卷五《水右记》、《百练抄》,第361页
6	日长治二年 (1104)	李　充 庄严	提举两浙路市舶司,人货船物,自己船壹只,纲首李充,梢工林养杂事庄权	《太宰府天满宫史料》卷六《朝野群载》二十
7	日永久四年 (1113)	龚三郎	五月日,筑前国博多津唐房大山船龚三郎船头房,以有智山明光房唐本移书毕云云	《太宰府天满宫史料》卷六《两卷疏知礼记》上,第263页。
8	日建久二年 (1191)	杨三纲	荣西趋出到奉国军,今改庆元府,乘杨三纲船,著平户岛茸浦	《元亨释书》,《太宰府天满宫史料》卷七,第224页
9	建保六年 (1218)	张光安	九月二十一日庚寅,叡山恶徒振日吉神舆三基王子宫,客人、右兵卫尉藤光明射群徒,大山寄人博多船头张光安,为筥崎检校宗清法印被杀害之故云云	《华顶要略》第122页,《天台座主记》卷三
10	日贞永元年 (1232)	谢国明	释氏圆尔为求法渡宋,先来而憩博德圆觉寺矣,兹西府有智山寺之僧义学台宗以恶禅宗,拟加害,博德纲首谢国明,请圆尔而卫柿田之家	《历代镇西要略》卷二,第425页
11	日建长五年 (1253)	张　兴 张　英	张兴博多纲首、御通事。张英纲首、鸟饲二郎船头	《筥崎宫史料》,第940页

---

　　①　"丙午 江淮发运使罗丞言:泉州商人傅旋持高丽礼宾省帖,乞借乐艺等人上批。"《高丽节要》卷七,参见(韩)李镇汉《高丽时代宋商往来研究》,景仁文化社,2011年,第120页。

　　②　此表为笔者根据《太宰府天满宫史料》归纳而成,赵莹波《宋日贸易研究——以在日宋商为中心》,博士论文,南京大学历史系,2012年,第51页。

由此表可知：宋商文囊大概是最早出现在《小右记》里的"纲首"。1017 年（宽仁四年），日本朝廷接太宰府的报告，宋商纲首文囊因违犯日本"年纪制"[①] 所规定的最低来日年限，按例应当遣返回国，但太宰府认为文囊是仰慕日本德化而来，因此特请求给予安置接待。

表 5 中的张光安，具有"寄人、船头"等多重身份。所谓"寄人"即"神人"意思，是隶属神社的神职人员，具有极高的地位和权力，还拥有各种特权。"船头"即"纲首"的意思，这表明宋商纲首张光安，还是隶属于神社的神人，是活跃在政、教、商各界的"日本通"。

表 5 中宋商纲首杨三纲也是一位传奇人物。据载："建仁寺荣西绍熙二年（1191）秋辞庵，西趋出到奉国军，今改庆元府，乘杨三纲船。"[②] 荣西是禅宗临济宗创始人，回国后在博多创临济宗圣福寺，为日本禅寺之始。他还是京都创建仁寺的开山，著有《出家大纲》，《吃茶养生记》等书，也是日本茶道的鼻祖。这位大名鼎鼎的日本僧人于 1191 年从宋朝学成归国时，乘坐的就是宋纲首杨三纲的船。

宋商纲首中最具有代表性的两个人物，一位是谢国明。谢国明在博多修建了禅宗寺院"承天寺"，[③] 还被任命为玄界滩小吕岛的"地头"，[④] 成为幕府的官员。

另外一位代表人物为孙忠。中日两国史料关于他的明确记载达七次之多，时间跨度从 1065 年到 1085 年整整二十年。他曾屡遭日方遣送回国，[⑤] 屡次状告大宰府官员大贰源经平，[⑥] 以维护宋商的权益。如同纲首徐德荣那样，他担任过宋神宗的国使向日本递交国牒，[⑦] 其商人身份也曾备受日方质疑。[⑧]

孙忠曾帮助日本著名高僧诚寻偷渡入宋，"阿阇梨诚寻者，本天台宗之人，为体清凉山，私附商客孙忠商船，偷以渡海"。[⑨] 他在日本迟迟未归时，宋神宗甚至派国使黄逢赴日本寻找他的下落。[⑩] 值得注意的是，当时宋日两国并没有政治交往，派国使到日本寻找一位宋商纲首堪称史无前例。由此可知，这些在日宋商纲首亦商、亦使，是通晓宋日两国政治、经济、文化的"日本通"，孙忠则是名副其实的连接中日两国交往的民间大使。

我们对表 5 和《宋史》等中日史料进行初步统计，发现在日宋商"纲首"人数共

---

① 所谓"年纪制"是指日本在延喜年间（901—923），针对唐代商人颁布的一条禁令，规定外国商人不能在不满两年的时间内连续来日本——著者注。

② 《元亨释书》，《太宰府天满宫史料》卷 7，1964 年，第 223 页。

③ 承天寺：临济宗东福寺派的寺院。

④ 地头是幕府时期掌管庄园、国衙的官员——著者注。

⑤ 《帅记》，《太宰府天满宫史料》卷 5，1964 年，第 221 页记载："抑件孙吉年纪相违，频企参来，尤尤被放却了。"

⑥ 《水左记》，《太宰府天满宫史料》卷 5，1964 年，第 345 页记转载："承历五年三月，先日所遣问镇西大宋国孙忠诉申前大贰经平事等。"

⑦ 《宝善邻国记》，《太宰府天满宫史料》卷 5，1964 年，第 323 页记转载"元丰三年，宋人孙忠所献牒曰，大宋国明州牒日本国。"

⑧ 《宋史》四九一《外国列传·日本国》，中华书局，1977 年，记载："以孙忠乃海商，而贡礼与诸国。"

⑨ 《新罗神明记》，《太宰府天满宫史料》卷 5，1964 年，第 289 页。

⑩ 《水左记》，《太宰府天满宫史料》卷 5，1964 年，第 356 页载："大宋国明州牒日本国，常州勘会先差商客孙忠等，乘载日本国通事僧仲回及朝廷回赐副物色前去，至今隔岁月，未见回还，访闻得在彼载。"

二十二位,其中北宋时期八位,南宋占十四位,这似乎可证明在日宋商的实力增强、宋日贸易规模扩大的趋势,也与《高丽史》显示的状况相一致。那么,这是否意味着日本的某些政策也发生了某些积极的变化呢?

日本学者服部英雄指出,日本九州周围的很多"唐房"(也称"唐坊"、"当房")是宋商曾经居住过的地方。[①]而宋商之所以能建立"唐房",并繁衍生息,是因为日本政府于建保六年(1228),在这里实施了"宋人御皆免田"的制度。[②]该制度免除了宋人平时的"年贡",代之以高价的唐绢;还把田地分给宋人,代之以缴纳五倍于国产绢的"大唐绢"。其证据是,这里曾出土带有中国元素的"牡丹"花纹的大唐绢。"宋人御皆免田"实施后,使在日宋商"耕者有其田",在此娶妻生子。这是宋日贸易进入一个新阶段的标志,也是南宋以后在日宋商纲首增加的一个重要原因。

随着宋商纲首全面融入日本社会,他们的后人经过三四代以后完全被同化,[③]宋商和宋商纲首也慢慢退出了历史舞台。

三、结　语

宋商纲首把宋、丽、日三国在经济上紧紧地连接一起。他们融入当地社会,还拥有土地和官职。南宋以后,随着宋日、宋丽贸易逐渐扩大,在日宋商纲首以"唐房"为据点,娶妻生子,与当地权贵建立密切关系。他们有的既是"纲首"又是神职人员,甚至还卷入了当地寺庙教派纷争。[④]宋商纲首还利用自己的特殊身份担当宋丽和宋日两国之间的信使传递国书,他们活跃在政、教、商各界,为中华文化的传播以及东北亚的交流做出了历史性贡献。

"Gang Shou" and the Exchange of Song Dynasty, Japan, and Goryeo

Zhao Yingbo, Shanghai University
Meng Haixia, Dalian University of Foreign Languages

Abstract: Gang Shou (also named as "Du Gang" or "the bow") of businessmen in Song Dynasty means the head of the businessmen who was in charge of each group of goods

---

①　服部英雄《日宋贸易的实态——和"诸国"来的客人们、チャイナタウン"唐房"——》,九州大学21世纪COE计划,东亚和日本——交流和变化,2005年,第50页。

②　森克己《日宋贸易的研究》,国立书院,国书刊行会新订版,1975年,第246页。

③　据《武备志》卷二三一《日本考》记载:"花旭塔津为中津,地方广阔,人烟凑集,中无不聚,此地有松林方长各十里,有百里松,土名法哥杀机,乃厢先也。有一街名大唐街,有一条街名曰大唐街,唐人居彼,相传今尽为倭也。"参见服部英雄《日宋贸易的实态——和"诸国"来的客人们、チャイナタウン"唐房"——》,九州大学21世纪ＣＯＥ计划,东亚和日本——交流和变化,2005年,第59页。

④　前面提到张光安被称做"神人、通事、船头",具有三重身份。"神人",他是隶属于山门末寺大山寺的神人,而且又是以博多为据点开展贸易活动的宋商纲首。他后来被筥崎宫留守行遍杀害,引起山寺本寺延历寺众徒抬着日吉、北野、祇园的神舆(神轿),抗议申诉,并发生了骚乱,而且愈演愈烈,遍布整个日本的大小神社。据《仁和寺日次记》,《太宰府天满宫史料》卷7,1964年,第344页:"(建保六年)九月二十一日庚寅,叡山恶徒振日吉神舆三基王子宫、客人、右兵卫尉藤光明射群徒,大山寄人博多船头张光安,为筥崎检校宗清法印被杀害之故云云。"

transportation at that time, which played an important role in trades between Song Dynasty and Japan and in trades between Song Dynasty and Goryeo (Korea). There are also relevant records in historical materials of China, Japan and Korea. It was said that there were unearthed cultural relics of Gang Shou of Song dynasty in trading ports both in China and Japan. Gang Shou of Song dynasty was not only the businessman but also the messenger. They were so familiar with every fields in countries of East and North Asia , such as in politics, culture and economy, that they were called "Local Knowledge" Some of them were appointed to the local magistrate, and some were even appointed to the National ambassadors of Song Dynasty, Japan and Korea.

Key Words: the trade between Song dynasty and Japan；the trade between Song dynasty and Korea；Gang Shou；China；Goryeo

（本文作者分为上海大学外语学院日语系副教授，
大连外国语大学日本语学院副教授）

《元史》涉海传记系列研究之一

——《元史·高丽传》的史源及编纂

毛海明

提　要：《元史·高丽传》是研究元丽关系的重要资料。长期以来，学术界都认为它的史料来源是《经世大典》，其编纂粗疏、浅率。本文通过勘对史文，讨论了《元史·高丽传》的史源，指出其除《经世大典》之外，还有《实录》以及其他史料来源的可能。同时，本文也探讨了《元史·高丽传》纂修过程中考量与取舍的编纂思路。

关键词：涉海传记　《高丽传》　史源编纂

《元史·高丽传》是研究元丽关系的重要资料。关于它的史料来源，长期以来，学术界都认为其本于元文宗时期官修《经世大典》中《政典·征伐》篇。[①]《征伐》篇是《高丽传》的基本依据，这毋庸置疑，但其却并非唯一的史料来源。叶幼泉、王慎荣先生曾注意到《高丽传》较之《征伐》篇有所增益，认为"增益的内容，凡系有年月的当采自《实录》，这可同本纪一一对证"。[②]然而《高丽传》有所增益的内容与本纪并不能完全一一对证，其编纂，也并非仅是有所增益。或许意识到此，王慎荣先生又推翻了自己原来的观点，提出"至于高丽、日本、安南三传内容较之《征伐》篇引文又有所增益，这则有的正是录自被节略省去的原文，有的应是参取自《遣使》所载"的看法。[③]也就是说，在王先生看来，《高丽传》的史料来源就是《经世大典》。分别取自于其中的《政典·征伐》篇，及《礼典·遣使》篇。学术界对此一直也未有其他意见。

《元史·高丽传》中统二年（1261）的纪事，可以较好地反映《高丽传》的编纂方法，也有助于从一个侧面具体考察其史料来源。本文即以《元史·高丽传》中统二年纪事为线索，探讨其《经世大典》之外的史料来源，并对其编纂思路略加辨析。如有不当，敬请方家指正。

一、《元史·高丽传》与《元高丽纪事》记载的异同

《元史·高丽传》载：

> （中统）二年三月，遣使入贡。四月，倎入朝。六月，倎更名禃，遣其世子愖奉表

---

①　陈高华《〈元史〉纂修考》，《历史研究》1990 年第 4 期，第 125 页；王慎荣编《元史探源》，吉林文史出版社，1991 年，第 273 页。

②　叶幼泉、王慎荣《〈元史〉探源——兼评〈元史〉的史学价值》，《文史》1986 年第 27 辑，第 187 页。

③　王慎荣编《元史探源》，第 273 页。

以闻。八月,赐禃玉带一,遣侍卫将军孛里察、礼部郎中高逸民护惜还国。九月,禃遣其侍御史张镒奉表入谢。十月,帝遣阿的迷失、焦天翼持诏,谕以开榷场事。[①]

这段材料基本上是按月份编排了中统二年元丽之间关系往来的六件史事。《元史·高丽传》最基本的史料来源《经世大典》全书已然不存。其中有关高丽的部分,主要收入《经世大典》政典篇征伐类高丽一门。元末苏天爵编的《国朝文类》曾节引收录。明修《永乐大典》则抄录了这部分内容。清末,文廷式又从《永乐大典》中抄出,后由王国维刊行,即今之所见《元高丽纪事》。前人评介《元史·高丽传》与《元高丽纪事》的关系,认为前者即是依据后者修成,"而简略殊甚","文字也有修改"。[②] 上引《元史·高丽传》中统二年的一段文字,在《元高丽纪事》中作如下记载:

> （中统）二年四月十九日,高丽世子禃入朝。八月三日,上赐世子禃玉带一,遣侍卫将军勃立札、礼部郎中高逸民护之还国。九月,倎遣侍御史张镒奉表入谢。十月,朝廷遣阿的迷失、焦天翼持旨谕以开榷场事。二十九日,使回。[③]

比勘这两段材料,可以发现,既有相同之处,也有不同的地方。相同处是二文都记载了"禃入朝","赐禃玉带",并派人护送返国,以及九月、十月元丽之间使臣往来的史实。《高丽传》的确是"简略"了《元高丽纪事》中的文字。对于时间,只保留了月份,删除了"十九日"、"三日"这样的具体日期。对于人物对象,径称"禃",去掉了"高丽世子"、"世子"这样的称谓。十月二十九日元朝使臣返回的史事也被"简略"掉了。

不同处有三。一是增述了史事。《高丽传》增述了"三月,遣使入贡",以及"六月,倎更名禃,遣其世子惜奉表以闻"这两段史事。这两段文字,无论是在《元高丽纪事》开篇综述中,还是在其后分年述事中,都没有任何记载。二是语义有别。《高丽传》中的记载,是赐王禃一条玉带,护送其子王惜回国。《元高丽纪事》中则是"赐世子禃玉带一",并"护之还国",赐予与护送的对象是同一人。三是译名不同。《元高丽纪事》中的侍卫将军作"勃立札",在《高丽传》中则为"孛里察"。

二、《元史·高丽传》的其他史料来源

《元史·高丽传》中统二年纪事中的大部分内容都与《元高丽纪事》相同,说明《经世大典·政典》征伐类高丽部分是《高丽传》的基本史源,这已毋须赘言。二者之间的不同之处,也正说明《高丽传》在《经世大典·政典》征伐类高丽部分之外,还有其他的史料来源。

那么,这些不同之处,是不是正如王慎荣先生所言,都参取自《经世大典·礼典》中

---

① 《元史》卷二〇八《高丽传》,中华书局,1976 年,第 4612 页。
② 《元高丽纪事》后附王国维跋尾,《广仓学窘丛书》本,叶 33b—34a；王慎荣主编《元史探源》,第 274 页。
③ 《元高丽纪事》,叶 10b。按,文中"禃"字皆误作"植",《元史》纪、传皆作"禃"。本文依《元史》径改。

《遣使》部分呢？并非如此。《遣使》绝大部分今已亡佚，不能详知其具体内容，保留至今的只有其序录部分。云：

> 昔我国家之临万方也，未来朝者，遣使喻而服之，不服则从而征伐之。事在《政典》，此记使事而已。天下既定，郡县既立，有所询问考察则遣使，致命遐远则遣使。皆事已而罢。汇有司之存牍，为此篇。[①]

据此可知《遣使》部分的体例，其中记载的应主要是元朝向"未来朝者"诸国，以及向国内各地派遣使臣的情况。而由高丽方面遣使来朝、入贡等史事，应当不属于《遣使》部分记载的范围。[②]《高丽传》中有关这方面信息的记载，应该别有所本。

《元史·高丽传》的编修者应当参考了《实录》。有元一代十三朝《实录》今已不存。《元史》顺帝以前诸朝的本纪，即是依据《实录》纂成。《元史·世祖纪》中统二年有关高丽的纪事，云：

> （六月庚申）高丽国王倎更名禃，遣其世子愖奉表来朝。命宿卫将军孛里察、礼部郎中高逸民持诏往谕，仍以玉带赐之。[③]

《高丽传》"六月，倎更名禃，遣其世子愖奉表以闻"的史事增述，应该就是本自于《实录》中对此事的相关记载。同样，编修者"简略"了具体日期，删除了"高丽国王"的称谓。并修改"奉表来朝"作"奉表以闻"。《高丽传》改《元高丽纪事》中的"孛立札"为"孛里察"，也应该是本自于《实录》。

在《实录》之外，或许还有其他史源。上文我们已经指出，《高丽传》增述了中统二年三月高丽遣使入贡的史事。这条纪事不见于《元高丽纪事》、《元史·世祖纪》。《元高丽纪事》不载，其纪事内容又是高丽方面派使入贡，说明它应当不是出自《经世大典》的政典或者礼典。它的史源不是《经世大典》，应该可以判定。《元史·世祖纪》中虽然不见记载，但还不能就此断定《实录》中就没有记录这件史事。《本纪》实为删削《实录》而来。《高丽传》中的这条纪事，或为《实录》所载，只是为《世祖纪》编修者删削不取而已。

需要指出的是，在依据高丽王朝实录记载高丽王朝史事的纪传体史书《高丽史》中，也不见有这条史事的记录。[④] 虽然中外正史都没有这条纪事的记载，但并不说明它就是一条讹文。这条纪事当非空穴来风。元初文人王恽在中统二年左右曾任职中书省，他在日记中曾记载：

---

① 苏天爵编《国朝文类》卷四一《礼典·遣使》"序录"，《四部丛刊》初编本，叶 8b。
② 当然，《遣使》部分因为涉及元朝与诸国的外交往来，其中很可能也零星记载若干条诸国使臣的来朝信息。但即便如此，当时史臣纂修《高丽传》，记录诸国使臣来朝、入贡信息，应主要参考其他记载这方面信息更集中、更丰富的史源。对《遣使》部分，主要参考利用的应是其中有关元朝政府向诸国派遣使节的信息。
③ 《元史》卷三《世祖纪一》，第 71 页。庚申，三十日。
④ 郑麟趾《高丽史》卷二五《元宗世家一》，日本明治四十二年缩印本。

（三月十五日丙子）上命平章王文统草答高丽手诏，其辞有"诵经供佛，为国祈福，良可嘉之"语。选怯薛丹某官借职伯卫将军，以高逸民借职礼部员外郎为副使其国。将发，高丽世子来觐，止焉。[①]

据《元史》纪、传及《高丽史》记载，高丽世子来朝是在六月。王恽在三月就得知此事，当是有蒙古、高丽使者往来，传递此事。这其中当有很多的高丽来使不为正史所载。王恽在同一天的日记还写道：

初高丽国相有以书致寒暄于省府者，欲以书为答，且以方略撼之，俾见我大国文加武畅之盛。恽曰："不可。境外之交，非人臣所宜，此范文正书谕元昊，遂得罪于裕陵也，可不戒哉？"遂止。[②]

其中"高丽国相"即指高丽权臣金俊，他显然是派来了使节"致寒暄于省府"。关于高丽的这次来使，《元史》、《高丽史》等中外史料均不见有任何记载。金俊后被诛杀，列入《叛逆传》。[③] 他的一些活动，包括施政及与元朝的往来，不为正史所记载，也是很正常的事情。中统二年三月高丽遣使入贡，或许是为金俊所派，故而《高丽史》不载。

中统二年三月高丽遣使入贡的史事，很可能记载于《实录》中，并被《高丽传》的纂修者采用。当然，《实录》也很可能并未记载这条史事，若如此，《高丽传》的史源，在《经世大典》、《实录》之外，还当别有所本。不能排除这种可能。要之史料匮乏，我们只能作这样的揣测。

总之，通过以上考辨，我们可以得出这样的结论：《元史·高丽传》的史料来源，本自于《经世大典》，同时也参考了《实录》。甚至在这两种史籍之外，不排除还有其他来源的可能。

三、《元史·高丽传》的编纂

《元史》编纂粗疏，已是人所共知的事实。由宋禧分撰包括《高丽传》在内的《外夷传》，向来也被人批评"荒疏"、"浅率"。[④] 前人认为他依据《元高丽纪事》（即《经世大典·政典·征伐》中高丽部分）修纂《高丽传》，只是"简略殊甚"，修改文字而已。然而事实并非如此，《高丽传》对《元高丽纪事》文字的"简略"，其实是有所考量、取舍的，其中也能反映出作为修史者宋禧的编纂思路。

《元高丽纪事》记：

（中统）二年四月十九日，高丽世子愖入朝。

---

① 王恽《秋涧先生大全集》卷八〇《中堂事记上》，《四部丛刊》初编本，叶 20b。
② 王恽《秋涧先生大全集》卷八〇《中堂事记上》，叶 20b。
③ 见《高丽史》卷一三〇《叛逆四》。
④ 钱大昕：《十驾斋养新录》卷九《史臣分修志传姓名可考者》，商务印书馆，1957 年，第 218 页。

《高丽传》作:

> 四月,倎入朝。

改"高丽世子倎"为"倎",决非只是"简略"而已。《高丽史》记载,王倎在 1260 年六月改名禃。王禃即王倎,没有疑问。但王倎在 1260 年已继任为高丽国王,此时仍称为"高丽世子"却是有疑问的。此外,在 1261 年四月,王倎是否入朝,也是大有疑问的。至少在《元史·世祖纪一》中没有这样的记载,其中只记到这年六月倎遣其"世子愖奉表来朝"。王倎在中统二年四月来朝的事件在《实录》中应该没有记录,否则《元史·世祖纪一》不可能漏载这个如此重要的事件。在此我们姑且不论王倎入朝史实的对错与否,但显然《高丽传》的纂修者综合了《经世大典》、《实录》中的相关记载,并斟酌作出判断,记作:

> 四月,倎入朝。六月,倎更名禃,遣其世子愖奉表以闻。

同样,《高丽传》的纂修者根据《实录》记载,判断王禃(即王倎)之子王愖在六月入朝,故而又改《元高丽纪事》中遣勃立札、高逸民护送王禃还国的史实为:

> 遣侍卫将军孛里察、礼部郎中高逸民护愖还国。

将护送的对象由王禃改为其子王愖。

通过以上对《高丽传》中统二年纪事这个具体事例纂修的讨论,可以看出,纂修者宋禧并非只是"简略"《经世大典》中的记载,他对相关史料进行了梳理、辨别,并作出史实上的判断,经过考量、取舍,编辑而成《高丽传》。当然,其纂修中由于"荒疏"、"浅率"而造成的史实错误,就不属于本文的讨论范围,需要另文撰述了。

Historical Resources and the Compilation of "Record of Korea" in Yuan Shi: Studies on Biographies Concerning Overseas Communications in Yuan Shi, series I

Mao Haiming, Nanjing Universiy

Abstract: "Record of Korea" stands as a key document in studying the relationship between the Yuan Dynasty and Korea. The academia has long supposed its historical resources were derived from *the Great Codes of Governing the World*, but the compilation of the latter was not a well-wrought work. By emending related historical documents, the author proposes a new idea on the historical resources of "Record of Korea". Apart from *the Great Codes of Governing the World*, "Record of Korea" was also from Yuanshilu [the Truth Record of Yuan Emperor] and other resources. In addition, this essay also gives an analysis about the methods and rules in compiling "Record of Korea".

Key Words: Biographies Concerning Overseas Communications；"Record of Korea"；Historical Resources；Compilation

（本文作者为南京大学"中国南海研究协同创新中心"、南京大学元史研究室／民族与边疆研究中心博士后）

明郑海商行迹琐议

——以"唐船风说书"的记载为中心[*]

陈 波

提 要： 明郑政权以一隅之地抗衡清廷达数十年之久，无疑是以其活跃的海外贸易为基础，然而为之宣力的海商行迹却因史料所限难得其详。所幸日文史料"唐船风说书"对于明郑政权覆灭前夕，其所辖海商之悲剧遭遇不乏细节性的记述。从中可窥见清廷厉行海禁，对于财源倚重海上贸易的明郑政权而言，的确堪称釜底抽薪式的战略举措，然而这也使得明末以来中国的海上发展，至此遭遇严重挫折。

关键词： 明郑 海商 唐船风说书

郑氏集团以区区一隅之地抗衡清廷达数十年之久，无疑是以其活跃的海外贸易为基础。而经营海外贸易的方法，主要采取五大商组织之公营方式。所谓五大商，由设于杭州及其附近各地之金、木、水、火、土等陆地五商，以及设于厦门及其附近各地之仁、义、礼、智、信等海洋五商组成。海陆十大商行分工协作，由陆地五商先行领取公款，采购丝货及各地土产，将货送交海洋五商后，再向国库结账，并提领下次采购所需钱款。海洋五商接收货物后，即装运商船，出洋销售回还后，始与国库结算。除此以外，亦有领取郑氏资本独立贩运之贸易商。[①]而据康熙七年 (1668) 降清的原郑氏部将史传琦奏称，自郑成功时代起，就"以仁、义、礼、智、信五字为号，建置海船，每一字号下设有船十二只"。[②]毫无疑问，海洋五商下辖的海船奔走海洋所得贸易利润，是郑氏政权养兵给饷的主要经济来源。而为摧毁郑氏政权的经济来源，清廷长期厉行海禁令，严重阻碍了贸易品流通，导致海商或采购不到足够货品，或招揽不到客商，或因拖延出航日期而增加杂务开销，或费尽苦心准备起航，却突遭清军袭击，或适逢风势不顺发生海难等意外事故，造成人、物、金钱上之损失事例亦屡见不鲜，总之，是致使郑氏海上贸易愈见衰落，加之抗清战争消耗财力过甚，最终陷于降清之不幸结局。[③]以下试图结合《华夷变态》的记载，考察郑氏政权覆灭前夜其所辖海船船头的活动，以期揭示郑氏集团覆亡之一端。

---

* 本文是教育部人文社科青年项目"元明时代的滨海民众与东亚海域交流"（批准号：12YJC770007）、2013 年度国家社科基金青年项目"'唐船风说书'译注及研究"（批准号：13CZS020）及南大人文基金配套资助的阶段性成果，并得到国家社科重大项目"21 世纪海上丝绸之路建设与南海战略研究"（批准号：14ZDA078）的支持。

① 参见南栖《台湾郑氏五商之研究》，《台湾银行季刊》第 16 卷第 2 期，台湾银行，1965 年。

② 《候补都司金事史伟琦密题台湾郑氏通洋情形并陈剿抚机宜事本》，载《康熙统一台湾档案史料选辑》，福建人民出版社，1983 年，第 81 页。

③ 参见朱德兰《清初迁界令时中国船海上贸易之研究》，《中国海洋发展史论文集》第 2 辑，中研院三民主义研究所，1986 年。

一、唐船风说书所见明郑官商史料

明清之际的海商从事远洋贸易，需要巨额资本，且在禁海令的限制下，为减少投资困难以及被海防官兵逮捕、海难事故以及贸易不景气等诸多风险，多与藩王、官僚结合以求得庇护，故此当时海商以王商、官商居多。如平南王、靖南王都有所谓投藩商人持其资本进行海上贸易。海商之隶属关系，只能依据具体史料作出推断，据当时福建之习俗，"呼人为郎，呼公子、公孙曰舍，称呼体面之人曰官（认官为观，遂以观为名者多）"。[①] 也大致可窥见当时从事海上贸易的海船船主，多为官商，隶属于台湾郑氏政权的海商亦不例外。在《华夷变态》之中，留下姓名的郑氏海商（或言官商）的姓名并不多，兹将可以确定为郑氏所辖之船头的情况列表如下：

《华夷变态》所见郑氏政权所辖海船船头一览表

姓名	船号	发船地	赴日年次	起讫时日	典据	备考
陈檀官	1	东宁	康熙二十年，1681	？—5.22	卷七	为郑经所派之船。康熙十九年（1680）离开长崎回东宁途中遭遇暴风，漂至广东十字门修船，重新雇用船员，购货后，原拟返回东宁加载砂糖、皮货赴日，不料于澎湖遇风，其后又在航往长崎途中遇雾而漂抵天草[②]
曾清官			康熙十九年1680		同上	于康熙十九年回东宁途中遭遇暴风，未知漂向何方
叶添官			同上		同上	同上
陈舍官	23		康熙二十一年，1682	7.22—8.22	卷八	参见注一[③]
黄成	9		康熙二十二年，1683	闰6.2—6.15	卷八	乃吏官洪磊所派，闰六月二日发自台湾，同月十四日至日本，二十五日前往厦门投诚
蓝霖官			康熙二十二年，1683	闰6.1—？		蓝霖官在中文文献中又作蓝泽，乃刘国轩所派。此船于闰六月初一发自台湾，七日至十二日遇大风，七月十五日前往厦门投诚。
许开官	10		康熙二十二年，1683	闰6.25—6.21	卷八[④]	
颜荣官	25		康熙二十二年，1683	？—7.26	卷八	乃冯锡范所派之船，是东宁派往日本的最后一艘商船[⑤]
王鼎官			康熙二十二年，1683	7.6—？	卷八	据同卷二十四及二十六番东宁船船员口述，王鼎官船于七月十二日遇风，因载货多，可能于途中沉没

---

① 道光《厦门志》卷五《风俗记·俗尚》（《台湾文献丛刊》第95种，台湾银行，1961年）。以"官"为"观"的取名实例，如1667年漂至朝鲜的郑经所派官船，为首者是郑氏官商陈得、曾胜、林寅观等三人，船员共九十五名，最后朝鲜将他们移送北京，全部被清朝处死。可参见松浦章《李朝时代における漂着中国船の一资料——顯宗八年の明船漂着と"漂人问答"を中心に》，《关西大学东西学术研究所纪要》第15辑，1982年，第53—101页；孙卫国《义理与现实的冲突——从丁未漂流人事件看朝鲜王朝之尊明贬清文化心态》，《汉学研究》第25卷第2期，2007年，第187—210页。

② 《华夷变态》卷八《一番东宁船头陈檀官口述之和解》，第322—323页。

③ 《华夷变态》卷八《二十四番东宁船之唐人口述》，第356页。

④ 参见《华夷变态》卷八《十三番东宁船之唐人口述》及《十四番东宁船之唐人口述》，第386、387页。

⑤ 参见《华夷变态》卷八《二十一番东宁船之唐人口述》，第403页。

（续表）

姓名	船号	发船地	赴日年次	起讫时日	典据	备考
黄尚官	32	普陀山	康熙十八年，1679	？—11.9	卷七	其船客去南京，秘密入关之际，客人之内有十二人遭遇暗算被杀害[①]
薛彬舍	5	思明州（厦门）	康熙十四年，1675	？—5.26	卷三	
龚二娘黄熊官	6		康熙十六年，1677	？—7.12	卷五	此二人本随郑泰后裔降清，三藩之乱后又随主投靠郑经，并最终讨回郑氏长崎存银。[②]
王德官	17	广东	康熙十九年，1680	7.4—7.22	卷七	后被清军逮捕，被处流放[③]
留子官			康熙十九年，1680			买福建船头曾一官船二艘，被广东清军逮捕并处斩[④]
蔡胜官					《华夷变态》卷五第二种（页245、252）	黄熊官与龚二娘取回郑氏长崎存银时，东宁船头王长官、蔡偺官、颜荣官同为知证人
薛韬官	20	柬埔寨	康熙十八年，1679	？—7.29	卷七	乃锦舍部将左武卫名薛进思所派，船头乃其弟。康熙十九年（1680）于柬埔寨被役人吴李所杀[⑤]
张圣娘			康熙十九年，1680			在薛韬官于柬埔寨被杀之后担任该船船头

需要稍作说明的是，在上表中，很多船头多次赴日，表中所列基本情况是依据其初次赴日所提供的风说书。有些船头的情况出自他船船员的口述，这种情形下其入港次序、出航及抵达日期并不清楚，即不注明。有些船头在本船船员所提供风说书中并没有出现，此种情形下就以备考并辅以注解的形式加以说明。

二、明郑政权覆亡之际所隶海商的出处进退

三藩之乱期间，由于滨海地区大多处于郑氏水师的实际掌控之中，郑氏商船前往沿海搭客载货相对安全，因此相应风说书中关于船头及海船本身的信息往往并不多，而更加关注政治尤其是军事情报。但在郑氏政权覆亡的前夜，由于清军军事压力渐增，沿海海禁措施日趋严密，海船船头遭遇困难的情形也越来越多，相应此时风说书在关注清朝与郑氏之间相互博弈的政治军事情报之同时，对于海船本身的记述也大幅增加，这一点在《华夷变态》卷八所收风说书中体现得尤其明显。也正因为如此，可以通过这些风说书的记载，了解郑氏政权庇护下的海商活动之鲜活实态，从而有助于加深对于郑氏政权之所以崩溃的认识与理解。

首先从上表中，可以看出虽同属郑氏政权所辖商船，但具体统辖亦各有别。如陈檀官船乃直辖于郑经之官商，而黄成船则系吏官洪磊所派，蓝霖官船乃武平侯刘国轩所派，薛

---

① 参见《华夷变态》补遗卷二《一番普陀山船之唐人口述》，第3002页。
② 具体可参见浦廉一《延平王户官郑泰长崎存银之研究》（《台湾风物》第11卷3期，1961年）及林子侯《明郑对日关系与存银事件》（《台湾文献》第25卷4期，1974年）。
③ 参见《华夷变态》卷八《一番南京船之唐人口述》，第338页。
④ 同上。
⑤ 参见《华夷变态》补遗卷二《七番柬埔寨船之唐人口述》，第3009页。

韬官船乃左武卫薛进思所派，颜荣官船乃冯锡范所派。在郑氏政权即将倾覆之际，这些长期为郑氏政权逐利鲸波之中的船头所面临的风险也日益增加。由于郑氏在大陆的军事据点丧失殆尽，武装船只的护卫力量不足，导致惨剧不断发生。如薛韬官系郑经部将薛进思之弟，但是由于郑氏政权的衰微，在滞留柬埔寨期间，也遭受杀身之祸，据《华夷变态》补遗卷二《七番柬埔寨船之唐人口述》云：

> 去年（1679）自贵地回航柬埔寨的廿番柬埔寨船头薛韬官，今年（1680）四月十九日与柬埔寨河口的官吏名吴李者意外发生争执，同月廿二日被吴李杀害，故此当地唐人一起向柬埔寨国王申诉，言吴李非法杀害韬官，请务必给予调查。国主说称，韬官不守规矩，被杀也无妨。唐人无可奈何。韬官船货物无碍，其船由船内唐人名张圣娘者担任船头，应紧随我船出发之后开洋。

需要提及的是，据卷七《二十番柬埔寨船之唐人口述》，薛韬官于康熙十八年（1679）自柬埔寨来日本之前，正值柬埔寨内战，不仅船上银货被柬埔寨副王所劫，而且船员、水手皆被迫参战，不幸战败之后，试图搭载少量客人渡日，最后仅有一二客人上船，货物仅余碳二千斤。[1]次年（1680）四月十九日他再至柬埔寨时，因与河口柬埔寨官吏名吴李者发生纠纷而惨遭杀害。并且对于当地唐人的申诉，柬埔寨国主态度冷漠，作为东宁政权高级军官之弟，竟然也不能保证生命安全，应与当时东宁政权日益衰微有莫大当关系。

无独有偶，广东在平南王一家遭遇不测之后，海禁极其严厉，台湾所派前往搭载客货的商船不少遭遇不测，如王德官船、留子官船及蔡胜官船皆是如此。先说王德官，据卷七署期为"酉（1681）六月廿五日"的《六番七番东宁船之唐人口述》（页329）：

> 去年（1680）渡海来贵地的十七番广东船头王德官之船，本系东宁所造，去年自贵地装载大量白银，前往广东，当年亦拟搭载客货自广东航日。当年五月初，船头前往广东城内采购丝织品，而此时大清之兵船共数百艘出港，望见王德官船，即有欲追打之势，船中人等无奈乘船出海，以待机返回寄泊之地，然此时南风劲且不止，无法回到原寄泊之处，而往东宁则风顺，遂空船返回东宁。如上所述，船头本人滞留广东，银货亦在广东，虽欲来贵地，因骤难发船，当年无意渡海。

从这则风说书可知，王德官船离开商船进入广州城后不久，其船就被清朝兵船所迫出海，空船返回东宁，而本人则滞留广州。而两年后入港的一番南京船船员，就带来王德官被流放的消息：

> 前年（1680）十七番广东船头名王德官者，此人虽是东宁之人，却前来广东，因与敌占区有牵涉，自广东发船，航渡日本，被广东之代理守将下令逮捕，投入大牢，据悉

---

① 《华夷变态》卷七，第304页。

大概被处以流刑。

而同为东宁船头的留子官,就没有那么幸运,他于康熙十九年(1680)在日本买了一个名叫曾一官的船头的船只,前往广东,由于是"东宁方面的人,于广东被处斩"。①

与王德官与留子官相比,曾经多次赴日的蔡胜官则十分幸运。他是直辖于郑经的船头,早在康熙九年,就曾来过日本。②康熙十四年(1675)黄熊官、龚二娘取回郑氏长崎存银时,他以东宁船头的身份作为知证人签名。而这位经验极其丰富的资深船头,在台湾郑氏政权覆灭前一年也险遭不测:

> 蔡胜官去年(1682)于贵地买得大船,专事贵地与广东之贸易。自去年在广东筹集大部客人之货物,准备装载渡海,亦少量装载大号丝织品散货以及山货,如上所述,他于闰五月廿四日被兵船所捕之事,由搭乘我等船只之三娘逢渔船得知,而我等亦自渔船处获知。此名三娘者,曾事胜官船,其船停靠名北瞭澳之港口,时值三月,由广东内地有兵船出海,追击外国船只,其时胜官船早早逃离,返回东京港,然因其本就有心于广东贸易,正得顺风,乘船折返广东,于五月十七日抵达,乃将船停靠北瞭澳,欲搭载客人及货物出海,然有其身在广东内地而未出者,有其本人虽到,而货物未到者,故此胜官也急于渡海往贵地,特别是风向日趋不顺,碍难等待乘客,乃吩咐三娘,为催促客人于五月廿九日遣其前往广东内地。三娘于闰五月三日抵达广东内地,催促曾言欲乘胜官船之客人,当月十八日决心返回本船,从内地出发,当月廿二日抵达上述北瞭澳海边之际,因见近处兵船多有,特别是未见胜官船,虽觉可疑,但认定胜官乃因畏惧兵船,而移舟别港。三娘出陆之际,亦运出少许货物,则于北瞭澳以小船三艘装载,出海寻胜官船。兵船望见,出而追之,三艘一起逃跑,然两艘被兵船轻而易举捕捉,三娘所乘小船,幸运逃遁,乘之出港外,四处寻找胜官船,而胜官船不在,将遇危难之际,于当月廿八日遇渔船,相询:"知胜官船之行踪否?"渔船乘者说称:"胜官船于上月廿四日被兵船捕获,船中乘坐之唐人六十七八人内,大部亡故,约十四五人残存,他们也被严行缉拿,递送广东内地。胜官船则于次日(廿五日)烧毁丢弃。"闻此消息,无不吃惊。然跟随渔船之后,所乘小船亦无可停泊处,至名鲁万之岛附近,望见我船,遂催舟前来。正如上述,我等以其为贼船,正思防备,知无有贼船,乃三娘所乘之船,所幸其船中有相熟者,曾乘我船,以小船装载药种,换取我船之货物,小船遂离开。蔡胜官船,自渔船乘者处听闻,的否未能确知。二艘渔船同样如前述,当无谎说。再者胜官船再遭逢兵船之前,泊于北瞭澳之船,唯其一艘,余无同类船只。

> 如右 唐人所述 书以上呈 以上。
> 亥(1683,康熙二十二年)六月廿四日③

---

① 《华夷变态》卷八《一番南京船之唐人口述》,第338页。

② 《唐通事会所日录》卷一,宽文十(1670)庚戌之年九月廿一日条(页121)提到:"东宁船其中四艘,船头为六番柯贞官、七番曾卯官、九番蔡胜官、十四番黄武官,此四人皆锦舍本人所属之船头。"东京大学史料编纂所编,东京大学出版会,1984年。

③ 《华夷变态》卷八《十一番大泥船之唐人口述》,第379—381页。

蔡胜官尽管行商经验极为丰富，此次还是被逮捕，而其手下伙计三娘则搭乘大泥船（Pattani）脱险。而据上文所述，与蔡胜官一起被捕的还有东宁遗民林上珍，不过不久之后，他们就得以逃脱，此事于卷九《八番厦门船之唐人口述》颇为详细：

> 前年（1682），发自贵地至广东的蔡胜官船，去年夏天于广东招揽客、货，欲往贵地。正准备之际，大清兵船发现并视之为东宁船，逼近攻打，乘船之唐人约百二十余，大部或见杀，或溺亡烧死，三十六勉强保住性命，被活捉投入广东监狱。其中船头蔡胜官，并抑留于贵地的师匠唐人林上珍，逃得一命，被囚于同一牢房。广东守将及其他诸官，私下施以怜悯，以其船为发自暹罗商船为名，商议之后，于去年（1683）十二月晦日，赦免三十六人出狱，救其一命。如上所述，若非以暹罗船之名义，而究以东宁船，则因是敌国之船，一人也救不得。是以假托发自暹罗，免于追究。蔡胜官自广东有便船，尤其为将东宁妻女移往厦门，遂前往厦门，大将施琅听闻此事，传唤他并以事相托，言称期以之为使节向导，乘坐我等之船。胜官因去年未渡海，今年借被召见之便，申言如蔡都官居留贵地，当可碰见，幸亏施琅召见，遂乘机欣然渡海。林上珍就便乞乘此次入港之七番广东船前来。此次我等之船，自厦门渡海，洋中未逢任何船只，径直渡来，此外别无上呈之事。[1]

根据另一则风说书，则当时康熙帝勒令凡是东宁船皆予以攻击，至于东宁以外的商船，如加以攻击则罪及兵船及主将。[2] 蔡胜官船被当作暹罗船，方才得以逃脱。而实际上，蔡胜官被之所以被赦免，是因为郑可塽已于当年八月请降，台湾军民人等被谕令"悉行登岸"，"从前抗违之罪，尽行赦免，仍从优叙录，加恩安插"，[3] 对于"郑克塽等兴贩外国过洋船艘"，施琅也及时委派官员，"悉令返棹"。[4] 在这种情形下，清朝广东官员关押作为郑氏政权官商的蔡胜官已失去意义，因此他才被释放前往东宁，搬移家属至厦门居住，此后又接受施琅委派，前往日本招谕郑氏政权的其他商船回国。根据《华夷变态》记载，直至康熙二十四年（1685），蔡胜官仍以四十七番厦门船船头的身份来到日本，并与其他船头一起为增加贸易限额向日本当局请愿。[5]

与蔡胜官不同，黄成与蓝霖官二人在明郑政权即将垮台的前夜，主动前往厦门投诚。并且黄成和蓝霖官投诚事，尤其具有代表性。据《华夷变态》卷八《九番东宁船唐人口述》：

> 东宁之事，如上所述。诸将无意料外之变节者，诚然秦舍亦静居城中。百姓曾忧虑可能有内乱者，然竟无斯事。军士无怯意，上下正相勉励，尤其私下遣船往暹罗大量购入大米等物，因迄至我等发船之前，有大船四五艘前往购米，兵粮亦不乏，若至东

---

① 《华夷变态》卷九《八番厦门船之唐人口述》，第428页。
② 参见《华夷变态》卷八《二十二番暹逻船之唐人口述》，第403页。
③ 蒋良骐《东华录》卷八，康熙二十二年八月戊辰。
④ 《清代官书记明台湾郑氏亡事》卷四，《台湾文献丛刊》第174种，台北：联经出版社，1995年。
⑤ 参见《华夷变态》卷十《十番至五十番唐人请愿书和解》，第506页。

宁收纳之际,兵士亦将益发心坚,大清军队进逼东宁,也不易成功。若有内乱,其事将别有传闻,如无则丝毫不须挂虑。是以目今我等之船以及后船,应有五艘左右前来贵地,其中一艘于我等之前,先一日发自东宁,乃刘国轩所派大船,我船是名洪伯爷者所派之船。后四艘船皆将渐次出发,四艘内,有一艘乃直隶于秦舍之船。如此渐渐派船,乃因东宁令人安心之故,如无希望,则不能派遣船只,看来多半与大清和解之事可成。此次我等之船,洋中屡屡遭遇暴风,特别当月七日,逢逆风,八日九日两天折返,当时因船只危殆,将砂糖三百八十笼抛入海中,其后风侯少顺,又驾船往日本,当月十二日复遇东北大风,重陷困难,自十四日风向转顺,船只无恙,于贵地进港。洋中未逢他船,海上别无异事,此外无申述之事。(页375)

这则风说书署期"亥(1683)六月十五日"(实为闰六月十五日),除介绍船只本身情况外,另外还带来了台湾水师与清朝水师于先后在澎湖两次交战的消息,首次交战台湾水师小胜,清朝水师总兵官朱天贵(系东宁叛将)及副总兵蓝理战死,第二次则台湾水师大败,骁将邱辉战死。郑克塽不得已派遣使者前往澎湖施琅军前议和。[①] 有趣的是,即便在此不利情况下,该船船员仍然认为"大清军队进逼东宁,也不易成功……不须挂虑",且"和解之事可成"。可是根据《明清史料》丁编《部题福督王国安疏残本》:

> 黄成供系伪延平王下伪官吏洪磊于康熙二十二年闰六月在台湾发出往日本、暹罗贸易之船;蓝泽供系伪武平侯刘国轩于上年闰六月间在台湾发配货物,开往日本、暹罗生理之船……黄成、蔡允六驾大眸鸟船一只,于康熙二十三六月二十五日进厦门港,又管船蓝泽驾东木鸟船,于二十三年七月十五日进厦门港。

可知黄成及蓝泽二人已于六、七月间先后前往厦门投诚。尤其是黄成,六月十四日在日本唐通事面前表示无须挂虑,和议可成,而回船之际显然没有直接回东宁,而是直接开进厦门港投诚。而关于蓝泽之船,据卷八《十番东宁船之唐人口述》(页377):

> 在我等船只之前,当月朔日(六月初一)名蓝霖官者发船,此船乃大船,尤其因装载大量砂糖船重之故,定是在洋中遭遇七日至十一二日之大风,尚未入港。二日出发者即入港之九番船。

这则风说书不仅交待蓝霖官于六月初一日发船,还交代九番船于次日发自东宁,而根据卷八《九番东宁船唐人口述》之记载,"我等之船以及后船,应有五艘左右前来贵地,其中一艘于我等之前,先一日发自东宁,乃刘国轩所派大船,我船是名洪伯爷者所派之船。"无疑可以判定蓝泽即为蓝霖官。而且蓝霖官有可能没有到日本,而在遭遇暴风之前直接前往厦门投诚。并且,在前引《部题福督王国安疏残本》中,还将黄成船船员的情况详细开列:

---

① 风说书中将两次澎湖之战的时间记为"闰五月十六日"及"二十二日",皆误,实际上分别是闰六月十六日及二十二日。

　　大眸鸟船一只，管船黄成、蔡允六。火□□□□□□细副舵工谢升，总管林明，副总管陈英，阿班谢鼎，头椗陈三，大缭陈春，押工陈好，直库林七，香公张玉，总铺倪明，副总铺陆招，副阿班陈才，一阡陈兴，二阡林靖，三阡陈寅，二椗陈申，二缭陈好，三板工黄麟，副直库陈助，目梢杨胜、张四、陈武、蔡朋、林顺、王双、陈美、卢进、金长、黄未、陈建、杨卯、王进、林尾、金盛、林奏、林胜、郭进、洪创、邓三、王赞、王文、陈　、洪鸟、陈五、李任、杨金、曾五、曾才、陈隐、张□、许礼、陈妹、陈宇、李庆、薛元、陈尾、周顺、陈清、陈福厚仔、林会、林通、吕就等六十七名。①

　　这份人员名单，有助于了解当时郑氏海船的具体人员构成，无疑极具史料价值。

　　郑氏政权的海船除投诚外，还有滞留海外不归者。如颜荣官船即是如此。据卷八《二十一番东宁船之唐人口述》（页403）：

　　　　自东宁渡海来日本之船，我船最后派出，本应无后船。而恰好此时，因侍卫冯氏仓库内还残存少量货物，因此以颜荣官为船头，应在我船三日之后发船，不久或将入港。

　　这则风说书署期"亥七月廿六日"，交代在其船之后，所谓冯侍卫还将派遣一个名叫颜荣官的船头赴日。而据同卷《二十五番东宁船之唐人口述》（页407—408）：

　　　　郑克塽意欲降清，东宁上下意气消沉。礼武镇杨二不欲剃发，欲撤离东宁，前往柬埔寨。若然，则东宁上下兵船不过百艘，军士不过数千，大敌当前毫无胜算，因此民心离散，唯有剃发降清。本船已是（来自东宁）最后之船，之后应无船只前来。我们老爷乃侍卫之官冯氏，先前入港之三艘东宁船，连同本船共四艘，都由侍卫大人派出。主人吩咐我等，勿须返回东宁，四艘船只中卖掉两艘，另两艘则先由贵地航往暹逻，于暹逻等待来年之指示。

　　此则风说书署期"亥八月十一日"，并没有交代船头是何人，不过结合上一则风说书，可断定二十五番东宁船船头无疑即是颜荣官，他是最后见诸风说书记载的东宁船船头。

结　语

　　《华夷变态》卷八所收风说书，起自康熙二十一年四月九日，终于康熙二十二年九月九日，基本上反应了台湾郑氏政权走向覆灭的全过程。关于台湾郑氏政权覆灭过程中的重要事件，例如刘国轩败走澎湖，②宁靖王自杀殉国等，③中国史料不乏细节记载，《华夷变态》所收风说书多与之相符，正因如此，这些记载多无特别价值。而风说书记述值得珍视者，是关于台湾郑氏政权覆灭前后，长期受其庇护的明朝遗民的出处进退以及海上势力

---

①　《明清史料》丁编上册《部题福督王国安疏残本》，第607页。
②　《华夷变态》卷八，第364、372—375页。
③　同上，第383页。

的土崩瓦解,颇能反映明清鼎革这一历史阶段之落幕。依附明郑政权泛海为生的海商群体各各不同的悲剧命运,无疑折射出清初中国重新走向统一的宏大背景之下,海上发展却不得不面临严重挫折的历史吊诡。

The Trivial Discussion on the Trace of Maritime Merchants Ming-Zheng Regime: with Special Reference to Tosen Fūsetsu Gaki

Chen Bo, Collaborative Innovation Center of South China Sea Studies & Institute of Asian Studies, Nanjing University

Abstract: Ming-Zheng regime had contended with Qing court by occupying a small plot of land for decades, which was undoubtedly based on active overseas trade. However, it is difficult to know the trace of maritime merchants working for Ming-Zheng regime in detail due to historical limitation. Fortunately, There is no lack of detailed description about the tragedy of maritime merchants serving for of Ming-Zheng regime in *Tosen Fūsetsugaki（ 唐船风说书 ）* in Japanese, in which we could glimpse that the ban on maritime trade was indeed radical strategic measure to smash Ming-Zheng regime relying heavily on overseas trade. But this make the maritime progress of china since the late Ming Period meet suffer a serious setback.

Key Words: Ming-Zheng Regime；Maritime Merchants；*Tosen Fūsetsugaki*

（本文作者为南京大学"中国南海研究协同创新中心"/南京大学历史学院讲师）

1734年菲律宾群岛图研究

王 胜

提 要：2012年,菲律宾声称一幅制作于1734年的菲律宾地图表明在西班牙殖民时代菲律宾已经拥有黄岩岛的主权。这幅由西班牙耶稣会士穆里略编绘的地图是菲律宾地图史上首次将菲律宾作为独立绘制对象,并较为准确绘制出整个群岛地形范围的地志混合图。穆里略地图是对菲律宾地理上隶属于亚洲的历史性回归,其广泛的社会流传奠定了其在菲律宾地图史上的重要历史地位。

关键词：黄岩岛 1734年 菲律宾地图 Panacot Panatag 穆里略地图

据2012年5月3日《马尼拉公报》(Manila Bulletin)报道,菲律宾总统发言人埃德温·拉谢尔称,菲律宾正式将黄岩岛称为"帕纳塔格礁"(Panatag Shoal)。[1] 该名是菲律宾吕宋一带他加禄渔民对黄岩岛的惯称。[2] 在他加禄语中,"panatag"意为"平静的、平稳的",对应于英文词汇"stable"、[3] "clam","帕纳塔格礁"即平静之礁的意思。这可能是与黄岩岛内部泻湖为渔民提供了天然的避风港有关。菲律宾以民间俗称命名黄岩岛的理由是,一幅1734年西班牙制菲律宾地图在距离吕宋岛西海岸不远处绘有一个叫"帕纳克特"(panacot)的暗礁,此礁在后来的地图中同时又被标识为"巴约的马辛洛克"(Bajo de Masinloc,意为"马辛洛克礁",马辛洛克为吕宋岛三描礼士省下的一座临海小镇),而后者正是菲律宾长期以来对黄岩岛的官方称呼。据《英—他词汇口袋词典》,"panacot"一词乃是他加禄语"pananakot"一词的缩略形式,意为"威胁",对应于英文词汇"threat"。[4] 值得我们注意的是,panatag和panacot两词含义完全不同,因此菲律宾将1734年地图中出现的panacot比拟为现代菲律宾民间话语中的panatag,只能是一种语音比勘的结果。在语音上,Panatag与panacot有相似之处。

因此,可以推断的是,通过将历史地图中出现的地名与现代民间话语中存在的地名进行对接,菲律宾将黄岩岛归属自身的历史追溯至了18世纪早期的1734年。这一点

---

[1] 参见"菲律宾正式将黄岩岛命名为'帕纳塔格礁'",http://gb.cri.cn/27824/2012/05/06/2625s3670418.htm;"菲律宾一意孤行给黄岩岛改名",http://news.xinhuanet.com/world/2012-05/07/c_123085149.htm,访问日期：2014年6月10日。事实上,2012年4月30日《马尼拉公报》已刊文指出,"Panatag比Bajo更好"(Better Be Panatag Than Bajo),参阅网址：https://ph.news.yahoo.com/better-panatag-bajo-043555453.html,访问时间：2014年5月15日。

[2] 此外,在三描礼士省民间还有将黄岩岛称为"Kalburo"的现象。"Kalburo"一词意为"碳化钙"(calcium carbide),是一种用于催熟芒果和捕鱼的物质。参阅2012年4月30日的《马尼拉公报》。

[3] M. Jacobo Enriquez & M. O. Guzman, *Pocket Dictionary an English-Tagalog Vocabulary*, Manila: Philippine Book Company, 1949, p.104.

[4] Ibid., p.112.

从 2012 年以降,菲律宾媒体、学界、政府多次刊发的文章与说明中可管窥其一斑。2012 年 6 月 27 日,一篇题名《古地图支持菲律宾对斯卡伯格礁的主权宣称》(Ancient maps support PH claim over Scarborough)署名为卡罗斯·圣玛利亚(Carlos Santamaria)的文章写到:"数幅旧地图支持菲律宾而非中国对斯卡伯格礁或帕纳塔格礁的领土主权宣称,这个争议的区域早在 1734 年已经处于西班牙殖民当局的管辖之下。"[1] 一篇刊于《菲律宾每日问询者报》(Philippine Daily Inquirer)的文章援引菲律宾国会议员安哥拉(Edgardo J. Angara)的话称:"在西班牙殖民时代,斯卡伯格礁是我们地图中的一部分是显而易见的……在那个时候,斯卡伯格已经是菲律宾的一部分。"[2] 2012 年 6 月 28 日,一篇题为《菲律宾西班牙时代的地图表明斯卡伯格礁属于菲律宾的领土》的文章则明确地认为,"1734 年菲律宾地图中 Panacot 即是 Bajo de Masinloc",也就是 Panatag Shoal。[3] 2013 年 4 月,菲律宾大学亚洲海事与海洋法研究中心(The Asian Center and Institute for Maritime Affairs and Law of the Sea)在其完成的题名为《菲律宾视角下西菲律宾海领土与海洋管辖争端入门》(The West Philippine Sea: The Territorial and Maritime Jurisdiction Disputes from a Filipino Perspective A Primer)报告中指出,1734 年菲律宾地图出现的 Panacot 即是 Bajo de Masinloc。[4] 事实上,菲律宾外交部于 2012 年 4 月 18 日公布的"菲律宾对巴约的马辛洛克及其附近海域的立场"一文已经提及 1734 年菲律宾地图作为黄岩岛早已归属菲律宾的历史证据之一。[5]

前文简要地叙述了菲律宾命名黄岩岛为帕纳塔格礁的历史脉络,并对其论证逻辑作了可能性判断,然而探讨菲律宾上述做法的合理性已经超出本文的研究范围。本文惟拟对菲律宾声称的最早涉黄岩岛地图——1734 年菲律宾地图作一概览,以期增进学界同仁对菲律宾早期历史地图知识的了解。

一、1734 年菲律宾地图的作者及其由来概述

菲律宾所说的这幅 1734 年菲律宾地图,其全名是 "Carta Hydrografica y Chorographica de las Islas Filipinas",即 "菲律宾群岛水文地理与地志图"(图 1)。地图尺寸是 27 x 42 英

---

[1] Carlos Santamaria, Ancient maps support PH claim over Scarborough , 2012-6-27,请参阅网址:http://www.rappler.com/nation/7655-ancient-maps-support-ph-claim-over-scarborough, 上网时间 2014 年 5 月 15 日。

[2] Michael Lim Ubac, Scarborough belongs to PH, old maps show, *Philippine Daily Inquirer,* 参阅网址:http://globalnation.inquirer.net/34369/scarborough-belongs-to-ph-old-maps-show,上网时间:2014 年 3 月 20 日。

[3] Philippine Spanish-era map Shows Scarborough Shoal under Philippine Territory,参阅网址:http://www.freedomwall.net/news/philippine-spanish-era-map-shows-scarborough-shoal-under-philippine-territory/,上网时间:2014 年 6 月 14 日。

[4] The Asian Center and Institute for Maritime Affairs and Law of the Sea, University of the Philippines, *The West Philippine Sea: The Territorial and Maritime Jurisdiction Disputes from a Filipino Perspective A Primer*, April 2013, p.4; p.29.

[5] Philippine position on Bajo de Masinloc (Scarborough Shoal) and the waters within its vicinity,请参阅:http://www.gov.ph/2012/04/18/philippine-position-on-bajo-de-masinloc-and-the-waters-within-its-vicinity/,访问时间:2014 年 5 月 20 日。

寸,据说是菲律宾群岛地图有史以来最为准确、最为宏大的一幅。[1] 地图的制作者分别是佩德罗·穆里略·贝拉尔德（Pedro Murillo Velarde）、弗朗西斯科·苏亚雷斯（Francisco Suárez）和尼古拉·德拉·克鲁斯（Nicolás de la Cruz Bagay）。前者负责地图总体设计与规划（下文简称"穆里略地图"），后两者则负责雕刻与印刷。

图 1 1734 年菲律宾地图（穆里略第一版）

图片来源：菲律宾地图藏家协会（PHIMCOS,地图红色标签）。

网址：http://phimcos.org/gallery2/main.php

据资料记载,穆里略神父是一名耶稣会士、一位大学教授,专长于教会法规、地图和编年史。他尤其在地图方面造诣颇深。有关穆里略的具体生平是：他于 1696 年 8 月 6 日出生在西班牙南部的格拉纳达省（Granada）。他的父亲是征服中、南美洲军队中的一名军士长,而他的母亲是智利征服者（Pedro de Valdivia）的后裔。他曾在穆尔西亚（Murcia）和托莱多（Toledo）的耶稣会学校学习,肄业后入格拉纳达和萨拉门卡（Salamanca）大学深造,并以获得宗教法律申请者（bachiller）的身份结业。那时,他决心从事宗教事业,1718 年他开始了耶稣会士的见习期。5 年后,他被派往菲律宾。在菲律宾,他担任了群岛数个地方的不同职务。1749 年,他离开马尼拉远赴罗马。1753 年 11 月 30 日,卒于西班牙。[2]

根据穆里略首部传记的作者兼其导师贝尔纳多（Bernardo）神父的说法,在穆里略年少之际,他已经表现出对地图的极大兴趣。在托莱多,这位年轻的耶稣会士从未忘记过西

---

① Carlos Quirino, Leovino Ma. García, edited, *Philippine Cartography 1320—1899,* third edition, Quezon City: Vibal Foundation, 2010, p.57.

② Ibid., p.61.

班牙寡居女皇独有的地图集,其中部分地图是银制的,这些地图印刷出的城镇、山川给人以清晰美感。①

在穆里略地图右侧一栏最后一幅插图下出现了一行小字:"Fran' co Suarez, Yndio Tagalo, la hizo."这表明,地图的另一位作者苏亚雷斯是位他加禄艺术家。除此之外,我们对其情况所知甚少。不过,可以肯定他是当时绘制插图的能手,并且为当时的耶稣会贡献了其他的作品。②

地图的第三位作者克鲁斯也是一位他加禄人。他不仅参与了穆里略地图的镌刻,而且承担了地图的印刷工作。地图右下角插图下面的小字已经充分地说明了这一事实。克鲁斯是同代人中最著名的雕刻家。据称,从 1731 年至 1788 年,他镌刻了至少 23 幅地图,这些地图使用于菲律宾出版的各种不同书籍中。认为克鲁斯是位印刷工,是由于 1743 年至 1768 年间的 37 本书。那时,他是菲律宾耶稣会出版社的官方印刷工。此外,我们了解到,"他的西班牙语非常流利"。③

上述事实的存在清晰地表明,1734 年穆里略地图乃是"真正的西班牙—菲律宾人通力合作的产物"。④

据《1320—1899 年菲律宾制图学》(*Philippine Cartography* 1320—1899)和《美洲制图学》(*American Cartographies*)等文献的记载和说法,穆里略地图是西班牙政府推动的产物,是在西班牙王室和马尼拉的西班牙总督鼎立支持下形成的。

在世界制图史上,18 世纪是个颇具转折意义的时期。从 18 世纪开始,对群岛制图学兴趣的极大增长导致了地图绘制者开始更加准确地勾画世界上的不同国家。这个时期关于天文学、几何学、三角学、经纬度的知识已经在西方世界迅速传播。然而,关于菲律宾制图学的知识仍一如既往地处于极不准确与模糊的状态。例如,1727 年由海军司令迪亚士(Francisco Diaz Romero)主持绘制了一幅菲律宾群岛地图。但是,这幅地图存在着两个致命的缺陷:"棉兰老岛被绘制成了三角形状,而位于棉兰老岛东北的迪娜戈特岛(Dinagat island)又被漏掉了。"⑤这种情况直到费南多·巴尔德斯(Fernando Valdes)继任马尼拉总督之后才稍有改观,菲律宾制图学的活动从此以后便进一步兴盛起来。⑥

巴尔德斯继任总督后的第二年,即 1730 年,一幅关于马尼拉的地形图便出现了。接着,一幅用于大帆船贸易的航海图、一幅关于卡罗林群岛地形等地图或航海图相继问世。1733 年,巴尔德斯接到一道来自国王菲利普五世的命令,要求他准备一幅菲律宾群岛的地图。⑦穆里略在其自传中对此有着清晰地记录:"1733 年,一道来自王室的命令要求准

---

① Carlos Quirino, Leovino Ma. García, edited, *Philippine Cartography 1320–1899*, third edition, Quezon City: Vibal Foundation, 2010, p.61.

② Ibid, p.62.

③ Ibid.

④ Thomas Suarez, *Early Mapping of Southeast Asia*, Periplus Editions (HK) Ltd.; 1st edition, November 15, 1999, p.247.

⑤ Carlos Quirino, Leovino Ma. García, edited, *Philippine Cartography 1320–1899*, third edition, Quezon City: Vibal Foundation, 2010, p.56.

⑥ Ibid., p.55.

⑦ Ibid., p.56.

备一幅（菲律宾）岛屿的地图，并指派我来负责此事，1734年便绘出了这幅地图。"穆里略还提及了绘制任务的种种艰难："在这幅地图中，我绘出了所有的城镇、要塞、海湾、港口、浅滩、暗礁、道路、航线、河流和距离，这些和比例是如此之困难的事情。对少数航线的描述和页边幅像埃及象形文字的图画中，我提及了发生在那里的最为重大的事件，在如此少量的文字和图画中最广泛的表达可能的人或事。如果谁认为这是自吹自擂的，那么让他来从事这件事情。他会发现很难动笔，会发现做这件事要比站在旁边批评它困难得多。"[1]

如前文所述，在1734年地图的绘制工作已经宣告完成。因此，人们相信"在王室命令送抵以前，地图的作者很可能已经开始了地图的绘制工作"，[2]否则"地图的作者不可能在如此之短的时间内以如此完美的方式完成地图的绘制工作"。[3]

二、1734年菲律宾地图内容缕析

穆里略地图的特殊之处，正如地图名称所说那样，是菲律宾水文地理与地志的结合。这要求地图不仅仅绘制通常的菲律宾群岛地理地势图，而且还要编撰菲律宾群岛的地志与历史。穆里略地图完整地结合了这两部分内容。在地图的中间是一幅绘制菲律宾群岛地形以及水路航线的地图，其两侧则分别有六张插图，是对菲律宾当地人物与场景的历史描绘。下面即从地图的"地"与"志"两方面对其内容梗概作一叙述。

1. "地"方面：

穆里略地图的中间部分基本勾画出了今天的整个菲律宾群岛。其北抵今天的巴林塘海峡，南至棉兰老岛、婆罗洲一带。在地图的左侧（即临南海一侧）上方，有三个暗礁一字竖立排开。从上往下，地图依次将其命名为Galit，Panacot和Lumbay。三个名称均是他加禄语境下的叫法，意思分别为"生气"（anger）、"威胁"（threat）和"痛苦"（sorrow）。在左侧的下方，也有三个未命名的暗礁，据菲律宾称，这三个是"卡拉延群岛"的一部分，是表明"卡拉延群岛"主权很早归属菲律宾的地图依据之一。

穆里略的作品不仅是一幅地图，而且是一幅航海图。在这幅地图中，一系列罗盘有规则地围绕成大的圆环，地图最中心的罗盘象征着太阳。这些罗盘散发出覆盖整个水域的一个复杂路线网。[4]这里值得我们注意的是，两条源自马尼拉通往墨西哥阿卡普尔科港（Acapulco）的大帆船贸易航线。第一条航线地图上标注为"Der rotero Para la Nueva Efpanna Por el Cabo de Boxeador"或"Route pour la Nouvelle Espane par le Cap de Boxeador"，即经过Boxeador（西班牙语意为拳击手，即今天的巴尔戈斯）角通往新西班牙的航线。该航线从马尼拉港出发，出马尼拉湾，向北越过Galit与Panacot之间水道，再折向东北，穿越Boxeador角，然后折向东通往墨西哥。第二条航线地图标记

① Murillo, in Juan de San Antonio's Chronicas, Vol. 1, 转引自，Carlos Quirino, Leovino Ma. García, edited, *Philippine Cartography 1320–1899*, third edition, Quezon City: Vibal Foundation, 2010, p.56.

② Martin Brückner, Ed., *American Cartographies*, the University of North Carolina Press, 2011, p.6.

③ T.H.Pardo de Tavera, "Notas para una cartografia de Filipinas," Cultura Filipina (Manila, November 1910), 141. 转引自，Carlos Quirino, Leovino Ma. García, edited, *Philippine Cartography 1320–1899*, third edition, Quezon City: Vibal Foundation, 2010, p.57.

④ Carlos Quirino, Leovino Ma. García, edited, *Philippine Cartography 1320–1899*, third edition, Quezon City: Vibal Foundation, 2010, p.57.

为 "Der rotero de la Nao Para la Nueva Efpana Por el Embocadore de San Bernardino" 或 "Route dos Narires pour la Nouvelle Espane par embouchure de St. Bernard"，即经过圣贝纳迪诺河口（即今天的圣贝纳迪诺海峡，位于萨马岛北部海峡）第二条通往新西班牙的船只航线。该线出马尼拉湾，南下经过八打雁（batangas），穿马林杜克岛（Marinduque），越过蒂努利萨南角，东向经布兰（Bulan），最后通过圣贝纳迪诺海峡东去墨西哥。地图中，除标记两条通往墨西哥的航线外，还有一条马尼拉通往东南群岛的航线，因地图字迹模糊，这里不再展开。

除上述叙述内容外，在地图西南部分的圆形图案上还出现了节略的（菲律宾）群岛史：

> 1519 年 8 月 10 日，斐迪南·麦哲伦离开塞维尔（Seville），于 1521 年 4 月 7 日抵达宿务（Cebu），并在马克坦（Mactan）被杀。黎牙实比于 1565 年抵达了菲律宾，并在 1571 年 6 月 24 日开始兴建菲律宾的首府马尼拉，菲律宾是菲利普二世（Señor Felipe II）即位后命名的。这些岛屿数量众多并且富饶……在棉兰老岛……
>
> 他们有一个大主教区和三个主教区，一位首脑，三个政府机构（three governments），21 个省或管辖区，18 个要塞，一个铸炮厂，火药厂，印刷厂等等。世俗神职人员有四个教区，总共 142 个城镇、131279 名教徒。多明我会……方济各会……耶稣会……奥斯定会……[①]

此外，简史中还介绍了本地人及与西班牙人关系等基本情况。

2. "志"方面：

前文已述，穆里略地图的特殊之处，主要在于地图附有 12 张插图。这些插图分别归属两栏，排列于地图的两侧，每侧六幅。每幅插图的大小均是 9 x 7 英寸或 23.7 x 17.7 厘米。左边一栏主要介绍了生活于菲律宾的各种来自不同国别的族群。右边一栏则是菲律宾当地人的部分生产生活场景和城市区位图。

左边一栏，从上到下，依次是：菲律宾的中国居民；非洲居民（左边四位）和印度居民（右边两位）；米斯蒂佐（Mestizos），或西班牙与菲律宾人的混血后裔（左边三位），然后是一位摩鹿加人（Moluccan）和一位日本人；第四幅图是穆里略——可能还有他的好友插图画家苏亚雷斯——谴责的一位傲慢的西班牙官员的政治人物漫画。在背景中有平民与"山地未开化之人"。倒数第二幅插图描写一位波斯人、一位蒙古人和一位马八儿印度人的特征；最后一幅插图描绘了一个典型的街道场景，前景中一名妇人正售卖篮子中的番石榴，两个孩童拿着竹制帆船和螃蟹，后景中人们在听音乐和跳舞。

插图的右栏，从上到下，展示了一位农民使用水牛犁地，另一位农民使用水牛耙地，不同捕食性动物如鳄鱼、蛇，以及一位妇人（在后景中的寓所旁）使用 luzon 舂米，穆里略认为，吕宋岛的名字即源于此（他加禄语称用来舂食物的臼为 lusóng）场景。下一幅图是马里亚纳群岛中的关岛插图；然后是马尼拉图；再后是一幅绘有伐竹人和不同动物的农村

[①] Carlos Quirino, Leovino Ma. García, edited, *Philippine Cartography 1320–1899*, third edition, Quezon City: Vibal Foundation, 2010, p.57.

场景图；接着是三宝颜要塞图；最后是马尼拉湾的甲美地图。①

通过对插图的简单描述，我们可以发现，在 18 世纪的菲律宾，生活着来自亚洲不同地区的族群。他们有着不同文化背景、宗教习俗与语言文字，却能相安无事、和平共处、友好往来。马丁·布鲁克纳在《美洲制图学》一书中对 1734 年穆里略地图中的插图如此评论道："在他们中间，我们发现了西班牙人、米斯蒂佐人、非洲人、中国人、亚美尼亚人、波斯人、日本人以及菲律宾本土不同族群的人。在穆里略地图中，菲律宾被描绘成一个岛屿世界，但他们没有展示出人们预期在隔绝地带中固有的同质（homogeneity）。他们即是海岛的，也是世界的；既有区别又多种多样。"②

上面扼要梳理了 1734 年穆里略地图的基本内容。十年后的 1744 年，穆里略又在马尼拉出版了该幅地图的第二个版本（如下图）。这个版本的尺寸是前一版本的四分之一，因此，与其说后者是一张航海图不如说是一张地图。③ 与 1734 年地图相比，1744 年的地

图 2　1744 年菲律宾地图（穆里略第二版）

---

① Thomas Suarez, Early Mapping of Southeast Asia, Periplus Editions (HK) Ltd.; 1st edition, November 15, 1999, p. 248. 有关插图的说明还可参阅，Carlos Quirino, Leovino Ma. García, edited, *Philippine Cartography 1320–1899*, third edition, Quezon City: Vibal Foundation, 2010, p.64.

② Martin Brückner, Ed., *American Cartographies*, the University of North Carolina Press, 2011, p.10.

③ Carlos Quirino, Leovino Ma. García, edited, Philippine Cartography 1320−1899, third edition, Quezon City: Vibal Foundation, 2010, p.67.

图在内容上发生了部分变化。1744 年地图的标题已经被圆形图案所替代,在前一版本中该图案是处于地图左下角的。圆形图案中有关菲律宾的历史叙述亦被大为缩减。总督的题词(dedication)被省略了,这可能是因为要么在任的总督托雷(Torre)不喜欢,要么是他未受到西班牙殖民地居民的尊重。而位于原来圆形图案的地方则出现了圣·弗朗西斯·泽维尔——"海洋王子"的图像。他手拿带有耶稣会旗帜的十字架,骑在由海马拉着的扇贝上,这位虚构乖戾之人还紧握着一尊耶稣钉死在十字架上的苦像。[①]

1744 年穆里略地图得到了进一步的流传。1749 年,由马尼拉耶稣会出版社发行的穆里略《耶稣会士之菲律宾省史》(*Historia de la provincial de Philipinas de la compañía de Jusus*)重印了第二个版本的地图。这次刊行的地图尽管保留了印刷者克鲁斯之名,但雕刻卷首插图的却是同时代另一位著名的画家——劳雷亚诺(Laureano)。他也是位他加禄人。

随着 1768 年耶稣会士被逐出菲律宾,卡洛斯三世(Carlos Ⅲ)将耶稣会士从西班牙和西班牙殖民地全部驱逐出去了。在菲律宾的耶稣教会财产,包括它的印刷厂被转归马尼拉大主教,后者在圣卡洛斯主教区神学院成立了一个印刷厂,该厂使用先前耶稣会士所用的机器和铅字印刷。据耶稣会士遭驱逐期间一份财产清单目录显示,这一时期在马尼拉出售的穆里略地图只有 7 幅;一幅大的版本(1734 年),6 幅稍小版本(1744 年),价格分别是 2 雷阿尔(reales)和 1.5 雷阿尔。[②]8 个雷阿尔等于 1 比索(比索为菲律宾货币)。

44 年后,孔塞普西翁(Fray Juan de la Concepción)出版了他的十四卷不朽之作——《菲律宾全史》(*Historia general de Philipinas*)。其中,收录了 1744 年穆里略第二版地图的再刊本。由于孔塞普西翁属于奥斯定会,他似乎不能再使用已在西班牙及其殖民地被禁止的耶稣会士制作的地图,因此在铜版印刷时他对穆里略地图作了局部的修改与变动——穆里略的职称耶稣会士("de la Compañía de Jusus")下的横线被一条装饰物所替代。标题顶端的狮子被西班牙的盾徽替代;标题下面的两个球状物被清除了,而增加了一条绶带。

1858 年,耶稣会复兴后,耶稣会士复原了 1744 年版本的铅板底片,并尝试着在一幅地图上恢复原版本,这幅地图为他们的"菲律宾耶稣会传教士地图集"一书所收录。根据这一底版并连带 1734 年的插图,1934 年菲律宾国家图书馆(National Library of the Philippines)翻印了数百张地图的复制品。[③]

穆里略地图不仅仅停留在西班牙与菲律宾,还在西欧大陆广为流播。当 1762 年英国人占领马尼拉后,海军舰队分司令科尼什(Cornish)送给了海军司令乔治·安森(George Anson)"一些发现于马尼拉的菲律宾群岛铜板"。根据这些制作穆里略地图的模板,后来英国人、法国人、威尼斯人等相继模仿、复制了穆里略地图,遂将穆里略地图的影响力广为播散。有关穆里略地图的流传下文还将谈及。

据称制作 1734 年穆里略地图的模板共有 8 块铜版,在 1762 年英国人占领马尼拉后

---

① Carlos Quirino, Leovino Ma. García, edited, *Philippine Cartography 1320–1899*, third edition, Quezon City: Vibal Foundation, 2010, p.67.

② Ibid.

③ Ibid., p.68.

被送至伦敦，但后来在伦敦的水文局和海军部都没有发现。大英博物馆地图室的负责人斯科尔顿（Skelton）博士认为："19世纪初，铜版被磨光重新使用，这种可能性很大。"[1]

三、1734年菲律宾地图的价值与意义

1734年穆里略地图在菲律宾地图史上具有划时代的意义。它是首幅以菲律宾群岛为独立绘制对象且水文地理数据兼具准确的西班牙制地图。在早期西班牙殖民统治时代，菲律宾群岛都是与西班牙属美洲殖民地一道被绘制于一幅幅题名为"西属西印度群岛"地图之中。作为西班牙在东方的殖民地，菲律宾长期以来与美洲的广大殖民地作为一个整体，组成了西班牙的"西印度"殖民体系。菲律宾只是西班牙的菲律宾，而非世界的菲律宾。菲律宾地理上属于亚洲的特征长期以来未被西班牙地图界予以承认。这种现象一直持续到18世纪早期。1730年代，"菲律宾群岛的官方制图已经开始抛弃长时期以来将群岛绘成'西印度'一部的做法"。[2] 前文所述迪亚士地图即是证明。不过由于该图在技术上、在信息表达上还存在一定的错讹，致使其未能确切地描述菲律宾群岛。这种错误在1734年穆里略地图中得到了纠正。

对于穆里略地图表现出的亚洲特性，布鲁克纳这样评论道："穆里略地图不再强调大帆船贸易带来的跨太平洋联系，而是代之以强调（菲律宾）当地航行支点的错综复杂。"地图中的插图表明："（菲律宾）内部文化的多样性强调了群岛与亚洲的关系，而非美洲。（在菲律宾），亚洲族群占据着主导，（我们）看不到任何一位美洲人。"[3] 因此，可以说，1734年穆里略地图是对菲律宾地理上隶属亚洲的历史性回归。此后菲律宾要么以独立的身影，要么以东南亚的一员身份出现在历史地图的舞台之中。或许正是基于这种回归，穆里略地图被当代菲律宾人称作是菲律宾所有的"地图之母"（mother of all maps）。[4]

穆里略地图的重要性不仅仅体现在对菲律宾隶属亚洲的历史性回归，而且还表现在其本身地图的价值意义方面。基里诺对穆里略地图的重要性给予了充分肯定。在《菲律宾制图学》一书中，他称其是"（菲律宾）群岛地图绘制以来，最为准确、最为宏大的地图"，其对18世纪的地图制作者——西班牙的、法国的、英国的、德国的、意大利的——产生了重要影响，他们复制并修正了它……正如我们所看到的，他绘制的这幅地图不仅仅是一幅航海导引图……它的影响力不应该受到怀疑。[5]

如此极具价值而又重要的地图显然会使其声名鹊起。前文已述，穆里略地图对欧洲的地图绘制者产生了巨大的影响。他们大部分人承认从这位耶稣会士地图绘制者那里获得了益处，但部分人亦乐意于稍作修改后再版。下面根据《菲律宾制图学》一书，将18—20世纪受穆里略地图影响的欧洲制图者与其地图目录编排如下：

---

[1] Carlos Quirino, Leovino Ma. García, edited, *Philippine Cartography 1320–1899*, third edition, Quezon City: Vibal Foundation, 2010, p.70.

[2] Martin Brūckner, Ed., *American Cartographies*, the University of North Carolina Press, 2011, p.6.

[3] Ibid., p.10.

[4] Michael Lim Ubac, Scarborough belongs to PH, old maps show, Philippine Daily Inquirer, 参阅网址：http://globalnation.inquirer.net/34369/scarborough-belongs-to-ph-old-maps-show，上网时间：2014年3月20日。

[5] 引自Martin Brūckner, Ed., *American Cartographies*, the University of North Carolina Press, 2011, p.7.

1. 菲律宾群岛规划图 (Plan de las Yslas Philippinas)，一幅 1742 年佚名手稿地图。原稿藏于马德里奥特拉玛博物—图书馆（Museo-Biblioteca de Ultramar），其照片复制品亦在布莱尔（Balir）和罗伯逊（Robertson）合著的《菲律宾群岛》（*The Philippine Islands*）第 47 卷中出现。

2. 神父穆里略的成果：菲律宾群岛地图（Mapa de las Yslas Philipinas hecho por el padre Pedro Murillo Velarde）。尺寸：12½×19½ 英寸。1744 年英国探险家亚历山大·达尔林普尔（Alexander Dalrymple）在其出版于伦敦的地图集第 2 卷第 61 页中有其复印件。

3. 一幅 1734 年地图的缩略版由出版商 Leopold Johann Kaliwoda 出版于 1748 年的维也纳。其题名为"在菲律宾群岛说明书中马尼拉的早期菲律宾群岛手稿"（Insulae Philippinae ex autographio Manilae in the Beschreibung deren Philippinischen Inseln.）其一张复印品在大英博物馆已被发现。如图 3。

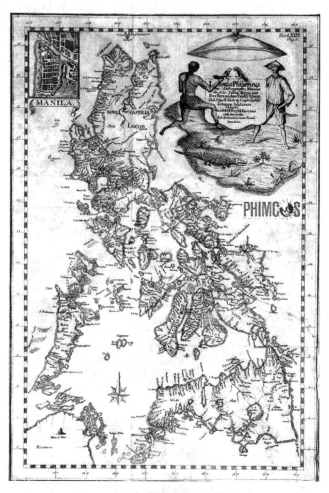

图 3　1748 年菲律宾地图（维也纳）

4. 马尼拉的早期菲律宾群岛手稿（Insulae Philippinae ex autographio Manilae）出现于 1726 年至 1758 年出版于奥格斯堡和格拉兹的 Der welt-bott Neue 中。作者不详，但他复制了 1734 年的地图，其大小是 10½×15½ 英寸。这张图可能是前张地图的复制品（第三目）。

5. 菲律宾群岛水文与地志图（Carte hidrogaphique et chorographique des Isles Philippines, dressee par le P. Pierre Murillp Velarde a Manile, en 1734）。纽伦堡的乔治·洛维茨（George H. Lowitz）将 1734 年地图稍作修改并作简略版。1760 年 Homann 公司将其出版。地图的大小是 21 × 36 英寸，或比马尼拉地图小 6 英寸。

6. 7. 8. 菲律宾群岛缩略图（Carte reduite des Isles Philippines）由法国著名的地理学家贝尔林（Jacques Nicolas Bellin）编撰，1752 年，55 x 88cm。贝尔林在他的地图注释中写到他的地图不是穆里略地图的"纯粹复制品"（servile copy）。他同时出版了一本纪念册高度评价了这位耶稣会士的工作，尽管他批评能够获得马尼拉经度的方法。穆里略反击说他的计算建立在西班牙引航员和麦哲伦本身的工作基础之上。贝尔林的这幅地图成为了由海军部下令编绘的《法兰西水文地理学》（hydrographie française）的第 89 幅地图（如图4）。同时或此后不久，他又制作了另一幅由两卷组成的地图复制品，尺寸是 6 x 8 和 8 x 11 英寸，并附于 1747 年至 1779 年在哈格（Hague）出版的《航海通史》（*Histoire générale des voyages*）中。这两分卷地图出现在该书 14 卷的第 220 和 221 页（图 5a、5b）。同样的地图还出现在 1764 年巴黎出版的海洋地图集中（图 6）。

图 4　1752 年菲律宾地图（巴黎）

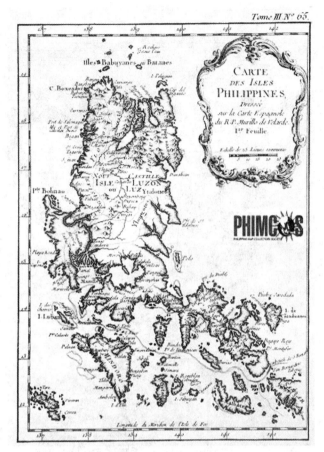

图 5a　菲律宾地图 1

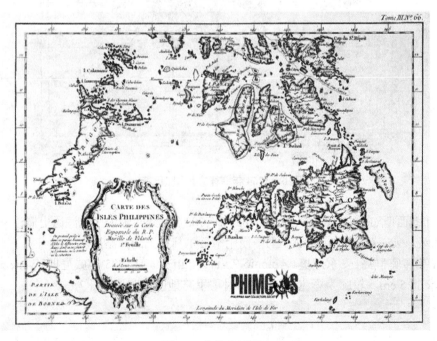

图 5b　菲律宾地图 2

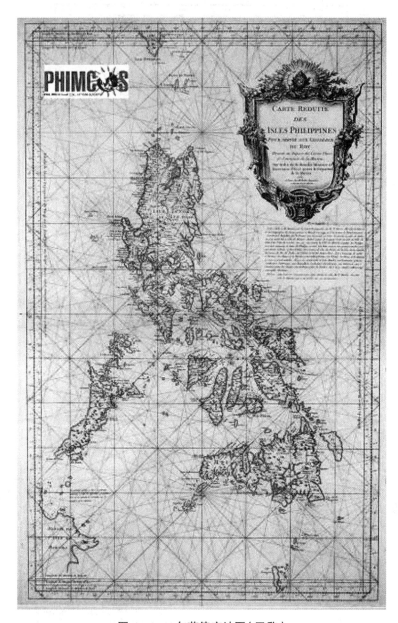

图 6　1764 年菲律宾地图（巴黎）

9. 弗朗西斯 (Jean François de la Harpe) 于 1780 年巴黎出版的《航海通史概论》(*Abrégé de l'histoire générale des voyages*) 一书中使用了贝尔林地图的简略版。

10. 菲律宾群岛，安东尼奥（Antonio Zatta è figli）编于 1785 年威尼斯（Venezia）。尺寸：29×38.5 cm。轮廓为彩色，没有注明对穆里略地图的鸣谢（图 7）。

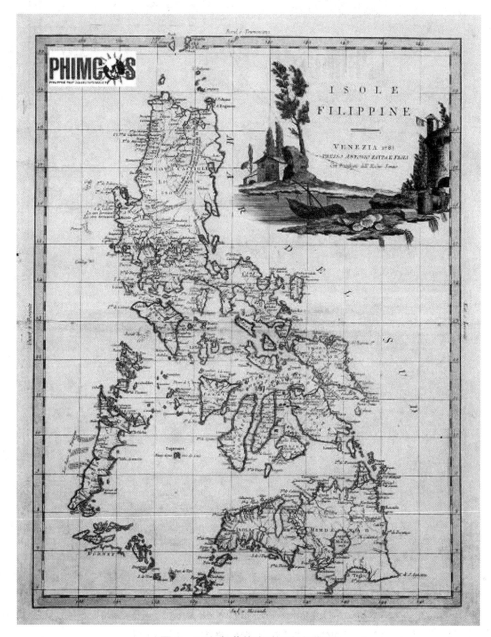

图 7　1785 年菲律宾地图（威尼斯）

　　11. 孔塞普西翁（Fray Concepcion），在其《历史》一书中使用了穆里略地图的第二个版本，即 1744 年版本。

　　12. 罗伯特·卡尔（Robert Carr）的南海与菲律宾群岛地图（A Chart of the China Sea and Philippine Islands），1794 年于伦敦（图 8）。大小：29×23 英寸。

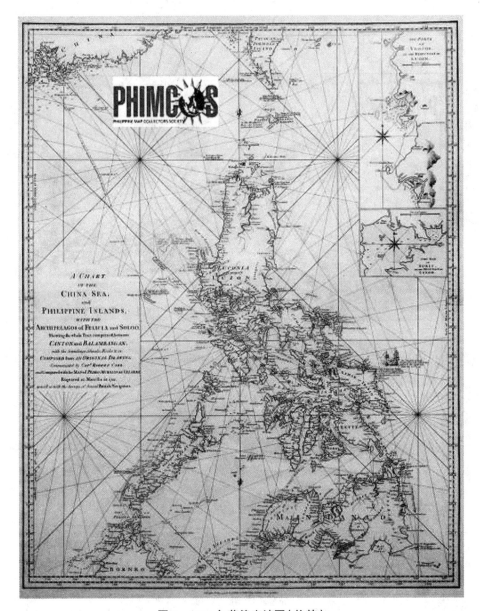

图8　1794年菲律宾地图（伦敦）

13. 德尔加多（Fray Juan Delgado）在他的《历史概论》一书第944—945页收录一幅菲律宾地图。尺寸：13¼×20¼英寸。这幅地图来源于1744年版本。

14. 1897年，法国地理学者马歇尔（Gabriel Marcel）在其出版的《通报》中收录一幅1734年版本的菲律宾地图。

15. 1934年，菲律宾国家图书馆翻印了数百张1744年版本的菲律宾地图。

16. 1921年，菲律宾出版局重印了1734年的这幅地图，并将其收入一本附有解说的纪念性小册子。这本小册子（Celebración del cuarto centenario del descubrimiento de Filipinas por Fernando de Magellanes）用于一场纪念麦哲伦发现菲律宾群岛四百周年的公众庆祝会。

17. 1946 年西班牙长枪党（Falangist Party）杂志《尖顶》（vértice）出版了一幅 1744 年版本的菲律宾地图。[①]

以上编排了《菲律宾制图学》一书中列举的 17 种受穆里略地图影响的地图目录。从其国别看，既有西班牙、菲律宾本土的，也有广大西欧大国的，如英国、法国、德国、意大利等。可以说，穆里略地图的影响力业已风靡西欧。其重要性与价值，由此可见一斑。

不过，与此同时，穆里略地图毕竟属于 18 世纪早期的地图，受当时地图绘制水平、人们地理认知水平及经纬度测量水平所限，其或多或少存在一些仍令人存疑的地方。比如，地图上存在的三个暗礁，Galit，Panacot 和 Lumbay，在 19 世纪以后直至当代的地图中已经不再出现。这三个暗礁到底是因当时经纬度掌握错误而绘制不当还是由于地壳或地理上本身的变化导致 19 世纪以后消失了？这仍是个需要进一步解决的问题。

The Study of Map of the Philippines Islands of 1734

Wang Sheng, Nanjing University

Abstract: By an announcement in 2012 for a map of the Philippine Islands made in 1734, the Philippines has claimed sovereignty over the Scarborough Shoal since the Spanish colonial era. This mixed topography and history map, produced by a Spanish Jesuit Pedro Murillo Velarde, is the first time a map drawing the Philippine Islands as an independent object in the history of map of Philippines and accurately draw the territory range throughout the archipelago. Murillo's map is the historical return of Asia of the Philippines in the geography, while the wide influence make it an important historical position in the history of map of Philippines.

Key Words: Scarborough Shoal (Huangyan Island); 1734; Map of the Philippines Islands; Panacot; Panatag; Murillo's Map

（本文作者为南京大学"中国南海研究协同创新中心"/
南京大学历史学院博士研究生）

[①] 以上内容请参阅，Carlos Quirino, Leovino Ma. García, edited, *Philippine Cartography 1320–1899, third edition*, Quezon City: Vibal Foundation, 2010, pp.70–71.

古代伊朗与中国马球运动文献、文物之比较 [*]

程　彤

提　要： 马球是一项古老的运动,曾在历史上兴盛了很长的时间。本文就古代伊朗与中国的马球运动有关的历史记载与留存的实物进行比较,使人们对此有所新的认识。

关键词： 马球　伊朗　中国

最近几年随着文物考古工作的不断进展,促使有关中国马球史的研究取得了重大的成果,同时也再次引发了人们就马球发展史上一些疑问的争论,特别是马球运动的发源地到底在哪里? 至少古代伊朗被认为是马球的发源地之一。本文试图从伊朗和中国这两个国家有关马球的历史史料、古代文学作品和发掘与存世的文物进行初步的比较,为马球运动历史的研究者提供一点新思路和新材料。

历史文献之比较——最早的记载:

伊朗人认为早在公元前 600 年,大概在大流士一世统治时期伊朗就开展马球运动了,到萨珊王朝马球运动达到成熟。①

关于伊朗马球最早的史料记载是伊朗萨珊时期的《阿尔达希尔•帕别克功绩录》(Kārnāmeye Ardashīre Bābekān)。此书成书于 6、7 世纪,用巴列维语写成。②据此书记载,安息国王阿尔达万五世(212——214)召集王子们和其他贵族子弟到马球场打马球,阿尔达希尔也其中,并且表现突出。③

此后,塔巴里(838——923)在他的《塔巴里历史》中也有有关萨珊王朝打马球的记载,书中提到阿尔达希尔在看青年贵族打马球时,辨认出从未谋面的儿子沙普尔,④阿尔达

　　＊　本文得到了上海市高校一流学科项目资助(2013EJXKYFY)。

①　http://www.chn.ir/interactivity/show/?section=1&id=32784،چرا چوگان در ايران فراموش شده؟ .

②　此书的内容记载了继亚历山大之后,阿尔达希尔•帕别克如何建立萨珊王朝。这是一部编年体史书,但许多历史事件凭空臆造。不过也有一些是真实的、有价值的。1896 年 Darab Dastur Peshotan Sanjana 在孟买出版,东方学家 Noldke 将其翻成德文,并为此加了序言和作了注。伊朗近代作家 Sadegh Hedayat 将其翻译为现代波斯文。Ghlāmrezā Varhrām, *Manābeye Tārikhe Irān dar Dowrāne Eslām*, Moaseseye Enteshārāte Amir Kabir, Tehran,1371(伊朗伊斯兰时期历史典籍导论,波斯文),p.60

③　H.E.Chehabi and Allen Guttmann, *From Iran to All of Asia: The Origin and Diffusion of Polo*, International Journal of the History of Sport, Volume 19, Issue 2 & 3 July 2002 , pages 385 转引 Darab Dastur Peshotan Sanjana, The Kârnâm î Artaakhshîr Pâpâkân, Bombay,Education Society's Steam Press,1896,pp.6—7.

④　Tabari, *The History of al-Tabari*, vol.5, The Sāsānids,the Byzantines,the Lakhmids,and Yemen,trans.and annotated by C.E.Bosworth,State Universty of New York Press,p.26-27。"于是他下令把他们带到宫内的广场。每人手拿马球杆,进行马球比赛。国王就坐在宫殿门庭的宝座上。突然,马球飞进宫殿,直奔国王。所有的人都止步于在宫殿门口,但是沙普尔把他们推开,独自闯进宫殿。沙普尔的闯宫、鲁莽都使得阿尔达席尔从内心更加接受沙普尔。他从一见到他开始就接受他,他对他的温情是所有同伴都缺乏的,他确实是他的儿子。他用波斯语问他:"你叫什么名字?"年轻人回答说:"沙普尔(沙普尔的词义就是王子)。"阿尔达席尔惊诧道:"王子?(沙普尔)!"当他完全确信他是他的儿子后,便当众认了他,并欣然指定他为继承人。"

希尔还同样因为马球而确认了孙子。①《巴拉米历史》提到阿契美尼德王朝最后的一位国王曾经派人送给希腊亚历山大大帝一把球杆、马球，嘲笑他还小，应该去玩游戏。亚历山大却将其看作统治大地的预兆。②巴拉米是萨曼王朝时期的史学家，他死于973年。他的这部著作是在翻译了《塔巴里历史》的基础上又增加了新的内容。

中国史料中马球的记载是著录于《汉书·艺文志》中的《蹴鞠》，原书已散失。唐司马贞《史记索隐》云："穿域蹴鞠，徐广云'穿地为营域'。《蹴鞠》书中有《域说篇》，又以杖打，亦有限域也。"唐张守节《史记正义》云："按，《蹴鞠》书有《地域篇》，即今之打毬也。"③唐代诗人蔡孚的诗作《打球篇》中曾提到德阳宫的马球场。④按照上述记载的推测，早在汉代中国就有马球运动。学术界对上述记载是否确认就是马球还存在疑义，但唐人所著《封氏闻见记·打球》中的记载可以确认是打马球。⑤

按照伊朗和中国两地史料年代比较，比较可靠的材料都从6、7世纪开始，而且从记载的内容来看两地的马球运动都相当成熟。如果仅以此来判断马球是从其中的一方传入另一方，证据显然不能完全令人信服。

目前有关马球的发源地主要有这几种，第一种认为是从波斯传入。汉文史料以杜环的《经行记》中的记载为代表。⑥波斯文材料是以《巴拉米历史》有关亚历山大大帝的记载和巴列维语作品《阿尔达希尔·帕别克功绩录》为依据。⑦第二种认为是吐蕃传入中国。⑧第

---

① Tabari, *The History of al-Tabari*, vol.5, The Sāsānids,the Byzantines,the Lakhmids,and Yemen,trans.and annotated by C.E.Bosworth,State Universty of New York Press,, p.41-42. "霍尔木兹进来，此时他长成壮实的青年。他手拿常玩的马球杆，叫嚷着找马球。当阿尔达席尔看到他时，被触动了一下。他觉得这青年像他自己家里的人，因为阿尔达席尔家族的波斯王族的特征是无法掩藏的，任何人都忽略不了的。"

② Bala' mi, *Tabari's History of Prophets and Kings*, A 963AD Persian Translation Attributed to Bala' mi（波斯文）, vol.1, edited with an introduction and notes by Moammad Roshan, Soroush Press, 2004,p.485-486. "当达劳（伊朗传说历史中的第二个王朝的最后一个国王，按时间比对实则是阿契美尼德最后的一位国王大流士三世）看到使者回来后，准备开战。他又派了一名使者，并令其带上马球杆、马球和一小袋芝麻，他授意使者对亚历山大说，你还小，所以我送给你这根球杆和这只球。你就把国家围起来玩吧，别出来了。如果你拒绝进贡，那就准备迎战吧，我的军队人数多得你都无法想象。但当使者见到亚历山大时，他回答说："你送来的球就是预示将大地交付与我，而你将离开你的国土，因为大地像球一样是圆的，这只马球被打到哪里就滚到哪里，是你给了我征服你的国家的力量。"

③ ［汉］司马迁《史记》卷一一一《卫将军骠骑传》，中华书局，1959年，第2939页。

④ "德阳宫北苑东头，云作高台月作楼。金植玉鋬千金地，宝柱雕文七宝球。窦融一家三尚主，梁冀频封万户侯。容色由来荷恩顾，意气平生事侠游。共道用兵如断蔗，俱能走马入长楸。红髻锦鬃风骤骥，黄珞青丝电紫骝。奔星乱下花场里，初月飞来画杖头。自有长鸣须决胜，能驰迅走满先筹。薄暮汉宫愉乐罢，还归尧室晓垂旒。"［清］彭定求等校点《全唐诗》卷七五《蔡孚·打球篇并序》，中华书局，1960年，第817页。

⑤ 赵贞信《封氏闻见记校注》，中华书局，2005年。"太宗常御安福门，谓侍臣曰：'闻西番人好为打毬，比亦令习，曾一度观之。昨升仙楼有群蕃街里打毬，欲令朕见。此番疑朕爱此，聘为之。以此思量，帝王举动岂宜容易，朕已焚此毬以自诫。'"

⑥ 早年向达和罗香林据此观点，向达《长安打毬小考》，载《唐代长安与西域文明》，河北教育出版社，2001年，第79页；罗香林《唐代波罗毬戏考》，载《唐代文化史研究》，商务印书馆，1944年。

⑦ 最新持此观点的是以 H.E.Chehabi and Allen Guttmann, 为代表，他们在 *From Iran to All of Asia:The Origin and Diffusion of Polo* 中指出至少是在安息时代（公元前247年至公元224年）就存在，马球发源于伊朗中亚地区并向东、西、南传播。

⑧ 以阴法鲁先生为代表，见《唐代西藏马球传入长安》，载《历史研究》1959年第6期，第41—43页。

三种是马球起源于中原。唐豪认为从"胡服骑射"到两汉的强大的骑兵，骑兵用兵器拨弄地上的毬，就是马球的起源。[①] 第四种认为马球并非起源于一地，中原、吐蕃和波斯都有马球运动，在唐代通过交流与融合而趋于一致。[②] 这些观点哪一种最接近事实，还需进一步商榷。

中伊两地马球参与者、器具、场地、规则之比较：

伊朗马球参与者主要是王公贵族及其随从兵士。有关打马球的故事的人物不是国王就是王子，有时还有王妃。[③] 有时贵族青少年也打马球。[④]

中国马球的参与者首先也是王公贵族和骑兵部队。唐朝的皇帝几乎都喜爱打马球。[⑤] 不仅如此，马球也是王子们生活的一部分。唐章怀太子李贤墓的壁画中就有这种场景。[⑥] 唐代也有女子打球的记载。王建《又送裴相公上太原诗》中载："千裙白刃兵迎节，十对红妆妓打球。"[⑦] 唐代地方官员也打马球。[⑧] 宋辽金时代，马球得到进一步发展。为了训练骑兵的骑术和砍杀技能，马球在军中广泛普及，甚至传播到民间。《宋史·礼志》卷二四云："打球，本军中戏"。[⑨] 宋代还将马球著作列入兵书，归于军事技巧十三家之内。[⑩] 在《辽史·游幸表》中有关皇帝打马球的记载有二十多次。[⑪] 在金代马球曾作为进士考试项目，直到1207年才被免除。[⑫] 元代打马球记载比较少，只有零星的记录。元末成书的《析津志》中有太子、诸王在重阳和端午打马球的记载。[⑬] 从管时敏的诗《题蔡将军春击毬图》中，我们也得到明初诸王

---

① 唐豪《中国古代的马球运动·东汉到六朝的马球》，载《中国体育史参考资料》（第七、八辑），人民体育出版社，1959年，第71页。

② 黄聪《中国古代北方民族体育史考》，人民出版社，2009年，第328页。

③ 重要的例子是《列王纪》中王子夏沃什的马球故事。《波斯经典文库·列王纪全集》，第二册，张鸿年、宋丕方译，湖南文艺出版社，2001年，第116—122页、第165—170页；还有内扎米叙事诗《霍斯路和希琳》提到王妃希琳打马球，Ganjavi Nezami, *Hosru va Shirin*,Tashih Zanjani,Inteshalate Danishgah Teheran,1376,p.178；《卡布斯教诲录》中也提到阿米尔（阿拉伯帝国时期地方长官名称）打马球的故事，（波斯）昂苏尔·玛阿里著，《卡布斯教诲录》，张晖译，商务印书馆，2003年，第74、75页。

④ 《波斯经典文库·列王纪全集》第五册，第7、8页。"一个教他马球以及射箭的技巧，教他对付恶人使枪舞刀。""当他长到十二岁的年龄，已是一位堂堂壮士，面颊白里透红。他学会了狩猎、马球、读书写字，可以独立活动再也不需要祭司。"

⑤ 崔乐泉《唐代皇帝与打马球》，《中国体育》，2003年1月。

⑥ 苟廷一《唐巴州章怀太子墓考》，《四川文物》，1988年6月。

⑦ 彭定求《全唐诗》卷四二六，中华书局，1960年，第4692页。

⑧ 欧阳修、宋祁《新唐书》卷二一〇《李宝臣传》，中华书局，1975年，第5945—5946页。"其弟宝正，承嗣婿也……与承嗣子维击毬，马骇，触维死，承嗣怒，囚之。"

⑨ 张长海《宋辽金时期的马球运动》，《文物世界》，2008年2月。

⑩ 李重申、李金梅，夏阳《中国马球史》甘肃教育出版社，2009年，第107页。

⑪ 同上，第112页。

⑫ 李松福《宋辽金时代的马球运动》，《体育文化导论》，1985年。

⑬ 陈高华《宋元和明初的马球》，《陈高华文集·中国社会科学学术委员会文库》，上海辞书出版社，2005年，第292页，原载《历史研究》1984年第4期。"击球者，今（金）之故典，而我朝演武亦自不废。常于五月五日、九月九日，太子、诸王于西华门内宽广地位上（下？）召集各衙万户、千户，但（及？）怯薛能击毬者，咸用上等骏马，系以雉尾、璎珞，……以两肚带拴束其鞍。先以一马前弛，掷大皮缝软毬子于地，群马争骤，各以长藤柄毬杖接之。而毬子忽绰于球棒上，随马走入电，而毬子终不坠地。力捷而熟娴者，以毬子挑剔跳掷于虚空中，而终不离于毬杖。马走如飞，然后打入毬门，中者为胜。"

在端午节打马毬的信息。① 清代顺治五年禁止汉民养马，马球运动衰弱下去了。②

规则：从《列王纪》中记载来看，好像伊朗与突厥（土兰）的打球规则是一样的，因为双方在挑选完球员时立即投入比赛。重大场合由国王开球。③ 比赛分两队人马，每队8个人。④ 在萨法维王朝初期，王家比赛每队五人。⑤ 在萨法维王朝的中后期，规定马球穿过两个立柱之间就得一分，一般得分在十五分到二十分之间。⑥

中国古代马球比赛的规则在宋金史料中较为详细。首先比赛分为两队，被称为"朋"。⑦ 每队要穿上不同颜色的服装以示区别。⑧ 马球开球若有皇帝参加，就要举行开球仪式。⑨ 没有帝王在场时，则由都教练使将球抛在球场中央。《宋史·礼志》记载几分由专门唱筹员"唱筹"，并插上一面红旗算得一分。最后看哪方获得的红旗多。宋朝时先得三筹的一方算胜。⑩ 在唐代，马球比赛称一局为"都"。⑪ 中国古代马球比赛有双门和单门。球门是木制的。有一丈多高，有双门的比赛，每一方有两人守门。⑫ 比赛时还有鼓乐伴奏。⑬ 唐宋时期，皇帝驾临球场时，要先奏《凉州曲》。⑭ 单个球门下置一块板，板上

---

① 陈高华《宋元和明初的马球》，第294—295页。

② 李重申、李金梅，夏阳《中国马球史》，第130页。

③ 《波斯经典文库·列王纪全集》第二册，第118，119页。"于是夏沃什从伊朗军士中选七名好汉，他们个个球艺精通身手矫健。准备停当只听鼓声隆隆响起，一片尘埃飞舞遮盖了天地……国王用球杆把球打到场上，勇士们大吼一声一拥而上。"

④ 同上；《卡布斯教诲录》记载："总共不应超过八人，除掉每方有一人守门外，在场中活动的最多六人。"（波斯）昂苏尔·玛阿里著，张晖译，商务印书馆，2003年，第75页。

⑤ H.E.Chehabi and Allen Guttmann, *From Iran to All of Asia*: *The Origin and Diffusion of Polo*, International Journal of the History of Sport, Volume 19, Issue 2 & 3 July 2002 , page387,转引 Michele Membrè, *Mission to the Lord Sophy of Persia (1539–1542)*, trans. A.H. Morton(London: School of Oriental and African Studies, 1993), p.32."国王骑上马，在球场上驰骋，他用木质球杆击打木球。他在场上按了两根柱子作为标记。他带了四个人，他兄弟带了四人。每一方都有各自的标柱。于是国王将球朝着自己的标柱打去，而他兄弟将球瞄向自己的标柱。他们驰骋着，击打着如鸡蛋大小的球。这持续了两个小时。在场无数的百姓和军士在围墙和大街上。当他们看到国王时就低头触地，高呼万岁（国王）。这就是我见到的。"

⑥ H.E.Chehabi and Allen Guttmann, *From Iran to All of Asia:The Origin and Diffusion of Polo*, International Journal of the History of Sport, Volume 19, Issue 2 & 3 July 2002 , page387,388 转引 Sir John Chardin, *Travels in Persia*, 1673–1677 (New York: Dover, 1988), p.200.

⑦ 《宋史·礼志》卷一二一"打球条"载"左右分朋主之"。

⑧ 段小强，陈康《从敦煌本〈杖前飞〉谈唐代马球运动》，《敦煌研究》，2006年第2期；叙俊《敦煌诗集残卷辑考》，中华书局，2000年，第473—474页；敦煌歌词《杖前飞》："青一队，红一队，敲磕玲珑得人爱。"

⑨ 《宋史·礼志》卷二四："帝击球，教坊作乐奏鼓，球既度，飐旗、鸣钲、止鼓。帝回马，从臣奉觞上寿，贡物以贺……帝再击之，始命诸王大臣驰马争击。"

⑩ 《宋史》卷一二一："凡三筹毕，乃御殿召臣饮。"

⑪ 《封氏闻见录》卷六："上令杖内试之，决数都，吐蕃皆胜。"

⑫ 《宋史·礼志》："坚木东西为球门，高丈余，首刻金龙，下施石莲花坐，加以采缋。左右分朋主之，以承旨二人守门。"

⑬ 《宋史·礼志》卷二十四："帝击球，教坊作乐奏鼓，球既度，飐旗、鸣钲、止鼓……帝再击之，始命诸王大臣驰马争击，旗下播鼓，将及门，遂厢急鼓，球度，杀鼓三通。"

⑭ 李重申，李金梅，夏阳《中国马球史》，第147页。

挖孔，孔后面加网。将球打入孔则胜。[①]

时间：在古代伊朗，打马球通常在闲暇或者节庆的时候，而且是选在早晨。[②] 萨法维王朝时期，比赛持续至少两个小时。[③] 有时国王会挑灯夜战。[④]

中国古代除了军中经常举行马球比赛，尤其在冬闲时节举行大规模马球表演。[⑤] 宫廷与民间比赛通常在节庆日。南朝寒食节打马球。南朝的梁宗懔在《荆楚岁时记》中记载寒食节当地进行"打球、秋千、藏钩之戏"。[⑥] 唐代宫女在寒食节和春季打球。[⑦] 宋元金辽通常在春节、端午、重阳节和皇帝生日举行马球比赛。[⑧] 当然也有痴迷打球而不择时间的情况。《新唐书》记载唐敬宗曾连续三天打球作乐。[⑨] 具体打球的时间有早晨，[⑩] 也有黄昏，甚至夜晚。[⑪]

场地：无论伊朗人、突厥人都有专门的球场。[⑫] 场边有围墙和观众台。[⑬] 按照萨法维初期（1540）Michele Membrè 记载大不里士的球场上国王按了两根柱子作标记。[⑭] 到了阿巴斯大帝时（1587——1629）是在球场两端各两根柱子，原物至今还在。英国旅行家 Sir Anthony Sherley 对此留下记录。[⑮]

---

① 《金史·礼志八》记载："先于球场南里双桓，置板，下开一孔为门，而加网为囊，能夺得鞠击入网囊者为胜。" 李重申，李金梅，夏阳《中国马球史》，第 119 页。

② 《波斯经典文库·列王纪全集》第二册，第 118，119 页。"一天晚间，国王与夏沃什闲谈，说明天一早我们到一处消遣。让我们拿上马球带上球杆，前去球场玩球权得一日悠闲。" 同上，第 116 页。

③ H.E.Chehabi and Allen Guttmann, *From Iran to All of Asia:The Origin and Diffusion of Polo*, *International Journal of the History of Sport*, Volume 19, Issue 2 & 3 July 2002 , page387, 转引 Michele Membrè, *Mission to the Lord Sophy of Persia* (1539–1542), trans. A.H. Morton(London: School of Oriental and African Studies, 1993), p.32.

④ 同上，转引 The Journeys of Pietro della Valle the Pilgrim, trans. George Bull (London: The Folio Society,1989), pp.173–5. "几乎每个晚上国王兴起的时，马球就开始了，只要是会打，想打的人都可以来……国王常常亲自出马……技高一筹。"

⑤ 阎宽《温汤御球赋》记述唐玄宗下诏说："天宝六载，孟冬十月……下明诏：伊蹴鞠之戏者，善用兵之技也，武由是存，义不可舍，顷徒习于禁中，令将示于天下。"[清]董浩等编《全唐文》卷三七五《阎宽·温汤御球赋》，中华书局，1983 年，第 3811 页。

⑥ 李重申，李金梅，夏阳《中国马球史》，第 61 页。

⑦ 张籍《寒食内宴二首》载："廊下御厨分冷食，殿前香骑逐飞球。"彭定求《全唐诗》卷三八五，中州古籍出版社，1996 年。

⑧ 陈高华《宋元和明初的马球》，第 292 页，转引《析津志》；李重申，李金梅，夏阳《中国马球史》，2009 年，第 105 页。

⑨ 李重申，李金梅，夏阳《中国马球史》，第 68 页。"丁未，击鞠于中和殿。戊申，击鞠于飞龙院。已酉，击鞠，用乐。"

⑩ 韩愈《汴泗交流赠张仆射》记述张建封"新雨朝凉未见日"，《全唐诗》卷三三八。

⑪ 元稹《望云骓马歌》"校猎朝回暮球宴"，《全唐诗》卷四一九。

⑫ "次日清晨他们早早起身之后，便吩咐布置球场派人恭候。"《波斯经典文库·列王纪全集》第二册，第 117 页。

⑬ H.E.Chehabi and Allen Guttmann, *From Iran to All of Asia:The Origin and Diffusion of Polo*, *International Journal of the History of Sport*, Volume 19, Issue 2 & 3 July 2002 , page387, 转引 Michele Membrè, *Mission to the Lord Sophy of Persia (1539–1542)*, trans. A.H. Morton(London: School of Oriental and African Studies, 1993), p.32.

⑭ Ibid.

⑮ 同上，转引 The Journeys of Pietro della Valle the Pilgrim, trans. George Bull (London: The Folio Society,1989), pp.173–5.

中国马球场分为泥地球场、[①]灯光球场、[②]草皮球场、[③]沙地球场。[④]球场大小无据可查,按照诗句中记载周长有一千步。韩愈诗句:"球场千步平如削。"陆游诗句:"打球筑场一千步。"

器具:马、球杆、球。马球杆的波斯文是 Chowgan, 词源来自 chub, 木头,[⑤]萨法维时期球杆和球都是木质的。[⑥]

马是马球运动及其重要的组成部分,古代对打马球的马的要求非常高。《温汤御球赋》中写道:"宛驹冀骏,体佶心闲。银鞍月上,华勒星还。细尾促结,高鬐难攀。俨齐足以骧首,待驰骛乎其间。"[⑦]

中国古代马球在不同时期,有不同质料做成。一般由木质的和皮革制成的。皮质球是牛皮里面充填毛发缝制而成。1979年敦煌出土马球直径5.5厘米,内充填丝棉,外部用麻布绳和白绢搓成的绳捆扎成。[⑧]元代马球也有皮质的记载。[⑨]木质球是木球外面裹牛皮,并且涂上色彩。《金史》记载:"毬状小如拳,以轻韧木枵其中而朱之。"[⑩]宋时有关于红色的马球的记载。[⑪]上京龙泉府辽代遗址发现骨制马球,上面有着色痕迹。[⑫]元代也有红色马球的记载。[⑬]明代杨基在《眉庵集》卷四中的《球场曲》中有这样的诗句:"身轻擘捷马游龙,彩杖低昂一点红。"[⑭]到清朝,还出现金色的球。[⑮]还有白色的球。[⑯]中国古代马球的大小大约直径是8.5厘米。[⑰]

中国古代对于马球杆有不同的称谓:"球杆"、"鞠杖"、"球杖"、"月杖"、"球拐"、"画

---

① 阎宽在《温汤御球赋》中提及。

② 晚间在球场四周点上蜡烛和油灯开打。

③ 唐代《国史补》卷中一段对话:"人言卿在荆州,球场草生,何也?""死罪,有之。虽然草生,不妨球子往来。"李重申,李金梅,夏阳《中国马球史》,第136页。

④ 《桯史》卷二:"时召诸将去鞠殿中,虽风雨亦张油幕,布沙除地。"李重申,李金梅,夏阳《中国马球史》,第136页。

⑤ 《德胡达大辞典》。

⑥ H.E.Chehabi and Allen Guttmann, *From Iran to All of Asia:The Origin and Diffusion of Polo*, International Journal of the History of Sport, Volume 19, Issue 2 & 3 July 2002 , page387,转引 Michele Membrè, *Mission to the Lord Sophy of Persia (1539–1542)*, trans. A.H. Morton(London: School of Oriental and African Studies, 1993), p.32.

⑦ [清]董浩等编《全唐文》卷三七五《阎宽·温汤御球赋》,第3811页。

⑧ 黄聪《中国古代北方民族体育史考》,人民出版社,2009年,第267页。

⑨ 陈高华《宋元和明初的马球》,第292页。《析津志》记载:"先一马前驰,掷大皮缝软毬子于地,群马争骤,各以长藤柄毬杖争接之。"

⑩ [元]脱脱等《金史》卷三五《礼志八》,中华书局,1975年,第827页。

⑪ 《宋史·礼志》卷一二一记载:"出朱漆球掷殿前。"

⑫ 李重申,李金梅,夏阳《中国马球史》,第113页。

⑬ 张弘范《打球》诗曰:"半空彩杖翻残月,一点绯球迸落里。"《元史》卷一五六《张弘范传》。

⑭ 陈高华《宋元和明初的马球》,第295页。

⑮ 清剧作家孔尚任在一首描写女子马球表演的诗中写道:"金丸绿帻富平侯,击球走马幽凉客。"李重申,李金梅,夏阳《中国马球史》,第131页。

⑯ 《挥麈后录余话》卷一载:"(上)命宫人击鞠……于是驰马举杖,翻手覆手,丸素如缀。"李重申,李金梅,夏阳《中国马球史》,第142页。

⑰ 黄聪《中国古代北方民族体育史考》,人民出版社,2009年,第285页。

杖"等。球杆有藤条制成的，^①木质的和皮革制成的。^②唐代的球杆顶端弯曲成弧形，象新月形，所以也叫"月杖"。^③弯弧为直杆长度的七分之一。宋代球杆顶端弯曲得更为厉害，与直杆的夹角为 140 度，弯弧长度是直杆的九分之一。明代的球杆顶端几乎弯到原点形成一个圈。^④

文学作品之比较——白描或象征：在波斯文学中马球也是经常被诗人与散文家所采用的素材。鲁达基是波斯文学中最早提到马球的诗人，后来的伊朗著名诗人包括菲尔多西、萨迪、哈菲兹、莫拉维和纳西尔·霍斯鲁都有描写马球和马球运动的诗句。有时是为了反映当时王宫贵族的生活，体现人物的高超球技，有时也被作家赋予了宗教哲学的内涵。

其中最熟悉的就是菲尔多西在《列王纪》中吟诵的两段夏沃什王子打球的诗篇。描绘球场气氛的热烈，球员的球技高超，奋力拼抢。目的是体现《列王纪》所一贯强调的英雄主义。"于是夏沃什从伊朗军士中选七名好汉，他们个个球艺精通身手矫健。准备停当，只听鼓声隆隆响起，一片尘埃飞舞遮盖了天地。锣鼓号角之声响彻云霄，球场上气氛炽烈地动山摇。国王用球杆把球打到场上，勇士们大吼一声一拥而上。皮兰挥臂把球重重一击，那球唰地一声高高升起。夏沃什看准球路催马向前，不等球落地凌空打出一杆。他开球第一杆就打得漂亮，球儿从眼前消失不知去向……王子此时又换了一批新马，把那新拿的球儿抛到地下。然后看准那球重重击出一杆，球儿直飞云霄去与月亮会面。那球被他这杆击中又不知去向，似乎飞上高天在云中躲藏。球场上哪个能比他高超的球艺，他抖擞威风着实无人与他相比。"^⑤

哈菲兹在马球的诗中折射的是对生命和青春的眷恋。"松柏一样挺秀的年轻人啊，你该打出一个漂亮的球，趁着你的身体矫健，没像曲棍球那样老朽。"^⑥

海雅姆则将马球比喻成渺小的个人，无奈地被命运摆弄。"要像马球一样在杖下俯首低头，默默地任那杆拨得你时左时右。只有那把你打得满地翻滚的人，才晓得世事的始末根由。"^⑦

萨迪则在《果园》的一则故事中将乞丐对王子的爱隐喻为苏菲对真主的爱，好像马球（苏菲）与马球手（真主）之间的关系："有人说：'他或许用球杆把你打伤。'他答道：'我甘愿在他脚下像马球一样。'"^⑧

中国的文学作品主要描写打马球时的场面，突出球员技艺的高超，比赛的精彩与激烈以及观众的热烈。张祜诗："斗转时乘势，旁捎乍进空。等来低背手，争得旋分鬃。远射门斜入，深排马迴通。"^⑨阎宽的《温汤御毬赋》曰："珠毬忽掷，月杖争击……仍骑腰袅，

---

① 陈高华《宋元和明初的马球》，第 292 页。《析津志》记载："先一马前驰，掷大皮缝软毬子于地，群马争骤，各以长藤柄毬杖争接之。"

② 《金史》卷一○○《术虎筹寿传》："贞祐三年七月，工部下开封市白枯取皮，治御用鞠杖。"

③ 《金史·礼志》卷三五载："持鞠杖，杖长数尺，其端如偃月。"

④ 李重申，李金梅，夏阳《中国马球史》，第 138 页。

⑤ 《波斯经典文库·列王纪全集》第二册，第 116—120 页，第 165 页。

⑥ 《波斯经典文库·哈菲兹抒情诗全集》，邢秉顺译，湖南文艺出版社，2001 年，第 392 页。

⑦ 《波斯经典文库·鲁拜集》，张鸿年译，湖南文艺出版社，2001 年，第 9 页。

⑧ 《波斯经典文库·果园》，张鸿年译，湖南文艺出版社，2001 年，第 145 页。

⑨ ［清］彭定求《全唐诗》卷八八三《补遗·张祜·观泗州李常侍打球》，第 9985 页。

轻据腾穴,迅拼鸷鸟,捎虚而讶人手长,攒角而疑马身小,分都骤满,别部行收。"① 光是在《全唐诗》中就有二十多首有关马球的诗歌。涉及到王宫贵族、军队、豪侠少年和宫娥打马球场景。后蜀主孟昶的贵妃花蕊夫人的诗描写了宫娥打球的场面。② 还有王建的诗句:"千群白刃兵迎节,十对红妆妓打球。"③ 张建封诗强调了打球对提高军队军事素质的好处。④ 敦煌遗书也记载唐时敦煌地区打马球的景象。⑤ 当然也有表达更深一层含义,杨巨源《观打球有作》:"亲扫球场如砥平,龙骧骤马晓光晴。入门百拜瞻雄势,动地三军唱好声。玉勒回时沾赤汗,花发分处拂细缨。欲令四海氛烟静,仗底纤尘不敢生。"⑥ 将马球与平定天下的大计相联系,也体现了中唐文人要求中兴的愿望。

相比而言,马球在波斯文学中的描写较为简单,但是挖掘内在的哲理较为深刻,具有象征意义。而在中国文学作品中马球的描写较为细致和丰富,但大多是白描的手法,缺少象征意义。

文物之比较直观的差异:

伊朗细密画:

《马赫穆德王马球图 1、2》⑦ 反映了萨法维时期马球比赛的状况。在打球的同时有鼓乐伴奏,这也印证了前面那个时代西方人对此的记载。此外,马球球员身穿窄袖紧身的衣服。值得注意的是马尾没有系扎;球杆直杆一端与击球部分的三分之二相联接。这不禁使我们联想起巴基斯坦奇特拉尔的马球杆。⑧ 另外两端的球门酷似留存至今的伊斯法罕

----

① [清]董浩等编《全唐文》卷三七五,《阎宽·温汤御球赋》,中华书局 1983 年,第 3811 页。

② 《全唐诗》卷七九八《宫词·花蕊夫人》,第 8974 页:"小球坊近曲池头,宣唤勋臣试打球。先向画楼排御幄,管弦声动立浮油。供奉头筹不敢争,上棚等唤近臣名。内人酌酒才宣赐,马上齐呼万岁声。殿前宫女总纤腰,初学乘骑怯又娇。上得马来才欲走,几回抛鞚抱鞍桥。自拔宫娥学打球,玉鞍初跨柳腰柔。上棚知是官家认,遍遍长赢第一筹。"

③ (清)彭定求《全唐诗》卷三〇〇《王建·送裴相公上太原》,第 3419 年。

④ (清)彭定求《全唐诗》卷二十五《张建封·酬韩校书愈打球歌》,第 9049 页:"仆本修文持笔者,今来率领红旌下。不能无事习彪矛,闲就平场学使马。军中伎痒骁智材,竞驰骏逸随我来。护军对引相向去,风呼月旋明先开。俯身仰击复傍击,难于古人左右射。齐观百步透短门,谁羡养由遥破的。儒生疑我新发狂,武夫爱我生雄光。杖移鬃底拂尾后,星从月下流中场。人不约,心自一;马不鞭,蹄自疾。凡情莫辨捷中能,拙目翻惊巧中失。韩生讶我为斯艺,劝我除驱行安计。不知戎事竟何如,且愧吾人言一惠。"

⑤ 徐俊《敦煌诗集残卷辑考》,中华书局,2000 年,第 473——474 页。S.2049、P.2544《杖前飞·马球》:"时仲春,草木新,初雨后,露(路)无尘。林间往往林(临)花鸟,楼上时时见美人。相问同情共言语,闲闷结伴游(就)球场。传(侍)中手持白玉鞍,都使乘骑紫骝马。青一队,红一队,轲皆铃笼(玲珑)得人爱。前回断当不盈(赢)输,此度若输没须赛。脱绯紫,著锦衣。银蹬金鞍耀日辉。场里尘非(灰)马后去,空中球势杖前飞。求(球)四(似)星,仗(杖)如月。骤马随风真(直)充(冲)穴,人衣湿马汗流。传声相问且须休,或为马乏人力尽,还须连夜结残筹。"

⑥ (清)彭定求《全唐诗》卷三三三《杨巨源·观打球有作》,第 3726 页。

⑦ 1546 年,萨法维王朝,长 19.4 厘米,宽 12.3 厘米,大不里士,伊朗 http://fa.wikipedia.org/wiki/%D9%BE%D8%B1%D9%88%D9%86%D8%AF%D9%87:Polo_game_from_poem_Guy_u_Chawgan.jpg;1546 年,萨法维王朝,H: 19.5 W: 12.2 cm ,http://en.wikipedia.org/wiki/File:Polo_game_from_poem_Guy_u_Chawgan_2.jpg 见附图 1、2。

⑧ 陆水林《巴基斯坦北部地区的马球 》,《国外藏学研究译文集》第 16 集,西藏人民出版社,2002 年。

广场的球门。①

中国与马球相关的文物种类较多，有马球、球杆、球场碑石、绘画、泥塑等。尤其是绘画中含有大量的信息，为我们展示了当时马球比赛的场景和许多生动的细节。最著名的是唐章怀太子墓的壁画，描绘了王公贵族打球的场景。图中身穿马球服，手持偃月形的球杆，脚跨束尾的骏马的球员正在进行激烈的比赛。②

还有一幅《游骑图》，描画了贵族骑马出行去打马球。球杆被放在套子里，挟在腋下。马尾系束。头戴马球帽。③ 著名的唐三彩也有许多打马球的塑像。有胡人，有孩童。④ 还有马球场的石碑。⑤ 而在扬州还出土打马球的铜镜。以马球作为艺术装饰题材，说明其在当时的流行程度。⑥

辽代与马球相关的文物是辽代的两幅壁画：1.1990 年内蒙古自治区敖汉旗宝国吐乡皮匠沟辽代 1 号壁画墓出土。打马球图壁画摹本，原图宽 180 厘米，高 50 厘米。体现一场激烈的马球赛。⑦ 这里的球杆与唐时就有差别。2.《河北宣化辽墓壁画备马球图》，画中球杆的样子尤为清楚。⑧

宋元时期有明人临摹的《宋人击球图》，藏于英国维多利亚阿尔伯博物馆。绢本，设色，纵 43.2 厘米，横 47 厘米，图中四位击球者头戴折角巾，身着长袍，均为宋人装束，还有束尾的马匹。⑨

另外一幅更有名的是《明皇击球图》，描绘的是唐明皇李隆基打球的场面。图中对击球人的服装、鞍马、球杖、球门等，都作了细致而具体的描绘。特别值得注意的是球门，装饰华丽，与波斯球门有所不同。还有史料上记载的有两个守门员，也得以证实。纸本全图纵 32.1 厘米横 232 厘米。⑩

元代著名绘画《便桥会盟图卷》中，也有打马球的场面，图中表现初唐时，突厥可汗颉利与唐李世民在桥头会盟。此图旧传为辽画，但画中的颉利及仆从系元代蒙古人服饰。⑪

明代与马球有关的著名一幅画是《明宣宗行乐图》，在 690 厘米的长卷上分 5 段先后记录了宣德皇帝朱瞻基射箭、蹴鞠、马球、捶丸、投壶的场景。藏于故宫博物院。其中

---

① http://www.equine.ir/SC.php?type=component_sections&id=10&t2=DT&sid=242，见附图 3。

② http://www.chinahorse.org/html/1947.html，见附图 4。

③ 《游骑图》，[唐]佚名，绢本设色，纵 22.7 厘米，横 94.8 厘米，北京故宫博物院藏。http://www.wenhuacn.com/chadao/article.asp?classid=109&articleid=7207，见附图 5。

④ http://www.cangcn.com/info/zz_sctqk_187_2000_7/2008–6–16/1202_50949.htm，见附图 6；http://www.cangcn.com/info/zz_sctqk_187_2000_7/2008–6–16/1202_50949.htm，见附图 7。

⑤ "含光殿及球场等大唐太和辛亥岁乙未月建"石志拓本 http://www.cangcn.com/info/zz_sctqk_187_2000_7/2008–6–16/1202_50949.htm，见附图 8。

⑥ 马富坤，《扬州出土的唐代打马球铜镜》，《东南文化》，2000 年 20 期，图载自：http://www.people.com.cn/GB/paper39/1959/314936.html，见附图 9。

⑦ http://www2.jslib.org.cn/was40/detail?record=53&channelid=13371#，见附图 10.

⑧ http://cnc.readfree.net/bbs/read.php?tid=4489089，见附图 11.

⑨ http://www.nbweekly.com/Print/Article/3520_0.shtml，见附图 12.

⑩ http://www.ccnh.cn/zt/zgtyyc/gdtyxm/maqiu/3107128195.htm，见附图 13；《世貌风情——中国古代人物画精品集》，上海古籍出版社，见附图 14、15。

⑪ 纸本，白描，纵 36 厘米，横 774 厘米，清宫旧藏，http://blog.163.com/ylfangok@126/blog/static/91778375200952255917418/（局部），见附图 16。

马球一部分设的是单门,球门非常绚丽,记分员挥舞着小旗(筹)非常生动。[1]

从上面文物直观地比较发现,两地的球杆形状有差别,伊朗的是球柄与击球部分三分之二处连接,与现代马球杆相似。中国的球杆是将球杆头部作一定程度的弯曲;为了不干扰击球,中国的马屁的尾巴要束缚起来;两地的球门也有不同,包括材质、宽度和高度。

文化意义的比较:马球除了一般的娱乐和军队的训练,在两地特定的比赛中都蕴含着一定的政治意义,是政治力量之间另一种形式的较量。在《列王纪》中体现的伊朗军队与土兰军队的交力,有时伊朗一方为了不露锋芒故意让球。[2]同样,唐朝时代唐玄宗与吐蕃赛球,唐太宗与突厥颉利的会盟时的打球都意味深长。

马球运动的开展是以大量优良的马匹为基础的。在古代,特别是冷兵器时代,马的用途是非常广泛的。马球运动的开始正是得益于此。随着社会发展,马匹的重要性在不断减弱,马球运动也日益衰弱。这无论是在伊朗还是中国都一样。然而随着当今中国一部份人财富的迅速增加,马球运动又慢慢开始受到这部分人的青睐。在伊朗,政府为了发扬传统文化,积极鼓励重振马球运动。

附图1

附图2

---

① http://www.chinahorse.org/html/1613.html,见附图17;http://bbs.oeeee.com/articles/2008–8/13/6451360_1.html;见附图18。

② 《波斯经典文库·列王纪全集》,第二册,张鸿年,宋丕方译,湖南文艺出版社,2001年,第116—122页。

1. http://fa.wikipedia.org/wiki/%D9%BE%D8%B1%D9%88%D9%86%D8%AF%D9%8
7:Polo_game_from_poem_Guy_u_Chawgan.jpg; 1546 年,萨法维王朝,H: 19.5 W: 12.2 cm

2. http://en.wikipedia.org/wiki/File:Polo_game_from_poem_Guy_u_Chawgan_2.jpg

附图 3

3. http://www.equine.ir/SC.php?type=component_sections&id=10&t2=DT&sid=242

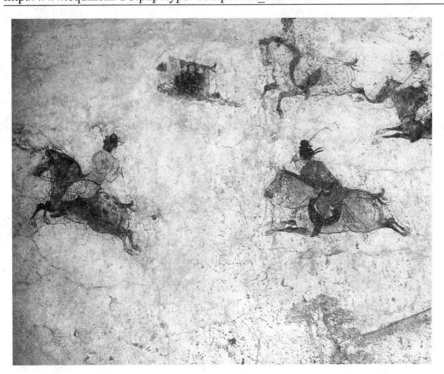

附图 4

4. http://www.chinahorse.org/html/1947.html

附图 5

5. http://www.wenhuacn.com/chadao/article.asp?classid=109&articleid=7207

附图 6

6.http://www.cangcn.com/info/zz_sctqk_187_2000_7/2008-6-16/1202_50949.htm

附图 7

7. http://www.cangcn.com/info/zz_sctqk_187_2000_7/2008-6-16/1202_50949.htm

附图 8　　　　　　　　　　　　　　　　附图 9

8. http://www.cangcn.com/info/zz_sctqk_187_2000_7/2008-6-16/1202_50949.htm

9. http://www.people.com.cn/GB/paper39/1959/314936.html

附图 10

10. http://www2.jslib.org.cn/was40/detail?record=53&channelid=13371#

附图 11

11. http://cnc.readfree.net/bbs/read.php?tid=4489089

附图 **12**

12. http://www.nbweekly.com/Print/Article/3520_0.shtml

附图 **13**

13. http://www.ccnh.cn/zt/zgtyyc/gdtyxm/maqiu/3107128195.htm

附图 **14**

14.《世貌风情——中国古代人物画精品集》,上海古籍出版社 08 年 1 月

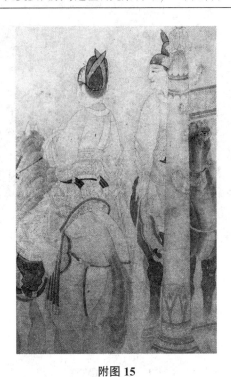

附图 15

15.《世貌风情——中国古代人物画精品集》，上海古籍出版社 08 年 1 月

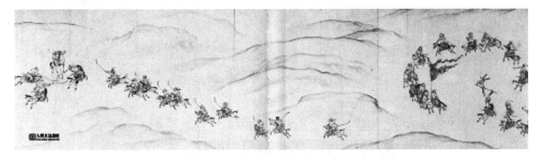

附图 16

16. http://blog.163.com/ylfangok@126/blog/static/91778375200952255917418/（局部）

附图 17

17. http://www.chinahorse.org/html/1613.html

附图 18

18. http://bbs.oeeee.com/articles/2008-8/13/6451360_1.html

A Comparison with Documents and Antiques of Polo Game between Ancient Iran and China

Chen Tong, School of Asian and African Studies,

Shanghai International Sutdies University

Abstract: The pole game had been popular for thousands of years. This article makes a comparison with documents and antiques related to the polo game in ancient Iran and China, and to provide new recognition of the history of polo.

Key Words: polo；Iran；China

（本文作者为上海外国语大学东方语学院教授）

慎懋赏《海国广记》中的波斯语词汇

王东平

提　要： 明人慎懋赏辑《海国广记》中收录天文门和地理门两类共 84 个波斯语词汇。这一记载具有重要的学术价值。本文首先梳理文献资料，对慎懋赏的事迹和《海国广记》的编纂等问题进行了探讨，分析了该文献所录波斯语词汇的资料来源，接着借鉴前人研究《回回馆杂字》、《回回馆译语》的成果，对《海国广记》中收录的波斯语词汇进行了细致研究，指出其书写特点。

关键词： 慎懋赏　海国广记　波斯语词汇

明人慎懋赏辑《海国广记》中收录天文门、地理门两类共 84 个波斯语词汇，对于研究明朝波斯语的教学与翻译情况具有重要的学术价值。本文力图勾稽史料，对慎懋赏的事迹及《海国广记》的编纂等问题进行探讨，并在前人研究基础上，对《海国广记》中记录的波斯语词汇进行研究。

一、慎懋赏与《海国广记》

古代中国和波斯的文化交流由来已久。入居中国的操伊朗语的波斯诸族人为延续自身的文化传统，必须在自己的群体中进行母语教育。学者研究证明，唐代入华的操伊朗语移民社团中即存在伊朗语的教学活动。[①] 蒙元时代，随着蒙古的西征，大量中亚等地的穆斯林被签发东来，此后伴随蒙古军队南下灭宋，"回回之人遍天下"。[②] 刘迎胜先生指出，"入华回回人虽然来源不一，但其多数来自于波斯文化居于主导地位的东部伊斯兰世界"，因此波斯语在元代地位突出，成为三种官方语言之一。[③] 元朝重视波斯语的教学，设置回回国子学和回回国子监，培养波斯语译员。明朝设置有四夷馆和会同馆，它们中的回回馆从事波斯语文的翻译和教学工作。明清时期兴起的回族穆斯林经堂教育中也进行波斯语教学活动。另外，波斯语"从回历四世纪起……逐渐成为穆斯林世界东部的文学用语"，[④] 因此，波斯语成为中国和伊斯兰世界进行交流最重要的语言工具，在中外文化交流中发挥

[①]　刘迎胜《唐元时代中国的伊朗语文与波斯语文教育》，原载《新疆大学学报》1991 年第 1 期，收入氏著《华言与蕃音——中古时代后期东西交流的语言桥梁》，上海古籍出版社，2013 年。

[②]　河北定州"重建礼拜寺记"，见孙贯文《重建礼拜寺记碑跋》，载《文物》1961 年第 8 期，亦载余振贵、雷晓静主编《中国回族金石录》，宁夏人民出版社，2001 年，第 14 页。

[③]　刘迎胜《波斯语在东亚的黄金年月的开启及终结》，原载《新疆师范大学学报》2013 年第 1 期，收入《华言与蕃音——中古时代后期东西交流的语言桥梁》，第 121 页。

[④]　巴托尔德著，张锡彤、张广达译《蒙古入侵时期的突厥斯坦》，上海古籍出版社，2007 年，上册，第 2 页。

着重要的作用。①

明代官办波斯语教学遗留下来的代表性的资料是《回回馆杂字》与《回回馆译语》，这是明朝四夷馆和会同馆中的回回馆为培养波斯语人才或者从事翻译工作需要而编纂的。明朝四夷馆永乐年间编辑的《回回馆译语》只包括"杂字"（即《回回馆杂字》），后来编的《回回馆译语》不但对"杂字"部分做了增补，还增编了"来文"（即《回回馆来文》）部分。明朝会同馆编辑的《回回馆译语》只有"杂字"，没有"来文"。"四夷馆本"、"会同馆本"的"杂字"都采用分类排列的方法编写，分为天文、地理、时令等门类，收录波斯语词汇（也有一些短词甚至短句），"四夷馆本""杂字"采用汉—波斯双语写成，而"会同馆本""杂字"只有汉字注音，没有波斯文原文，故两个系统的本子当独立编成，二者所收词汇剔除重复部分，合计共收波斯语词汇1331条。②

明代辑录波斯语词汇的重要文献还有慎懋赏辑《海国广记》。叶奕良先生在《"丝绸之路"丰硕之果——中国伊朗文化关系》一文中论述中国与伊朗语言文学的交流时写道：

> 专门收集元、明以来史部著作和罕传之本的《玄览堂丛书续集》第九十七册中，有明代吴人慎懋赏辑《海国广记》，在其中"天方国"一节的天文门和地理门两段里一共收了八十四例中文与波斯文词汇对照表，并用中文注明波斯语的发音。其注音和释意均甚为准确，为保存下来的同类材料中所罕见。③

《玄览堂丛书》是民国时期郑振铎先生编辑的大型丛书，有正编、续集、三集，其中《玄览堂丛书续集》是民国三十六年（1947）由国立中央图书馆影印出版。在《玄览堂丛书续集》中，从87册到102册，收慎懋赏所辑文献。据《续集》卷一所载目录，该文献题名作《四夷广记》，④ 版本信息为"旧抄本"。慎懋赏辑录的资料，内容涉及明朝边疆民族地区及海外诸国。该文献似为未完成稿，头绪纷乱，书内题有"广记"、"朝鲜广记"、"北狄广记"、"云台广记"、"海国广记"等。前述波斯语词汇收录在《玄览堂丛书续集》第97册中《海国广记》"天方国"、"藏骨把国"之后。关于《四夷广记》和《海国广记》的关系，学术界表述不一。例如，季羡林先生在其著作《糖史》中将《四夷广记》与《海

---

① 刘迎胜先生在《有关元代回回人语言问题》一文中讨论了回回人引入的波斯语在当时的中国扮演的角色，即：它是元代最重要的官方行用文字之一；它起初是元代入华的回回人中的优势语言，后来成为回回人的共同语言和新母语，进而成为一种中国少数民族语言，使元代回回人文化面貌呈现强烈的波斯文化色彩；由于它是当时旧大陆的主要族际交际语之一，传入中原后它进而成为元代和明初主要的外教语言之一；它是当时中国除汉文之外，汲取域外科学知识的最重要的学术语言。该文原载李治安主编《元史论丛》第十辑，中国广播电视出版社，2005年，亦收入《华言与蕃音——中古时代后期东西交流的语言桥梁》一书。

② 刘迎胜《〈回回馆杂字〉与〈回回馆译语〉研究》，中国人民大学出版社，2008年，第10—12页。

③ 周一良主编《中外文化交流史》，河南人民出版社，1987年，第258页。

④ 慎懋赏《四夷广记》在文献中有著录，《千顷堂书目》卷八载，"慎懋赏《四夷广纪》九册"。万斯同本《明史》卷一三四《艺文志》中亦载，"慎懋赏《四彝广记》九册"。《四夷广纪》、《四彝广记》即《四夷广记》。

国广记》并列，①而《中国科学技术史》一书认为慎懋赏辑录之书"总名《四夷广记》，主要是为记述中国周边诸国的情况而作，其中有关海外诸国的部分称《海国广记》"。②

慎懋赏辑录的资料受到学术界的重视。郑鹤声、郑一钧先生在《郑和下西洋资料汇编》一书中辑录慎懋赏《海国广记》诸多史料，季羡林先生也对《四夷广记》的文献价值作了评价，季先生写道：

> 我正在赶写一部有关中印文化交流的书。我翻阅了大量典籍，其中包括郑振铎先生生前寻访、搜集、影印、出版的《玄览堂丛书》。这里面收的书绝大部分是明代的手抄本和刊本，有极大的学术价值……在《玄览堂丛书》中，我目前翻阅得最多的是《续集》中的《四夷广记》，明慎懋赏撰，是旧抄本，出自明人之手。这一部书大概不全，头绪很乱，翻检起来，颇不容易。但是内容却极为有用，是不可多得的历史资料。③

对于辑录者慎懋赏的情况，郑鹤声、郑一钧先生在《郑和下西洋资料汇编》附录《明慎懋赏〈海国广记〉中记录中国与海外诸国往来针路》的"编者按"中的提到：

> 一九六五年八月二十一日承北京大学向达（觉明）教授函示："《海外广记》作者慎懋赏行谊，殊不了了。只知其曾注过《慎子》，计内篇一卷，外篇一卷，附直音，万历己卯（七年，1759年）慎氏耕芝馆刻本，上海图书馆善本书目著录此书。四库杂家类存目七有慎懋官《华夷花木鸟兽珍玩考》十卷，提要谓懋官字汝学，湖州人云云。慎氏出于湖州，唯查同治《湖州府志》著录懋官书，顾不见懋赏之名。标注谓吴人慎懋赏云云，岂懋赏又为苏州人耶？然未能查苏州志一决此疑也。"④

郑鹤声、郑一钧先生推断："懋赏、懋官皆好学博物之学，多识中外各国鸟兽花木珍玩之名。懋官著《华夷花木鸟兽珍玩考》。懋赏著《海外广记》一书，亦多列花木鸟兽珍玩之名……由此可证懋赏、懋官同出慎氏一家，且可断定为兄弟辈，并为江浙一带人物无疑。"⑤

慎懋赏的生平事迹在文献中只有一些简短的信息。四部丛刊收《慎子·内篇》、《慎子·外篇》题"明吴人慎懋赏校"，《慎子·内篇校文》中称"明万历间吴人慎懋赏"。⑥《玄

---

① 季羡林先生《糖史》（一）第八章抄录有关资料，第14种为《四夷广记》，第15种为《海国广记》，见《季羡林文集》第九卷，江西教育出版社，1998年，第279页。《糖史》（二）第一章亦将《四夷广记》和《海国广记》并列，见《季羡林文集》第十卷，第12页。

② 卢嘉锡总主编、席龙飞、杨熺、唐锡仁主编《中国科学技术史·交通卷》，科学出版社，2004年，第499页，另见卢嘉锡总主编、艾素珍、宋正海主编《中国科学技术史·年表卷》，科学出版社，2006年，第456页。

③ 季羡林《六字真言》，载《季羡林文集》第十四卷，江西教育出版社，1998年，第239页。

④ 郑鹤声、郑一钧编《郑和下西洋资料汇编》（上册），齐鲁书社，1980年，第306页。

⑤ 同上，第306—307页。

⑥ 《慎子·内篇》、《慎子·外篇》，四部丛刊初编本。

览堂丛书续集》所收《海国广记》作"明吴人慎懋赏辑"。慎懋赏《慎子考》中略为具体，"万历戊寅十月既望，吴兴云台慎懋赏志"。①张均衡《适园藏书志》卷八称《慎子内外篇》系"明湖人慎懋赏刻本"。②

万历戊寅，即万历六年，公元1578年，这反映出慎懋赏生活的时代。前引文献中慎懋赏的籍贯作"吴"、"吴兴"、"湖人"。吴兴，古代三吴之一，三国时设吴兴郡，隋代更设湖州，唐代再改湖州为吴兴郡，明代为湖州府。今为浙江湖州市吴兴区，即湖州市区部分。

明清地方志中也能查到慎懋赏的材料片段，其籍贯作归安县。如万历《保定府志》卷八《职官表》中"安州吏目"中载，"慎懋赏，归安县人，监生"。③光绪《保定府志》卷四《职官表》亦载，明万历年间"安州吏目"慎懋赏，"归安人，监生升"。④归安，明朝湖州属县名。⑤北宋太平兴国七年（982）析乌程县东南境置归安县，与乌程县同治一城。南宋宝庆后同为安吉州治，元时同为湖州路治，明清同为湖州府治，1912年与乌程县合并，设置吴兴县。⑥由此可知，慎懋赏系明万历年间湖州府归安县人。据前引《保定府志》载，他曾于万历年间由监生升为安州吏目。安州为保定府下属州，"金始置安州。洪武初更为县，十四年复为州"。⑦在明代，知州之下有吏目掌文书。

慎懋官亦是湖州归安人。同治《湖州府志》录慎懋官著《华夷花木鸟兽珍玩考》十卷，并引《四库存目》称"懋官，字汝學，湖州人"。⑧光绪《归安县志》卷二十一，亦录慎懋官著是书。⑨由此，懋官、懋赏同为湖州归安人，郑鹤声、郑一钧先生所言，"同出慎氏一家，且可断定为兄弟辈"当无疑。

关于慎懋赏的更多信息，笔者几经查找，进展不大。慎懋赏尝刻《慎子》内外篇，被认为是伪书，罗根泽先生撰《慎懋赏本慎子辨伪》，刊于《燕京学报》第六期（1929年），文中对慎懋赏的读书经历评述道：

> 张钧衡《适园藏书志》谓："懋赏渊博嗜古，读书颐文鹏中，广采百家，为之汇正。"盖慎氏即得读颐文鹏藏书，以为馆阁秘笈，世人未睹，割裂钞袭，孰能纠正；际明末学衰，其术遂售。⑩

慎懋赏辑《慎子内外篇》有王锡爵的序，根据该序可知，慎懋赏为王锡爵门人。"迩门

---

① 慎懋赏《慎子考》，载《慎子三种合帙》，收入"中国哲学思想要籍丛编"，台北广文书局，1975年，第17页。
② 张钧衡《适园藏书志》卷八《子部三·杂家类》，台北广文书局，1967年，上册，第363页。
③ 《保定府志》卷八《职官表·中》，明隆庆五年刻，万历三十年增修本。
④ 《保定府志》卷四《职官表五》，光绪十二年刻本。
⑤ 《明史》卷四四《地理志五》载，湖州府"领州一，县六"，六县之一有归安。中华书局，1974年，第1105页。
⑥ 戴均良等主编《中国古今地名大词典》"归安县"词条，上海辞书出版社，2005年，第870页。
⑦ 《保定府志》卷五《郡国表》，明隆庆五年刻，万历三十年增修本。
⑧ 《湖州府志》卷五九《艺文略》，同治十三年刻本。
⑨ 《归安县志》卷二一《艺文略》，光绪八年刻本。
⑩ 罗根泽《慎懋赏本慎子辨伪》，《燕京学报》第六期，第1144页。

人慎宇勋,以是编见正,意甚玩之,试为条次,定为内外篇。"①慎懋赏,字宇勋,号云台,②故文中慎宇勋即慎懋赏。

王锡爵,江苏太仓人,《明史》卷二一八有传。根据该传,王锡爵"嘉靖四十一年举会试第一,廷试第二,授编修。累迁至祭酒。万历五年以詹事掌翰林院","明年进礼部右侍郎"。十二年(1584)"拜礼部尚书兼文渊阁大学士,参机务"。二十一年(1593)"为首辅"。③

丁锋先生在《日汉琉汉对音与明清官话音研究》一书中指出,慎懋赏是朝廷重臣王锡爵的门人,正是这样的身份使得慎懋赏有机会接触明朝的档案,编辑《四夷广记》等书。"王锡爵在朝任官三十余年,任礼部官员也有多年,在万历年间权倾一时,炙手可热。他以权势之便将礼部会同馆的文书汇集持归令门人移录结集应该是轻而易举的。《四夷广记》的成书以王锡爵任职礼部之后到赋归的万历(1753—1619)前期和中期为最有可能。"④

慎懋赏与王锡爵的关系,对于我们考察《海国广记》所载波斯语词汇的资料来源提供了线索,即《海国广记》资料源出官方机构。丁锋先生认为王锡爵是将会同馆的文书汇集持归,令门人移录结集。根据前引刘迎胜先生的研究,《回回馆杂字》"四夷馆本"和"会同馆本"编辑方式不同,前者是用波斯文、汉文两种文字编成,后者则是纯汉字的。慎懋赏所录波斯语词汇系波——汉双语,每个词汇由波斯文原文、汉文意译、汉文音译三部分组成。这是四夷馆《回回馆译语》的编辑方式,所以慎懋赏辑录的这部分资料其来源当是四夷馆。

如前已述,"四夷馆本"的《回回馆杂字》分"永乐本"和稍晚编成的本子,前者收波斯语词汇777个,其中天文门40个,地理门56个,后者对杂字有增补,续增词汇233个,其中天文门续增7个,地理门14个,还增编有"来文"。《玄览堂丛书续集》第97册《海国广记》中收录的波斯语词汇有"天文门"和"地理门"两类,其中天文门40个,地理门44个。笔者将《海国广记》收录波斯语词汇与国家图书馆藏《回回馆杂字》和《回回馆译语》对比(刘迎胜先生指出两者均属于"永乐本"系统),发现它们所载天文门40个词汇相同,而《海国广记》缺国家图书馆藏《回回馆杂字》和《回回馆译语》"地理门"最后的12个词汇,不含续增杂字。

《回回馆杂字》、《回回馆译语》受到海内外学者的重视,研究成果颇丰。根据刘迎胜先生的考察,最早研究《回回馆杂字》的西方人可能是法国传教士钱德明(Jean Joseph Marie Amiot),英国学者罗斯(E.D.Ross)也利用《回回馆译语》进行过相关研究。⑤日本学者田坂兴道、本田实信先生也对该文献进行了深入研究,发表有重要的成果。2002年,胡振华、胡军先生内部印行《回回馆译语》一书,刊布了《华夷译语》乙种本《回回馆杂字》、《华夷译语》丙种本《回回馆译语》(即《杂字》)和《华夷译语》乙种本《回回馆来

---

① 王锡爵《〈慎子〉序》,载《慎子三种合帙》,收入"中国哲学思想要籍丛编",台北广文书局,1975年,第6页。

② 严灵峰先生《周秦汉魏诸子知见书目》(第三卷)中记《校订慎子》时称,慎懋赏"吴兴人,字宇勋,号云台",台北正中书局,1977年,第383页。

③ 《明史》卷二一八《王锡爵传》,第5751—5752页。

④ 丁锋《日汉琉汉对音与明清官话音研究》,中华书局,2008年,第64页。

⑤ 刘迎胜《〈回回馆杂字〉与〈回回馆译语〉研究》,第6—7页。

文》,并收录了胡振华先生撰《回回文献〈回回馆译语〉》和胡军先生译本田实信著《关于〈回回馆译语〉》两文。[①] 刘迎胜先生对《回回馆杂字》、《回回馆译语》进行了长期和持续的研究,1990 年代以来连续发表了多篇论文,而其代表性的成果是 2008 年由中国人民大学出版社出版的《〈回回馆杂字〉与〈回回馆译语〉研究》一书。

本田实信先生在研究《回回馆杂字》、《回回馆译语》时使用了海外六种刊本和抄本,这些刊本和抄本情况如下：A 本是柏林国立图书馆藏明抄本(下文简称"柏林本"),B 本为东洋文库所藏明抄本(下文简称"东洋文库本"),C 本指巴黎国家图书馆藏清抄本(下文简称"巴黎本"),D 本为巴黎亚洲协会藏清康熙年间抄本(下文简称"巴黎亚洲协会本"),E 本为伦敦大英博物馆藏明刊本(下文简称"伦敦本"),F 本是日本内阁文库藏清抄本(下文简称日本"内阁文库本")。[②] 根据刘迎胜先生的研究,A 本(柏林国立图书馆藏明抄本)含有"续增杂字"部分,具有较高的版本学价值,错误较少。B 本(东洋文库所藏明抄本),波斯文和汉文分别用不同的书写工具完成,其中波斯文用木笔,汉文用毛笔。它是一种较早的抄本,波斯文部分,字母ﮒ(gāf)通常写成ﮎ(kāf),ﭖ(pe)写成ﺏ(be),反映出抄录者波斯语的口音特点。另外,其他各本中ﺡ(he)和ﺥ(khe)、ﻉ(eyn)和ﻍ(gheyn)之间因为音点错写的讹误此本则较为少见,所以这部分波斯文错误率较少。C 本(巴黎国民图书馆藏清抄本),曾经法国学者研究,留有注释文字,刘迎胜先生在其专著《〈回回馆杂字〉与〈回回馆译语〉研究》一书中影印收录。[③] 北京图书馆(今国家图书馆)藏有《回回馆杂字》(清初抄本)与《回回馆译语》(清初刻本),刘迎胜先生将他们分别称为"北图回杂本"与"北图回译本",在自己的研究中对其加以利用。

笔者在下文中借鉴前人对《回回馆杂字》《回回馆译语》的研究成果,尝试对《海国广记》中收录的波斯语词汇进行研究,重在比对《海国广记》中所载与《回回馆杂字》、《回回馆译语》诸本波斯文书写、汉文音译与意译的差异,并对个别词汇在汉文文献的出现情况,略作补充。

本文据《海国广记》所载录写波斯文原文,同时用拉丁字母转写。如底本原文书写有误,则先不转写,在解释的文字中首先指明其正确形式,再转写。本文的波斯文转写采用《国际中东研究期刊》(*International Journal of Middle East Studies*,简称 *IJMES*)转写系统,谨此说明。

二、《海国广记》载波斯语词汇校释

（一）天文门

1. آسمان(āsmān),天,阿思妈恩。

《海国广记》所载与《回回馆杂字》、《回回馆译语》的"巴黎本"、"东洋文库本"、"北图回杂本"、"北图回语本"汉文译音皆同。[④] 阿波文库本注音为"阿思妈",[⑤] 刘迎胜先生

---

① 胡振华、胡军编《回回馆译语》,中央民族大学东干研究所 2002 年内部印行。

② 本田实信著、胡军译《关于〈回回馆译语〉》,载胡振华、胡军编《回回馆译语》,第 132 页。

③ 刘迎胜《〈回回馆杂字〉与〈回回馆译语〉研究》,第 15—18 页。

④ 刘迎胜先生《〈回回馆杂字〉与〈回回馆译语〉研究》中称该词汉文音译"北图回杂本"作"阿思马恩",系笔误,见该书第 28 页。

⑤ 胡振华、胡军编《回回馆译语》,第 78 页。

指出,后者译音"反映出部分回回馆译臣的口音:尾音节ان(-ān)中的鼻音ن(-n),当其后面没有其他修饰成分时,其发音接近消失"。①

清乾隆皇帝在《御制西域同文志序》中称,"今以汉语指天则曰天,以国语指天则曰阿卜喀,以蒙古语、准语指天则曰腾格里,以西番语指天则曰那木喀,以回语指天则曰阿思满",②文中"阿思满"即此。今天一些地方回族方言中还使用这个词,例如宁夏同心北片回民话中指天空时读作"阿斯玛(尔)",如说"阿斯玛(尔)上的星宿多得很"。③

2. آفتاب(āftāb),日,阿夫他卜。

"东洋文库本"中波斯文书写误ف为ق,④"北图回杂本"结尾辅音字母ب底座下缺少一音点成ٮ,而无法读。⑤

3. ماه(māh),月,妈黑。

4. ستاره(satāra),星,洗他勒。

5. ابر(abr),云,阿卜儿。

"伦敦本"波斯文辅音字母ب底座下缺少一音点成ٮ,而无法读。⑥

6. باد(bād),风,巴得。

7. باران(bārān),雨,把剌恩。

"北图回杂本"波斯文第2个辅音字母ر多写一个点,误ر为ز。本田实信先生和刘迎胜先生均指出,"伦敦本"中该词音译作"巴剌恩"。⑦

8. شبنم(shab-nam),露,捨卜南。

本田实信先生指出,他所依据的"柏林本"中,该词音译作"舍卜南","东洋文库本"、"巴黎本"、"巴黎亚洲协会本"、"伦敦本"各本作"捨卜南"。⑧刘迎胜先生补充指出,"北图回杂本"作"捨卜南",而"北图回译本"音译作"舍卜南"。⑨

9. پشک,霜,仆石克。

该词的正确写法是پشک(pashk),见 F. Steingass:*A Comprehensive Persian-English Dictionary* 第252页,该词有"露珠"之意。《波斯语汉语词典》第452页收有该词(pashak),词义为"露"、"霜"。《海国广记》中该词波斯文字母ش上只有两点,显误。刘迎胜先生称,波斯语中还有一词بشک(bashk)。笔者查 F. Steingass:*A Comprehensive Persian-English Dictionary* 第189页收有该词,有"露"、"雹"词义,《波斯语汉语词典》第301页亦收该词,

---

① 刘迎胜《〈回回馆杂字〉与〈回回馆译语〉研究》,第401页。
② 《钦定西域同文志》卷首,吉林出版集团有限责任公司2005年出版钦定四库全书会要本,第1页。
③ 张安生《同心回民话中的阿拉伯语波斯语借词》,《回族研究》1994年第1期。
④ 《〈华夷译语〉乙种本〈回回馆杂字〉》(东洋文库本)影印本,载胡振华、胡军编《回回馆译语》,中央民族大学东干学研究所2002年内部印行,第18页。
⑤ 刘迎胜《〈回回馆杂字〉与〈回回馆译语〉研究》,第28页。
⑥ 本田实信著、胡军译《关于〈回回馆译语〉》,载胡振华、胡军编《回回馆译语》,第218页;刘迎胜:《〈回回馆杂字〉与〈回回馆译语〉研究》,第30页。
⑦ 本田实信著、胡军译《关于〈回回馆译语〉》,载胡振华、胡军编《回回馆译语》,第213页;刘迎胜:《〈回回馆杂字〉与〈回回馆译语〉研究》,第31页。
⑧ 本田实信著、胡军译《关于〈回回馆译语〉》,载胡振华、胡军编《回回馆译语》,第213页。
⑨ 刘迎胜《〈回回馆杂字〉与〈回回馆译语〉研究》,第32页。

词义为"雹"、"霜"等。

10. برف（barf），雪，百儿夫。

11. رعد（ra'd），雷，勒阿得。

刘迎胜先生指出，"伦敦本"中该词音译误作"勤阿得"。[1]

12. برق（barq），电，百儿革。

13. قوس قزخ，虹，高思古则黑。

该词的正确写法是قوس قزح（Qaus-i quzaḥ），[2]刘迎胜先生指出，其末位字母应为ح，多数抄本都将该词波斯文写错，在字母ح上多写一点成خ，[3]《海国广记》所载波斯文书写亦如此。

14. بنات النعش（banāt al-na'sh），斗，百纳吞纳额石。

刘迎胜先生指出，"巴黎本"、"巴黎亚洲学会本"、"伦敦本"与"北图回译本"原文均误作بنات النغش，将辅音字母ع误作غ。[4]该词在 F. Steingass：*A Comprehensive Persian-English Dictionary* 中有两种形式，即第 201 页的 banāt u'n-na'sh，和第 1411 页 banāti na'sh，词义为大小熊星座、北斗七星、北斗等。A 本（"柏林本"）中，该词汉文音译作"百纳吞纳阿石"。[5]

15. بخار（bukhār），烟，卜哈儿。

16. غبار（ghubār），雾，五巴儿。

17. یخ（yakh），冰，夜黑。

18. یخچه（yakhcha），雹，夜黑彻。

19. صاعقه（sā'iqa），霆，撒额革。

"巴黎本"波斯文词中辅音字母ع误作غ。[6]

20. آتش，火，阿忒石

该词正确写法为آتش（ātish）。[7]《海国广记》所载波斯文书写有误，ت上多写一点成ث。

21. نور（naur），光，奴儿。

清刘智《天方性理》所列"采辑经书目"第 8 种是《努尔—拉希》（Naur Ilāhi），刘智意译为《真光经》，其中的"努尔"即نور（naur）。

22. سایه（sāya），影，撒夜。

23. روشن（raushan），明，罗山。

24. تاریک（tārīk），暗，他列克。

25. بادصا，东风，巴得塞巴。

---

① 刘迎胜《〈回回馆杂字〉与〈回回馆译语〉研究》，第 32 页。

② F. Steingass, *A comprehensive Persian-English Dictionary*,（Fifth impression 1963），p.968.

③ 刘迎胜《〈回回馆杂字〉与〈回回馆译语〉研究》，第 33 页。亦见本田实信著、胡军译《关于〈回回馆译语〉》，载胡振华、胡军编《回回馆译语》，第 218 页。

④ 刘迎胜《〈回回馆杂字〉与〈回回馆译语〉研究》，第 34 页。亦见本田实信著、胡军译《关于〈回回馆译语〉》，载胡振华、胡军编《回回馆译语》，第 218 页。

⑤ 本田实信著、胡军译《关于〈回回馆译语〉》，载胡振华、胡军编《回回馆译语》，第 138 页。

⑥ 同上，第 218 页；刘迎胜《〈回回馆杂字〉与〈回回馆译语〉研究》，第 35 页。

⑦ F. Steingass, *A comprehensive Persian-English Dictionary*, p.13.

该词正确的写法是بادصبا（bād-i ṣabā）。[①]《海国广记》所载波斯文书写错误，漏写 sabā 中字母ب底座的点成ـــ。

26. باد سموم（bād-i samūm），熏风，巴得塞木恩。

F. Steingass：*A comprehensive Persian-English Dictionary* 第 137 页 收 有 سموم （samūm）一词，义为闷热的、有害的、毒害的空气，瘴气，《波斯语汉语词典》第 380 页亦收有该词，意为西蒙风，指非洲和阿拉伯沙漠地带的干热风。

27. باد دبور（bād-i dabūr），金风，巴得得卜儿。

"东洋文库本"中该词汉文译音作"□得塞寸□？"。[②]F. Steingass：*A Comprehensive Persian-English Dictionary* 第 137 页收有该词，词义为西南风。刘迎胜先生称，dabūr 在阿拉伯语中指西风，通常在靠近入夜的时分吹，未知为何称"金风"。[③]

28. باد صايم（bād-i ṣāyim），朔风，巴得撒因。

29. داره（dāra），日运，打勒。

胡振华、胡军先生《回回馆译语》一书所收"东洋文库本"影印本中该词波斯文书写错误，将字母د与ا连写。[④]

30. هاله（hāla），月运，哈勒。

31. بدر（badr），圆月，百得儿。

32. محاق（muḥāq），残月，母哈革。

"巴黎本"中该词波斯文写法误ح为خ。[⑤]

33. كسوو，日蚀，苦苏夫。

正确写法为كسوف（kusūf）。[⑥]《海国广记》所载波斯文末尾字母ف少写一点成و。

34. خسوف（khusūf），月蚀，虎苏夫。

35. ژاله（zhāla），霖雨，惹勒。

36. ثابتات（thābitāt），杂星，撒比他试。

37. سيارات（saiyārāt），七政，塞呀剌试。

刘迎胜先生称，所谓"七政"是中国古代天文学术语，此处指行星。[⑦]

38. صبح صادق（ṣubḥ-i ṣādiq），[⑧] 天晓，速卜黑撒的革。

该词前半部分صبح（ṣubḥ）意为夜。清代天山南路地区有帕察沙布伯克，《西域同文志》解释说，"帕察沙布，帕尔西语。帕察，头目之谓；沙布，夜也。职司夜巡及提牢诸

---

① 北京大学东方语言文学系波斯语教研室编《波斯语汉语词典》，商务印书馆，1981 年，第204 页。

② 《〈华夷译语〉乙种本〈回回馆杂字〉》（东洋文库本）影印本，载胡振华、胡军编《回回馆译语》，第 20 页。

③ 刘迎胜《〈回回馆杂字〉与〈回回馆译语〉研究》，第 38 页。

④ 《〈华夷译语〉乙种本〈回回馆杂字〉》（东洋文库本）影印本，载胡振华、胡军编《回回馆译语》，第 20 页。

⑤ 本田实信著、胡军译《关于〈回回馆译语〉》，载胡振华、胡军编《回回馆译语》，第 218 页；刘迎胜：《〈回回馆杂字〉与〈回回馆译语〉研究》，第 39 页。

⑥ F. Steingass, *A comprehensive Persian-English Dictionary*, p.1030.

⑦ 刘迎胜《〈回回馆杂字〉与〈回回馆译语〉研究》，第 42 页。

⑧ F. Steingass, *A comprehensive Persian-English Dictionary*, p.780.

务。"帕尔西语"即波斯语,"沙布"即صبح。[1] "巴黎本"、"柏林本"波斯文中该词前半部分صبح字母拼写有误,前者作خ,后者作ج。[2] 而胡振华、胡军先生《回回馆译语》一书所收"东洋文库本"影印本中صبح一词漏写ب底下之点成ى。[3]

39. هفا,天气,黑洼。

该词的正确写法是هوا (havā)。[4]《海国广记》所载波斯文书写有误,字母و多写一点成ف。

40. انجارا。复圆,尹知剌。

"东洋文库本"作انجلا (injilā)。[5] 根据刘迎胜先生的意见,injilā 的意思是"真相大白,明朗化"。[6]《海国广记》所载波斯文书写有误,词中多写一个ا,并将ل写成了作ر。"巴黎本"误作انحار。[7]

（二）地理门

41. كوه (kūh),山,科黑。

42. جوى (Jūy),河,卓衣。

胡振华、胡军先生《回回馆译语》一书所收"东洋文库本"影印本中该词波斯文起首字母ج缺底下一点作ح。[8]

43. رود (rūd),江,鲁得。

本田实信先生在校勘记中指出,该词"伦敦本"音译作"鲁地"。[9]

44. دریا (daryā),海,得儿呀。

刘迎胜先生称,在神话传说和中亚方言中دریا (daryā)指河流。[10] دریا (daryā),清代译作"达里雅",《西域图志》载:"达里雅,回语,谓大河也。"[11]《西域同文志》亦载,该词为"回语,……达里雅,大河也。"[12] 徐松《西域水道记》中称:"凡河,国语曰毕喇,蒙古语曰郭勒,回语谓自成之河曰达里雅,施人力者曰谔斯腾。"[13] 据《西域图志》,天山南路有河名乌

---

① 《钦定西域同文志》卷一二《天山南路回部人名二》,第236页。
② 刘迎胜《〈回回馆杂字〉与〈回回馆译语〉研究》,第42页。
③ 《〈华夷译语〉乙种本〈回回馆杂字〉》(东洋文库本)影印本,载胡振华、胡军编《回回馆译语》,第20页。
④ F. Steingass, *A comprehensive Persian-English Dictionary*, p.1516.
⑤ 《〈华夷译语〉乙种本〈回回馆杂字〉》(东洋文库本)影印本,载胡振华、胡军编《回回馆译语》,第20页。
⑥ 刘迎胜《〈回回馆杂字〉与〈回回馆译语〉研究》,第43页。
⑦ 本田实信著、胡军译《关于〈回回馆译语〉》,载胡振华、胡军编《回回馆译语》,第218页。
⑧ 《〈华夷译语〉乙种本〈回回馆杂字〉》(东洋文库本)影印本,载胡振华、胡军编《回回馆译语》,第21页。
⑨ 本田实信著、胡军译《关于〈回回馆译语〉》,载胡振华、胡军编《回回馆译语》,第213页。
⑩ 刘迎胜:《〈回回馆杂字〉与〈回回馆译语〉研究》,第45页。
⑪ 《西域图志》卷二七《水四》。
⑫ 《西域同文志》卷六《天山南路水名》。
⑬ 徐松著、朱玉麒整理《西域水道记》卷一《罗布淖尔所受水上》,中华书局,2005年,第34页。

恰特达里雅、托什干达里雅、喀什噶尔达里雅、和阗达里雅等。①

45. خاک（khāk），土，哈克。

46. زمین（zamīn），地，则米尹。

47. آب（āb），水，阿卜。

清代天山南路地区维吾尔伯克中有密喇布伯克，据《西域同文志》载："密喇布，帕尔西语。密，犹职也；喇布，水也。职司水利。"② 密喇布即امیر آب（amīr āb），其中"喇布"并不是水آب（āb，音阿卜）的准确音写，而是受到前面امیر（amīr）末尾辅音 -r 的影响。

48. چشمه（chashma），泉，扯石默。

刘迎胜先生指出，"北图回杂本"和"北图回语本"波斯文书写有误，前者ش和م之间多了一个牙ی，后者起首字母چ少写一个点，写成ح，不能读。③

49. جانبالغ（khān-bāligh），京，罕巴力额。

刘迎胜先生指出，"巴黎本"波斯文书作خانبالغ，其倒数第二个字母ل后面多写一个ی。④ 该词组是进入波斯语的突厥语词汇，由"汗"جان（khān）和"城市"بالغ（bāligh）构成。两词分见《高昌馆杂字语》"人物门"和"地理门"，前者音译为"罕"，意译为"君"，后者音译为"把力"，意译为"城"。⑤《波斯语汉语词典》中作جانبالیغ（Khān-bālīgh），"汗八里（原北京城，元朝大都）"。⑥《马可波罗行纪》中记大都为"汗八里"（Cambaluc），"应知大汗居其名曰汗八里之契丹都城"，"汗八里此言'君主城'也"。⑦

50. مملکت（mamlukat 或 mamlakat），⑧ 国，满剌克忒。

51. شهر（shahr），城，舍黑儿。

该词在清代文献中译为"沙尔"。祁韵士《西域释地》释喀喇沙尔（即哈喇沙尔）地名称，"喀喇言黑，沙尔，城也"。⑨ 徐松《西域水道记》中释英吉沙尔地名，"回语城曰沙尔，新曰英吉"。⑩ 刘迎胜先生亦指出，新疆地名英吉沙尔（Yengi Shahr）、哈拉沙尔（Qara Shahr，焉耆）以及高昌故城（Iduqqut Shahr，"亦都护城"）中即由该词构成。⑪

52. نواحی（navāḥī），境，纳洼黑。

刘迎胜先生指出，"北图回杂本"波斯文书写字母ح上面多写一点成خ。⑫

53. روستا（rūstā），村，罗思他。

54. بیابان（biyābān 或 bayābān），⑬ 野，比呀巴恩。

---

① 《西域图志》卷二七《水四》、卷二八《水五》。
② 《西域同文志》卷一二《天山南路回部人名二》。
③ 刘迎胜《〈回回馆杂字〉与〈回回馆译语〉研究》，第 47 页。
④ 同上。
⑤ 胡振华、黄润华整理《高昌馆杂字》，民族出版社，1984 年，第 34、40 页。
⑥ 《波斯语汉语词典》，第 884 页。
⑦ 冯承钧译《马可波罗行纪》，上海书店出版社，2000 年，第 200 页、208 页。
⑧ F. Steingass, *A comprehensive Persian-English Dictionary*, p.1316.
⑨ 祁韵士《西域释地》，台北成文出版社 1968 年据清道光十七年刊本影印版，第 19 页。
⑩ 徐松著、朱玉麒整理《西域水道记》卷一《罗布淖尔所受水上》，第 33 页。
⑪ 刘迎胜《〈回回馆杂字〉与〈回回馆译语〉研究》，第 47—48 页。
⑫ 刘迎胜《〈回回馆杂字〉与〈回回馆译语〉研究》，第 48 页。
⑬ F. Steingass, *A comprehensive Persian-English Dictionary*, p.213.

55. زراعت (zirā'at),[①] 田,即剌额忒。

《波斯语汉语词典》中该词含义是农业,农业耕种,播种,作物栽培。[②]《海国广记》所载波斯文书写正确,有些抄本,如"北图回杂本"和"东洋文库本"中波斯文书写有误,ع上多写一点成غ,"北图回语本"第二个字母ر误作ز。[③]

56. باغ (bāgh),园,巴额。

清代维吾尔族社会有巴克玛塔尔伯克。《西域同文志》中称,"巴克,回语,有果木处",[④] 即为该词,而巴克玛塔尔伯克是专管果园事务的伯克。

57. کرد,尘,革儿得。

该词的正确写法是گرد (gard)。[⑤] 刘迎胜先生指出,"北图回杂本"、"巴黎本"的波斯文起首辅音字母的写法为ی上加三点ڲ,这是一种古老的写法,而"柏林本"、"东洋文库本"、"伦敦本"、"北图译语本"等起首字母均作ک (k),没有三点。[⑥]《海国广记》所载波斯文中起首字母ک亦作ی,其汉文音译做"革儿得",与"巴黎本"、"东洋文库本"、"北图回语本"同,而"北图回杂本"作"克儿得"。本田实信先生在校勘记中称,该词意译"尘"的繁体字在"柏林本"中误作"鏖"。[⑦]

58. ریک,沙,列克。

刘迎胜先生指出,"按正字法应写作 rīg",各本均将波斯文词尾的辅音字母گ写成ی,[⑧]《海国广记》所载波斯文写法亦同。

59. سنک,石,桑克。

该词正确的写法是سنگ (sang),[⑨] 刘迎胜先生指出,各本均将波斯文词尾的辅音字母گ写成ی,[⑩]《海国广记》所载波斯文写法亦同。

60. راه (rāh),路,剌黑。

61. بازار (bāzār),市,把咱儿。

陈诚《西域番国志》中记哈烈国,"乡村多立墟市,凡交易处名把咱儿,每七日一集,以有易无,至暮俱散"。[⑪] 清代文献中该词译作巴匝尔、巴咱尔、巴杂尔等,天山南路地区维吾尔社会有巴匝尔伯克,《西域同文志》卷一二中解释该词的词源说,"巴匝尔,回语,市集也"。

62. جاه,井,又黑。

---

① F. Steingass, *A comprehensive Persian-English Dictionary*, p.613.该词的含义是农业,农业耕种,播种,作物栽培,见《波斯语汉语词典》,第 1234 页。

② 《波斯语汉语词典》,第 1234 页。

③ 刘迎胜《〈回回馆杂字〉与〈回回馆译语〉研究》,第 50 页;本田实信著、胡军译《关于〈回回馆译语〉》,载胡振华、胡军编《回回馆译语》,第 218 页。

④ 《钦定西域同文志》卷一三《天山南路回部人名三》,第 252 页。

⑤ F. Steingass, *A comprehensive Persian-English Dictionary*, p.1078.

⑥ 刘迎胜《〈回回馆杂字〉与〈回回馆译语〉研究》,第 50 页。

⑦ 本田实信著、胡军译《关于〈回回馆译语〉》,载胡振华、胡军编《回回馆译语》,第 213 页。

⑧ 刘迎胜《〈回回馆杂字〉与〈回回馆译语〉研究》,第 50 页。F. Steingass, *A comprehensive Persian-English Dictionary* 中作 reg,见该书第 604 页。

⑨ F. Steingass, *A comprehensive Persian-English Dictionary*, p.701.

⑩ 刘迎胜《〈回回馆杂字〉与〈回回馆译语〉研究》,第 50 页。

⑪ 陈诚著、周连宽校注《西域行程记 西域番国志》,中华书局,1991 年,第 71 页。

《海国广记》所载波斯文书写及汉译音均有误。波斯文应为چاه（chāh），①《海国广记》所载波斯文原文其起首字母چ少写一点成ح。刘迎胜先生指出，该词汉文音译当为"叉黑"，"会同馆本"该词的汉文音译作"插讀"可作参证。"东洋文库本"与"北图回杂本"汉文译音作"义黑"，"巴黎本"、"北图回译本"汉文译音与《海国广记》所载同，作"乂黑"，"义"、"乂"当为"叉"之误。②

63. تواره（tavāra），篱，忒洼勒。

64. دیوار（dīvār），墙，迭洼儿。

"东洋文库本"波斯文中末尾字母ر误作ن。③

65. عقبه（'aqaba），岭，阿革百。

"北图回杂本"波斯文中词首ع多写一点成غ，"北图回语本"漏写ب。④

66. غار（ghār），洞，阿儿。

67. خوص，潭，蒿子

该词的正确写法是حوض（ḥauż）。⑤《海国广记》所载波斯文书写有误，词首字母ح上加点成خ，末尾字母ض上少写一点成ص。刘迎胜先生指出，几乎所有的刊本、抄本都将ح上加点成خ，唯有"内阁文库本"正确。⑥

68. چول（chūl），川，搠勒。

69. جوجه，沟，卓衣彻。

正确写法应是جویجه（jūycha）。⑦《海国广记》所载波斯文中第三个字母ڽ漏写底座下两点。

70. کدرکاه，渡，古得儿噶黑。

该词正确写法是گذرگاه（Guẕar gāh）。⑧刘迎胜先生指出，"柏林本"、"巴黎本"、"亚洲协会本"、"伦敦本"与"北图回译本"波斯文起首辅音字母گ写作ڭ上加三点خ，另将其构词后缀گاه写成کاه。"东洋文库本"除将گ写成کاه外，还将起首辅音字母گ少写三点或横，写成ی，唯有"内阁文库本"书写正确。⑨《海国广记》所载波斯文中的两个辅音字母گ均写作ک。

71. لب جوی（lab-i jūy），岸，勒比卓衣。

"北图回杂本"汉文音译作"勒必卓衣"。

72. دوتاه（dū-tāh），径，堵他黑。

---

① F. Steingass, *A comprehensive Persian-English Dictionary*, p.387.

② 刘迎胜《〈回回馆杂字〉与〈回回馆译语〉研究》，第53页。

③ 本田实信著、胡军译《关于〈回回馆译语〉》，载胡振华、胡军编《回回馆译语》，第219页；刘迎胜《〈回回馆杂字〉与〈回回馆译语〉研究》，第53页。

④ 刘迎胜《〈回回馆杂字〉与〈回回馆译语〉研究》，第53页。

⑤ F. Steingass, *A comprehensive Persian-English Dictionary*, p.487.

⑥ 刘迎胜《〈回回馆杂字〉与〈回回馆译语〉研究》，第54页，亦见本田实信著、胡军译《关于〈回回馆译语〉》，载胡振华、胡军编《回回馆译语》，第219页。

⑦ F. Steingass, *A comprehensive Persian-English Dictionary*, p.380.

⑧ 同上，第1076页。

⑨ 刘迎胜《〈回回馆杂字〉与〈回回馆译语〉研究》，第56页，亦见本田实信著、胡军译《关于〈回回馆译语〉》，载胡振华、胡军编《回回馆译语》，第219页。

根据刘迎胜先生的解释,dū 在波斯语中意思是二,而 tāh 的意思是件、块、褶痕、曲折,两者的意思是双倍的半径。①

73. مرار,坟,默咱儿。

正确写法是 مزار(mazār)。②《海国广记》所载波斯文书写有误,第二个字母ر当为ز,少写了一点。该词在清代文献译为"玛杂尔"、"玛咱尔",苏尔德《回疆志》卷二载:"其礼每大家富门户外俱筑土基,东向,砌建家堂,名玛杂尔,系乃祷福禳灾,祝天告地,及节令礼拜,终日迎日送日,并把斋时礼拜诵经之处。"《西域图志》卷三九亦载:"派噶木巴尔来世,先立祠堂,奉香火,名曰玛咱尔。每年两次,众人赴玛咱尔礼拜诵经,张灯于树,通宵不寐。玛咱尔有香火田亩,以供祭祀之需。"

74. موج(mauj),潮,卯知。

75. بیخار,庄,摆哈恩。

刘迎胜先生称:此字在各种波斯文字典中都查不到,疑与 mihān "故乡"有关。③本田实信先生在校勘记中称,该词汉文音译在"巴黎本"中作"摆哈□"。④

76. جهان(jahān 或 jihān),⑤世,者哈恩。

清刘智《天方性理》所列"采辑经书目"第 22 种是《哲罕·打尼识》(Jahān-i Dānish),其意为"世界之知识",刘智意译为《环宇述解》,其中的"哲罕"即جهان(Jahān)。

77. جنكل,林,展革勒。

刘迎胜先生称,该词正确写法当为جنگل(jangal)。⑥《海国广记》所载波斯文的起首字母ج漏写底下一点成ح,中间字母گ少写一横或三点成ک。本田实信先生在校勘记中称,"柏林本"、"东洋文库本"、"巴黎本"、"巴黎亚洲协会本"、"伦敦本"各本均做جنکل(jankal)。⑦"北图回杂本"书写正确,"北图回译本"书写有误,作جنکال。⑧

78. معدن(ma'dan 或 ma'din),⑨矿,母阿定。

刘迎胜先生对各本作了对勘,指出,"北图回杂本"波斯文معدن(ma'dan)中的ع多写一点成غ,而"伦敦本"中末尾字母误作ی,写作معدی。⑩

79. حضیر,街,哈虽儿。

根据本田实信先生的校勘记,"柏林本"、"东洋文库本"、"巴黎本"波斯文作خضیر,"巴黎亚洲协会本"作خصیر。⑪"北图回杂本"波斯文作خضیر,"北图回译本"作خصیر。与上述写法不同,《海国广记》所载波斯文中字母خ少写上面点成ح。刘迎胜先生认为,阿

---

① 刘迎胜《〈回回馆杂字〉与〈回回馆译语〉研究》,第 56 页。
② F. Steingass, *A comprehensive Persian-English Dictionary*, p.1221.
③ 刘迎胜《〈回回馆杂字〉与〈回回馆译语〉研究》,第 57—58 页。
④ 本田实信著、胡军译《关于〈回回馆译语〉》,载胡振华、胡军编《回回馆译语》,第 213 页。
⑤ F. Steingass, *A comprehensive Persian-English Dictionary*, p.380.
⑥ 同上,第 374 页。
⑦ 本田实信著、胡军译《关于〈回回馆译语〉》,载胡振华、胡军编《回回馆译语》,第 219 页。
⑧ 刘迎胜《〈回回馆杂字〉与〈回回馆译语〉研究》,第 58 页。
⑨ F. Steingass, *A comprehensive Persian-English Dictionary*, p.1270.
⑩ 刘迎胜《〈回回馆杂字〉与〈回回馆译语〉研究》,第 58 页。
⑪ 本田实信著、胡军译《关于〈回回馆译语〉》,载胡振华、胡军编《回回馆译语》,第 219 页。

拉伯语中خضير (khaẓīr) 词义为绿青翠的，与"街"意不合，他推测阿拉伯语中另一词خصر (khasr)，意思是山腰间的路，可能是此字的原词。[①] 另，《海国广记》所载该词汉文音译为"哈虽儿"，而"巴黎本"、"东洋文库本"、"北图回译本"等大多数文本中该词汉文译音作"黑虽儿"。

80. کل，泥，古勒。

该词正确写法当为گل (gil)。[②]《海国广记》所载波斯文的起首字母گ少写一横或三点成ک。据本田实信校勘记，"柏林本"、"东洋文库本"、"伦敦本"作کل，[③]"海国广记本"亦同。"巴黎本"书写正确。

81. تر (tar)，湿，忒儿

82. خشی (khushk)，干，户石克。

《海国广记》所载与"巴黎本"、"北图回杂本"等，汉文音译作"户石克"，译音正确。"东洋文库本"作"户石儿"，[④]"儿"与原词读音不合。

83. مغاک (maghāk)，深，母阿克。

"巴黎本"波斯文中误将字母غ作ع，写作معاک。[⑤]

84. پایاب (pā-yāb)，浅，玸呀卜。

结　　论

《海国广记》辑录者为"明吴人慎懋赏"，其成书年代应在万历年间（1573—1620）。慎懋赏系明朝首辅王锡爵门人，因此能够接触明代四夷馆、会同馆文档，使得《海国广记》资料来源可信，史料价值高。该文献收录波斯语词汇有波斯文原文、汉文音译和意译，与"四夷馆本"《回回馆杂字》、《回回馆译语》的编写体例相同，因此这部分资料的来源应是四夷馆。就《海国广记》所载波斯语词汇的文书写来看，辅音字母گ通常写成ک，反映出抄写者波斯语的口音特点。其他各本ح和خ，ع和غ，ر和ز，و和ف，ص和ض等字母之间因为音点错写的讹误也有出现。就目前各刊本、抄本情况对照来看，《海国广记》所载错误相对较少。《海国广记》所载个别波斯语词汇的汉文音译用字与《回回馆杂字》、《回回馆译语》各本互有不同。例如，"街"的汉文音译为"哈虽儿"，与其他文本不同，译音或更准确。

---

① 刘迎胜《〈回回馆杂字〉与〈回回馆译语〉研究》，第59页。

② F. Steingass, *A comprehensive Persian-English Dictionary*, p.1092.

③ 本田实信著、胡军译《关于〈回回馆译语〉》，载胡振华、胡军编《回回馆译语》，第219页。

④ 胡振华、胡军编《回回馆译语》，第23页。

⑤ 本田实信著、胡军译《关于〈回回馆译语〉》，载胡振华、胡军编《回回馆译语》，第219页；刘迎胜《〈回回馆杂字〉与〈回回馆译语〉研究》，第61页。

On The Persian Glossary Included In The Book Of *Hai Guo Guang Ji* Compiled By Shen Maoshang

Wang Dongping, Beijing Normal University

Abstract: 84 Persian words about astronomy and geography are included in the book of *Hai Guo Guang Ji*（海国广记）, which was compiled by Shen Maoshang（慎懋赏）in the Ming Dynasty and has a great research value. On the base of absorbing the predecessors' academic achievements on *Huihuiguan Zazi*（回回馆杂字）and *Huihuiguan Yiyu*（回回馆译语）, this article tries to sort out literature materials in order to study Shen Maoshang's deeds and *Hai Guo Guang Ji*'s compilation on one hand, and to analyze those Persian words and point out their writing characters on the other.

Key Words: Shen Maoshang；*Hai Guo Guang Ji*；Persian Glossary

（本文作者为北京师范大学历史学院教授）

18世纪下半叶中国内地回民分布状况初探

——以清乾隆四十六年、四十七年的档案资料为中心[*]

杨晓春

提　要：清乾隆四十七年海富润携书案相关的一批档案资料,以及乾隆四十六年西北回族、撒拉族起义之后的一些相关档案资料,比较全面地反映十八世纪下半叶中国内地回民的分布问题。综合可知,除了陕西因为同治、光绪年间的回民起义,人口大量减少外,其他各省回民的基本分布情况与今天回族的分布是相当一致的。

关键词：人口分布　回民　海富润携书案　档案

中国回族历史研究的一大困难,在于反映回族社会内部状况的史料太为稀少,并且即便是有所关联的史料,其内容也往往十分单薄。关于回族社会状况的史料,除了作为回族自身性史料的清真寺碑铭资料和伊斯兰教典籍足资发掘外,官方的档案资料也是不可忽视的一类史料。以往,关于清代乾隆和同治、光绪年间两次大规模的回民起义的研究,学者对档案资料的利用比较充分。除此之外,一些与回民相关的较小的案例也会涉及到档案资料。这些档案资料不仅仅反映了具体事件的历史过程,也间接地反映了当时的回族社会的一般状况,其史料价值尤其值得重视。

乾隆二十六年(1761),马明心到循化传教。乾隆四十六年(1781)年三月,甘肃循化发生新教、旧教之争,而地方官员偏袒旧教,引起了新教方面的暴动,最后引发了由新教苏四十三领导的回族、撒拉族穆斯林起义。苏四十三率新教男女二千余众攻占河州,进围兰州,震动清廷。乾隆皇帝恐兰州不保,遂命尚书和珅等为钦差由京城赴甘肃,又命军机大臣阿桂督师,速调陕西、四川、新疆等地援军共十几万进剿,于本年七月平定叛乱。于是在乾隆皇帝的要求下,地方官僚对于内地的回民状况开始关心起来。这主要是为了防范西北起义回民流窜内地,但一定程度上也使得回民的状况普遍地进入了地方政府的视野,留下了一批档案资料,可惜保存状况不够良好,多数原始奏折已经佚失。

而海富润携书案也正是在乾隆四十六年苏四十三起义刚刚平息这样的背景下发生的。乾隆四十七年(1782),在北方各地学经的广东崖州回民海富润南返家乡,途经广西桂林,因为携带着一批伊斯兰教经典而被抓。广西巡抚朱椿,一面上奏乾隆皇帝,一面飞咨相关的各省查拿相关人员。一时间,江苏、湖北等地迅速行动,捉拿涉案人员归案。而乾隆皇帝却明确认为不应查办,连发上谕向地方督抚作出指示,于是事件又很快平息。海富润案的发生,留下了比较丰富、完整的档案材料(奏折、上谕)。

---

　*　国家社科基金青年项目"中国古代外来侨民的中国化进程研究"(10CZS005)中期成果。同时得到南京大学人文基金的资助。

而有关中国历史上回民的分布状况,极少有全局性的记录。上述乾隆四十六年苏四十三起义、乾隆四十七年海富润携书案平息过程中,特别是在地方督抚接到乾隆上谕后的上奏中,或多或少地会将各地回民的基本情况汇报一二,于是呈现出当时内地各省回民的分布状况。而此类信息,在其他文献中殊少见到。[①] 回族史的研究者对海富润案也多有关心,不过相关的档案资料利用得不够充分,往往只是利用袁国祚重刊《天方至圣实录》本附录的几种材料;而且从研究主旨来看,也并非是利用此案保留的比较系统的档案资料来考察当时回民社会的相关问题的。[②] 而本文正是想在比较全面地阅读相关档案资料的基础上,就乾隆年间中国内地回民分布的总体情况作一些探讨。

一、有关乾隆四十七年海富润携书案的档案资料

现代学者对海富润案相关档案资料的专门关心,以 1930 年代北平故宫博物院文献馆编《清代文字狱档》[③] 为最早。共录 10 种件公文,排印出版。此书所收均为军机处档,其中的 2 件上谕,还注明了见载于实录。搜集此类资料最为系统的,则属 1980 年代台北"国立故宫博物院"出版的《宫中档乾隆朝奏折》,[④] 共收载相关奏折 30 件,并且此书系影印,可以很好地反映乾隆皇帝朱批的状况。相关的上谕,均影印收载于《乾隆朝上谕档》。[⑤] 此书资料来自中国第一历史档案馆藏军机处档,有的上谕后附军机处的奏折,《清代文字狱档》当即由此而来。此外,《清实录》中也载录了不少相关的上谕;[⑥]《清实录》中的相关资料也为《清实录穆斯林史料辑录》所摘录。[⑦]

综合以上几种资料集,一共可得 42 件奏折、上谕,列表如下:

表一　现存海富润案档案资料表

时间	公文		出处
	奏折	上谕	
1) 乾隆四十七年五月十三日	广西巡抚朱椿奏报盘获回匪携带悖逆经书事		《宫》第 51 辑第 701—702 页,《文》第 7 辑第 735—738 页(附《查出海富润携带回教书籍清单》)
2) 乾隆四十七年五月二十六日	两广总督觉罗巴延三奏报查办广西盘获回匪海富润携带悖逆经书事		《宫》第 51 辑第 827—828 页,《文》第 7 辑第 739—740 页
3) 乾隆四十七年六月初三日		上谕(接朱椿奏)	《文》第 7 辑第 741—742 页,《上》第 11 册第 200 页(No. 490),《实》卷 1158 第 506 页,《穆》上卷第 737—738 页

①　相关情况,在地方志中也有所反映,只是此类信息太为零散,有时更多缺载,很难得出一个总体的认识。此外,清真寺碑刻也有所反映,但是往往只是间接的反映,而且也极为分散。

②　如纳国昌《清代回族伊斯兰文字狱——海富润案件始末》,《回族研究》2000 年第 4 期。

③　北平故宫博物院文献馆编《清代文字狱档》第 7 辑,北平故宫博物院文献馆,1931—1934 年;影印本,上海书店,1986 年;上海书店,2007 年。

④　《宫中档乾隆朝奏折》第 51—52 辑,台北:"国立故宫博物院",1986 年。

⑤　中国第一历史档案馆编《乾隆朝上谕档》第 11 册,档案出版社,1991 年。

⑥　《清实录》第 23 册《高宗纯皇帝实录》第 15 册,中华书局,1986 年。

⑦　马塞北编《清实录穆斯林史料辑录》(上卷),宁夏人民出版社,1988 年。

（续表）

	时　间	公　文		出　处
		奏　折	上　谕	
4)	乾隆四十七年六月初三日	军机处奏		《文》第 7 辑第 742 页，《上》第 11 册第 201 页（No. 492）
5)	乾隆四十七年六月初三日	军机处奏		《文》第 7 辑第 742—743 页，《上》第 11 册第 201 页（No. 491）
6)	乾隆四十七年六月初六日	江南提督保宁奏报拿获回匪海富润逆书之作序人折		《宫》第 52 辑第 46 页，《文》第 7 辑第 743—744 页
7)	乾隆四十七年六月初六日	直隶总督郑大进奏为查拿邪教人犯缘由折 附奏为遵旨毋庸查办回教鄙俚书籍片		《宫》第 52 辑第 70—71 页
8)	乾隆四十七年六月初九日	江苏巡抚闵鹗元奏为准咨查起狂悖回经并拿获作序刊书各犯折		《宫》第 52 辑第 74—76 页
9)	乾隆四十七年六月初九日	安徽巡抚谭尚忠奏为钦奉谕旨免查回教书籍折		《宫》第 52 辑第 76—77 页
10)	乾隆四十七年六月十一日	江苏巡抚闵鹗元奏为遵旨省释持有汉字回经之回民折		《宫》第 52 辑第 93—94 页，《文》第 7 辑第 744—745 页
11)	乾隆四十七年六月十四日	署理两江总督萨载奏为遵旨省释持有汉字回经之回民折		《宫》第 52 辑第 120—122 页
12)	乾隆四十七年六月十六日	广西巡抚朱椿奏为遵旨释放持有汉字回经之回民折		《宫》第 52 辑第 138—139 页
13)	乾隆四十七年六月十七日		上谕（接巴延三奏）	《文》第 7 辑第 745—746 页，《上》第 11 册第 219 页（No. 532）
14)	乾隆四十七年六月十七日	军机处奏		《文》第 7 辑第 746—748 页，《上》第 11 册第 219 页（No. 533）
15)	乾隆四十七年六月十八日		上谕（接闵鹗元奏）	《上》第 11 册第 222 页（No. 538），《实》卷 1159 第 516—517 页，《穆》上卷第 738—739 页
16)	乾隆四十七年六月二十日	湖北巡抚姚成烈奏为遵旨省释回民袁二折		《宫》第 52 辑第 164—166 页
17)	乾隆四十七年六月二十二日		上谕（接萨载奏）	《文》第 7 辑第 746—748 页，《上》第 11 册第 225—226 页（No. 548），《实》卷 1159 第 519—520 页，《穆》上卷第 739—740 页
18)	乾隆四十七年六月二十二日	江西巡抚郝硕奏为遵旨嗣后遇鄙俚书籍如回教经本等类不附会苛求折		《宫》第 52 辑第 181-182 页

（续表）

	时　间	公　文		出　　处
		奏　折	上　谕	
19)	乾隆四十七年六月二十二日	直隶总督郑大进奏报直隶回教经典并未查办缘由折		《宫》第 52 辑第 189-190 页
20)	乾隆四十七年六月二十二日	两广总督觉罗巴延三奏为遵旨嗣后遇似汉字回经等鄙俚书籍不苛求办理折		《宫》第 52 辑第 190-191 页
21)	乾隆四十七年六月二十三日	全魁奏为遵旨回民传习经典并无邪教犯悖不过字句鄙俚者不格外推求折		《宫》第 52 辑第 196-197 页
22)	乾隆四十七年六月二十五日	办理陕西巡抚事务毕沅奏为遵旨覆奏并未据广西咨查办回民持有汉字回经折		《宫》第 52 辑第 224-226 页
23)	乾隆四十七年六月二十五日	两广总督觉罗巴延三、广东巡抚尚安奏为遵旨饬禁纠徒传劫数之邪教及赦持有回教经书之回民折		《宫》第 52 辑第 229-230 页
24)	乾隆四十七年六月二十六日	湖北巡抚姚成烈奏为遵旨省释衷二并回民感激安静情形折		《宫》第 52 辑第 239-240 页
25)	乾隆四十七年六月二十六日	江西巡抚郝硕奏为遵旨覆奏江省未经查办回民持有回经案折		《宫》第 52 辑第 242-243 页
26)	乾隆四十七年六月二十六日	河南巡抚富勒浑奏为遵旨覆奏豫省并未办理回民持有回经案折		《宫》第 52 辑第 247-248 页
27)	乾隆四十七年六月二十六日	安徽巡抚谭尚忠奏为遵旨停办旧有回教经典折		《宫》第 52 辑第 275-276 页
28)	乾隆四十七年六月二十八日	贵州巡抚李本奏为遵旨毋庸查办回教经籍折		《宫》第 52 辑第 283-284 页
29)	乾隆四十七年六月二十八日	陕甘总督李侍尧奏为遵旨覆奏接到朱椿来咨并未查办缘由折		《宫》第 52 辑第 287-289 页
30)	乾隆四十七年七月初一日	云贵总督富纲、云南巡抚刘秉恬奏为准咨未经拿解持有回经回民并遵旨办理折		《宫》第 52 辑第 321-323 页
31)	乾隆四十七年七月初一日	福建巡抚雅德奏报准到朱椿咨会查缴回民经本一案闽省并未搜查缘由折		《宫》第 52 辑第 332-334 页

（续表）

	时　间	公　文		出　处
		奏折	上谕	
32)	乾隆四十七年七月初二日		上谕（接毕沅奏）	《上》第 11 册第 246 页（No. 582），《实》卷 1160 第 530-531 页，《穆》上卷第 741 页
33)	乾隆四十七年七月初二日	署理湖南巡抚李世杰奏报湖南省回民原未存有海富润书籍准咨询明之后并无查办缘由折		《宫》第 52 辑第 344-345 页
34)	乾隆四十七年七月初三日	广西巡抚朱椿奏为遵旨释放持有回经之回民折		《宫》第 52 辑第 354-356 页
35)	乾隆四十七年七月初三日	两广总督巴延三、广东巡抚尚安奏为遵旨毋庸查办回教经籍折		《宫》第 52 辑第 359-360 页
36)	乾隆四十七年七月初六日		上谕（接朱椿奏）	《上》第 11 册第 255 页（No. 598），《实》卷 1160 第 535-536 页，《穆》上卷第 741 页
37)	乾隆四十七年七月初六日	军机处奏		《上》第 11 册第 255 页（No. 599）
38)	乾隆四十七年七月初十日		上谕（接姚成烈奏）	《上》第 11 册第 264 页（No. 616），《实》卷 1160 第 541 页，《穆》上卷第 741-742 页
39)	乾隆四十七年七月十二日	办理陕西巡抚事务毕沅奏为未经查办回经并接奉谕旨缘由折		《宫》第 52 辑第 444-445 页
40)	乾隆四十七年七月二十日	广西巡抚朱椿奏为办理回经案蒙训饬谢恩折		《宫》第 52 辑第 504-505 页
41)	乾隆四十七年七月二十六日	兼署四川总督印务特成额奏报川省并未查办回民经本并遵旨办理缘由折		《宫》第 52 辑第 553-544 页
42)	乾隆四十七年七月二十七日		上谕（接巴延三奏）	《上》第 11 册第 286 页（No. 682），《实》卷 1161 第 556-557 页，《穆》上卷第 743 页

《宫》=《宫中档乾隆朝奏折》

《文》=《清代文字狱档》(上海书店，1986 年）

《上》=《乾隆朝上谕档》

《实》=《清实录》第 23 册《高宗纯皇帝实录》第 15 册

《穆》=《清实录穆斯林史料辑录》

二、海富润携书案相关奏折所见18世纪下半叶
内地各省回民的分布情况

表一所列海富润案相关奏折,涉及各地回民状况的主要有以下几条:

1. 乾隆四十七年六月二十五日办理陕西巡抚事务毕沅《奏为遵旨覆奏并未据广西咨查办回民持有汉字回经折》:

> 关中回教,自唐时安插内地,散处秦陇之间,多各自聚成村落,人数众多。

陕西回族人口众多。经过清末的回民起义,人口损失较多,此前的回族人口峰值学者多有估计,最新的估计是 200 万左右。[①]

2. 乾隆四十七年六月二十六日江西巡抚郝硕《奏为遵旨覆奏江省未经查办回民持有回经案折》:

> 臣查江西通省回民,本属无多,并无聚众念经等情。

可见江西回民很少。

3. 乾隆四十七年六月二十六日河南巡抚富勒浑《奏为遵旨覆奏豫省并未办理回民持有回经案折》:

> 伏查豫省回民,虽未及陕西等省之多,而清化镇等处地方所在皆有,平日持颂经典,均系旧有之本。

可见河南回民较多。河南是中原地区回族分布最多的一个省份。

清化镇为今河南博爱县政府驻地所在,此地原属沁阳县,民国时划出,设博爱县。沁阳一带,回民较多,今天仍保存着多所清真寺,如博爱西关清真寺、大新庄清真寺、沁阳北大寺、水南关清真寺等,其中沁阳北大寺、水南关清真寺的兴建历史可以追溯到元、明时期,[②]沁阳北大寺尚存明代碑刻二种,[③]水南关清真寺尚存明代碑刻一种,[④]博爱大新庄清真寺现存清雍正十年清真寺乐赠房基碑。清化镇一带确是河南回民分布的集中地。

---

① 路伟东《清代陕甘人口专题研究》,上海书店出版社,2011 年,第 324—335 页。

② 参考吴建伟主编《中国清真寺综览》,宁夏人民出版社,1995 年,第 190—191 页;吴建伟主编《中国清真寺综览续编》,宁夏人民出版社,1998 年,第 70、72—74 页;杨晓春《元代回回人分布补考》,《北方民族大学学报》2013 年第 3 期。

③ 胡云生《传承与认同——河南回族历史变迁研究》附录二《河南回族汉文碑刻资料辑录》,宁夏人民出版社,2007 年,第 306—311 页。杨晓春《元明时期汉文伊斯兰教文献研究》附录一"元明时期清真寺汉文碑刻文字四十种校点稿",中华书局,2012 年,第 299—300、301—303 页。

④ 杨晓春《元明时期汉文伊斯兰教文献研究》附录一"元明时期清真寺汉文碑刻文字四十种校点稿",中华书局,2012 年,第 323—324 页。

4. 乾隆四十七年六月二十八日贵州巡抚李本《奏为遵旨毋庸查办回教经籍折》：

> 臣查黔省回民，止有贵阳省城有流寓回民十余户，或小贩营生，或在营食粮，向俱安分守法，并无聚集念经之事。

可见贵州回民非常之少。乾隆年间贵阳有回民居住，可参道光《贵阳府志》所载"清真古寺"条，曰："在府新城内团井巷口，雍正二年（1724）回人建，道光十七年重修。"①

5. 乾隆四十七年六月二十八日陕甘总督李侍尧《奏为遵旨覆奏接到朱椿来咨并未查办缘由折》：

> 臣查甘省回民，较多于他省，虽人多劲悍，历来尚属相安。自苏四十三等争立新教，煽动滋事，不旋踵而即行剿灭。臣于上年查办逆党时搜获回教经典，有用汉文刊刻抄写者，有用回字誊录者，即择旧教中通晓文义之人译出明看，大都常言俗语，劝人为善，其辞句俚鄙，并无违碍字样。臣当即通饬各属，除新教礼拜寺拆毁外，其余一概不必苛求，以免滋扰。甘省自上年查办以来，一应旧教回民，照常各安生业。

6. 乾隆四十七年七月初一日云贵总督富纲、云南巡抚刘秉恬《奏为准咨未经拿解持有回经回民并遵旨办理折》：

> 臣等当查滇省惟临安府属之建水、石屏等处回民较多，素皆安分畏法，并不滋事。

云南回民较多，分布也较广，大约清康熙四十九年南京云南保山回族学者马注作《左道通晓》中曾详列受到新传入的革兰袋派影响的云南各地的名单，包括"永昌之潞江，大理之滨局，楚雄之洛左美，广通之富蒲山，罗丹之笼竹科、江边，定远之松屏术，大姚之苴却，姚州之芭蕉冲，武定之西材、古柏、阿河，富民之池旧、溏子冲、魁星旧，嵩明之梨花村，寻甸之热水塘，宜良之回辉村，曲靖之保家乡、石羊、双河，六凉之宗喜、山前以及省会临沅之地"，② 间接地反映了当时回民在云南的分布，当然实际上还会多于上述的地点。可见上引奏折中的叙述远远不够全面，只是指出了回民人数较多的两处而已。

7. 乾隆四十七年七月初一日福建巡抚雅德《奏报准到朱椿咨会查缴回民经本一案闽省并未搜查缘由折》：

> 因查闽省回民，为数甚少，且皆安分守法，平日亦无外省回民踪迹到省。

可见福建回民很少。

8. 乾隆四十七年七月初二日署理湖南巡抚李世杰《奏报湖南省回民原未存有海富润

---

① ［清］道光《贵阳府志》卷三六《祠宇附记》，《中国地方志集成·贵州府县志辑》第12册影咸丰二年刻本，第522页上。

② ［清］马注《清真指南》卷一〇，余振贵标点，宁夏人民出版社，1988年，第420页。

书籍准咨询明之后并无查办缘由折》：

> 当经叶佩荪查明湖南省除外，所属仅桃源、巴陵、芷江三县各有回民数户，系畸零
> 散处外，惟省城内有回民一百九十余户，旧设礼拜寺二处，各有年老者三人在寺看守。
> 礼饬长沙府不动声色密询去后，旋据该府凤翔禀覆查明，该回民皇甫朝等在寺讽诵经
> 典，俱系相沿旧有之回字经典，并无海富润所带书籍名目，毋凭查起等情在案。

可见湖南回民主要是省城长沙有一些，此外仅在桃源、巴陵、芷江三县有少量人户。

9. 乾隆四十七年七月二十六日兼署四川总督印务特成额《奏报川省并未查办回民经
本并遵旨办理缘由折》：

> 奴才伏思川省各属，所在皆有回民，错杂而居，守分安常，均与齐民无异，第通省
> 人数较多，良莠自难一致。

可见四川各地广泛分布回民。只是更具体的情况也未能反映。遗憾的是四川回民的
情况在地方志中也极少反映，则更显得上引奏折中"通省人数较多"一语之可贵。

以上九件奏折，共涉及陕西、江西、河南、贵州、甘肃、云南、福建、湖南、四川九省的
情况。

三、乾隆四十六年有关奏折关于18世纪下半叶 内地各省回民的分布情况

乾隆四十六年苏四十三起义后，官员关于甘肃省各地回民情况多有报告，可惜《宫
中档乾隆朝奏折》乾隆四十四年十一月至四十六年七月间的奏折大多缺佚（总共只有22
件，其中乾隆四十六年一月至七月的奏折仅有2件）。不过，保存在《钦定兰州纪略》中
的乾隆四十六年闰五月戊申阿桂、李侍尧的奏折云"甘肃一省，皋兰、狄道、河州、巩昌、安
定、会宁、金县、渭源、秦州、固原、西宁、平凉、灵州、伏羌、凉州、肃州、盐茶厅等处数十州县
回民甚多，新旧杂处"[①]，很好地反映了甘肃（今甘肃省、宁夏回族自治区及青海省的一部
分）回民的分布状况。

不过，乾隆四十六年八月至十一月间，因为毕沅关于礼拜寺不得收留外来回民的建议
为乾隆皇帝接受，并颁给各省上谕，于是又有各省督抚的回复中也谈及一些各地的回民情
况，恰好可以补充上一节所述。

10. 乾隆四十六年八月二十六日山东巡抚国泰《奏覆晓谕年老回人礼拜寺内不得收
留游荡无业回民事》：

> 臣伏查东省回民聚居地方，均各建有礼拜寺。询其寺中规例，亦与陕省相等。[②]

---

① 《钦定兰州纪略》卷八，杨怀中标点，宁夏人民出版社，1988年，第142页。
② 《宫中档乾隆朝奏折》第四十八辑，第589—590页。

山东回民分布较多，故而奏折中称"亦与陕省相等"。其中青州、济南、济宁三处是主要的聚居地，均有建于前代的清真寺。如青州真教寺、济南东大寺。济南南大寺现存弘治八年（1495）《济南府历城县礼拜寺重修记》碑。[①]青州真教寺现存清康熙二十三年（1684）立碑（其碑文康熙十二年撰）。[②]根据保留下碑拓的明万历五年（1577）《赵氏先茔碑》、清康熙四十七年（1708）《圣裔赵氏碑记》、清乾隆二十六年（1761）《重修祖茔碑记》和《青郡赵氏宗谱》，可以比较清晰地知道"元相伯颜后裔"赵氏在青州一直居住的情况。[③]济宁还是清代中国东部地区的伊斯兰教学术中心，经师常志美长时间在此讲学。[④]

11. 乾隆四十六年八月二十九日两广总督觉罗巴延三、广东巡抚李湖《奏覆广东回民生活情形事》：

> 臣等伏查粤东远处南交，回民往来甚少。即现查在省居住者，止有二百三十九户，俱各安静守法，实与民人无异。惟念经把斋，尚持回习，所称掌教师司名目，亦系历久相沿，并非始至近日。……并据南海、番禹两县传询附郭礼拜寺回民……再照通省各府州属回民，惟肇庆府情形与省垣相仿。因烟户未经查竣，尚无确数，此外除琼州远隔海南，未据覆到，其余八府三直隶州，俱据覆称，并无回民。[⑤]

可见广东回民主要在广州府和肇庆府有一些。广州怀圣寺是东南沿海著名的清真古寺，始建于唐代，元代重修，清康熙时重修。除此之外，广州还有东营寺、濠畔寺，均始建于明代。肇庆有城东清真寺，始建于明末清初，有城西清真寺，始建于乾隆三十二年（1776）。[⑥]广州、肇庆两地也是广东清真寺的主要分布区。

而琼州（海南岛）的情况不明。因海富润为崖州三亚人，三亚的情况在乾隆四十七年六月二十二日两广总督觉罗巴延三的奏折也有所涉及：

> 海富润父兄叔侄，俱系耕种为业，该村居住回民共计一百六十四户，编设排头保甲管束，实无设教诱煽等情。

则琼州府崖州三亚一地海富润一家所在村落已有一定数量的回民。三亚是宋元以来

---

① 余振贵、雷晓静主编《中国回族金石录》，宁夏人民出版社，2001 年，第 76—77 页。伊牧之笺注《济南伊斯兰教碑刻笺注》，济南市伊斯兰教协会，2004 年，第 3—4 页。

② 余振贵、雷晓静主编《中国回族金石录》，宁夏人民出版社，2001 年，第 79 页。伊牧之《济南伊斯兰教碑刻笺注》，济南市伊斯兰教协会，2004 年，第 435 页。

③ 参考赵潜《山东青州的赛典赤后裔》，《"第十四次全国回族学学术研讨会"论文汇编》，2003 年9 月，第 285—292 页。

④ ［清］赵灿《经学系传谱·常蕴华、李延龄二先生传谱》，杨永昌、马继祖整理，青海人民出版社，1989 年，第 56—62 页。

⑤ 《宫中档乾隆朝奏折》第四十八辑，第 638—640 页。

⑥ 参考陈乐基主编《中国南方回族清真寺资料选编》，贵州民族出版社，2004 年，第 3—8、26—35 页。

接纳外来回民较多的一处地方,海姓也是当地回民的一个主要的姓氏。三亚曾经发现过一些穆斯林的墓地,时代被推测为宋元时期。^① 三亚是海南岛回民最为集中的一个地方,1946 年,岑加梧曾报道过三亚回民的基本情况,称:"现有回教徒千余人,聚族而居,俗称番村。有清真寺四处,至今尚行礼拜不衰。"^②

12. 乾隆四十六年九月初七日湖南巡抚刘墉《奏覆晓谕回民不许收容国王回人以免滋扰牵累事》:

> 臣伏查湖南省城共有回民一百九十七户编入保甲,向建礼拜寺二处,各有年老者三人在内,看守讽诵回经,并非教首,素称安静守法。^③

所述长沙的情况,与前引湖南巡抚李世杰奏折略同。

13. 乾隆四十六年九月十二日广西巡抚姚成烈《奏覆晓谕各清真寺不许收留过往回人事》:

> 臣查粤西回民,本属无多,所有礼拜、清真等寺,除桂林省城共有五处外,其余各属,前经查明,通省不过数处。^④

指出广西回民很少,而清真寺主要是在桂林有五处。

直到今天,桂林仍是广西回民最主要的聚居地,也是清真寺最集中的地点。《广西回族历史文化》列出桂林历史上的清真寺 11 座,其中建于明代的 2 座,建于清康熙年间的 2 座,建于清雍正年间的 2 座,其中的两座今天尚存。^⑤

14. 乾隆四十六年九月二十日直隶总督袁守侗《奏报遵旨晓谕各清真礼拜寺不许收留过往回民事》:

> 臣伏查直隶回民,零星散处,均各安分自守。^⑥

可见直隶也有一定数量的回民,且分布比较广泛。不过这一叙述太为简单。

15. 乾隆四十六年十一月十九日山西巡抚雅德《奏覆遵旨晓谕回教寺院不许收外来回民事》:

> 臣伏查晋省回民错处之地,惟阳曲、大同、长治、壶关、凤台、阳城等县及归绥道属

---

① 黄怀兴《三亚发现伊斯兰教徒墓群》,《中国文物报》1988 年 7 月 29 日。并参杨晓春《元代中国穆斯林墓葬石刻的发现与研究》,《黑龙江民族丛刊》2007 年第 3 期。

② 岑家梧《三亚港的回教》,收入冯来仪选编《岑家梧民族研究文集》,民族出版社,1992 年,第 242—246 页。

③ 《宫中档乾隆朝奏折》第四十八辑,第 706 页。

④ 同上,第 757—758 页。

⑤ 马明龙主编《广西回族历史文化》,广西民族出版社,1998 年,第 230 页。

⑥ 《宫中档乾隆朝奏折》第四十九辑,第 15 页。

之归化等四厅住有老教回民自四五十家至八九十家不等，俱系务农贸易营生。其有旧建礼拜、清真等寺，亦止一二年老回民，看守祠宇。①

可见山西的一些地方有回民分布，但人数不多。其中大同是比较重要的一个地点，《元史》中明确记载大同有礼拜寺，大同清真寺现存多方明清碑刻。②

16. 乾隆四十六年十一月二十六日安徽巡抚农起《奏覆遵旨晓谕各礼拜寺勿留宿可疑回民事》：

臣查安省回民，较之西北各省本少，即最多之凤、颍二属，亦不过数百户。俱系小本经营，及耕读守分良民。③

曾有学者系统研究过安徽回族和清真寺的总体情况。④大致元、明时期穆斯林已经迁入，但是人口一直不多。据文中所列表格，1930 年代安徽回族人口教多的是亳县（3411户多）、寿县（2485 户多）、怀宁县（1538 户多）、凤阳县（1166 户多）、定远县（573 户）等。这些县中除了怀宁县，其他几县在清代都属于位于安徽西北部的凤阳府和颍州府。考虑到人口增长的因素，可以认为安徽巡抚农起奏折中的叙述是大致可靠的。文中列表所示清真寺的情况，则显示颇有一些始建年代可以追溯到宋、明时期。不过，这类始建年代的信息往往只是口传的，未必有可靠的依据，而且即便有晚期方志的记载也是其中的少数。

17. 此外，则尚有乾隆四十六年署理陕西巡抚毕沅奏折中关于陕西的情况描述：

臣查陕属各属地方回民居住，较之他省为多。而西安府城及本属之长安、渭南、临潼、高陵、咸阳，及同州府属之大荔、华州，汉中府属之南郑等州县，回民多聚堡而居，户口更为稠密。西安省城内回民不下数千家，俱在臣衙门前后左右居住。城中礼拜寺共有七座，其最大者系唐时建立。各寺俱有传经掌教之人，或一二人至数人不等，俱称为阿红，亦另有上谕称为师父。回民各归各寺念经，不相统属，并无新教，亦无总掌教之人。至西安回民大半耕种、畜牧暨贸易经营，颇多身家殷实及曾任武职大小员弁并当兵科举者，是以较他处回民稍为体面。至外州县及村堡市镇，凡有回民处亦各有礼拜寺，并延访熟于经卷之人教授回经，彼此各自管理，不相关会。⑤

描述得比较细致，可见陕西回民较多，主要集中在西安府、同州府和汉中府三府。

以上的八件奏折，涉及山东、广东、湖南、广西、直隶、安徽、山西八省的情况。加之上一节涉及的九省，清代内地各省，除江苏、浙江、湖北三省外，已均有涉及。

---

① 《宫中档乾隆朝奏折》第四十九辑，第 709 页。
② 李兴华、李大钧、李大宏《大同伊斯兰教研究》，《回族研究》2006 年第 3 期；收入李兴华《中国名城名镇伊斯兰教研究》，宁夏人民出版社，2011 年，第 288—322 页。
③ 《宫中档乾隆朝奏折》第四十九辑，第 829 页。
④ 房建昌《安徽的穆斯林与清真寺杂考》，《江淮论坛》1989 年第 1 期。
⑤ ［清］刘智《天方至圣实录》附录二，冯增烈标点，中国伊斯兰教协会，1984 年，第 398—399 页。

四、乾隆四十七年两道上谕中关于内地回民的总体描述

至于乾隆的两道上谕则可见全国的总体状况——虽然是非常简略的叙述。乾隆四十七年六月初三日上谕称：

> 至于旧教回民,各省多有,而在陕西及北省居住者尤多。其平日所诵经典,亦系相沿旧本。

乾隆四十七年六月二十二日上谕称：

> 若回教民人,各省多有,毋论西北省分居住者固多,即江省一带,零星散处。其饮食作息,俱与平民相等,不过不食狗豕肉耳。

乾隆的印象是回民分布很广,西北(陕西)尤其多。另外认为内地回民一般的生活习俗与汉人差异不大,但饮食方面禁忌的差异很明显。

五、简　　析

综合可知,18 世纪下半叶,中国内地各省的回民,甘肃、陕西分布最多最广泛,河南、四川、山东、直隶也较多,云南、广东、山西、安徽、湖南有一些,广西、江西、贵州、福建则较少。

现代回族人口统计数据,只有 1953 年第一次全国人口普查以及之后的历次数据,下表估且列出第一、第二、第三次的三种资料。[①] 在精确的人口统计之前,也有关于回族人口的估计数据,比较知名的如海思波《清真教》中所列中国穆斯林人口,[②] 其中新疆之外的穆斯林人口大约即指回族人口,新疆则包括维吾尔族等其他穆斯林人口。抗战期间,日本陆军省大村一之和南满洲铁道公司大宰松三郎对于中国穆斯林的数量也有过估计。[③]1941 年出版的《回回民族问题》也根据各种资料作过估计。[④] 下表也一并列出[⑤]：

---

①　邱树森主编《中国回族大词典》附录二 "历次人口普查回族人口分省统计表",江苏古籍出版社,第 1237—1238 页。

②　Marshall Broomhall, *Islam in China, A Neglected Problem*, London: Morgan & Scott. Ltd., 1910, p. 196.

③　下林厚之《支那回教徒之分布》,东亚同文书院《支那研究》第十号,大正十五年。转引自张其昀《中国民族志》,商务印书馆,1929 年,第 141 页。

④　民族问题研究会《回回民族问题》,1941 年,第 18—19 页。

⑤　至于包括回族在内的中国穆斯林人口总数问题,1949 年之前有着相去甚远的多种估计数据,低者为数百万,高者为数千万。对此,Seyd Khalil Chisti 作过归纳、比较,但未涉及日本方面和《回回民族问题》中的资料,他倾向于取比较高的值。而 Barbara L. K. Pillsbury 则批评其估计过高,同时又认为 1950 年代之后中国人口统计中的数据又太低。(Seyd Khalil Chisti, Muslim Population of Mainland China: A Estimate, Journal of Muslim Minority Affairs, Vol. 1, No. 2, 1979/1980, pp. 75-85. Barbara L. K. Pillsbury, The Muslim Population of China: Clarifying the Questions of Size and Ethnicity, Journal of Muslim Minority Affairs, Vol. 3, No. 2, 1981, pp. 35-58. 二文收入 Michael Dillon ed., Islam in China: Key Papers, Folkestone: Global Oriental, 2009, pp. 491-520.)本文主要讨论回民分布问题,故不作进一步评述。

表二　20世纪有关中国回族人口的估计与统计

	《清真教》	大村一之	大宰松三郎	《回回民族问题》		三次全国人口普查中的回族人口		
						1953 年	1964 年	1982 年
直隶	500,000—1,000,000	600,000	600,000	冀察热三省	400,000	北京市	78,862	154,568	185,228
						天津市	74,686		143,585
						河北省	305,733	423,122	420,380
山西	25,000	150,000	60,000	山西与绥远	150,000	山西省	19,084	34,280	51,917
蒙古			50,000			内蒙古自治区	48,251	111,587	168,997
满洲／东三省	50,000—200,000	160,000	80,000	辽吉黑三省	160,000	辽宁省	125,346	178,054	239,449
						吉林省	55,900	77,712	110,283
						黑龙江省	42,307	79,976	127,068
江苏（包括上海）	250,000	200,000	300,000	江苏	200,000	上海市	29,644	39,510	44,329
						江苏省	65,764	78,739	104,295
浙江	7,500	7,000	80,000	浙江	7,000	浙江省	1,878	3,790	9,418
安徽	40,000	30,000	250,000	安徽	30,000	安徽省	133,679	153,312	255,109
福建	1,000	1,000	20,000	福建	1,000	福建省	5,094	9,323	31,188
江西	2,500	2,000	50,000	江西	2,000	江西省	1,619	4,590	7,954
山东	100,000—200,000	150,000	250,000	山东	150,000	山东省	246,501	283,772	389,989
河南	200,000—250,000	200,000	800,000	河南	200,000	河南省	387,546	479,443	730,282
湖北	10,000	10,000	15,000	湖北	20,000	湖北省	28,745	45,976	70,037
湖南	20,000	20,000	200,000	湖南	200,000	湖南省	33,271	43,542	66,953
广东	20,000—25,000	25,000	50,000	广东	25,000	广东省	4,789	7,426	10,891
广西	15,000—20,000	20,000	60,000	广西	20,000	广西壮族自治区	9,894	13,436	19,374
四川	100,000—250,000	250,000	400,000	四川与西康	150,000	四川省	48,093	57,564	91,092
贵州	10,000—20,000	20,000	15,000	贵州	20,000	贵州省	40,964	54,666	98,452
云南	300,000—1,000,000	800,000	800,000	云南	500,000	云南省	217,091	266,695	437,933

（续表）

	《清真教》	大村一之	大宰松三郎		《回回民族问题》		三次全国人口普查中的回族人口		
							1953 年	1964 年	1982 年
西藏（包括青海）	不明					西藏自治区		1,195	1,772
陕西（日本统计包括绥远）	26,000—3,500,000	500,000	2,000,000	陕西	200,000	陕西省	54,981	86,561	118,528
甘肃（包括宁夏）	2,000,000-3,500,000	3,000,000	3,000,000	甘宁青三省	1,200.000	甘肃省	1,086,597	593,304	957,170
						青海省	257,959	280,026	533,859
						宁夏回族自治区		646,961	1,235,182
新疆（《清真教》包括蒙古）	1,050,000-2,500,000	2,500,000	1,000,000	新疆	100,000	新疆维吾尔自治区	134,275	264,017	567,689
合计		8,645,000	10,620,000		3,725,000		3,530,498	4,488,015	7,228,398

三次人口普查数据注：

1. 本表人口不包括台湾、香港、澳门等地区。

2. 西藏自治区 1953 年人口数缺。

3. 空格未填处为当时该地未成立省（自治区、直辖市）纪行政建置。

4. 1964 年回族人口总数含其他类 14,868 人。

可见除了陕西因为同治、光绪年间的回民起义，人口大量减少外，18 世纪下半叶内地各省回民基本的分布情况与今天回族的分布是相当一致的。那么可以说，今天中国回族的总体分布状况，至少在 18 世纪下半叶就已经基本形成了。

Preliminary Studies on the Population Distribution of Hui People in Mainland China in the Second Half of 18th Century: Focus on Archives of the 46th and 47th Years of Qianlong in Qing Dynasty

Yang Xiaochun, Nanjing University

Abstract: Some archives on the case of Hai Furun's carrying Islamic books occurred in the 47th year of Qianlong, and some archives after Hui-Muslim people and Salar's rebellion occurred in the 47th year of Qianlong tell us the population distribution of Hui-Muslim people in Mainland China totally. We can know that the population distribution of Hui people in the second half of 18th century in Chinese mainland is the same as today, except the number of Hui people in Shaanxi Province reduced severely because of the Hui people's rebellion in Northwest China in later stage of 19th century.

Key Words: Population Distribution; Hui people; the Case of Hai Furun's Carrying Islamic Books; Archive

（本文作者为南京大学元史研究室／民族与边疆研究中心副教授）

构建国族国家：民国时期民族学家的边疆教育实践

刘波儿

提　要：边疆教育是近代新型民族国家构建过程中的重要一环,尽管国民政府努力推进其不断完善,但却遭遇了长期的发展困境。民族学家们试图以民族学方法为指导,在尊重少数民族文化的基础上,以促进国族构建为落脚点,提出了构建民族国家的新思路。

关键词：民族学家　边疆教育　国族构建

近年来,民国时期的边疆教育问题得到了学界越来越多的关注,[①]诸多论述已经将民国时期边疆教育的政策演变、实施区域、具体机构以及成就情况进行了梳理,勾勒出边疆教育的概貌。然而,却少有文章关注边疆教育在民族国家建设中的的角色问题,就笔者管见所及,仅有汪洪亮的《国族建构语境下国人对边疆地区多元文化及教育方略的认识——侧重 20 世纪 30-40 年代的西南地区》[②]及张建中的《民族学界与近代边疆教育》[③]有所涉及。事实上,构建一个统一的国族是国民政府推行边疆教育的最终目的,它规界着边疆教育的具体政策与实施手段,而在主管边疆教育的边疆教育委员会中,民族学家始终是重要的参与力量。1939 年以来,吴文藻、凌纯声、吴景超、徐益棠、韩儒林、吴泽霖、李安宅、林耀华、吴定良、梁瓯第、李方桂等人先后担任过委员,凌纯声还曾担任边疆教育司司长,因此,民族学家成为边疆教育的重要策划与参与者,他们在推进边疆教育实践过程中所体现出的国族构建思路不仅反映出国民政府凝聚统一国家的总体要求,也展现了学术在国家需要面前的调和与适应。

一、国族一体化：边疆教育的追求与困顿

自 1929 年国民党设立蒙藏学校,“作为储备蒙藏训政人员及建设人才之机关”[④]以来,国民政府始终以“谋边境人民智识之增高,生活之改善,并注意其民族意识之养成,自

---

① 相关的主要研究成果有周泓的《民国时期的边疆教育制度》、朱慈恩的《蒙藏委员会与民国时期的边疆教育》、孙懿的《抗战时期民国政府的边疆教育政策》、马玉华、李艳的《民国时期西南地区的边疆教育研究》、张永民的《抗战时期的西南边疆教育研究》、张建中、田正平的《近代边疆教育行政管理机构的创立于演变——以中央政府一级为中心的考察》及《教育界与近代边疆教育——以参与边疆教育事业的轨迹为中心》、田正平的《近代边疆教育研究的再思考》、聂春燕的《20 世纪 30、40 年代开发西北大潮中的边疆教育》、马廷中的《民国政府的民族教育政策研究》等。

② 汪洪亮《国族建构语境下国人对边疆地区多元文化及教育方略的认识——侧重 20 世纪 30—40 年代的西南地区》,《四川大学学报》,2011 年第 4 期。

③ 张建中《民族学界与近代边疆教育》(未刊稿)。

④ 《中国国民党三届二次中央全会通过的蒙藏决议案中有关教育部分》,1929 年 6 月 17 日,中国第二历史档案馆编《中华民国史档案资料汇编》第五辑第一编,教育(二),江苏古籍出版社. 1994 年,第 81 页。

治能力之训练及生产智识之增进"为目的开展边疆教育工作,意图通过教育完成边疆人民语言意志之统一,五族共和之大民族主义国家之形成,各民族抵御帝国主义侵略意识之增高。[1] 国民政府教育部部长朱家骅指出,边疆教育以文化的边疆为对象,"教育飞速发展,文化的边疆日就缩小,至教育普及之日,'文化的边疆'一辞,即不复存在"。具体而言,"边疆教育除保存及传授各族之固有文化或地域文化之外,并须灌输民族国家所需的统一文化与现代文化,其文化的内容为二元的,如何使二元文化同时传授而不相冲突,如何使二元文化趋于一元而创造国族文化之最高型式,则应确守下述两大原则——谋适应,求交融。"[2] 朱家骅强调了各族固有文化与统一国家构建的相对平衡,然而在实际操作的层面上,国民政府的边疆教育政策却体现出强力推进国家体认建设的特点。

1937 年,教育部制定了推行边疆教育计划大纲,明确指出:"边疆各族小学应按照本部小学规程以地名为校名,不得冠以任何族别字样,以泯界限。"[3] 1939 年的第三次全国教育会议确定"边疆教育应以融合大中华民族各部分之文化,并促其发展为一定之方针","边疆学校、初等教育以公民训练与职业训练并重;中等教育应特别注重职业技能及国族意识的养成;高等教育以培养国家建设各项专门人才为目的"[4]。1941 年,教育部制订的《边远区域初等教育实施纲要》再次强调了国族一体化要求,规定:"边小校名,不得冠以边地种族及宗教名词","边小一律推行国语教育","公民训练及公民知识须依据中华民族为一整个国族之理论,以阐发爱国精神,泯除地域观念与狭义的民族观念所生之隔阂,随时引证新生活规律及内地富有普遍性之善良礼俗与边地礼俗比较,并说明其利弊,以改善边地现有之习俗","史地教材须将过去种种之夸大记载及足以引起民族恶感部分予以删除,尽量引用民族融洽史实、帝国主义侵略边地史实,边地与内地之地理上、经济上之密切关系等,以启发其对于社会国家及国际之正当观念"。[5] 同年颁布的《边地青年教育及人事行政实施纲领》又强调"彻底培养国族意义,以求全国文化之统一",规定小学教科书一律以国语为主,地方语文为辅。各级学校名不得冠以民族或宗教名词,招收当地学生时不分种族宗教,混合教学,以期潜移默化,养成国族统一情绪与团结精神。[6]

在制定一系列措施强化国家一体化观念的同时,国民政府还制订了监督机制。1940 年,教育部开始推行边疆教育督导员制度,1941 年颁布的《教育部边远区域教育督导员办事细则》将全国的边疆地区划为四个督导区。[7] 1945 年又进一步细划为六个督导区,分别为:察绥区、甘宁青区、新疆区、西藏区、川康区、云贵区。督导员负责督促教育法令及

---

① 参见《教育部订定边疆教育实施原则》,1931 年,中国第二历史档案馆《中华民国史档案资料汇编》第五辑第一编教育(二),江苏古籍出版社,1994 年,第 830—833 页。

② 朱家骅《论边疆教育》,教育部边疆教育司《边疆教育概况续编》,1947 年。

③ 《教育部廿六年度推行边疆教育计划大纲》,1937 年,中国第二历史档案馆编《中华民国史档案资料汇编》第五辑第一编教育(二),江苏古籍出版社,1994 年,第 895 页。

④ 《第三次全国教育会议关于推进边疆教育方案的决议案》,1939 年 4 月,中国第二历史档案馆编《中华民国史档案资料汇编》第五辑第二编教育(二),江苏古籍出版社,1997 年,第 122 页。

⑤ 此表见于《教育部订定的边远区域初等教育实施纲要》,1941 年 3 月 25 日,中国第二历史档案馆编《中华民国史档案资料汇编》第五辑第二编教育(二),江苏古籍出版社,1997 年,第 99—100 页。

⑥ 《边地青年教育及人事行政实施纲领》,教育部边疆教育司《边疆教育概况续编》,1947 年。

⑦ 《教育部边远区域教育督导员办事细则》,教育部边疆教育司《边疆教育概况》,1943 年。

计划在各地的落实,建议边疆教育兴革事宜,视导边疆教育各级教育机关等事宜,保证边疆教育工作按照中央的教育方针进行。[①]1946 年,教育部专设视导边教的督学,以便随时派往边地视导。1941 年,教育部还设置了边地教育特约通讯员制度,规定其职责为传递中央政令及边疆教育消息,调查并报告边疆教育文化设施状况,建议推进边地教育计划及意见等。[②]同年,又颁布《边地教育视导应特别注意事项》,内容包括当地主管教育行政机关是否注重边教;当地行政官员治理边疆的政策是否符合中央方针等内容,特别指出在宣传边教政策时,要注意以下几点的宣传:"边教设施乃在不同文化现象中求其相同;边教应努力融合各地民族;边教应推行国语教育;边教应配合国民训练与生产训练。"[③]教育部曾严令以"融合大中华民族各部分之文化并促进其发展"为"边疆教育确定不移之终极目的","凡属大中华民族中之一部分,其语言文字未臻融合一致者,即同在施教之列,固无所轩轾也"。[④]可以看到,国民政府对边疆教育的政治导向把控十分严格,以国民教育促进国族建构的意图明显而强烈。

尽管如此,边疆教育工作却存在着许多问题。1939 年,蒙藏教育司编辑宗亮东奉命视察云南、贵州、广西三省的边疆教育状况,他发现,不少学校仍然采用《三字经》、《百家姓》或《四书五经》一类的古籍为教材,西南西北的佛寺、清真寺、喇嘛庙所附设的学校甚至使用宗教经典教学生。总体看来,边地"所用教材大多忽略边疆的特殊情形,没有注意到整个国族观念、国防知识和当地社会的需要"。[⑤]1940 年,教育部参事郭莲峰在考察边疆教育后著文指出边疆教育机构在数量上严重不足,在质量上参差不齐,蒙藏学校、边疆学校之类的教育机构中,边疆学生聚集一处,"见闻思想全不开展",反而容易养成自视甚高的心理,自命为特殊民族中的特殊人物,有些学生利用"待遇蒙藏学生章程",对国家要求多多,实不利于培养健全公民与国族意识。[⑥]他痛心地表示:"几年来各方面努力成绩不过如此而已。"1941 年,在对云南、贵州、广西三省进行考察之后,郭莲峰再次提出了边疆教育应以促进国家一体化为中心的建议,他强调边疆教育应注意以下几点:灌输整个国族意识;着重国语教学;注重生产技能之训练;改进当地社会风尚,在心理上塑造国族一体之印象,"提倡同源说,并努力搜集证据;于某种历史教科书中尽量删除足以刺激彼此情感之叙述;倡导地理因素为民族成因之说;尽量宣扬有利于相互融洽之故事;凡足以增加隔阂事应设法减少其流传"。在语言政策上,"厉行语文统一政策,巩固统一之基础",教师上课必须使用国语,不能使用国语者实行抽训或调免,禁止现行苗文蔓延,禁止使用苗文教科书,在国民学校和小学阶段,推广以注音符号替代现行边地文字,但中学后必须使用国语,学生必须使用汉姓。[⑦]郭莲峰的主张显得相当严厉,这恰恰证实了边疆

① 《教育部设置边疆教育督导员办法》,教育部边疆教育司《边疆教育概况续编》,1947 年。

② 《教育部边地教育特约通讯员简则》,教育部边疆教育司《边疆教育概况续编》,1947 年。

③ 《边地教育视导应特别注意事项》,教育部边疆教育司《边疆教育概况续编》,1947 年。

④ 《教育部关于 1943 年度边疆教育工作报告》,1944 年,中国第二历史档案馆编《中华民国史档案资料汇编》第五辑第二编教育 (二),江苏古籍出版社,1997 年,第 195 页。

⑤ 宗亮东《边疆教育的三个重要问题》,《教与学月刊》第 5 卷第 7 期,1940 年。

⑥ 郭莲峰《边疆教育工作之检讨》,《教与学月刊》第 5 卷第 7 期,1940 年。

⑦ 《教育部西南边疆教育考察团关于改进西南各省边疆教育总建议书》,中国第二历史档案馆编《中华民国史档案资料汇编》第五辑第二编教育 (二),江苏古籍出版社,1997 年,第 152—167 页。

教育在达成国族构建的目标上确实遭遇了某种困顿。

二、民族学家的边教设想

在政界人士看来应该采取更加强力，甚至高压的手段来保证国族一体化目标的实现，而民族学家却有另一种视角。1940 年，柯象峰随四川省政府边区施教团赴雷马屏峨地区考察，他将边疆教育"成就实微"的原因归结于以下三点：教材脱离边区实际、教师不懂少数民族语言、边民学生没有求学热情。[1] 梁瓯第也有类似判断，他指出，"各校教师颇多对倮语无直接能力，教学徒凭姿势及□用导生制之类似办法，加以通译"，"教师指手画脚，学生如哑人看戏，效率无限低落"，"各校教材均便用现行教科书，又不能收实物教学之效，言之抽象，教之无物"，"夷汉平等，夷汉一家之宣传，亦无教材加以贯通，殊为可惜"。而更令民族学家们意外的是边疆民众对教育的态度："省立冕宁小学曾有学生家长要求发饷。称'夷人当差有饷，教员教书有饷，我们送儿女来上学亦自有饷'"，这并非个案，"昭觉此类事更多，学生不到校则已，每到，必要求教师派送针线（针线为夷人日用品，需向汉人购买，非常名贵），针线不足，继之以衣服（来校学生，县府曾每人奖以衣服一套，以后遂援为定例），衣服不足，继之以供食，供食不肯用荞麦食粮，须吃足汉人饭菜，所愿不遂，一哄而上，遂无求学者，此皆学生家长教唆之故，成为习惯"。[2] 在西康地区，民众将上学等同于差役，并"向政府陈请豁免或减免充学差的名额，甚而有些人家不愿其子弟当学差，而出资请人顶替"。[3]

民族学家们注意到，这种文化的差异造成边疆民族地区的施教环境完全不同于传统汉地，使得在边疆地区实施现代教育的难度远超内地，因此"十余年来的努力，虽不无成绩可言，但其结果却远不似预期之大"。[4] 陶云逵分析："我们只把我们自己的教育制度搬到边地，而未能因地制宜，致遭边民漠视。"因此，"我们需要一种实验的边疆教育，就地取材。在当地社会日常生活中随时教授，参以新见解，新的生活方法，于不知觉中，逐渐推进，将原来的淘汰，用现代的代替"。[5] 徐益棠认为边疆学校所教授的内容距离边民实际生活太远，教法又往往按部就班，循规蹈矩，"近来各边民学校学生逃学者以及出钱顶替者之多，大都此为主要原因"，他提出，教材必须就地选取，教法必须迎合迁就学生之环境与便利。[6] 那么，如何使教材与教法适应边地学生的需要呢？吴文藻较早提出了从民族视角出发来发展边疆教育的思路。他指出，"正当完善的教育，必以适应实际生活环境为目标。教导土著儿童，仍须以其固有的社会文化之背景为依据"。[7] 一些民族学家指出训练本民族师资的重要性，

---

① 柯象峰《参观省立马边小学后——关于边民教育的一个客观的分析及建议》，载《四川省政府边区施教团报告书—雷马屏峨纪略》，西南印书局，1940 年。见李列《民族想象与学术选择：彝族研究现代学术的建立》，人民出版社，2006 年，第 137 页。

② 梁瓯第《川康区保儸之教育》，《西南边疆》第十五期，1942 年。

③ 柯象峰，符气雄《西康省边民教育之研究》，中国第二历史档案馆藏，五全宗第 12454 卷。

④ 陶云逵《开化边民问题》，《西南边疆》第 10 期，1940 年。

⑤ 同上。

⑥ 徐益棠《边疆教育的几个原则》，《学思》第 2 卷第 3 期，1942 年。

⑦ 吴文藻《论边疆教育》，《益世周报》第 2 卷第 10 期，1938 年。

李安宅认为必须"造就当地人才以维永久,训练内地人才以应急需",[1]凌纯声更直接指出:"国族化教育的第一要务,应即造就当地师资,使各地边民自任教育国民的义务。"[2]显然,在民族学家的设想中,了解民族地区实际需要是开展边疆教育的起点,而这恰恰说明"我国现亟须要一训练边疆官吏的机构,由在边疆从政有丰富经验且懂民族学之原理原则者主持之"。[3]在边疆建设的过程中寻找民族学的位置与价值,使学科发展与国家构建大局形成良好互动是民族学家的一致愿望。正如王兴瑞所说:"民族学(Ethnology)不仅是一种科学,而且是一种实用的学问。我们民族学工作者,不仅要把我们的工作成果贡献给学术,更要贡献给我们的民族国家。换句话说,我们希望在解决边疆问题上尽点贡献。"[4]

杨成志、徐益棠和卫惠林都曾设计过全国性的研究机构以推进边疆教育。下面,笔者试通过对这三个学术机构职能设置的考察,揭示民族学家对边疆教育的总体构想。

杨成志设计了一个多层次的边疆教育研究制度。首先,在国家层面上成立"国立西南民族学院"。"本院由教育部聘任民族学专家,或筹备委员一人为院长,总揽一切教育与研究院务",院长之下分为教育、研究、总务三类。其中教职又分三种,前两等级的"教授"与"教员"都由民族学专家或对民族学及西南边境问题富有研究兴趣之人士担任。研究员分为"名誉职"、"工作职"和"津贴职"三类,"名誉职"以西南边疆研究问题专家任之,"工作职"以民族学田野调查工作为主,"津贴职"以"当地熟悉边情及热心开化工作者任之"。学校课程亦分三种:短期军事政治训练班、小学教师训练班、边疆田野工作训练班。短期军事政治训练班由每县选送各族优秀青年十至十五人,授以军事政治知识及技能,毕业后在本族中担任三民主义宣传及民众组织工作。小学教师训练班由每县选考出知识青年五至十人,授以军训和文化培训,毕业后充作各族教师。边疆田野工作训练班则招收大学毕业生十至二十人,授以语言、民俗、社会技术、宗教、生体诸学及西南边疆史地与自然科学,各种调查及收集资料之田野方法。每人每月可得津贴国币三十元,毕业后留院任研究员或调查员或教员,专从事边疆分区与分工之研究,收集资料,刊行报告,并施行开化边民之一切实际工作。

其次,设立"国立中山大学研究院文科研究所人类学部"(以下简称人类学部)。以学术研究工作及培养研究生为主要工作,推进中国人类学(民族学)的发展,出版学术刊物,"建立中国人类学研究之最高学术机关"。同时"多作边疆民族之调查与考察,将所得资料,呈供政府做开发边疆之参考"。人类学部的工作方向倾向于学术研究,以推进理论工作与培养储备人才的方式间接地襄助国家建设。

再次,建立"国立中山大学文学院边疆学系"。以"养成边疆各项建设专门人材之干部,并本科学研究精神,从事开发西南边疆自然与人文之学术宝藏为宗旨",招收高中毕业生及优秀的边民子弟,享受师范生免学膳费的待遇,毕业后由教育部安排从事五年以上边疆教育或研究工作,"希冀培成西南边疆建设之青年干部"。[5]

① 李安宅《宗教与边疆建设》,《边政公论》第 2 卷第 9—10 期,1943 年。
② 凌纯声《中国边疆文化》(下),《边政公论》第 1 卷第 11—12 期,1942 年。
③ 马长寿《论统一与同化》,《边政公论》第 6 卷第 2 期,1947 年。
④ 王兴瑞《研究院文科研究所北江瑶山考察团日记》,《民俗》第 1 卷第 3 期,1937 年 6 月。
⑤ 杨成志《西南边疆文化建设之三个建议》,《青年中国季刊》创刊号,1939 年。

可以看到,杨成志十分强调边疆研究与教育工作的"专才任用",[①]他提出西南民族学院应由民族学家担任院长一职,并且前两等级的"教授"与"教员"都由民族学专家或对民族学及西南边境问题富有研究兴趣之人士担任,规定了民族研究工作的专业性与规范性。同时,他大幅提升从业人员的准入门槛,主张边疆田野工作训练班直接招收大学毕业生,授以民族学方法,毕业后留院从事教学研究,"并施行开化边民之一切实际工作",又设置军事政治训练班与小学教师训练班,直接培养政治和教育工作人员,除此之外,杨成志还要求就读于国立中山大学文学院边疆学系的学生,毕业后必须从事边疆教育和研究工作五年以上,"希冀培成西南边疆建设之青年干部"。这种关于就业方向的硬性规定与杨成志对边疆工作的通盘考虑有关,杨成志深知:

> 文化的差异原素是由各种差异的人们来传达的。譬如由一个宣教师传递的文化,当会异于一个打铁匠或一个猎人所担负的;由一个男人的传播当然不同于一个妇女的传达。假使我们忽略了传播者独强烈地注意及文化,我们便会容易地滑过了推理的深妙了。[②]

显而易见,使受过现代民族学训练的学生进入文化传播者的队伍,不仅可以以民族学知识为媒介与手段,推进边疆地区的教育事业,而且这些学生自身所具备的国家公民意识也必然带给边缘文化人群新的知识结构和思维模式,有助于文化统一体的形成。杨成志对边疆教育工作"专业性"的强调,清晰地体现出他以民族学知识为边疆工作理论指导的愿望。

1941年,徐益棠应四川省教育厅的建议,以边疆教育委员会委员的身份,草拟了《国立边地文化教育馆组织大纲草案》,提出特设国立边地文化教育馆,同时注重研究全国边民文化与发展边民教育。馆内设总务、训导、研究、陈列四部,其中训导部设置汉文班、边地语文班、补习班及短期训练班。显然,前二者是边地文化教育馆的主要职责与功能。在徐益棠的规划中,汉文班专门招收边地小学毕业生,"授以汉文(语)及中学程度之边地特种教育",毕业后有志升学者则送入国立大学,与汉人同班教育。无能力升学者,则"使之回乡办理行政,生产及教育事业",成为"边地社会之指导人物"。边地语文班招收内地中等学校毕业生,使之学习边地语文,将来成为边地行政、建设、教育上的干部人员。与杨成志以汉族学者、学生为主要工作对象的风格不同,徐益棠着力构建一个双向的文化交流体系,一方面他希望选拔优秀的边地学生,对他们进行汉文化的教育,提升教育层次,融入汉民社会,另一方面又希望他们中的一部分人能够接受教育后回乡从事边政工作。同时也不忘招录内地汉人学生,授以边务知识以充实边地干部队伍。

卫惠林则摆脱了以发展高等教育为主题的工作思路,着眼于实际的社会服务工作。他提出了分级设立"边疆文化建设区站"的设想,依地理环境、民族分布、语言系统、文化类型将全国分为7个区域,每个区设立文化建设总站,从事研究、设计、文化供应等工作,

---

① 杨成志《西南边疆文化建设之三个建议》,《青年中国季刊》创刊号,1939年。
② 杨成志《文化播迁的差别方式》,《现代史学:国立中山大学史学研究会成立10周年纪念论文集》第4卷第3号(期),1941年。见刘昭瑞编《杨成志文集》,中山大学出版社,2004,第152页。

其下划为 26 个亚区,亚区下又根据民族聚居中心再设工作站。文化建设区站以学术研究为最基本工作,具体包括史地、民族、语言、经济与政教建设。在此基础上开展教育训练、社会建设、经济技术指导、医药卫生服务工作。他主张进行广泛的国民训练,主要内容有组织力之训练,生活习惯之改良,民族意识之启发,现代知识之灌输,在小学教育中强调语言的改造和科学习惯的养成,将可以充当中高级干部的人员送入边疆学校或大学,加强公民领袖训练。最终在文化区、亚区及工作站所在地形成永久性的文化中心。

杨、徐、卫三人的方案各有侧重,但是整体看来,他们都着力构建以民族学理论与方法为指导的边疆教育总框架,也可以说,当时的民族学界在民族学研究于边疆教育工作中的地位问题上已经达成了一致,普遍认为"惟有从学理上求了解种种问题,然后求应付的方法,才是合理的手段"。[1]

就当时边疆教育中突出的汉语教育问题,民族学家们各抒己见,提出了不同的语言教学策略。一部分民族学家主张在保留少数民族语言文字的基础上,缓缓推行汉语汉字。如梁瓯第认为,无文字的民族"应以国语为媒介,推行汉字",使用方言的民族"如倮倮、摆夷、生瑶等,初等学校可使用其本身语言,但中等及高等教育,应以国语为媒介。凡较大之部族,其本身具有完备的文字及民族文化,如康、藏、蒙、回等,小学中学完全使用方言,文字可用合□体裁,高等教育则须使用国语、汉字,但各大学中亦须有为试用其语言之特别讲座"。[2] 凌纯声考虑到:"边疆学校固当以国语国文为主",但"今日的边疆教育,上自国立省立以至地方所办的学校,多数过于偏重汉化,边民不易接受,故推行边教,已历十有余年,殊少成功之可言"。因此,"照目前的情形,边文较之国文或更需要"。[3] 卫惠林认为可以"一面切实推行国语,一面选择重要边族语言为并行语言,划定通用区域,并促进其现代化"。[4]

相对于以上几种相对温和的汉语教学策略,马长寿则态度严厉地主张强力推行国语。在他看来,"现代的许多边疆文字都成为文化的残骸了。西南的掸文、罗文(暴文)、么些文,只有僧巫能读,能写,已不能通,固无提倡的价值。即比较多数民族的蒙古文、西藏文,以及伊斯兰文,前二者只有僧侣阶级因为读经典所以能读能写,比较能通的逐渐少数了。蒙藏政治为僧侣所把持,所以在政治上还在应用。至于伊斯兰文,在新疆通行的程度,多不过如蒙藏文之在蒙藏。一般平民占人口中之大多数,都不识字,都不用文,乃至于都不读书"。那么,"现在中央机关所发行的边文边报教什么人去读呢?又在筹划中的边文教科书教什么人去念呢?我敢斗胆地说:一般人民读不懂,当然是不读。僧侣阿訇虽然能读懂了,但他们都偏见很深,而不屑读。而一般年轻的边童呢,他们不准备作僧侣作阿訇的,读了蒙藏回文有什么用?去进一步读经典吗?我们是否应望他们都作喇嘛阿訇?去研究边疆的学问吗?请问蒙文藏文伊斯兰文的书籍,除了经典之外还有什么?过去我们骂官僚政治,以官僚的管见去理边政固然不行,但现在提倡边文的边政都是一种书痴子的边政"。[5]

马长寿激烈的话语表述背后,隐藏的是他对国族一体化的认知与追求,他认为,"中

① 黄文山《怎样研究民族学》,《时代动向》,1938 年周年纪念学术专刊。
② 梁瓯第《边疆教育导论》,《贵州教育》第 4 卷第 7—9 期,1942 年。
③ 凌纯声《中国边疆文化》(下),《边政公论》第 1 卷第 11—12 期,1942 年。
④ 卫惠林《如何确立三民主义的边疆民族政策》,《边政公论》,第 4 卷第 1 期,1945 年。
⑤ 马长寿《论统一与同化》,《边政公论》第 6 卷第 2 期,1947 年。

华国族自古迄今四千年间而能团结统一，最大原因乃由于文字的统一"。事实上，受到传统"书同文，车同轨，人同伦"一统观的影响，语言的统——向被认为是论证国家统一的重要标志。芮逸夫曾直白明了地指出："惟有各夷族都懂得汉语，说得汉语，则党政当局所提倡的民族教育才容易实施，容易见效。惟有各夷族都受了现代中国的教育——三民主义的教育，他们才算是真正的汉化，才能算是中华民族真正的组成分子。也惟有各夷族真正汉化以后，我们才容易激发民族抗战意识，推进民族自卫组织。"[1] 显然，民族学家们一方面主张以民族学方法为指导，通过种种制度设计，培养边疆教育人才，体现出尊重少数民族文化，贴合边疆地区实际的追求，另一方面，在"覆巢之下，安有完卵"的现实压力中，他们又自然流露出以汉文化为核心教化少数民族，建立一体化国族的态度。那么，他们的边教设想究竟是否对症呢？

三、西南知识精英对边疆教育的因应

受过新式教育的彝族土司岭光电曾在凉山地区开展民族教育工作，他利用土司威权，命令彝民子弟入学，入学者不仅免交学杂费，还供应书籍、文具及部分清贫学生的伙食，学生毕业后，又给予补助，送入公费学校升学。即便如此，彝民们依然不愿送子弟入学，因为在彝区，儿童亦是家中的重要劳动力，如果送去读书便是只吃饭不做事，家庭经济直接受到损失。为了解决这个问题，岭光电除了利用土司权威强征入学外，还设法供给学生及家属需要及药品、粮食，规定有学童的家庭可以优先耕种土司的田地，入学率才勉强得到了保证。然而等到学生们毕业时，尽管岭光电强迫他们继续升学，将他们送进各种学校，但是"今天送去，明天跑了回来，今年送去，明年又逃了回来"。岭光电以逃役之罪处罚逃学行为，甚至拘押家长，但并没有效果，1939年至1941年，共送出三十多个学生，竟然全部逃回家乡。岭光电苦恼不已，"悲伤流泪，万念俱灰"，"拿起一只步枪，想打几发泄愤"，[2] 最后采取了强迫以十倍不动产抵押的方式，才使彝人子弟不敢辍学。岭光电沮丧地感到，彝族一般民众全无向学意识，除了少部分小有见识的头人认为读书可以有所进身之外，大部分百姓认为读了书也不会当汉官、当土司、当黑彝，终归还是在家挖土种地了事，所以读书实在是多余的事。[3]

以土司的身份办教育尚且如此困难，对于国家推行的边疆教育，岭光电悲观地表示："儿童及家庭有无此种需要和兴趣？有了当然好了，没有时那工作一定困难"，[4] "解汉文者却少，而能受现代教育的青年，更是寥若晨星……欲得进一步的进化，实属困难"。[5] 他认为，现实情况决定边疆教育只能"重质不重量"，选择一些较优秀的青年人来培养，使其具有较高的文化层次，在社会上得到普通大众的尊敬，通过榜样作用树立求学风气，而不宜寄希望于强力之下，一蹴而就。

从岭光电的边疆教育实践来看，民族学家们显然低估了边疆教育的实施难度，他们推

---

① 芮逸夫《西南民族语文教育刍议》，《西南边疆》第2期，1938年。
② 岭光电《我在彝区实施建设的经验》，《边疆通讯》第4卷第8—9期，1947年。
③ 参见岭光电《忆往昔：一个彝族土司的自述》，云南人民出版社，1988年，第120页。
④ 岭光电《对于边教的一点见解》，《边疆服务》第11期，1946年。
⑤ 岭光电《我对雷波夷人的观感》，《康藏研究月刊》第11期，1947年。

进边疆教育的种种措施与现实存在着一定程度的断裂与脱节。比如徐益棠认为，具有威信的学校主持者以及精通教学方法的教师有助于吸引学生求学，梁瓯第认为教师不通民族语言是边疆教育难以推进的关键，但从岭光电的实践中可以看出，这两者均没有切中要害，当地的经济条件与文化氛围造成学生及其家长均没有求学读书的愿望才是学生不愿就学的根本原因。在强制要求下，学生尚可勉强求学，一旦脱离了有效管控，他们往往很快弃学，岭光电坦言："升学生流动性大，大都难以如期完成学业。"[1]

其次，在选择教育对象的问题上，民族学家希望每年招收十数名受过中等教育的少数民族青年，接受民族学理论方法的系统培训从而大范围地铺开边疆教育及研究工作，但事实上愿意并且有能力接受中、高等教育的青年寥寥无几。受教育者人数及教育程度的缺失，必然使民族学家们通过培养本民族教育者而带动边疆教育发展的愿望难以实现。显然，民族学家们从民族学科班训练入手，培养人才，大面积推进边疆教育的设想并不切合边疆工作的实际。

事实上，在地理环境、历史传统、独特社会形态等因素的共同作用下，当时的西南地区形成了一个相对独立的文化地域，绝大多数边民的认识水平与知识储备还相当空乏，经济条件落后，并没有主动接受现代教育的认识和能力，他们对于"现代化"的需要并没有民族学家所体认的那样强烈，在这一点上，民族学家们的田野考察显然是以汉族中心主义的视角去看待边缘世界，显得一厢情愿了。岭光电有一番无奈的总结，用来形容汉族知识分子兴办边疆教育的尴尬局面颇为合适，他说："夷人有一句谚语说：'事事不给汉人办，汉人办了要成结。'这话的意思，是说汉人不了解夷情，对夷人难分好歹，对事体难分是非，对习俗不知顺逆，必然处置失当。犹如理乱麻的做去，愈整理愈纷乱，至于结做一团。这话就二千年边务经过来说，确甚恰当。"[2]

即便在教育工作开展较好的民族地区，以同化教育为内核的边疆教育也受到了抵制。贵州省主席杨森倡行"中国化"运动，拟逐渐统一各族语言服装，奖励通婚，建立大一统制的中华民族，提出石门坎的苗文不许再用，一律使用汉文，在生活上也必须逐渐使用汉语等，并找来梁聚五（雷山苗族）、吴修勤（僮族）、伍文正（布依族）和张斐然（苗族）四人讨论施政纲领，张斐然回忆道："整个会场的空气顿时就凝固了，每个人的面容上表现出极端愤慨而难以抑制的心情。"他愤然发言：

> 我认为世界上最进步的文字是拼音文字，石门坎苗文是拼音文字，所以是属于进步文字的行列。它虽然只有几十年的历史，但由于它是拼音文字，本民族的人，只要掌握了声韵母，就可以拼读，书写文章、信件，而汉文虽用了几千年，但现在就城市来看，有几个人又能写自己的名字呢？农村就更用不着提了。所以石门坎的苗文不能取消，而汉文也应采用拼音才能赶上世界先进行列。谈到语言呢，它是人类在生产劳动过程中，在互相发生交往的关系中，为了表达自己的思想感情，成为生活接触时交流思想的工具，才慢慢地产生了表达自己的思维的音节语言。如果这种语言还在这

---

[1] 岭光电《私立斯补边民小学校简况》，中国人民政治协商会议越西县委员会文史资料征集委员会编《越西文史资料选辑》第2辑，1987年，第116页。

[2] 岭光电《我对雷波夷人的观感》，《康藏研究月刊》第11期，1947年。

些民族的生产和生活中,起着交换思想、互相连系的作用,就取消它,这样势必会导致这个社会的混乱,所以衡量一种语言的生命力.就是看它在这个民族的生产集团里,是否还起着交换思想的作用没有?是否还起到交流生产经验、促进生产发展的作用没有?如果它还有这样的作用,命令加上刺刀也是消灭不了它的。[①]

梁聚五也表态说:

> 有少数不了解民族问题的人,在那里高唱'同化'主义,禁穿少数民族习穿的服装,禁绝少数民族常说的话语。警告罚款,勒索没收,常启贪污之门,而给予少数民族无限的苛扰。这种行为,实违背国父孙中山先生"国内各民族一律平等"的精义。并且在建国大纲上,国父也曾称示"扶持国内弱小民族,使之自决自治"。自决自治尚且要推行,哪里还容许人来干涉少数民数的服装语言呢?[②]

可见,贵州苗民不仅抵制以汉语代替苗语,反而认为苗语是比汉语更进步的拼音语言,应该将汉语改良。二者的矛盾焦点在于接不接受语言"汉化",而并非语言同化政策的急与缓问题,民族学家认为制定出相对缓和的汉语推行策略就可以逐步实现语言同化的想法实际上是难以实现的。

结　语

当宏大理想栖身于具体实践时,民族学家们出现了微妙的矛盾心态,民族学的学术训练让他们自觉要求以贴合边地实际需要,尊重边疆人群文化特性的民族学研究为展开边教工作的基础,然而,现实中抗战救国的压力又带给他们强烈而焦灼的紧迫感。如何使现在的工作跳脱出民族同化或汉化的藩篱,真正实现文化辐照下的统一国家认同,建立一种使多民族共存于统一国家中的新型国家结构,是民族学家在边疆教育工作中的深层次思考。他们意图通过民族学指导下的边疆教育向边疆人群施加影响力,使其在保留本民族文化的基础上,逐步形成现代化国家公民身份认同,从而建立多民族共存的统一国家。凌纯声曾指出"所谓国族化者,并非旧式方法的汉化,更非消灭边疆文化而代以中原文化之意,乃对边疆民族予以国家教育,使边民接受现代的文化,同时又能保存其固有的文化"。[③]吴泽霖认为:"绝对的同化会导致小民族的特性不复存在。因此,可以选择旨在培养各族间共同意志的相对同化,使产生一种同类意识,在国家民族的基本问题上同心同德,统一步骤的图谋解决,至于社会生活的种种形态则不必强求统一,求统一而不求划一,谋大同而存小异,如此,不但可以减少彼此间的冲突矛盾,保持各族的特性,并且丰富了整个国家的文化。"[④]尽管如此,他们对边疆的实地情况依然不够了解,本质上陷入了他们自

---

① 杨忠德整理《张斐然同志反抗民族压迫和争取民族民主斗争的轶事》,政协会议威宁彝族回族苗族自治县委员会文史资料研究委员会《威宁文史资料》第2辑,1986年,第60—61页。

② 梁聚五《我们需要什么民主》,《贵州民意》第2卷第1、2期,1944年。

③ 凌纯声《中国边疆文化》(下),《边政公论》第1卷第11—12期,1942年7月。

④ 吴泽霖《边疆的社会建设》,《边政公论》第2卷第1—2期,1943年。

己所反对的生搬硬套和脱离实际，某些主张也尚有商榷的余地。但是在历史条件与理论基础都有着重重桎梏的上世纪 30-40 年代，这种尝试本身已然充满了力量，它既彰显了民族学学科鲜活的生命力，也映照出中国知识分子在学术理想与国家责任中的慨然选择。

Constructing State Ethnic Nation: the Ethnologists' Educational Practice in the Border-frontier from 1912 to 1949

Liu Boer, Nanjing University of Chinese Medicine

Abstract: Education in the border-frontier is a significant component in the process of establishing the modern nation-state. However, its development underwent long-time tremendous difficulties despite the massive endeavors devoted by the Government of Republic of China. Based on the respect for the ethnic minorities' cultures, the ethnologists propose new concepts about constructing the nation-state from the perspective of state ethnic.

Key Words: ethnologist；education in the frontier；state ethnic

（本文作者为南京中医药大学人文与政治教育学院讲师）

《农田馀话》作者小考

魏崇武

提　要：《农田馀话》作者旧题"长谷真逸"，真名成疑。根据书中内容，可知作者应为华亭人，其曾祖父曾出任儒学教授，其家与曹知白、陆泳两家有姻亲关系。根据这些要素，并结合书中所载事件的最晚时间节点来考察，推知该书作者极有可能为元末明初人邵克颖。

关键词：农田馀话　长谷真逸　邵克颖

《农田馀话》一书，旧题"长谷真逸辑"。全书共分两卷，卷上 68 则，卷下 47 则。[①] 此书杂记宋元及明初琐闻轶事，而以"元末及张士诚窃据"时居多，有一定史料价值，常被后人引用。然而此书有若干问题尚待辨析，其中之一就是有关它的作者。

《农田馀话》作者署名为"长谷真逸"，但这个"长谷真逸"到底是谁，一直是个谜。清黄虞稷根据《农田馀话》卷下第 10 则的内容，[②] 于《千顷堂书目》卷十二"小说类"著录作者"名张翼，吴人"，这显然是个错误，但现在仍有一些学者在延续这一错误。其实，《四库全书总目》之《农田馀话》提要早已提出疑问：

> 旧本题"明长谷真逸撰"，不著名氏。所记多元末及张士诚窃据时事。中一条记至正壬辰红巾入寇，又一条记至正甲申流星坠地事，皆所亲历，则其人生于元末。而下卷内一条称"正德庚午九月一日苏台张翼南伯志"云云，相距一百五十八年，年月殊为抵牾，或后人有所增入欤？[③]

这一疑问当然有理。清人周中孚也断言"正德庚午九月一日苏台张翼南伯志"该条非原书所应有，[④] 对此，笔者完全赞同。需要补充的是：张翼所增者，可以肯定地说，是就其前一则内容所下的按语。关于这一点，仔细阅读原文即可知，这里就不引用了。

---

　　① 明万历间刻《宝颜堂秘笈》本、民国十一年石印本和《丛书集成初编》排印本均有将相近分则误连为一则或将同一则误析为两则的现象。笔者以明万历间刻《宝颜堂秘笈》本为基础，根据自己的理解对《农田馀话》的分则数量加以统计。

　　② 按，民国十一年石印本和《丛书集成初编》本卷下将第 8、9 则误连在一起，应从"今之水母"起，另析为一则。明万历间刻《宝颜堂秘笈》本则无此误，故"余按《韵学集成》"云云按顺序当为第 10 则。

　　③ 清纪昀等《钦定四库全书总目》卷一四三，中华书局，1997 年，第 1892 页。

　　④ 清周中孚《郑堂读书记》卷六五，民国十年吴兴刘承幹嘉业堂刻本。

长谷真逸虽然神秘,但通过《农田馀话》,我们还是可以发现有关作者的一些蛛丝马迹。比如:

> 予外族曹云西处士风流雅尚,好饰园池,……(卷上第 40 则)①
> 故眷家伯翔陆先生尝著《田家五行志》若干卷,专述田家俗谈,为农家占候一家之书,率多可验。(卷上第 57 则)

何谓"外族"?《通鉴》胡注云:"男子谓舅家为外家,妇人谓父母之家为外家。外族,外家之族。"②于此可知,作者家族必有曹姓女眷。而所谓"眷家",则泛指姻亲之家,于此又知作者家族与陆氏有姻亲关系。那么,上述引文中的"曹云西"和"陆伯翔"是什么人呢?

"曹云西"即元代后期江南名士曹知白(1272-1355)。曹知白字又玄,号云西老人,学者尊之曰贞素先生,华亭(今上海松江)人。据贡师泰《贞素先生墓志铭》载,曹知白五世祖曹景修,于宋宣和年间自温州安固(今浙江瑞安)之许峰迁居华亭长谷之西。③所谓"长谷",亦名华亭谷,在今上海松江区小昆山之西一带。清顾祖禹《读史方舆纪要》卷二四载:"昆山:(松江)府西北二十三里,其西为长谷,亦曰华亭谷,有水萦绕百馀里,为泖湖之上源,故泖湖亦兼谷泖之名。杜佑曰:'华亭县以华亭谷而名。'陆机临命叹曰:'华亭鹤唳,可复闻乎!'盖其地尝出鹤也。"④以上引文中的"昆山",土人称小昆山。曹知白为元代有代表性的书画名家,家赀丰饶,好宾客,尚义气,交游甚广。有一子五女,其第四女嫁里人陆泳。而所谓"陆伯翔"正是陆泳。陆泳字伯翔,华亭人。尽心农事,尝采方言、习俗,撰《田家五行拾遗》一卷,以占卜丰歉,今不传。⑤

曹知白、陆泳均为华亭人,而《农田馀话》的内容又多叙江南各地的人和事,其中尤以华亭一带为夥,故推知作者亦当生活在华亭。据现有材料,在华亭当地与曹、陆二氏均有姻亲关系的书香门第有邵桂子一家。综合现有各种资料,可知邵桂子及其子孙的大致情况如下:

邵桂子字德方,号玄同,又号古香、青溪,淳安(今属浙江)人。宋太学生,咸淳七年(1271)登进士第,又举博学宏词,授处州教授。宋亡,弃官寓华亭,娶华亭曹泽之之孙女,⑥居泖湖之蒸溪。文名甚盛,为斯文领袖者四十年。尝濒湖构亭,名雪舟,著述其间。

---

① 按,明万历间刻《宝颜堂秘笈》本为避免卷上第 39 则末字"味"单独另起一行,故将"风味"二字刻成双行小字,以示该则已结束。民国十一年石印本和《丛书集成初编》本却误将第 39、40 则误连在一起,其实应从"予外族曹云西处士"起另析为一则。
② 《资治通鉴》卷一六三"梁大宝元年",中华书局,1956 年,第 6 册第 5040 页。
③ 《玩斋集》卷一〇,明嘉靖刻本。
④ 贺次君、施和金校点本,中华书局,2005 年,第 1201 页。
⑤ 明正德十六年刻本《华亭县志》卷一五;明万历二十五年刻本《青浦县志》卷五。
⑥ 按,《两宋名贤小集》所载"娶华亭曹泽之女"有误。曹泽之为曹知白伯祖,据邵亨贞《元故建德路淳安县儒学教谕曹公行状》一文可知,邵桂子所娶实为曹泽之之孙女。《钦定天禄琳琅书目》卷六《东坡集》条下引清鲍楹《雪舟诗序》则云邵桂子"赘曹氏"。

所著有《雪舟脞稿》十卷、《雪舟脞谈》二十卷。预为生圹，号曰"玄宅"，著《玄宅七铭》、《后七铭》、《续七铭》、《别七铭》，凡二十八事。摹《周易》，作"忍"、"默"、"恕"、"退"四卦以自警。卒年八十二。[①] 子邵祖义，能诗，工篆隶，为池州学录。[②] 孙邵亨贞（1309-1401）字复孺，号贞溪。博通经史，赡于文辞，工真草篆隶，凡阴阳医卜、佛老之学莫不究其奥。元末，兵燹家破，侨居横泖。明洪武初，为松江府学训导。建文三年卒，年九十三。有《蛾术稿》十六卷行世。[③]

从邵亨贞《元故柳州路马平县都博镇巡检曹君墓志铭》可知，曹知白之子曹永所娶为同郡陆氏。[④] 而从贡师泰《贞素先生墓志铭》可知，曹知白第四女嫁同里陆泳。不管曹永所娶陆氏与陆泳是否一家人，至少曹知白、陆泳的翁婿关系是可以肯定的。而邵桂子娶曹知白的堂姊或堂妹，其家人视曹氏为外族，理所当然。那么，邵氏与陆氏呢？邵亨贞《编校遂生亭联句》小序云：

> ……翁（笔者按：指曹知白）于予为外族从祖。有老僧曰自闻熏师，翁之从弟也。安雅翁洎弟世长皆曹氏，于予为外族诸父。钱南金、陆伯翔、伯弘，皆外姻也。主宾凡八人。……[⑤]

所谓"外姻"，泛指外姓姻亲。从这段文字中，可知邵氏与陆氏确有姻亲关系。

此外，《农田馀话》卷上第30则透露作者的曾祖父曾出任儒学教授，这一证据同样可以指向邵氏。[⑥] 那么，我们可以将《农田馀话》的作者基本锁定在寓居华亭的邵氏家族成员身上。

二

那么，究竟《农田馀话》的作者是邵氏何人？从此书内容来看，有明确时间记载的事件，最晚的发生在洪武十三年（庚申，1380）。那么，邵桂子可以排除。因为他于宋咸淳七年（1271）登进士第，至明洪武十三年，已过一百多年，而他只活了八十二岁，无论如何也不可能作《农田馀话》了。邵祖义（1288-？）按生年基本可以排除，[⑦] 若结合书中内容来考虑，则完全可以排除。[⑧] 邵亨贞（1309-1401）按卒年来看是有可能的，但也可以排除，因为《农田馀话》卷上第30则云：

---

① 宋陈思编、元陈世隆补《两宋名贤小集》卷三五四，文渊阁《四库全书》本；明万历二十五年刻本《青浦县志》卷五；等等。
② 文渊阁《四库全书》本《两宋名贤小集》卷三五四、明万历二十五年刻本《青浦县志》卷五。
③ 明洪武九年刻本《书史会要》卷七；明万历二十五年刻本《青浦县志》卷五；钱谦益《列朝诗集》甲集卷一六"邵贞溪亨贞"，清顺治九年毛氏汲古阁刻本。按，《蛾术稿》又作《蚁术稿》，蛾、蚁通。
④ 《野处集》卷三，文渊阁《四库全书》补配文津阁《四库全书》本。按，贡师泰《贞素先生墓志铭》一文称曹知白子名"南永"，当为"男永"之误。
⑤ 《蚁术诗选》卷八，《四部丛刊》三编景明本。
⑥ 按，邵桂子曾任处州教授。
⑦ 邵祖义生年据邵亨贞《悼赵士弘先生》题下注，《蚁术诗选》卷三。
⑧ 比如《农田馀话》下卷有数则抄录谢应芳（1296—1392）著作中的文字，邵祖义不大可能反复摘抄晚辈的著作内容等。

　　宋末德祐间,北兵入浙,国中扰扰。间有不逞者,辄强梁为暴,多为豪右所杀,或事平被戮。元曾祖教授公尝语诸先子。至至正壬辰(1352),红巾寇入杭;丙申(1356),淮寇入姑苏。先子尝以之语诸乡人,劝戒之。是时多有无良之人,显然肆恶,皆为有力者杀及全家。或平时所行不善,此时略宣横语即遭杀死者,亦多有之,皆目见也。

　　文中的"曾祖教授公"无疑是指邵桂子,因为邵桂子经历了由宋入元的巨变,且曾任处州教授。"先子"在先秦两汉时期涵义较多,后世一般用于指去世的父亲,与"先父"同。文中的"先子"按辈分应是邵桂子之孙。现知邵桂子有二子:其一过继给其妻之兄(或弟)曹荣老为子,名为曹庆孙(1286-1361),字继善,号安雅,[①] 即邵亨贞《编校遂生亭联句序》中所说的"安雅翁";另一则为邵祖义(1288-?)。庆孙既已姓曹,那么文中"先子"只能是指邵祖义之子。现知邵祖义只有一子邵亨贞。那么,《农田馀话》的作者只能是邵亨贞之子了。

　　邵亨贞共有二子:长邵克颖,幼邵克淳。[②] 邵亨贞《辛亥中秋横溪庵客窗对月口号》题下注:"时长子在颍,幼子在濠,皆无见期。"[③] 辛亥是洪武四年(1371)。当时邵克颖获罪戍守颍上(今属安徽),邵克淳屯田濠梁(在今安徽凤阳县东)。又,《甲寅至日在横泖客舍忆存没二子》题下注:"长在颍上,幼没濠梁。"甲寅是洪武七年(1374)。由于《农田馀话》有明确时间可考的事件发生在洪武十三年(1380),而邵克淳最晚已于洪武七年去世,那么,作者也就只能是邵克颖了。

　　邵克颖字伯宣,号学庵,有《学庵集句诗》一卷,原附其父邵亨贞《蛾术稿》后,[④] 今已佚。其生平资料现存极少,除上述事迹外,从《赵氏铁网珊瑚》卷九"贞溪诸名胜词翰"中可知其与曲江居士钱惟善交往密切,唱和颇多。戍守颍上期间,曾短暂重返华亭。邵克颖现存诗二首:

　　宣近获曲江翁聚首者连日论诗接席联床乐事无算第恨贱迹仆仆又理北游之装莫能久陪言笑为深怅然耳濒行漫尔五言一首为谢并致留别之语云宣

　　交托忘年好,诗烦饯别吟。老来才益赡,道在世逾钦。话旧因联榻,投闲偶盍簪。看云定相忆,一札肯浮沈。丙辰(1376)六月晦日在双槐南轩写。[⑤]

　　题徐景颜教谕縠江渔者卷

　　柯山青浸縠江波,有客长年被绿簑。钓泽偶膺多士选,讲帷仍赋散人歌。桃花白露忘机久,莼菜鲈鱼入梦多。迟子束书归旧隐,水云深处一经过。[⑥]

---

①　邵亨贞《元故建德路淳安县儒学教谕曹公行状》,《野处集》卷三。

②　邵亨贞《乙卯立秋日客舍纪怀二十韵时长儿克颖迁于颍水幼儿克淳没于濠梁故园凋落残生茫然不能无感于天时也》,《蚁术诗选》卷三。

③　《蚁术诗选》卷七。

④　见钱谦益《列朝诗集》(清顺治九年毛氏汲古阁刻本)甲集卷一六"邵贞溪亨贞"。

⑤　赵琦美《赵氏铁网珊瑚》卷九"贞溪诸名胜词翰",文渊阁《四库全书》本。按,此诗《全元诗》漏收。

⑥　李伯玙《文翰类选大成》卷五九,明弘治十四年刻本。

<h1 style="text-align:center">三</h1>

除了以上的推论外，书里书外还可以找到一些佐证。

佐证一："邵公孺"。《农田馀话》中涉及众多人物，但除了卷上第 55 则"长西瑛"误作"常西吴"外，[①]几乎没有错记名字者。然而，此书作者竟然将应该十分熟悉的邵亨贞的字"复孺"记作"公孺"，而且是两次。这只能解释为是故意而为，因为"公"、"复"二字字形相差较大，不大可能误刻。特别是这两处分别强调自己亲眼见到邵亨贞及其母，反而给人以一种刻意之感：

> 华亭夏椿义士家尝蓄一龟，……<u>其女为邵公孺先生之母</u>。<u>幼年亲见此母，诚愨不妄语者</u>。（下卷第 40 则）
>
> <u>予尝见邵公孺先生</u>，言其父学录君七月间被惊，八月遇吕（勉夫）……（下卷第 46 则）

在《农田馀话》中，"见"字共出现 47 次，而表示作者见到某位具体的人的内容，仅有上述二例。作者为何要刻意隐瞒？我们可以看到，《农田馀话》作者对于元末农民战争的各支力量均无好感，如称"红巾寇"、"淮寇"等，对于元朝则颇有眷恋之情。那么，经历了入明即遭发配颍上的邵克颖，为了避祸，有可能会采取一些手段以隐瞒真实身份，如署名"长谷真逸"，又故意书其父字为"公孺"。

佐证二："宣"。联系"贞溪诸名胜词翰"中钱惟善所作与邵克颖相关的七首诗来看，上节所引《宣近获曲江翁聚首者……》一诗属邵克颖所作无疑。而钱惟善《次韵伯宣茂材留别之作并录寄循正提学诸佳子弟一笑》诗从韵脚看，正是次邵克颖此诗之韵而作。而邵克颖之诗，诗题自称"宣"，有可能邵克颖自从获罪戍守颍上之后，改以"宣"为名，而仍字"伯宣"。因为古人一般不以字自称，更不会仅称表字中的末字。既然邵克颖连名都改了，那么《农田馀话》不署真名也就不难理解了。

总而言之，《农田馀话》的作者极有可能是邵克颖（宣）。

<h2 style="text-align:center">A Brief Study about the Author of Nongtian yu hua</h2>

Wei Chongwu, School of Chinese Ancient Books and Traditional
Culture, Beijing Normal University

Abstract: The author of *Nongtian yu hua* was called Changgu Zhenyi but his real name is still a doubt. According to the content of this book, we can infer that the writer was from Huating (in nowadays Shanghai). His great-grandfather had served as a Confucianism Professor and he had marriage relationship with families of Cao Zhibai and Lu Yong. With the

---

① 长西瑛即阿里西瑛，又名木八剌，省称里西瑛，字西瑛，阿里耀卿之子。该则文字有"瑛出迎客"云云，可见其上文"常西吴"实为"长西瑛"之误刻。

latest event appeared within the book, we may infer that the author is likely Shao Keying who lived in between the Yuan and Ming era.

Key Words: *Nongtian yu hua*；Changgu Zhenyi；Shao Keying

（本文作者为北京师范大学古籍与传统文化研究院教授）

吐蕃麝香和中世纪阿拉伯的制香[*][①]

（美）安雅·金（Anya King）撰　王嘉瑞　谭振超 译　韩中义 校补

　　常很难对欧亚贸易产品的不同来源作出判定。但若不误,麝香是当时唯一输入到近东的产品——这是由于产麝香的麝只生活在亚欧大陆东端的高原上。[②]同属麝科的原麝分布在中国内陆,而生活在蒙古和西伯利亚地区的麝则不属于喜马拉雅麝。[③]在古典时代的近东和地中海地区,麝香还完全不为人所知,直至晚古时期它才第一次进入了人们的视野。[④]到了伊斯兰时代,麝香连同亚洲熟知的樟脑和龙涎香等其他药物一起入药。

　　麝香无疑作为最重要的香料为中世纪阿拉伯（大食）人所熟知。穆罕默德·伊本·阿比·巴克尔·伊本·卡伊穆·兆兹亚 (*Muhammad ibn Abī Bakr ibn Qayyim al-Jawziyya*)在《先知药典 (*al-tibb al-nabawī*)》一书中写道：它是各种香料之王,极为华贵芬芳。有关麝香的谚语为人杜撰,它虽不似他物,又被比作他物,好比花园里的沙丘。[⑤]但凡涉及香

---

　　*　2012 年度教育部人文社会科学重点研究基地重大项目：中国古代西北边疆与伊利汗国历史地理研究,批号：12JJD790013。

① 　这篇文章中的大部分材料更充分地体现在我未出版的博士论文—— "麝香的贸易和中世纪早期的近东（*The Musk Trade and the Near East in the Early Medieval Period*)" 之中（印第安纳大学,2007年）。所有引用材料除特别注明外均为我们所翻。本文写于 2006 年,在那以后安娜·阿卡素衣（Anna Akasoy）和罗尼特·约里·特拉里姆（Ronit Yoeli-Tlalim）发表了一项有关麝香的新研究："沿着麝香之路,吐蕃和伊斯兰世界之间的贸易往来（*Along the Musk Routes. Exchanges between Tibet and the Islamic World*)",《亚洲医药：传统与现代（*Asian Medicine: Tradition and Modernity*)》,3 卷,第 2 期,第 217—40页,2007 年。

② 　关于麝鹿的科学文献是以米歇尔·格林（Michael J.B Green）的重要论著为主。尤其参见其文《喜马拉雅麝的分布,地位以及保护（*The Distribution, Status and Conservation of the Himalayan Musk Deer Moschus chrysogaster*)》,《生物保护（*Biological Conservation*)》,第 35 期,第347—75 页,1986 年,以及《源于野生食草动物的麝香产品（*Musk Production from Wild Ungulates*)》收入罗伯特·胡德逊（Robert J.Hudson）等人编著的《野生生物生产系统：野生食草动物的经济利用（*Wildlife Production Systems: Economic Utilisation of Wild Ungulates*)》, 第 401—9 页, 剑桥,1989 年。

③ 　关于麝香分类的回顾,见科林·P·格罗夫斯（Colin P.Groves）、王应祥（Wang Yingxiang) 和彼得·格拉布（Peter Grubb）所著 "麝鹿、麝属、麝科及哺乳纲的分类法（*Taxonomy of Musk Deer, Genus Moschus, Moschidae, Mammalia*)",《兽类学报（*Acta Theriologica Sinica*)》,3 卷,第 15 期,第 181—97页,1995 年。

④ 　关于麝香引进入近东和地中海地区的介绍,在我的博士论文的第三章中曾谈及。

⑤ 　穆罕默德·伊本·阿比·巴克尔·伊本·卡伊穆·兆兹亚 (Muhammad ibn Abī Bakr ibn Qayyim al-Jawziyya)《先知药典 (*al-Tibb al-nabawī*)》,第 437 页,开罗（Cairo）,1978 年。

料的论著,大都以麝香或麝香精油放在首位加以讨论,其次为龙涎香和沉香木,[①]由此麝香的重要性可见一斑。在中世纪大食人所熟知的各种不同的麝香中,吐蕃的麝香具有特殊的地位,它通常被认为是最好的麝香。

出产各种麝香的麝鹿,是一种直立肩高50—60厘米、体重7—17千克的小型动物。[②]成熟后的雄性麝鹿通过生殖器上的腺囊分泌出麝香。狩猎者通常能从完整的腺囊中获取15至30的麝香。[③]这些孕育麝香的腺囊被称作香囊,麝香还留存在香囊里就是再好不过的。刚从香囊中取出的麝香呈蜡白色和颗粒状,这种松散的麝香叫做麝香仁。在现代,中国人和印度人已开始饲养麝鹿,以免通过杀死动物获取麝香;但麝鹿并不合适圈养,麝香的产量也是无法满足需求。[④]现在的香水几乎全是合成麝香制品,但在东亚的传统医药领域,麝香仍然供不应求。

今天,不同种类的麝大都分布在东亚内陆植被丛生的高原地带,其范围北至西伯利亚,南达缅甸与越南,东抵朝鲜,西到阿尔泰山和喜马拉雅山脉乃至阿富汗。麝鹿无法在荒漠和干草原地区生存,因此,欧亚腹地由于气候干旱、缺少森林植被的自然条件,并没有麝鹿生存的土壤。在早期,麝鹿的分布范围可能更广一些,但总的来说,有关资料显示了中世纪麝鹿的分布状况和现代所理解的范围大致吻合。

阿拉伯文献中关于麝香起源和类型

中世纪的阿拉伯人对麝香的地理起源有着相当详尽的记述。在伊斯兰教兴起以前,麝香被认为是印度所产,商贾通过阿拉伯东部的达林港,将其贩卖到阿拉伯半岛。[⑤]阿拉

① 伊本·穆萨维(Ibn Māsawayh)《绝世医书珍宝:论香料药草精华(*Kitāb jawāhir al-ṭīb al-mufrada: Traité sur les substance simples aromatiques*)》,保罗·萨巴斯编(Paul Sbath)《埃及研究学报(*Bullenin de l'Institut d'Égypte*)》,19卷,第5—27页,1936—37年;萨赫兰·伊本·凯散(Sahlān ibn Kaysān)《医生的嘱咐的香料摘要(*Abrégé sur les arômes par Mukhtasar fi'l-tīb*)》,保罗·萨巴斯(Paul Sbath)编《埃及研究学报(*Bullenin de l'Institut d'Égypte*)》:26卷,第183—213页,1943—44年。努维里(al-Nuwayrī)《文苑观止(*Nihāyat al-arab fi funūn al-adab*)》,第12卷,第1页。33卷本,开罗(Cairo),1923年—2002年和卡勒卡善迪(Al-Qalqashandī):《文牍撰修指南(*subh al-a'shā*)》,第2卷,第119页,14卷本,开罗(Cairo),1913—20年;开罗,1964年重印。

② 除上述格林(Green)的著作外,罗纳德·M·诺瓦克(Ronald M.Nowak)编著的《世界直立哺乳动物(*Walker's Mammals of the World*)》(第2卷,第1364—5页,巴的摩,1991年)、弗拉基米尔·西普特纳(Vladimir Georgievich Heptner)等人著的《前苏联的哺乳动物(*Mammals of the Soviet Union*)》(第1卷,第101—24页,华盛顿,1998年)以及弗尔克·霍梅斯(Volker Homes)所著的《关于香:保护麝鹿(*On the Scent: Conserving the Musk Deer*)》和《麝香的应用和其在欧洲贸易中扮演的角色(*The Uses of Musk and Europe's Role in its Trade*)》(布鲁塞尔,1999年)都对麝鹿的有所记述。

③ 关于麝鹿猎取的信息可以在我的博士论文中找到,第17—18页。

④ 人工饲养麝鹿,参见Zhang Baoliang(张宝亮)的"有关中国的经验和方法:捕获、驯养、照料麝鹿(*Musk Deer, their Capture, Domestication and Care according to Chinese Experience and Methods*)",《森林产品年鉴(*Unasylva*)》,第35期,第16—24页(1983年)以及锺乐邦(Rob Parry-Jones)的"中国人工驯养麝鹿的贸易考察(*Traffic Examines Musk Deer Farming in China*)",www.traffic.org/ species-reports/ traffic_species_ mammals34.pdf(访问2008年8月2日)。

⑤ 例如,比鲁尼(al-Bīrūnī)的《药物志(*Kitāb al-Saydana fi'-tibb*)》,阿巴斯·扎尔雅布(Abbās Zaryāb)编,第4页,德黑兰,1991年。大篇幅的对达林(Dārī)麝香及其在诗歌中面貌的讨论,见金(King)所著《麝香贸易(*The Musk Trade*)》第133—6页。

伯诗歌中把麝香的香囊称为"印度的老鼠"（fa'rat hindiyyin）。① 直到公元 9 世纪中期，人们才知道麝香来自吐蕃和中国内地。基督教医师穆萨维（Ibn Māsawayh，777-857）记述了若干种类的麝香：

> 其中最好的麝香当属粟特麝香；它从吐蕃输往粟特，再经由陆路运到地平线的尽头。其次是印度麝香；它从吐蕃输往印度，经由海路运到达代布尔港（al-Daybul），② 由于海运之因，印度麝香次于粟特麝香，再次是中国内陆麝香，由于海运费时较长，它比印度麝香又次一级。此外，三种麝香的差异还与原产地草的种类有关。麝鹿觅食一种名为白嚏根草（al-kandasa）③ 的植物后能产最上乘的麝香，这种植物存在于吐蕃和迦湿弥罗（克什米尔）。觅食甘松的麝鹿所产的麝香稍次，甘松生长在吐蕃，亦被用作香料。更次一些的要属用苦味的植物根部喂养产出的麝香，除了比不上那些更为浓郁和芳香的麝香外，这种植物及其根部的气味也有麝香的气味。④

由此可见，穆萨维（Ibn Māsawayh）认为吐蕃原产麝香最为上乘，他注意到了粟特和印度的麝香其实是从吐蕃运来的。巴士拉作家加黑子（al-Jāhiz，卒于 255/868 或 869）在著作《动物志（Kitāb al-hayawān）》中也曾说道，麝鹿"是一种生活在吐蕃地区的小型动物"。⑤ 该作者还在别处谈到了麝鹿类似于一种小型瞪羚。⑥

地理学家伊本·胡尔达兹比赫（Ibn Khurradādhbih）（205/820 或 211/825-300/911？）在其书《道理邦国志（Kitāb al-masālik wa'l-mamālik）》中提供了一些有关麝香贸易的早期重要资料。可惜的是，这本书只是一个简本。作者几次提到了麝香，并且将其

---

① 与此相比，阿布·哈尼法·迪那瓦尔（Abū Hanīfa al-Dīnawarī）的《植物学（Kitāb al-Nabāt）》部分援引了安塔拉（Antara）的专著，伯恩哈德·勒温（Bernhard Lewin）编，第 192 页，威斯巴登，1974 年。香囊最初源于阿拉伯词汇"老鼠"（fa'ra），之后被波斯外来词 "nāfija" 取代，参见金的"麝香贸易（The Musk Trade）"，第 40—43 页。

② 中世纪早期信德（Sind）的主要港口。

③ 在我博士论文的第 6 章中有所讨论。亚库比（Al-Ya'qūbī）也提到过这种植物，并被努维里（al-Nuwayrī）转引于《文苑观止（Nihāyat）》，第 12 卷，第 7 页，努维里（al-Nuwayr）同样给出了 k.d.h.m.s 的拼写，其显然出自塔米米（al-Tamīmī）之手；德·胡耶（De Goeje）在术语表里仅仅把该词汇解释为一种生长在吐蕃的植物。K.n.d.s 或 q.n.d.s 意味着白嚏根草（white hellebore），这定是利维（Levey）未对这一少见名词作出解释而把它翻译为嚏根草（hellebore）的原因，另外，在阿拉伯的昆都士（kundus），其更普遍的意义是肥皂草（soapwort），即希腊语的 στρονθιov，表示肥皂草（Saponaria officinalis）和鸵鸟石头花（Gypsophila struthium）。

④ 穆萨维（Ibn Māsawayh）《绝世医书珍宝（Kitāb jawāhir al-tīb al-mufrada）》，第 9—10 页。参见由马丁·利维（Martin Levey）翻译的"穆萨维和他关于简易香料的专著（Ibn Māsawayh and his Treatise on Simple Aromatic Substances）"，《医学历史学刊（Journal of the History of Medicine）》，第 16 期，第 395—410 页和第 399 页，1961 年。

⑤ 阿布·乌斯曼·阿米尔·伊本·巴赫尔·加黑子（Abū 'Uthmān 'Amr ibn Bahr al-Jāhiz）《动物志（Kitāb al-Hayawān）》，阿布德·萨拉木·穆罕默德·哈伦（Abd al-Salām Muhammad Hārūn）编，第 5 卷，第 301 页，8 卷本，开罗，1966 年。

⑥ 加黑子（Al-Jāhiz）《动物志（Kitāb al-Hayawān）》，第 5 卷，第 304 页。

视为中国物产加以特别讨论。但从他现存的著作来看，并未涉及吐蕃产的麝香。然而，他在述及亚历山大时，的确提到了吐蕃王贡给亚历山大 4000 头驴子驮载的黄金和同等数量的麝香。[①] 亚历山大将这批麝香的十分之一给了他的妻子——波斯王大流士之女罗克珊，并把剩下的赐给了自己的属下，同时将黄金收归国库。这个故事虽与历史无关，但至少说明在伊本·胡尔达兹比赫所处的时代里，麝香与吐蕃是息息相关的。关于亚历山大的传说中，以 4000 头驴子才能驮满的麝香数量是难以置信的。并且在短期内采集如此之多的麝香，结果未造成麝鹿濒临灭亡，也是令人生疑的。

有关公元 10 世纪早期陆路上产麝香的另一个重要信息源自阿布·扎伊德·尸罗夫（Abū Aayd al-Sīrāfī）（活跃于 10 世纪上半个世纪）的记叙。尸罗夫从他的家乡——波斯湾伊朗沿岸的尸罗夫（Sīrāf）集市搜集了有关东方贸易的材料，并将麝香讨论的附录收录进著名的佚名书籍《中国印度见闻录（Akhbār al-Sīn wa'l-Hind of 851）》[②]。尸罗夫对麝香的描述与马苏第（al-Mas'ūdī）在著作《黄金草原（Murūj al-dhahab）》中描述的基本一致。[③] 马苏第并未从尸罗夫的文本中直引内容，但极有可能是从尸罗夫所使用的材料、或者是从自己在和尸罗夫讨论中所获信息加工而来，并且后者的可能性更大。这种概述性叙述影响甚大，常被后人论及麝香的文献所引用。尸罗夫在论及麝香产地时坦言："中国内陆与吐蕃地区的瞪羚同属一隅，并无大异，两地的人们只是就近取材。"[④]

阿拉伯文献提及了公元 10 世纪中期还存在着一个新的麝香产区。穆罕默德·阿哈迈德·萨伊丁·塔米米（Muhammad ibn Ahmad ibn Sa'īd al-Tamīmī）在其书《新婚的心境与气息的芬芳（Jayb al-arūs wa-rayhān al-nufūs）》[⑤] 首次予以证实。这本著作看来已佚失，但它在努维里（al-Nuwayrī）的百科全书《文苑观止（Nihāyat al-arab）》中被广泛地摘录。塔米米（al-Tamīmī）写道：

麝香有很多不同的品种，其中的极品要属吐蕃的麝香。这种麝香是从一个叫做 dhū s.mt 的地方引进的，两地之间要走两个月的行程，然后再从吐蕃被运往呼罗珊（Khurāsān）。他说：麝香源于一种外形类似小瞪羚的四脚动物 (bahīma)。[⑥]

《世界境域志》中记述，Dhū sm.t 是旧时吐蕃朵思麻 (mdosmad) 的音译，它处于吐蕃

① 伊本·胡尔达兹比赫（Ibn Khurradādhbih）《道里邦国志（Kitāb al-masālik wa'mamālik）》，米歇尔·扬·德·胡耶（Michael Jan de Goeje）编，第 263 页，莱顿，1889；重印，1967 年。参照本卷阿卡索衣（Akasoy）的文章。

② 阿布都拉·哈巴什（Abdallāh al-Habashī）编《尸罗夫游记（Rihlat al-Sīrāfī）》，第 75—7 页，阿布扎比（Abu Dhabi：al-Manshurāt al-Majma'at at-Thaqāfī），1999 年。参见让·索瓦杰（Jean Sauvaget）译：《中国印度见闻录（Akhbār aṣ-Ṣīn wa'l-Hind：Relation de la Chine et de l'Inde）》，巴黎，1948 年。

③ 马苏第（al-Mas'ūdī）《黄金草原（Murūj al-dhahab）》，第 1 卷，第 188—9 页。

④ 《尸罗夫游记（Rihlat al-Sīrāfī）》，第 75 页。

⑤ 有关塔米米（al-Tamīmī）的著作，参见曼弗雷德·乌尔曼（Manfred Ullmann）的《伊斯兰医学（Die Medizin m Islam）》，第 315 页，莱顿，1970 年。

⑥ 努维里（Al-Nuwayrī）《文苑观止（Nihāyat al-arab）》，第 12 卷，第 2 页。

东北一带（即现今的安多地区）并被（该书）称为 Tūsm.t 的地方。[①] 埃及基督教医生萨赫兰·伊本·凯散（Sahlān ibn Kaysān，卒于 380/990）在书中也谈到了麝香的品种，同时还提及了 Tūsm.tī（阿拉伯语 Tūsm.tī 是 mdosmad 转写，且词尾加形容词性 ī）这个地方。[②] 伊本·凯散认为 Tūsm.tī 的麝香并不及吐蕃麝香，他的作品也因认为中国麝香最好而显得与众不同。

阿拉伯文献的一个共同之处就在于列举了世界上各种不同的产品并按照它们各自的优劣加以排序。麝香也不例外，并且，所列出不同种类麝香的信息是有价值的。麝香可以通过产地、是否仍存在于腺囊的特质加以分类。穆萨维（Ibn Māsawayh）赞同以贩运者来命名吐蕃麝香。除此之外，古粟特人和印度人也对公元 9 世纪以来麝香的种类进行了探讨。其中一种被收录进了一本名为《商业的思考（Kitāb al-tabassur bi'l-tijāra）》的商人手册中，传统上认为该书的作者是哲学家加黑子（Al-Jahiz），但已无从考证。[③] 无论如何，此书似乎是一部 9 世纪的著作，且里面也没有迹象说明这本书是后来写的。这本书的目的就在于帮助商人和准商人理清并评估各种不同种类的商品及其质量。作者写道："最上乘的麝香是那种干燥且色泽鲜亮的吐蕃麝香，佛陀麝香（al-buddī）则较差。"[④] 所谓佛陀麝香（buddī），是一种阿拉伯人所认为的帖在印度佛像上、随着它的香气变淡后取下来出售的麝香。[⑤]

其他有关不同品类麝香的早期文献是由地理、历史学家阿赫默德·伊本·阿比·雅库布·伊本·加法尔·亚库比（Ahmad ibn Abī Ya'qūb ibn ja'far al-Ya'qūbī，卒于 284/897 年）记述的。从 10 世纪作家穆罕默德伊本·阿赫默德·伊本·萨义德·塔米米（ibn Ahmad ibn Sa'īd al-Tamimi）的引证中可知（该作家的著作被努维里（al-Nuwayrī）和卡勒卡善迪（al-qalqashandī）在他们的百科全书中同时引用），亚库比在一部已遗失的著作中也论述了香料。在注意到其他种类麝香的同时，亚库比还是认为吐蕃的麝香最为贵重，并对麝香的起源做了如下探讨：

---

① 《世界境域志（Hudūd al-'ālam）》，马奴希赫尔（Manuchihr Sutudah）编，11:9 在第 75 页，德黑兰，1983 年；弗拉基米尔·米诺斯基（Vladimir Minorsky）：《世界域志：372 纪元—公元 982 年的波斯地理（the Regions of the World: A Persian Geography 372 A.H. —982 A.D.）》，绪论 72 页和第 257 页，伦敦，1970 年；鲁赛诺·皮特切（Luciano Petech）著的《关于 Mābd 与 Twsmt 注释（Nota su Mābd e Twsmt）》，刊于《东方研究论坛（Rivista degli Studi Orientali）》，第 25 卷，1950 年，第 142—4 页；重印收入其《亚洲历史论文选集（Selected Papers on Asian History）》，第 45—7 页，罗马，1988 年；白桂思（Christopher I.Beckwith），"根据伊斯兰早期史料考察，吐蕃的地理位置和人口（The Location and Population of Tibet according to Early Islamic Sources）"，《匈牙利东方学报（Acta Orientalia Academiae Scientiarum Hungaricae）》，第 43 卷，第 168—9 页，1989 年。

② 穆萨维（Ibn Māsawayh）《绝世医书珍宝（Kitāb jawāhir al-tīb al-mufrada）》，第 188 页。我已经准备了一篇关于这个重要文献的翻译和研究。

③ 它的翻译者夏尔·佩拉（Charles Pellat）对此感到怀疑："《加黑子著〈大胆的洞察〉（Ğāhiziana, I. Le Kitāb al-Tabassur bi-l-Tiğāra attribute à Ğāhiz）》，《阿拉伯学（Arabica）》，第 1 卷，第 153—65 页、第 153 页，1954 年。

④ 加黑子（Al-Jāhiz）：《毁灭的奇珍异宝的保护（Kitāb al-tabassur bi'l-tijāra fī wasf mā yustazraf fī'l-buldān min al-amti'a al-rafi'a wa'l-a'lāq al-nafisa wa'l-jawāhir al-thamīna）》，哈桑·胡斯尼·阿布德·瓦哈布·突尼斯（Hasan Husnī 'Abd al-Wahhāb al-Tūnisī）编，第 17 页，开罗（Cairo），1994 年。

⑤ 更进一步的参考见金（King）《麝香贸易（The Musk Trade）》，第 250—51 页，第 265—6 页。

阿巴斯王朝的仆人阿赫默德·伊本·雅库布（Aḥmad ibn Abī Ya'qūb, mawlā of the Banī al-'Abbās）说："那些非常精通麝香来源的商队告诉我，它们都源自于吐蕃和其他知名的地方。商人们搭建起与肩同高的类似尖塔的建筑物，用以摩擦麝鹿分泌麝香的脐部腺囊，使得脐囊脱落。商人们每年在约定俗成的时间里聚集起来采集麝香，将它带入吐蕃，并获取其中十分之一的利润。[①]

该记述非常有趣，因为其中提到的麝鹿生活区域并不在吐蕃中心地带，而是说在其周边。这是正确的，麝鹿的确不生活在干燥的青藏高原内陆腹地，而是生活在南部和东部的群山纵横的地方。亚库比（Al-ya'qūbī）进一步说明了吐蕃是麝香商贸的中心，在那里，人们从捕杀麝鹿的猎人手中收购麝香，进而从事麝香贸易。

亚库比（Al-ya'qūbī）还列举了一些列麝香的品类，这些条目构成了努维里（al-Nuwayrī）和卡勒卡善迪（al-qalqashandī）的百科全书中有关麝香章节的基本内容。[②]这两本子对麝香种类的排序基本一致，除了最后一位的麝香，努维里（al-Nuwayrī）把它置于倒数第二位。[③]根据所列其优劣依次为：1. 吐蕃 2. 粟特（Sogdian）3. 中国 4. 印度 5. Qinbār 6. 九姓乌古斯（Tughuzghuzī，回鹘）7. Qasārī（可萨？）8. 黠戛斯（Khirkhīzī）9. 'Ismārī 10. Jabalī（山地？）。

与马苏第（al-Mas'ūdī）齐名的尸罗夫（Abū Zayd al-Sīrāfī）对吐蕃麝香的上乘质量作出了最为详细的记述。尸罗夫还记录了麝鹿生长在吐蕃与中国内地之间的单独土地上，并且，两地都分别能从这块土地获取麝香。至于他所认为吐蕃麝香品质一流的原因，并不在于加工麝香的产地区别。他说道：

吐蕃麝香优于中国内地麝香有两个理由。首先，生长在吐蕃一侧的麝鹿，以芳香的甘松为食，而中国内地一侧的麝鹿则以其他的草木作为食料。其次，吐蕃人在采集过程中把麝鹿的腺囊原封不动地保留起来，中国人则把到手的麝香掺假混杂，加上海路运输难免受潮变质。[④]如果中国内地人让麝香保存在腺囊，再装进小瓷罐里细心呵护，那么从中国内地运往阿拉伯的麝香定像吐蕃麝香一样得好。在所有麝香中，以从生活在山间岩石的瞪羚身上提取的为佳。此种麝香来自于动物脐部血液淤积的地方，当血液聚集如沸腾的时候便就是时机。脐囊成熟之时，瞪羚因感觉受到羁绊而不断摩擦脐囊，并跃入岩石当中掘洞将它溢出。脐囊从体内脱离以后，瞪羚的伤口逐渐干燥而愈合，脐部又恢复如初，开始积攒新一轮的体液。

在吐蕃，常常由具有此方面的专长的人出去寻找这种麝香。一旦发现麝香，他们便把麝香收集起来，装入腺囊，送去给王爷。麝香，只有在麝鹿的腺囊里自然成熟的，才是最上等的，它的质量远比其他麝香更为优异。好比树上自然成熟的果子，比没有

---

①　努维里（Al-Nuwayrī）：《文苑观止（Nihāyat al-arab）》，第12卷，第4页。

②　卡勒卡善迪（Al-Qalqashandī）：《文牍撰修指南（Subh al-a'shā）》，第2卷，第210—11页。

③　参见金的《麝香贸易（The Musk Trade）》，第243页。

④　该文本中的al-'īdhā'与马苏第（Mas'ūdī）所言的al-andā'相对应。费琅（Ferrand）也把这翻译为"浸满水分的（celui-ci s'imprègne d'humidité）"，参见费琅（Gabriel Ferrand）译的《中国印度见闻录（Voyage du marchand arabe Sulaymān en Inde et en Chine rédigé en 851）》，第110页，巴黎，1922年。

成熟就采下来的更好,这是一样的道理。另外,还有一种麝香是用罗网和弓箭来捕获的,当麝香还未在腺囊里头成熟的之前就被取下了。香囊从瞪羚体内取出后,有一股难闻的气味,直到经过较长时日的干燥,气味较前大不相同,也就成为麝香了。[①]

根据尸罗夫(al-Sīrāfī)的记述,上乘的吐蕃麝香有三个不同要素:动物的食料,麝香形成过程和运输条件。在尸罗夫(al-Sīrāfī)和绝大多数作者看来,麝鹿所产麝香的品质取决于动物所食的芳香植物。这种观点穆萨维(Māsawayh)早就提出过,早先有人引证他的说法,但后来人们普遍地相信麝食甘松。理由在于,阿拉伯语名"甘松(sunbul)"所指代的多种植物明显具有麝香味的品质,这种味道很可能带入了麝香中。[②]然而,并不是所有的人都赞同这种观点。比如,萨赫兰·伊本·凯散(Sahlān ibn Kaysān)就反驳到:"有些瞪羚也用小麦、大麦还有青草喂养,麝香的香味应来自于这些植物。"[③]

吐蕃麝香上乘的第二个原因就在于吐蕃人可能等待至麝香自然成熟以后才采集,正如尸罗夫(al-Sīrāfī)所比喻的,树上自然成熟的果实要比摘下不成熟的果实优越得多。几乎所有参与考察讨论"血液转化为麝香"的作者均强调,此过程需较长时间。塔米米(Al-Tamīmī)称,从动物体内取出的麝香悬挂在密窖里阴干需40日。[④]这里所用"密窖"一词是为了解释麝香所具有的稍许尿素气味。英国化学家罗伯特·波义耳曾说,密窖空气有助于保留麝香的香气。[⑤]普遍认为,40天是等待和准备所需周期。[⑥]至于萨赫兰·伊本·凯散(Sahlān ibn Kaysān)的说法,这个时间应该为一年。[⑦]

第三,麝香的掺假和不当运输会导致质量受损。人们认为,麝香最好保存在其囊泡中。此外从尸罗夫(al-Sīrāfī)的记述中得知,松散的麝香填满了囊泡。马苏第(Al-Mas'ūdī)的著作则明确地说中国内陆人从囊泡中取出麝香,然后再在里面掺假;而尸罗夫(al-Sīrāfī)只说了中国内陆人在其中掺假,大概是在囊泡内吧。最后,麝香的运输条件可能会造成影响。与从中国内地出发的、受到海洋潮湿气候影响的海路运输相比,人们认为从吐蕃经过呼罗珊这段炎热而干燥的陆路运输更有益于麝香的保存。马苏第(al-Mas'ūdī)[⑧]以同样的理由解释了吐蕃麝香之所以品质上乘之因,而他的结论也被后来的作者所采用,比如药理学家伊本·白塔尔(Ibn al-Bayṭār)名著的《草药汇集(*Jāmi'li'l-mufradāt*)》中所证引[⑨]。

---

① 《尸罗夫游记(*Rislat al-Sīrāfī*)》,第75—7页。

② 参照金(King)的《麝香贸易(*The Musk Trade*)》,第247—8页。

③ 萨赫兰·伊本·凯散(Sahlān ibn Kaysān)《医生的嘱咐(*Mukhtasar fī'l-ṭīb*)》,第190页。

④ 努维里(Al-Nuwayrī)《文苑观止(*Nihāyat al-arab*)》,第12卷,第3页。

⑤ 罗伯特·波义耳(Robert Boyle)《自然哲学的效用(第二部分,*The Usefulness of Natural Philosophy* II. Sect.2)》收于《波义耳作品集(*The Works of Robert Boyle*)》,迈克尔·亨特(Michael Hunter)和爱德华·戴维斯(Edward B.Davis)编,6卷,第523—4页,伦敦,1999年。

⑥ 安内玛丽·席默尔(Annemarie Schimmel)《神秘的数字(*The Mystery of Numbers*)》,第247—8页,牛津,1993年。

⑦ 萨赫兰·伊本·凯散(Sahlān ibn kaysān)《医生的嘱咐(*Mukhtasar fī'l-ṭīb*)》,第190页。

⑧ 马苏第(Mas'ūdī):《黄金草原(*Murūj al-dhahab*)》,第1卷,第188—9页。

⑨ 伊本·白塔尔(Ibn al-Bayṭār)《草本汇集(*Al-Jāmi'li-mufradāt al-adwiya wa'l-aghdhiya*)》,第4卷,第155—6页,开罗,布拉格出版社(Būlāq),4卷本。

萨赫兰·伊本·凯散（Sahlān ibn Kaysān）的短篇著作《医生的嘱咐》（*Mukhtasar fī'l-tīb*）中收录了麝香，还涉及了龙涎香、沉香木、樟脑的内容以及合成香水的配方。如上所述，伊本·凯散的记述有些特别，与吐蕃麝香相比，他更偏爱中国内地的麝香。他的理由就是中国内地麝香的香囊更加饱满和润泽，麝香在香囊总体重量中占有较高的比重。他还说中国内地的麝香更厚实，三分之一密斯卡尔 (mithqāl) 的内地麝香就能与二个密斯卡尔 (mithqāl) 的吐蕃合成麝香相当。他接着记述说中国内地麝香的颜色比吐蕃麝香更黄，因为吐蕃麝香包含了颗粒，所以又黄又黑。但两种色泽品质上没有什么区别。伊本·凯散之所以注重麝香，是因为他生活在埃及并为法蒂玛王室调制香水，由此让他得出以上结论。公元 19 世纪，虽然有人怀疑中国的"东京"（越南北部一地区的旧称）麝香稍许掺假，但它还是比吐蕃麝香更受欢迎。

尽管如此，萨里比（al-Tha'ālibī）在其著《礼品（*Latā'if al-ma'ārif*）》中总结道，最好的香料有吐蕃麝香、印度沉香木、施曷（al-Shihr）龙涎香、凡兹尔（Fansūr）樟脑、塔巴里斯坦（Tabaristan）香木缘、巴士拉（Basra）橘皮、朱尔章（Jurjān）水仙、什尔湾（Shīrwān）莲花和朱尔（Jūr'）的玫瑰等。[1] 这本书将 11 世纪初最为珍贵的物品编入其中。

这就很好理解，在中世纪早期的近东，麝香来源于东亚大陆，吐蕃的麝香通常被认为是最为上品。

香水中的麝香

麝香的香味是其被用来使用的最重要因素。纯正的麝香与今天所谓"麝香"的合成品大为不同。麝香有一股几乎难以接受的动物气味。在 20 世纪，由于合成麝香的推广以及纯天然麝香制造成本的不断提高，天然麝香逐渐从欧洲香水市场上退出了。麝香对香水的作用很难去量化，但少量的麝香就能对香水起到增味的奇特效果，使其提升品质。量稍大，动物特有的味道就愈明显，这是有些香水追求的效果。在欧洲许多香水中添加麝香，但只有使用麝香量大的香水才可识别出来。其实，我们对麝香的气味抱有怀疑的态度。19 世纪的香水商皮埃斯（Piesse）写道："现在的时尚就是人们说他们'不喜欢麝香'……含有麝香的香水总采取一种喜欢推销的办法，只要卖主小心谨慎地向顾客担保'这里不含有麝香'。"[2]

与 19、20 世纪麝香的限用有着截然不同，中世纪近东的香水业则是另一番景象。那里的香水中掺有大比例的麝香，香味之浓烈可能达到了现代人鼻腔难以接受的程度。

麝香有时会被单独使用；阿拉伯诗人谈到麝香屑时说，那就是把麝香颗粒放在心爱人的床上吧。[3] 然而，大多数香水所使用的麝香都是合成的。[4] 麝香可被制成药膏、溶液、

---

① 萨里比（Al-Tha'ālibī）《礼品（*Latā'if al-ma'ārif*）》，第 238—9 页，开罗版。

② 乔治·皮埃斯（George Piesse）《皮埃斯的香水艺术（*Piesse's Art of Perfumery*）》，第 266—7 页，伦敦，1891 年。

③ 伊木鲁勒-盖伊斯 (Imru'al-Qays)《评注（*Mu'allaqa*）》，第 1 卷第 37 页，收于大不里士（al-Tibrīzī）的《十首诗注（*Kitāb sharh al-qasā'id al-'ashr*）》，查尔斯·莱尔（Charles Lyall）编，第 17 页，加尔各答，1894 年。

④ 合成香水在我博士论文的第一章、以及我接下来对萨赫兰·伊本·凯散（Sahlān ibn Kaysān）的《医生的嘱咐（*Mukhtasar fī'l-tīb*）》的探讨中有所论述。

焚香和香粉。最重要的麝香药膏是龙涎香膏（ghāliya），即用古法将麝香和龙涎香浸在辣木油里所得的黄油状香膏。麝香溶液包括了麝香水（nadūhāt），也就是我们常说的古龙香水和精油（adhān）。早期的香水配方并没有像现代香水这样以酒精为基本原料，即使是在 14 世纪早期努维里（al-Nuwayrī）其百科全书中大量论述香水制作方法，但未提及用酒精制作香水的例证。焚香就是放在热碳上熏烧。在当时的中国内地，熏香十分流行，但其制造工艺没有西传。最有名的合成焚香是龙涎香（nadd），它有多种不同类型，大多数皆把麝香作为一种基本原料。麝香香粉常用来点缀在衣料上，它是一种球状可刮的香料。

合成香水是从纯正的香料或廉价的原料中获取的。前者更为昂贵且纯度更高，而后者常用来欺骗顾客。总之，二者大都被那些买不起纯正香水的人们所使用着。托名肯迪①（Pseudo-al-Kindī）的《合成的香与袅袅香气（*Kitāb kīmiyā' al-'itr wa'l-tas'īdāt*）》一书给予龙涎香膏（ghāliya）配方的结语之一是，它是用阿月浑子（开心果）研磨制成的：

龙涎香膏的制作分三种级别，第一种由麝香、龙涎香和辣木油制成，每一配料里有一份麝香和一份龙涎香（再加以辣木油调和）。官府贵族（batāriqat al-balad）、司库、法官及其同事、邮政局长常选用此种类型的龙涎香膏。第二种配料有三部分，一份麝香和一份上好的苏合 (sukk)，半份龙涎香，再加以辣木油调和。此种为政府官员和行政工作者常用。第三种的配料为五部分，一份麝香，二份苏合 (sukk)，二份压碎的沉香木，1/4 份的龙涎香，并像第一种那样加以辣木油。这种香膏是军人、商人和其他人使用。②

这就清晰地显示出麝香的重要作用；香水中含有的麝香和其他高质量的香料的比例越高，它的价格和等级也就越高。任何香水都能增加香味，麝香是这一工序中常用的原料，它也常被阿拉伯动词"fataqa"所修饰，含义为"破开"，表示发酵和催化作用。③

大多数现存的方子辑录的都是较好类型的香水配比，配方中的麝香、龙涎香、沉香木和其他昂贵原料所占比例较多。一种最早合成的上乘龙涎香膏（ghāliya）在塔巴里（al-Tabarī）的《历代先知与帝王史（*Tārikh al-rusul wa'l-mulūk*）》中提到了，这个轶闻还可追溯到哈里发哈伦·拉失德（Hārūn al-Rashīd）所处的时代。从轶闻的内容来看，上文原料应是最能体现出龙涎香膏上乘品质的：

至于龙涎香膏中的麝香，取自于适龄（'atīqa）吐蕃麝鹿（kilāb④）的脐囊。而龙

---

① 肯迪 (al-Kindī) 是公元 9 世纪著名的阿拉伯哲学家、自然科学家、亚里士多德学派的主要代表人物，译者注。

② 托名肯迪（Pseudo-al-Kindī）《合成的香与袅袅香气（*Kitāb kīmiyā' al-'iir wa'l-tas'īdāt: Buch über die Chemie des Parfüms und die Destillationen*）》，卡尔·加贝斯（Karl Garbers）编译，第 47 页，莱比锡，1948 年。

③ 参见金 (King) 的论述的《麝香贸易（*The Musk Trade*）》，第 58—9 页。

④ 单词"犬"。这个术语不能按照字面意思理解为麝香源自于犬，而是一种体型较小的哺乳动物。海狸总是被称为 kalb al-mā'（即"水狗"）。这件轶事如果属实，那么它要早于那些对麝香起源有更好想法的作者，如同在我论文的第六章论述的那样。

涎香膏中的龙涎香取自于亚丁湾,辣木油来自一个叫马达尼(al-Madanī)的人,此人以其出色的工作而闻名。至于龙涎香膏的合成,则由一个巴士拉精通并擅长合成的人制作。[①]

努维里(al-Nuwayrī)在龙涎香膏(ghāliya)和龙涎香(nadd)的章节里,援引了塔米米(rual-Tamīmī)已佚著作《新婚的心境与气息的芬芳(*Jayb al-arūs*)》中的许多方子,但他只选择性地罗列了那些给哈里发、国王和要人(akābir[②])所选用的香水。他最早从塔米米(al-Tamīmī)书中摘录龙涎香膏配方是在亚库比(al-Ya'qūbī)之后。香膏的调制大概是向哈伦·拉失德(Hārūn al-Rashīd)展示添一点辣木油的效用:

根据阿赫默德·伊本·阿比·亚库比(Aḥmad ībn Abī Ya'qūb)的记述,有一种专供哈里发使用的麝香龙涎香膏(ghāliya):取一百密斯卡尔(mithqāls)的优质吐蕃麝香祛除毛皮后捣碎,再用密织的中国丝绸过滤,而后磨,再筛,如此反复,直至其成粉末。接着,用一个麦加的碗或一个中国的油碟来承接,辅以少量辣木油即令其品质大增。再将五十密斯卡尔(mithqāls)的蓝色脂状施喝产龙涎香切入其中,将盛有辣木油和龙涎香的盘子置于文火炭烧,不可有烟味,因为那样会令香膏变质。此后,用金银制勺匙搅拌龙涎香直到其溶解。接下来移开炭火上,待其微温时倒入麝香,用手适度拍打,让它融入其中。再放入金银器里,器口盖紧、密封,也可放进一个干净的玻璃罐内,并用包裹棉花的丝绸塞紧瓶口,以防香味外漏。他说:这就是最好的麝香龙涎香膏(ghāliya)。[③]

这个配方要求使用最为昂贵和合意的麝香及龙涎香——吐蕃和施喝(Shihrī)产的品种。施喝(Shihr)[④]位于印度洋海域的也门海岸,此处产的龙涎香在很多作者眼里是最为上乘的,尽管他们也认为印度、南亚和非洲的龙涎香品种也是极佳的。优质龙涎香膏(ghāliya)的原料只能用丝绸过滤,并且储存在贵重的容器中,譬如进口瓷器和金银器,相关的细节在其他作者提供的方子中也能找到。香水的整个调制过程耗费巨大,因为这是为哈里发而制作的香水。这种独特的方子所制出的龙涎香膏(ghāliya)据说让哈里发马蒙(al-Ma'mūn)极为震惊。

暂不去理会那本年代难考的托名肯迪(Pseudo-al-Kindī)的《合成的香与袅袅香气(*Kitāb kīmiyā' al-'itr wa'l-tas'īdāt*)》,大概最早的香水方子辑录保留在阿墨·伊本·萨赫尔·列班·塔巴里(Alī ibn Sahl Rabban al-Tabarī)[⑤]于公元850年所著成的一本名为《智慧的乐园》(*Firdaws al-Hikma*)的医药百科全书中。该书给出了香粉、麝香龙涎香膏

① 塔巴里(Al-Tabarī)《历代先知与帝王史(*Ta'rīkh al-rusul wa'l-mulūk*)》(即《塔巴里历史》),第33卷,第744—5页。

② 努维里(Al-Nuwayrī)《文苑观止(*Nihāyat al-arab*)》,第12卷,第53页。

③ 同上,第53—4页。

④ 位于也门中部的海港城市,是历史上的贸易中心和香料集散地,译者注。

⑤ 阿巴斯王朝早期著名的犹太医学家,译者注。

（ghāliya）、精油和其他香料的配方。① 他列出了四种不同品级的香膏配方，从高质量的纯正原料到一种只添加了些许麝香的苏合（sukk）所制成的香料都有涉及。苏合（Sukk）是一种香料的配料，大都由 rāmik 制成，而 rāmik 则从橡树汁液中提取。苏合色黑，且通常用来增强麝香的香味。②

在塔巴里（al-Tabarī）提供的香粉（dharīra）配方里同样包含了麝香，它的用量比龙涎香膏（ghāliyas）里的稍少；在这些香粉中，麝香只被用作增香而非作为合成物的主要原料。显然，他并没有详细说明麝香和龙涎香的添加计量，只提到了调制香粉所需的几种原料。以下是一个以檀香木为基的香粉例子：

取两份印度沉香木和两份檀香木，研磨后用丝绸过滤。接着用玫瑰水揉合，滴几滴古龙香水，不停碾压至均匀。再用焚香香熏，并以香料商的石块将其碾压至完全干燥，最后加入麝香和龙涎香。③

塔巴里（Al-Tabarī）还提供了一些精油的配方，它们大多数取自花木的香味。这些配方并不包含麝香；但有一种专供国王使用的内有麝香，它是在桂竹香和其他花香的基础上制成的④。当花香混匀，加入一些麝香让"香味变得更加浓郁"。⑤

塔巴里（Al-Tabarī）的方子没有专门说明使用哪种类型的麝香，也没有在书中清楚地讨论他所用到麝香的不同类别。在 10 世纪塔米米（al-Tamīmī）和萨赫兰（Sahlān）的各种方子里，有时会提到一种特别类型的麝香，只要提到这种麝香，它总会是吐蕃麝香。相比于吐蕃麝香而更偏爱中国内地麝香的萨赫兰·伊本·凯散（Sahlān ibn Kaysān）在描述诸种麝香时，还是在其方子里建议了吐蕃麝香，尽管他并不乐意详细说明某种特别的麝香类型。这说明哪怕有偏爱其他麝香的，吐蕃麝香仍是业界的标准。

萨赫兰（Sahlān）最上乘的龙涎香（nadd）方中包括很多制作香水的备料信息。方子一开始就讨论了麝香的准备过程，详细说明了吐蕃麝香的除杂、研磨和过滤等：

取十个密斯卡尔（mithqāl）的吐蕃麝香磨成细粉，然后用编织紧密的丝绸过滤。在研磨过程中必须防止麝香被烘糊，烘糊的特征就是麝香在碾压时由于施力过重而在碾槌留下的如抛光一样的痕迹。烧糊的麝香变得过干。若麝香在碾槌上是湿润的，就代表没有烘糊。如果麝香有薄膜和其他残留，就必须在研磨前清理干净，且研制过程中出现的也应祛除。研磨充分后，薄膜和香囊里带出的皮毛残渣被滤网滤除。在制作时必须不能有皮毛残留，因为它会糟蹋整个制品的芬芳，并在使用时变臭。如果有很多的杂质无法清除，那么制香师只得破开麝香颗粒并在香水石上弄湿所有的麝香，接着放置一个小时。然后

---

① 塔巴里（Al-Tabarī）《智慧的乐园（*Firdawsu 'l-Hikmat*）》，穆罕默德·斯迪格（Muhammad Z. Siddiqi）编，柏林，1928 年。这些配方出现在书的最后一部分，而该书主要阐述了印度医药。他在结尾的第 611 页标注道："这些章节在医药领域中是微不足道的，但是它们将会增加这本书的利用价值和它在医药科学的长处。香水 [tīb] 和医药 [tibb] 是相类似的，而 lakhlakhahs、水、玫瑰花汁和 maysūses 都归属于药品 [al-adwiyya]，它们也是香水，于是才有了这些配方。但它们明显不是印度香水。

② Sukk 在金（King）的文章 "麝香贸易（*The Musk Trade*）" 中有所讨论。

③ 塔巴里（Al-Tabarī）《智慧的乐园（*Firdawsu 'l-Hikmat*）》，第 611 页。

④ 同上，第 616 页，桂竹香（Khīrī）含有一种浓烈的植物区系成分的丁香香味。

⑤ 塔巴里（Al-Tabarī）《智慧的乐园（*Firdawsu 'l-Hikmat*）》，第 616 页。

用编织得不厚的小滤网进行过滤，这样，薄膜就会留在滤网上头。[①]

依照这个步骤，麝香就准备好了。最上乘的龙涎香（nadd）由麝香和龙涎香按1:1的独特比例调配而来，这种合成物最终制成灯芯状并晒干。

麝香的使用得益于它的香味以及对于香水的增香作用。但麝香也同样广泛地用于医药当中。膳食和环境被认为是影响健康的关键因素，而像麝香这样的香料以多种方式被纳入到这一体系当中。麝香以其固有的效用被用来和药物搭配使用。更重要的是，香料有助于调节空气，来均衡体内各元素的平衡。[②] 同时，麝香还具有净化作用，能防止食物腐败变质。[③] 此外，它还被认为能赶走疾病。

在中世纪，医药和卫生保健并不像现代这样有明显的界限；医师需要关心自己病人一生的冷暖，这样一来，虽然医师们自己不调制香水，却熟悉麝香这种香水的所有效用。他们只负责一些重要的香水制作任务以及阐明如何准备合成香水，调制香水的工作通常留给专业的香水师来完成，这些香水师们早期已得到了认可。

在中世纪香水业，麝香属性是根据麝香如何适应体液的理论来说明的。虽依据的尺度有所不同，但麝香总被认为性热味甘。在香料物质中，它通常被认为与性寒味甘的樟脑相对立。麝香是性热之物，适合于驱寒除湿。这些香料还有催情的作用。塔巴里（Al-Tabarī）在写到用麝香增加檀香木粉香味时说道："在你睡觉时使用它。"阿卜杜勒·马利克·本·马尔万（Abd al-Malik ibn Marwān）[④]在房事时使用它。这在粉剂（dharīras）催情中是最有效的一种。[⑤] 人们相信并已证实，用樟脑能中和香水中的麝香，使之能在高温和炎热天气时使用。阿赫默德·瓦什沙（al-Washshā）注意到，高雅的上层人士"只在酷暑难耐时使用樟脑，或是因为樟脑性凉，或是因为会造成心神不宁"。[⑥] 樟脑并不像麝香倍受青睐；萨赫兰·伊本·凯散（Sahlān ibn Kaysān）评述说，普通人认为樟脑是香水中所必须的，就如同锅里少不了盐一样。[⑦] 但高雅的上层人士并不这样想，他们认为麝香香水才是必备品。

麝香在近东香水中的使用多大程度上受到中远东地区的影响？在制作香水的地方，麝香在阿拉伯香水配方中的使用与其在印度配方中的使用完全不同。在笈多王朝（320-510）时期，印度就有了麝香。至少，这在迦梨陀娑（Kālidāsa）[⑧]的诗歌中第一次得到了证

---

① 萨赫兰·伊本·凯散（Sahlān ibn Kaysān）《医生的嘱咐（*Mukhtasar fī'l-tibb*）》，第198页。

② 参见伊本·西拿（Ibn Sīnā）《医典（*Al-Qānūn fī'l-tibb*）》，第1卷，第182页，3卷本，布拉格（Būlāq），1877年。伊本·西拿是中世纪塔吉克族著名的医学家，被誉为世界医学之父，译者注。

③ 伊本·西拿（Ibn Sīnā）《医典（*Al-Qānūn fī'l-tibb*）》，第1卷，第360页。

④ 阿卜杜勒-马利克·本·马尔万（Abd al-Malik ibn Marwān 646-705）是奥玛亚王朝的第五任哈里发。译者注。

⑤ 塔巴里（Al-Tabarī）《智慧的乐园（*Firdawsu'l-Hikmat*）》，第612页。

⑥ 伊本·阿赫默德·瓦什沙（Muhammad ibn Ahmad al-Washshā'）《相面（*Kitāb al-muwashshā*）》，鲁道夫·E·布伦诺（Rudolph E.Brünnow）编，第183页，莱顿，1991年。

⑦ 萨赫兰·伊本·凯散（Sahlān ibn Kaysān）《医生的嘱咐（*Mukhtasar fī'l-tibb*）》，第201页。

⑧ 印度古典梵文诗人，剧作家。大约生活于5世纪前后，译者注。

明。① 早期含有麝香的香水配方可追溯到公元 6 世纪初，② 收录于彘日（Varāhamihira）③ 著的《印度教造像手册（Brhatsamhitā）》中。彘日（Varāhamihira）的香膏以植物为原料，特别是有树胶、海檀木籽油和一种产自印度的没药品种的松香。阿拉伯人心怡的龙涎香（nadd）香膏由龙涎香、麝香制成，有时还加入沉香木和其他香料。在中世纪早期的印度香水业中，龙涎香可有可无，至于它后来在印度被广泛使用，还与阿拉伯人有关。④ 麝香被少量的用于印度香水，其作用在于给合成香水增香，这一点与麝香在 19 世纪欧洲香水中的使用无异。彘日（Varāhamihira）提到一种合成香取材于十六种不同的物质，除了施喜列（onycha），⑤ 其他全都是从植物中萃取的。在混合之前，每一种物质都被分开来用麝香和樟脑香薰增味；这在梵文里被称作"bodha"，字面意思是"唤醒"或"萌生"。根据这部著作和其他梵文香水著作的描述，麝香由于计量的限制而在（印度）香水中发挥的作用有限，这与掺有大量麝香的近东香水情况大不相同。中世纪早期的印度香水用麝香来增香，不过只是在香水制作的完成阶段使用，并不是整个过程中都添加。印度香水同样像阿拉伯香水一样，区分了麝香的热性和樟脑的凉性之别。

从 1896 年伯特霍尔德·劳费尔（Berthold Laufer）的梵文出版物来看，配方中吐蕃麝香的作用更为有限。⑥ 在这个方子中，半盎司的麝香包括进了 52 盎司的原料当中（其中有一半是树胶、海檀木籽油），麝香还不到百分之一！但是就这个量便足可察觉到增香效果。无论如何，它是一种有别于近东含有总量一半或以上麝香与龙涎香（nadd）所制的香。

因此，近东香水的制造标准不太可能受到印度香水传统的影响，所以阿拉伯的龙涎香（nadd）和龙涎香膏（ghāliya）的确是近东发明的。

综上所述，麝香是中世纪早期近东所使用最重要的香料。阿拉伯文献里包含了不同种类麝香的丰富资料，其中有涉及出产地的信息。尽管有想象的成分，它还是对所产麝香的动物属性作了较为中肯的描述。麝香自输入到近东开始，它便被以全新的方式应用到香水中。阿拉伯香水在合成中使用了高比例的麝香，这点与印度、中国的工艺大不相同。麝香在各类阿拉伯香水配方中的普遍使用，证明了麝香对于那些不是以麝香为基料的香

---

① 例如迦梨陀娑（Kālidāsa）《云使（Meghadūta）》，莫勒什瓦尔·拉姆禅达·科勒（Moreshvar Ramchanda Kale）编，诗之第 55 行，德里（Delhi），1991 年。参见我的博士论文第二章有关印度麝香历史的信息。

② 彘日（Varāhamihira）《印度教造像手册（Brhatsamhitā）》，M·罗摩克里希纳·巴特 (M.Ramakrishna Bhat) 译，第 2 卷，第 704—18 页，2 卷本，德里（Delhi），1981—82 年。

③ 彘日（Varāhamihira，505—587 年）一作伐罗诃密希罗，是古印度一位天文学家、数学家。译者注。

④ 帕舒拉姆·克里希纳·戈德（Parshuram Krishna Gode）《公元 700—1900 年印度龙涎香的历史（History of Ambergris in India between about A.D. 700 and 1900）》，收入《印度文化史研究（Studies in Indian Culture History）》，第 1 卷，第 9 页，霍斯希亚尔普尔（Hoshiarpur），1961 年。

⑤ 产在红海的贝壳，是组成圣香的五种成分之一，也有人认为指半日花科的胶蔷树 (Cistus ladanifer) 所产生香气的树脂，见于《圣经》中，译者注。

⑥ 贝特霍尔德·劳费尔（Berthold Laufer）《印度焚香配方（Indisches Recept zur Herstellung von Räucherwerk）》，《柏林人类学、民族学和原始史协社辩论（Verhandlungen der Berliner Gesellschaft für Anthropologie, Ethnologie und Urgeschichte）》，第 394—8 页，1896 年 7 月 18 日。

水合成品来说,在增香方面起到了重要作用。使用麝香增香在亚洲得到了广泛认可。香水方子中只特别地提到了一种麝香,即吐蕃麝香,我们能够假设:它是阿拉伯香水中使用的标准麝香类型。除了贵族使用的以外,日常生活中的大多数的香水由于成本原因不会含有大剂量的麝香,但会掺加少量的麝香。这类香水更便宜,并会尽可能地设法去模仿麝香香水,但它所添加的原料太过普通,以至于很难模仿真品。

（附记：翻译和校补中尽了最大努力,但涉及多种外语,学历有限,有些专业术语翻译不够理想,敬请方家指正。）

（本文译者王嘉瑞、谭振超为陕西师范大学中国西部边疆研究院硕士研究生,
校补者韩中义为陕西师范大学中国西部边疆研究院研究员）

关于拉施特《史集》中的"迭儿列勤"（DRLKIN）一词[*]

朝克图 撰　曹金成 译

关于蒙古人起源的传说，《蒙古秘史》（以下简称《秘史》）和拉施特《史集》（Jāmiʻal-Tāwārīkh）的记载各具特色。《秘史》说，成吉思汗的祖先源于孛儿帖·赤那和豁埃·马阑勒；《史集》的记载则与此不同，而是记载了一个额儿古涅昆的传说：

> 大约距今两千年前（《史集》编撰之前），被称为蒙古的部落在与突厥部落进行战争后，只剩下了捏古思和乞颜部的两家男女，后来这两家逃到额儿古涅昆（峻岭）并生存下来。多年以后，捏古思和乞颜两部的后代繁衍生息，分出众多的部落，使得额儿古涅昆之地逐渐无法容纳，所以他们将此山熔化而迁徙出来。[①]

除这一传说外，《史集》还详细介绍了捏古思和乞颜两部所繁衍出的诸多蒙古部落，以及从这些部落中所分出的迭儿列勤（DRLKIN）蒙古和尼鲁温蒙古两大分支。拉施特关于迭儿列勤（DRLKIN）蒙古和尼鲁温蒙古的记载极为详赡，而且在说明蒙古高原上游牧民族的起源方面，拉施特也提供了重要依据。基于对拉施特所记载的迭儿列勤蒙古和尼鲁温蒙古内容的正确理解，来对这两大部族的起源及其关系进行详细研究，我想，这对古代蒙古高原的部族史研究来说，会使其越发清晰明了。本文则通过对拉施特《史集》中迭儿列勤蒙古一词的详细研究，力图提出自己的鄙薄之见。

一、迭儿列勤一词的读音

从额儿古涅昆繁衍出的捏古思和乞颜的后代，分为迭儿列勤蒙古和尼鲁温蒙古两大部落，对此，可参看拉施特的《史集》。在《史集》中，迭儿列勤蒙古包括捏古思、兀良合惕、弘吉剌惕、乞里克讷惕、嫩真、许慎、速勒都思、亦勒都儿勤、斡罗讷兀惕、晃豁坛、阿鲁剌惕、亦乞剌思、斡勒忽讷惕、豁罗剌思、额勒只斤、弘里兀惕、巴牙兀惕、轻吉惕等十八部。那么，迭儿列勤蒙古一词究竟具有什么内容，应如何读才合适，对这些问题的解释则是首要的。在此，笔者在前人研究的基础上，提出自己的一家之见。

过去，学者们对迭儿列勤一词的读法和解释各执己见。1952 年，苏联科学院所出版的《史集》俄译本中，将其转写为 darlekin（Дарлекин），[②]据此，余大钧汉译为"迭儿列

---

* 按，本文原载《内蒙古大学学报》（哲学社会科学蒙古文版）2008 年第 2 期，第 1—7 页；经朝克图老师审稿并获准发表，在此对其表示感谢。

① M.Roushan, M.Mūsavī, *Jāmiʻal-Tāwārīkh*, Tehran, 1373/1995, pp.148—149.

② Рашид-ад-Дин, *Сборник Летописей*, ТОМ I, Москва, 1952, pp.153—197.

勤"。^①达·贡格尔（D.Гungɣur）的《喀尔喀史》作 drlikin，^②赛熙亚乐（Sayisiyal）的《成吉思汗史记》作 dürlükin。^③多桑（C.d'Ohsson）、伯希和（P.Pelliot）和霍沃斯（Howorth）分别将其读作 durlukin、dürlügin、darlegin。^④亦邻真则作 terelekin。^⑤

学者们对迭儿列勤一词内容的解释也多种多样。虽然拉施特说"迭儿列勤蒙古"指一般蒙古人，但我们也应考虑此词的其他任何解释。德福（Doerfer）认为，"此词不见于任何蒙古文史书，故没法说明其根源"。^⑥亦邻真则根据《秘史》第 205 节和第 206 节所载的 altai derelegün（阿_勒台 迭^舌列列古讷）一词中的 derelegün，认为其词根为 der-e（枕头），derele 一词连接后缀 -kin，构成 derelekin，意为沿山岭而居之人，即山间原野上的人。^⑦

关于迭儿列勤一词的正确读音，一定是《史集》的波斯文原文，这是至关重要的。迄今所见《史集》的抄本共有 11 种，任何一本在叙述上都存在问题，尽可能的将所有这些抄本比较研究，则尤为必要。苏联科学院出版的阿里札德（Ализаде）的校勘本，一共对校了 7 种抄本。在此校勘本与塔什干本、伊斯坦布尔本中，都把此词写作 DRLKIN。伦敦本和巴黎本则作 DRLKN。^⑧虽然此词在《史集》中屡次出现，但其中一种写法却是在 D 辅音上加"ˊ"识点来显示 a 元音，而读作 darlkin。在《史集》的阿拉伯文译本中，D 辅音上的元音则反映出并未加任何识点。^⑨在俄译本中，此词被转写为 darlekin，这大概是依据了放置元音来加以限定的某一单独的写法。

饶有趣味的是，1995 年德黑兰版若山（Roushan）的《史集》校勘本中，在此词的 D 辅音和 L 辅音上都加"ؙ"识点，而读作 durlukin。^⑩至于若山所据究竟是何抄本，我们不得而知。但若山在这两个辅音上所加的"ؙ"识点，则是此词的元音，这很可能会加深我们对其正确读音的进一步了解。迄今，伊朗人仍把此词第一音节和第二音节的元音读作圆唇元音，这对我们是有所启发的。若依据若山的写法而把此词复原为畏兀体蒙古文，则应写作 durlukin。

二、"迭儿列勤"一词的涵义

以上，我们将迭儿列勤（DRLKIN）一词读作 durlukin，接下来则对其涵义进行探讨。由于前人对此词的理解颇费周折，所以我们不得不先在理解"迭儿列勤蒙古"一词涵义的基础上，来重新探索此词之内涵。

拉施特在《史集》中，把当时欧亚大陆上的游牧民族全部视作突厥，并分为以下四部：

① （波斯）拉施特主编《史集》，第一卷第一分册，余大钧、周建奇译，商务印书馆，1983 年，第 250 页。

② 达·贡格尔《喀尔喀史》（蒙古文版，上册）之《喀尔喀人的祖先与喀尔喀汗国（8—17 世纪）》，民族出版社，1991 年，第 73—116 页。

③ 赛熙亚乐《成吉思汗史记》（蒙古文版，上册），内蒙古人民出版社，1987 年，第 6—54 页。

④ 德福，*Türkische und Mongolische Elemente im Neupersischen*，Band Ⅰ，p.327.

⑤ 亦邻真《中国北方民族与蒙古族族源》，《内蒙古大学学报》（蒙古文版）1980 年第 1 期，第 29、31 页；《亦邻真蒙古学文集》，内蒙古人民出版社，2001 年，第 153、154、158 页。

⑥ 德福，*Türkische und Mongolische Elemente im Neupersischen*，Band Ⅰ，p.327.

⑦ 同注⑤。

⑧ Рашид-ад-Дин，*Джами̅ ат-Тава̅ри̅х*，ТОМ Ⅰ，часмь1，Москва，1965.

⑨ Rašid al-din，*Jāmi'al-Tāwārīkh MS.*，Istanbul，Süleymaniye kütüphanesi，Aya Sofya.

⑩ M.Roushan，M.Mūsavī，*Jāmi'al-Tāwārīkh*，Tehran，1373/1995.

（1）从乌古斯分出的24部，包括在突厥斯坦、畏兀儿斯坦各有其领地的部落。

（2）现今称为蒙古的突厥诸部落，包括札剌亦儿，雪你惕、塔塔儿等14部。

（3）各有君长的诸部落，包括克列亦惕、乃蛮、汪古惕等9部。

（4）过去就被称为蒙古的突厥诸部落，包括源于额儿古涅昆的捏古思和乞颜的后代所形成的迭儿列勤蒙古和尼鲁温蒙古。[①]

这四大集团除（1）外，其他三大集团在当时都被称为蒙古人，也是蒙古高原上的诸部之一。那么，拉施特为何把都被称为蒙古人的那些部落分为三大不同的集团呢？村上正二认为，属于（2）、（3）的部落占据了属于（4）部落的领地，拉施特很可能是按照时间先后与地域因素来叙述被称为蒙古的部落的。[②]《史集》把蒙古高原上的部落分为以上四大集团，陈得芝认为，对属于（3）的部落的划分，主要依据的是：这些部落本来都"各有自己的君主"，"并曾建立过国家"。[③] 在此，我认为，拉施特对属于（4）的部落的划分，应是兴趣使然，此称与"迭儿列勤蒙古"一词的涵义应该具有某种关联，下面就对此加以探讨。

拉施特认为，过去被称为蒙古的部落源于额儿古涅昆，并视其为原蒙古人：

> 原蒙古人经过长期繁衍，形成两部。第一部源于额儿古涅昆并各有自己的称号，那些原蒙古人即起源于此，包括捏古思、兀良合惕、弘吉剌惕、乞里克讷惕、嫩真、许慎、速勒都思、亦勒都儿勤、斡罗讷兀惕、晃豁坛、阿鲁剌惕、亦乞剌思、斡勒忽讷惕、豁罗剌思、额勒只斤、弘里兀惕、巴牙兀惕、轻吉惕。第二部则是朵奔伯颜去世后，从其妻阿兰豁阿又生下的三个儿子的后代中分出的。朵奔伯颜源于原蒙古人，阿兰豁阿则是豁罗剌思人。[④]

根据这一记载可知，从源于额儿古涅昆的原蒙古人中分出了两大部落。第一部包括18个部落，而被叙述为原蒙古人。拉施特此言对"迭儿列勤蒙古"一词涵义的理解是至关重要的。在上述记载中虽然没有提到"迭儿列勤蒙古"，但（4）却把以上诸部落纳入迭儿列勤蒙古。仅仅以此为据并不可靠，但庆幸的是，拉施特还留下了把原蒙古人中的第一部称为"迭儿列勤蒙古"的记载：

> 现在以蒙古一名闻名于世的札剌亦儿、塔塔儿、斡亦剌惕、篾儿乞等部落，还有与蒙古人邻近，但各有君长的克列亦惕、乃蛮、汪古惕等部落。从古至今，闻名于世而被称为"迭儿列勤蒙古"的弘吉剌惕、豁罗剌思、亦乞剌思、额勒只斤、兀良合惕、乞里克

① M.Roushan, M.Mūsavī, *Jāmiʿal-Tāwārīkh*, Tehran, 1373/1995, p.44.

② 村上正二《モンゴル帝国成立以前における遊牧民諸部族について——ラシィード・ウツ、ディーンの〈部族篇〉をめぐって》，《東洋史研究》23—4,1965 年，pp.118—147.

③ 陈得芝《十三世纪以前的克烈王国》，《元史论丛》第三辑，中华书局，1986 年，第 4 页；后收入氏著《蒙元史研究丛稿》，人民出版社，2005 年，见此书第 206 页。

④ M.Roushan, M.Mūsavī, *Jāmiʿal-Tāwārīkh*, Tehran, 1373/1995, p.44.

讷惕等部落,以及属于高贵的尼鲁温蒙古的那些部落,及其后代都将被叙及。[①]

据此可知,原蒙古人的第一部又被称为迭儿列勤蒙古。通过上述所引两处史料,我们认为,原蒙古人与迭儿列勤蒙古实际上指的都是同一内容。

下面我们对"原蒙古人"一词的最初写法进行详细研究。《史集》把此词写作moghol-e asli。asli 具有"原来的、根本的、根源的"之意。在此,它是修饰 moghol 一词的。可合译为原来的蒙古人、最初的蒙古人和本来的蒙古人。

三、迭儿列勤一词的复原

根据以上研究,我们知道,"迭儿列勤蒙古"可称为原来的蒙古人和最初的蒙古人,它指的是源于额儿古涅昆的部落,这是清晰明了的。下面我们来详细探讨迭儿列勤一词究竟该复原为何词。

上文,我们根据若山的《史集》校勘本,认为此词应读作 durlukin。那么,durlukin moghol 与 moghol-e asli 应指同一涵义,在此,修饰蒙古一词的 durlukin 和 asli 也应具有同一涵义,故 durlukin 也意为"原来的、最初的"。

那么,意为"原来的、最初的、本来的"并与 asli 同义的 durlukin 一词,究竟该复原为哪一词呢?

依据 durlukin 一词的波斯文发音,对其进行畏兀体蒙古文复原应写作 durlukin。但以阿拉伯文音译的蒙古文词语的元音,则与此迥然不同,按照此词的涵义,大概把其拟作蒙古文的 törölkin 则更为合适。由于在畏兀体蒙古文中,D、T 辅音可交互使用,所以迭儿列勤一词有 durlukin 和 turlukin 两种读法。但此词的结尾辅音为 k,据蒙古文辅音的硬软和谐规律,词首的 t、d 辅音受 k 辅音的影响,变成 t 而读作 turlukin 的可能性更大。törölkin 一词在现代蒙古文中使用极其频繁,故对其涵义就不再赘述了。

然而,拉施特为何不把迭儿列勤写作 turlukin,而作 durlukin,这让人颇有疑虑。我们知道,《史集》中的写法是依据《金册》,拉施特很可能是把《金册》中 turlukin 这一蒙古文词语读作了 durlukin。对 13 世纪的蒙古文史书进行详细研究,我们发现辅音 d、t 可以交互使用。据此,拉施特将此词写作 durlukin,并不是如所想象的那样,是兴趣使然。在蒙古文中,可把 törölkin 一词解析为 törö-töröl-törölkin。

在《秘史》中,可以看到把 törö 写作 dörö 的例子。第 181 节的"迭格[勒]秃 朵[舌]劣[克]先 可温 必 阿主兀者。你出[中]裾 朵[舌]劣[克]先 可温 赤 阿主兀者",其中把 dörögsen 音译为朵[舌]劣[克]先(生了的)。[②] 在此,"朵"字的辅音读作 d。《秘史》中还有把此词读作 törögsen 的例子,第 1 节的"成吉思·[中][合]罕讷 忽札兀儿。迭额[舌]列 腾格[舌]理 额扯 札牙阿秃 脱[舌]列[克]先 孛儿帖·赤那 阿主兀",其中把 törögsen 音译为脱[舌]列[克]先(生了的)。[③] 在此,"脱"字的辅音读作 t。既然在《秘史》中,törögsen 一词开头的辅音有 d、t 两种音译,那么,拉施特

① M.Roushan, M.Mūsavī, *Jāmiʿal-Tāwārīkh*, Tehran, 1373/1995, p.41.

② 栗林均、确精扎布《「元朝秘史」モンゴル全单语、语尾索引》,東北アジア研究センター叢書,第四號,東北大學東北アジア研究センター,pp.296—297.

③ 栗林均、确精扎布《〈元朝秘史〉モンゴル語全单語、語尾索引》,pp.6—7.

把 turlukin 写作 durlukin 也就不足为怪了。

四、迭儿列勤蒙古一词的涵义

上文，我们主要对迭儿列勤（DRLKIN）一词进行了相关研究。现在，我们来探讨"迭儿列勤蒙古"一词。

拉施特说，从源于额儿古涅昆的原蒙古人中分出了迭儿列勤蒙古和尼鲁温蒙古两大部：

> 第一部是被称为迭儿列勤蒙古的部落，其中包括到达额儿古涅昆的捏古思和乞颜所繁衍的后代，他们在朵奔伯颜和阿兰豁阿的时代之前就已存在。第二部是被称为尼鲁温蒙古的部落，这些部落是在朵奔伯颜死后，从阿兰豁阿又生的三子中分出的。阿兰豁阿是迭儿列勤蒙古的一个分支豁罗剌思部人。[1]

此处史料叙述了迭儿列勤蒙古和尼鲁温蒙古的起源及其关系，更饶有趣味的是，还提到迭儿列勤蒙古在朵奔伯颜和阿兰豁阿的时代之前就已存在。从拉施特记载来看，迭儿列勤蒙古的存在远远先于尼鲁温蒙古，而后者实际上是从迭儿列勤蒙古中分出来的。所以，朵奔伯颜和阿兰豁阿也属于迭儿列勤蒙古，并具有迭儿列勤蒙古的血统，其后代实际上就是迭儿列勤蒙古的一个分支。

但在拉施特的《史集》中，却把迭儿列勤蒙古和尼鲁温蒙古分开，认为"迭儿列勤蒙古是一般蒙古人，尼鲁温蒙古则是源于阿兰豁阿贞洁之腰的高贵的蒙古人"。在此，拉施特既把迭儿列勤蒙古作为一般蒙古人，又视其为原蒙古人，显然，这样的记载是自相矛盾的。迄今为止，学者们对迭儿列勤蒙古和尼鲁温蒙古这两个部落间的关系，都没有作出充分的阐释。刘迎胜教授则对这两部的祖先，及其内捏古思与乞颜两部间的联姻与继承，做过论述。[2]

那么，拉施特为何专门把迭儿列勤蒙古和尼鲁温蒙古分出，称前者为一般的蒙古人而尊后者为高贵的蒙古人呢？拉施特虽然说迭儿列勤蒙古是源于额儿古涅昆的原蒙古人，但又特意对其作出"一般的蒙古人"的注释，这显然是为了将其与成吉思汗的祖先所在的尼鲁温蒙古区别对待。

13 世纪，成吉思汗统一了蒙古高原上的众多部落后，建立了大蒙古国，所以将其祖先神灵化是当时史家的普遍风气。关于阿兰豁阿在朵奔篾儿干去世后所生的三个儿子，《秘史》叙述为感光而孕的天之子。[3] 尤其是，拉施特的《史集》是在伊利汗国合赞汗的指示下编撰成书的，在叙述时，合赞汗的祖先不应与一般的蒙古人等而视之。拉施特认为，由于合赞汗信奉伊斯兰教，是伊斯兰世界的算端，所以其祖先也不应该是一般的蒙古人，而必须是与此相区别的高贵的蒙古人。职是之故，所以在《史集》中，尼鲁温蒙古是高贵

---

① M.Roushan, M.Mūsavī, *Jāmi'al-Tāwārīkh*, Tehran, 1373/1995, p.145.

② 刘迎胜《西北民族史与察合台汗国史研究》，南京大学出版社，1994 年，第 20 页。

③ 《蒙古秘史》，第 16—21 节。本文所参阅的是额尔登泰、阿尔达扎布的《蒙古秘史——校勘本》（蒙古文版），内蒙古教育出版社，1986 年；以及亦邻真《元朝秘史及其复原》，内蒙古大学出版社，1987 年。

的蒙古人,与之相对,迭儿列勤蒙古则被叙述为一般的蒙古人。

但饶有兴趣的是,拉施特也留下了迭儿列勤蒙古为高贵的蒙古人的记载。在《史集》赤那思部一节中记道:

> 这个部落的一部分,又被称为捏古思,即高贵的蒙古人,亦即迭儿列勤蒙古。[①]

此处,拉施特把迭儿列勤蒙古称为高贵的蒙古人,这越发引人注目。显然,这与拉施特前述迭儿列勤蒙古为一般的蒙古人的记载是自相矛盾的。细究这一矛盾之处,我们可以看到,拉施特关于迭儿列勤蒙古为一般蒙古的解释于史无征,这显然是其杜撰之说。虽然拉施特记载迭儿列勤蒙古是一般的蒙古人,但此部在蒙古人中被与尼鲁温蒙古等而视之的痕迹还是清晰可见的。

虽然迭儿列勤蒙古和尼鲁温蒙古不见于《秘史》,但《秘史》却对这两部以及属于它们的相关部落进行了记载。《秘史》详细记载了从朵奔篾儿干和阿兰豁阿分出的诸多部落,[②] 这些部落全都与拉施特所记尼鲁温蒙古所辖诸部若合符契,但在《史集》中属于迭儿列勤蒙古的诸部,在《秘史》中的记载却颇为简略。

但据《秘史》所载,在孛端察儿出生前,不儿罕合勒敦山就住有兀良合惕人。[③] 据此可知,在尼鲁温蒙古形成以前,迭儿列勤蒙古就已在蒙古高原存在,并形成了自己的部落,这是显而易见的;无疑,这些部落是源于额儿古涅昆的原蒙古人,也就是拉施特所说的迭儿列勤蒙古。

通过以上分析可知,拉施特把源于额儿古涅昆的原蒙古人称为迭儿列勤蒙古,这是正确的,但将其解释为一般的蒙古人则于史无征。

总而言之,迭儿列勤一词具有原来的、根本的、根源的之意,它是蒙古文 törölkin 的错误写法;迭儿列勤蒙古则源于额儿古涅昆,它指的是原蒙古人。

（本文作者为内蒙古大学蒙古历史学系教授,译者为北京大学历史学系博士研究生）

---

① M.Roushan, M.Mūsavī,*Jāmiʻal-Tāwārīkh*, Tehran, 1373 ／ 1995, p.192.
② 《蒙古秘史》,第 42—51 节。
③ 同上,第 9—16 节。

图书在版编目(CIP)数据

元史及民族与边疆研究集刊. 第 29 辑 / 刘迎胜主编.
—上海: 上海古籍出版社, 2015.6
ISBN 978-7-5325-7625-8

Ⅰ.①元… Ⅱ.①刘… Ⅲ.①中国历史—研究—元代
—丛刊②边疆地区—民族历史—研究—中国—丛刊 Ⅳ.
①K247.07-55②K28-55

中国版本图书馆 CIP 数据核字(2015)第 088039 号

元史及民族与边疆研究集刊(第二十九辑)
刘迎胜 主编
上海世纪出版股份有限公司出版
上 海 古 籍 出 版 社
(上海瑞金二路 272 号 邮政编码 200020)
(1)网址: www.guji.com.cn
(2)E-mail: guji1@guji.com.cn
(3)易文网网址: www.ewen.co
上海世纪出版股份有限公司发行中心发行经销
上海惠顿实业公司印刷
开本 787×1092 1/16 印张 16.75 插页 4 字数 387,000
2015 年 6 月第 1 版 2015 年 6 月第 1 次印刷
印数: 1—900
ISBN 978-7-5325-7625-8
K·2037 定价: 68.00 元
如有质量问题, 请与承印公司联系